Buddhist culture of China

中國의 불교문화

차차석 편저

운주사

서문

편저자가 중국불교에 관심을 가진 것은 중국불교사상의 심오함 때문이 아니었다. 한국불교의 정체성을 보다 깊이 이해하기 위해서는 중국불교사상을 이해하는 것이 필요하다는 단순한 논리였다.

동북아불교계의 중심은 중국이었기에 중국에서 발생해 발전한 종파불교사상이 그대로 한국불교에 영향을 미쳤으며, 우리나라는 중국불교사상을 수입하여 한국불교에 맞는 사상체계로 승화시켰다고 말할 수 있다. 근본을 알아야 새로운 세계를 열 수 있듯이, 한국불교의 발전을 위해 필요한 작업 중의 하나란 생각이었다. 다만 아쉬움이 있다면 편저자의 재주가 미천하기 때문에 보다 크고 넓게 이들을 파악하지 못하고 있다는 점이다.

편저자의 작은 관심이 나름대로 폭을 넓힐 수 있었던 것은 월간 〈금강〉지에 관련 주제를 연재하면서부터이다. 중국불교의 심오한 사상이 아니라 중국인들이 불교를 수용하여 발전시키면서 어떠한 불교문화를 창출했는가 하는 면을 소개하면 한국불교를 이해하는 데 도움이 되지 않을까 하는 의도의 연재였다. 그리고 얕은 재주를 부끄러워할 줄 모르고 시작한 것이 4년여에 걸쳐 연재되었다. 물론 유교, 도교와 불교가 어떻게 상호 영향을 주고받으며 발전하였는가 등 학술적 내용에 대해서도 연재하고 싶었지만 그런 테마는 주제가 너무 무겁기 때문에 배제할 수밖에 없었다.

대신 처음 의도대로 중국인들이 불교라는 종교를 신앙하면서 어떠한 불교문화를 창조했는가에 관심을 기울여 주로 신앙형태, 의례, 신앙조직, 인물 등에 집중하였다. 또한 학술적인 성격의 글이 아니었기 때문에 대중들이 쉽게 읽을 수 있도록 서술하고자 했고, 따라서 특별한 내용이라기보다는 일반적인 내용을 소개하는 정도에 만족해야 했다. 그렇지만 필자의 언어 감각이나 분석력 등 전반적인 능력이 부족했기 때문에 책으로 나오기까지는 많은 도움이 필요했다.

기존에도 중국불교사에 관한 번역서들이 많이 출간되어 있다. 옥상옥이 되지 않을까 하는 우려도 없는 것은 아니지만 신앙과 문화를 중심으로 소개된 책은 많은 것 같지 않기 때문에 대중들을 위해 출간하는 것도 무방하다는 생각을 했다. 동시에 지금까지 여기저기에 기고한 원고들을 한 번은 정리하는 것이 필요하다는 생각에서 부끄러움을 무릅쓰고 책을 출간하게 되었다.

여기서 밝혀야 할 것이 있다. 이 책의 내용은 편집자가 독창적으로 연구한 성과물들이 아니라는 점이다. 기존에 나와 있는 많은 관련 서적 중에서 필요한 부분을 활용해 소개한 것들의 집적이다. 따라서 저작이라고 말할 수는 없으며, 편저라는 말이 적당할 것이다. 학술적 연구 가치를 논한다면 편집자가 감당할 수 없다는 점을 미리 말씀드리고자 한다.

부록으로 붙인 논문은 일종의 보고서 형식의 글이다. 현대에 관한 내용이 없어서 아쉽다는 지적에 따라 부록으로 편집했다. 근현대 중국불교계의 움직임을 알 수 있다는 점에서 필요한 사람들에게 도움이 되었으면 한다. 특히 중국의 개방과 그에 따른 종교정책의 변화는 앞으로도 많은 관심이 필요한 사안들이다.

  책의 발간으로 부족한 편저자의 속내를 보이는 것 같아 부끄럽기 짝이 없다. 그렇지만 그동안 세월을 허비하지 않았다는 것을 보여주는 것으로 작은 위안으로 삼고자 한다. 동시에 이 책이 나오는데 직간접의 도움을 주신 분들께 감사드린다. 특히 월간 〈금강〉의 편집장이었던 한기선 부장님과 김종기 기자님께 감사드리며, 동학 신용산 군에게도 감사를 표한다. 기꺼이 출판을 허락한 김시열 운주사 사장님과 직원 여러분들께도 감사를 드린다. 그리고 이 책의 출간에는 편저자와 인연 있는 많은 분들의 공덕이 있었음을 아울러 말씀드린다.

2007년 6월
편저자 차차석 합장

서문   5

제1편 中國의 불교문화

1\. 불교의 전래   17
  1) 불교 전래의 여러 가지 전설   17
  2) 불교 전래의 루트와 의미   21
  3) 전래 초기 중국불교의 양상과 신앙자들   24
    (1) 초왕 영의 불교신앙   25
    (2) 후한 환제와 양해의 신불   28
    (3) 착융의 불사 건립   29
  4) 한족의 출가를 둘러싼 논쟁   30
    (1) 한족 출가자의 출현과 충효논쟁   32
    (2) 대승불교의 수용과 출가논쟁   35

2\. 중국의 전통윤리와 불교   38
  1) 효의 문제   38
  2) 신멸신불멸 논쟁   45
  3) 왕권과 교권의 관계   51
  4) 중국불교 토착화의 몇 가지 문제   57
    (1) 기적의 활용과 토착화   57
    (2) 『안반수의경』의 번역과 태식법의 응용   60
  5) 격의불교의 등장   64
  6) 위경의 출현   67
    (1) 서민경전의 성립   69
    (2) 도교와 속신과의 관계를 나타내는 경전   70
    (3) 특정한 교의를 주장하는 경전   71

  7) 교판론의 등장 … 72
3. 불경의 번역과 전파 … 77
  1) 불전의 번역 … 77
  2) 대표적 역경가 … 79
  3) 대장경의 출판 … 90

4. 종파불교의 등장 … 96
  1) 종의 관념과 종파불교의 출현 … 96
  2) 당대 이전의 종파 … 99
    (1) 삼론종 … 99
    (2) 천태종 … 102
    (3) 삼계교 … 106
  3) 당대 이후의 종파 … 109
    (1) 화엄종 … 109
    (2) 법상종 … 112
    (3) 선종 … 114
    (4) 정토종 … 119

5. 중국불교의 민중화 … 122
  1) 불교의 민중화 운동 … 122
    (1) 민중화의 방법 … 123
    (2) 전문적인 포교사 … 124
  2) 민중의 불교적 생활 … 131
    (1) 민중의 불교수용 태도 … 131
    (2) 현세이익적 신앙 … 132
    (3) 조상, 조탑과 연수의 공덕 … 133
    (4) 관음과 낭랑신 … 135
    (5) 민간신앙과 불교 … 136

        3) 사찰과 당시의 문화   139
            (1) 유람지 역할의 사원   139
            (2) 사찰의 행사   141
            (3) 사찰과 시장   143
            (4) 민중의 정신적 지주인 사원   144
        4) 사원의 금융업, 무진장   145
            (1) 무진장의 정의   145
            (2) 중국 불교계에서 무진의 연원   146
            (3) 무진장 제도의 전개   148
            (4) 인도불교의 영향   151
        5) 조상숭배   154
            (1) 조상숭배의 의미와 불교적 행사   154
            (2) 묘상과 불교   156
            (3) 묘에 길흉이 있는가?   158

제2편 中國의 불교신앙

    1. 불교신앙의 여러 양상   163
        1) 관음신앙   163
        2) 법화경 신앙   169
        3) 문수신앙   180
            (1) 문수신앙의 공덕   184
            (2) 문수신앙의 성립   186
            (3) 문수의 정토 오대산   188
        4) 나한 신앙   192
            (1) 나한이란 무엇인가   192
            (2) 빈두로존자의 구제 활동   195

5) 지장신앙 ... 199
　　　(1) 지장보살의 이름 ... 199
　　　(2) 중국의 지장신앙 ... 201
　　　(3) 삼계교와 지장신앙 ... 202
　　　(4) 명부전 시왕상과 지장신앙 ... 203
　　　(5) 김교각과 지장신앙 ... 205
　　6) 미륵정토신앙 ... 206
　　　(1) 미륵신앙의 전파 ... 206
　　　(2) 도안의 미륵신앙 ... 209
　　　(3) 남북조시기 미륵신앙이 유행한 원인 ... 210
　　　(4) 미륵신앙의 흥망과 원인 ... 212
　　　(5) 당대의 미륵신앙 ... 214
　　　(6) 미륵교에서 백련교로 ... 216
　　　(7) 모자원과 백련종 창립 ... 217

2. 중국불교의 응보신앙 ... 220
　1) 불교의 응보신앙 ... 220
　2) 악업에 대한 응보 ... 222
　3) 응보신앙과 불경 ... 226
　　(1) 선인선과 ... 226
　　(2) 응보신앙과 유관 불교 자료 ... 229
　4) 중국불교에 있어서 죄악의 문제 ... 232
　　(1) 참괴와 참회 ... 232
　　(2) 지옥에 떨어진다는 공포 ... 236
　　(3) 말법도래와 오탁악세 ... 237
　5) 중국인의 죽음의 관념과 불교 ... 239
　　(1) 천명설과 숙명설 ... 239
　　(2) 삼세양중인과설 ... 241

6) 중국불교의 지옥관 246
    (1) 지옥관의 발생과 전개 246
    (2) 중국 전통사상과의 융합 248
    (3) 지옥사상의 대중화 249
 3. 불교와 도교의 대립과 갈등 252
  1) 도교 개관 252
  2) 도교의 성립 260
  3) 원시도교와 불교 264
  4) 도교의 공격과 폐불 267
  5) 호불을 위한 대응 논리 277
  6) 노자화호설의 발생 286
    (1) 발생 배경 286
    (2) 노자화호경의 제작 289

제3편 中國불교사의 주요 인물

안세고 295 · 지루가참 297 · 지겸 299 · 불도징 300 · 도안 302
여산 혜원 305 · 구마라집 307 · 도생 309 · 승조 311
보리달마 313 · 담란 316 · 보리유지 318 · 지의 320 · 신행 322
길장 324 · 도작 326 · 도선 329 · 현장 331 · 지엄 333 · 홍인 335
신수 337 · 규기 339 · 의정 341 · 이통현 343 · 혜능 345
법장 347 · 일행 349 · 도일 351 · 징관 353 · 종밀 355 · 연수 357
지례 359 · 대혜 종고 361 · 주굉 363 · 덕청 365 · 지욱 367
팽제청 370 · 양인산 371 · 허운 374 · 태허 376

부록: 현대 中國 불교의 전개

1. 현대 중국불교학의 흐름과 전망 381
  1) 공산화 이전의 근대 중국불교학의 태동과 발전 ... 381
  2) 중국의 공산화와 불교학 연구 386
    (1) 중국 공산화 이후 불교학계의 동향 387
    (2) 불교학 발표 기관과 불교계의 잡지 동향 ... 389
  3) 당대의 중국불교 학풍과 대표적인 학자 및 주요 저서 ... 391
    (1) 중국불교학 연구의 특징과 방향 391
    (2) 대표적인 학자와 주요 저서 392
  4) 주요 불교연구기관과 불학원 399
    (1) 주요 연구기관과 대표적인 연구학자 399
    (2) 불학원과 특징 400
  5) 중국불교학의 전망 404

2. 현대 중국 종교정책의 변화과정과 전망 408
  1) 서언 408
  2) 시기별 주요 정책과 법률의 변화 411
  3) 중국의 헌법을 통해 본 종교 신앙 자유의 전개 ... 418
  4) 중국 공산당의 종교정책과 그 기본 421
  5) 종교행정과 종교관리체계 429
    (1) 중국의 행정구획 429
    (2) 중국의 당과 행정의 관계도 430
  6) 맺는 말-향후의 전망 433

  부록 참고문헌 439

제1편

中國의 불교문화

1. 불교의 전래

불교가 언제 중국에 전래되었는지 명확하게 말할 수는 없지만 이미 기원전에 중국에 유입되었으리란 것은 분명해 보인다. 하지만 이를 명확하게 증명할 자료는 없다. 다만 후대에 전해오는 여러 전설에서 기원전 불교 유입기의 신앙형태를 엿볼 수 있을 뿐이다.

1) 불교 전래의 여러 가지 전설

불교 전래에 관해서는 수많은 설이 있지만 터무니없이 연대를 소급하고 있거나 '서주 목왕 때의 전래설'처럼 역사적 신빙성이 결여된 전설도 많다. 여기에서는 이들 가운데 중요한 몇 가지 전래설을 살펴보기로 한다.

서방성자설 西方聖者說

"내가 듣자하니 서방에 성자가 있다고 한다. 그래서 다스리지 않아도

어지럽지 않고, 말하지 않아도 스스로 믿으며, 교화하지 않아도 스스로 행한다. 위대하고 위대함이여, 그의 이름을 알 수 없다."(『열자』권2 「중니편」)

공자孔子가 말한 이 '서방의 성자'가 부처님이라고 주장하는 학설로, 이는 도선道宣이 지은 『광홍명집』이란 책에 나오는 내용이다. 그러나 여기에서 말하는 성자가 부처님이라고 증명할 자료는 없다. 오히려 서방을 이상향으로 생각하는 중국인들의 정서를 묘사한 것이 아닌가 생각된다. 더구나 당시 불교가 유교는 물론 도교 등과 우열논쟁을 일으켰던 시점이었음을 돌이켜볼 때 불교의 유구성을 강조하기 위해 도선이 견강부회하였을 가능성도 배제할 수 없다.

실리방 전교설

수나라 비장방이 지은 『역대삼보기』권1을 보면 진시황 4년(B.C. 243)에 사문 실리방 등 18명의 현인이 불경을 가지고 왔는데, 진시황이 이것을 금지하여 분서갱유 때 소각했다. 18명의 현인이 체포되어 감옥에 갇혔는데, 밤에 금인金人이 감옥을 부수고 이들을 구출하는지라 이를 보고 놀란 진시황이 머리 숙여 사죄했다는 내용이다. 이것은 『주사행경록』을 인용한 것으로 되어 있는데 『주사행경록』이 후대의 위찬으로 밝혀져 내용을 전적으로 신빙할 수 없다.

금인예배설金人禮拜說

북제시대 위수란 사람이 찬술한 위서 제114권 『석노지』에 의하면 '전한의 장군 곽거병이 흉노의 휴도왕과 혼사왕을 정복했을 때, 휴도왕이 모시던 금인(金人)을 가지고 귀국했다. 전한의 무제(B.C. 141~187)는 이것을 감천궁에 모시고 분향 예배했다.'는 기록이 있다. 그러나 금인은 불상이 아니라 북극성의 북신좌석北辰座席을 본뜬 것이거나 서역의 천인일 가능성이 큰 것으로 본다. 『석노지』는 또한 장건이 서역의 사신으로 갔다가 귀국하여 보고를 올릴 때, '대하大夏의 주변에 인도란 나라가 있으며, 그곳에 부도(부처)의 가르침이 있다는 것을 들었다.'고 말하고 있다. 그러나 『사기』나 『한서』에는 부도에 관해 아무런 기록도 없다. 따라서 위수의 추측으로 볼 수밖에 없다.

『명불론』의 설

진나라 종병이란 사람이 지은 『명불론』(『광홍명집』 권2)에 동방삭이 한무제에게 대답한 겁소설劫燒說 중에서 불교의 전래를 예상할 수 있다고 본다. 즉 한나라 무제가 곤명지란 연못을 파게 했는데, 바닥에서 검은 재가 나왔다. 이것을 동방삭에게 묻자 서역인에게 물으라고 권했다. 그래서 축법란에게 묻자 이것은 세계의 종말에 겁화劫火가 일어났기 때문이라 대답했다. 이러한 사실에서 불교도들은 한무제 때 불교가 있었던 증거라고 주장한다. 그러나 이 전래설도 근거가 없는 것이라 보아야 한다.

또한 같은 『명불론』에서는 유향의 『열선전列仙傳』 서문 중에 '74인 이상의 불교신자를 거론하고 있다.'고 주장한다. 『역대삼보기』 권2에도 '전적들을 살펴보면 가끔 불경이 있음을 본다.'고 기록하고 있는데, 유향이 천록각에서 책들을 점검할 때 불경이 있었기 때문에 당시에 이미 불경이 전래된 사실을 알 수 있다고 말한다. (『불전통기』 권35)

유향은 전한의 선제宣帝와 원제元帝를 섬겼던 인물로, 『열선전』을 지은 것으로 알려져 왔다. 그러나 실인즉 『열선전』은 진찬이 아니고 위魏나라와 진晉나라 사이에 위작된 책으로 본다. 그러므로 이 설도 신빙할 수 없다.

감몽구법설感夢求法說

후한의 명제明帝가 꿈속에서 금인金人을 보았다. 다음날 군신들에게 무엇인가를 묻자 통인通人인 부의가 '저는 천축에서 부처라 이름한 득도자가 있다고 들었습니다. 그 부처는 허공을 비행하고 신체에서 빛을 발휘한다고 하니 황제께서 꿈속에 보신 금인과 같습니다.'라고 대답하였다. 이에 장건, 진경, 왕준 등을 보내 불법을 구하게 하였다. 그러나 서역으로 가는 도중에 흰 말에 불상과 경전을 싣고 오던 가섭마등, 축법란 등을 만나 함께 돌아왔다. 이에 명제는 낙양 교외에 백마사를 세워 그들을 살게 했다. 그들은 그곳에서 『42장경』을 번역했다.

그러나 이 설도 몇 가지 점에서 신빙할 수 없다. 즉 꿈속에 금인을 보고 사신을 보냈다는 사실, 구법사자로 보낸 장건이 전한 무제 때의 사람으로 약 160~170여 년 이전의 사람이란 점, 꿈을 해몽한 통인 부의는 명제 당시 소년이었고 아직 조정에 나가지 않았던 점 등이 그것이다.

이존구수설伊存口授說

이 학설은 『삼국지』 「위지」 권30의 배송지 주注에 인용된 위나라 어환이란 사람이 찬술한 『위략』의 「서융전」에 나오는 기록이다. 즉 옛날 한나라 애제哀帝 원수 원년(B.C. 2)에 경로라는 사람이 대월지국 사신인 이존伊存에게 『부도경』을 구수口授받았다. 복립復立이란 '그 사람을 일컫는다'고 하였다. 복립은 Buddha의 음사이다.

이 기록에 의해 대월지국에서 전한 애제시대에 불교가 처음으로 전래되었으며, 불경이 입으로 구수되었다는 사실을 알 수 있다. 이 학설은 많은 학자들이 사실로 간주하고 있다.

2) 불교 전래의 루트와 의미

불교가 중국에 들어온 길은 크게 육로와 해로 두 가지가 있다. 육로는 한나라 무제가 장건에게 명령하여 서역을 경영하기 시작한 기원전 138년 이래 무역과 여행의 중요한 교통로가 되었다. 흔히 실크로드로 불리는 길이며, 당시 한나라의 제2 도시였던 장안이 종착지였다.

불교는 아소카대왕 이래 서북인도에서 파키스탄, 아프가니스탄, 이란을 거쳐 이집트와 희랍에까지 전파된다. 또한 아프가니스탄과 이란을 거쳐 지금의 중앙아시아 지방으로 전파된 불교는 실크로드를 타고 한나라로 전래되었다. 이 길을 통해 수많은 인도의 전도승들이 중국으로 들어왔고 그들은 불경을 한족언어로 번역하여 중국불교가 발전할 수 있는 기틀을 다지게 된다. 안세고, 지루가참, 강승개, 담제, 담가가라 등이 바로 그들이었다. 뿐만 아니라 중국의 유학승들도 이 길을 걸어 인도로의 구법여행을 떠났는데, 중국 최초의 유학승으로 찬사를 받고 있는 현장스님 역시 육로를 이용했으며, 신라의 혜초스님도 장안을 출발하여 실크로드를 타고 인도로의 구법길을 떠난다.

죽음을 무릅쓴 이 구법행의 여로를 기록한 책이 바로 그 유명한 『대당서역기』와 『왕오천축국전』인 것이다.

또 다른 길인 해로는 인도 남부 해안지방, 스리랑카, 자바, 말레이반도, 베트남을 경유하여 중국 남부지방의 교지交趾나 광주 등으로 들어오는 길이다. 구나발타라, 진제삼장, 불타발타라 등이 이 길을 통하여 중국에 들어왔는데, 당나라 때의 의정스님이 해로를 통하여 인도의 성지를 순례하고 귀국하여 『남해기귀내법전』이란 여행기를 남겨 당시의 풍물을 전해주고 있다.

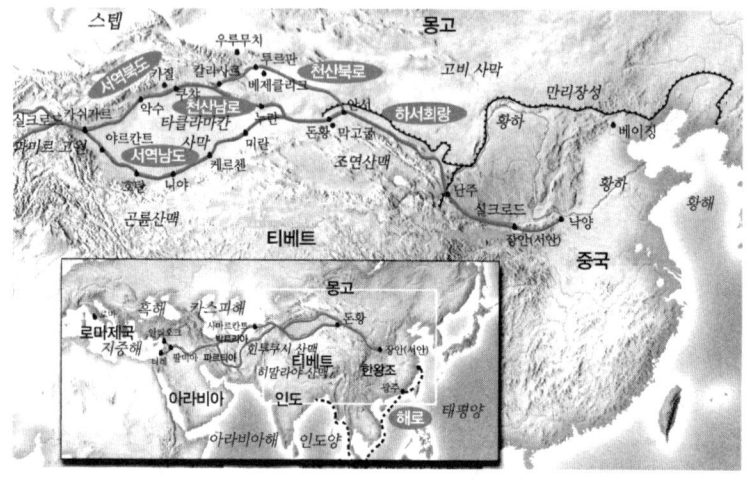

실크로드

한편 티베트어로 기술된 『우전국수기』는, 옛 실크로드에 위치해 있던 중국 신강 지방에서 이미 기원전 80년 무렵에는 불교를 숭상했다는 기록을 보여준다. 이로 볼 때 실크로드를 타고 불교가 중국에 들어온 것은 매우 오래되었다는 사실을 알 수 있다. 다만 여기서 말하는 중국은 현재의 중국과 동일한 강역이 아니라 한족들이 중심이 되었던 고대 한나라를 지칭하는 것이란 사실을 염두에 두어야 한다.

전설이나 신화는 그 역사적 사실의 진실성보다는 상징성을 찾는데 보다 큰 영향을 미친다고 할 수 있다. 따라서 수많은 초전에 얽힌 전설을 다 살필 수는 없거니와 그럴 필요성도 없다. 다만 중요한 몇 가지 전설을 살펴보고 그런 전설이 발생하게 된 사회적 문화적 배경을 살펴보는 것이 오히려 바람직할 것이다.

여러 가지 초전의 전설 중에서 공인된 역사적 사실로는 첫째, 경로라는 사람이 대월지국 사신인 이존에게 불경을 구수받았다는 것이다. 구수口授란 입으로 설명하여 그 내용을 전달하는 것을 의미하는데, 이 전설은 여러 가지 증빙자료들에 의해 신빙성이 있는 것으로 공인되고 있다. 지금의 신강 지방에서 기원전 80년 전후에 이미 불교가 숭상되었다고 한다면 이존이 구수하기 이전에 불교가 한족 사회에 전달되었을 가능성은 매우 크다 할 수 있다.

두 번째는 초왕 영이 불교를 숭상했다는 사실이다. 불교가 중국에 전래된 뒤로 이를 신앙한 사람에 대한 가장 명확한 역사적 기록은 한나라 명제의 이복동생인 초왕 영英이다. 초왕 영에 대한 기사는 『후한서』 권42에 나오는데, 이는 불교를 숭상하고 있었던 사실이 역사서에 등장하는 최초의 공인된 기록이다.

이상과 같은 사실로 볼 때, 불교는 적어도 기원전 65년 이전에 중국에 전래되어 숭상되고 있었던 것은 분명한 사실이다. 하지만 중국의 학계는 공식적으로 기원전 2년에 중국에 불교가 전래된 것으로 공표하고 있다. 이존이 불경을 구수했다는 기록에 근거한 것이다.

3) 전래 초기 중국불교의 양상과 신앙자들

전래 초기 중국 한족사회의 불교신앙 형태는 어떠했을까? 불교를 한족사회에 전달한 사람들 대부분이 중앙아시아에서 실크로드를 통해 중국에 들어왔다는 점을 유념할 때, 적어도 불교가 중앙아시아를 거치는 동안 그 지방 토착신앙의 영향을 어느 정도 받았을 개연성을 무시할 수 없다. 또한 실크로드의 곳곳이 사막이나 산악지방으로 지역 문화의 특성이 강했으리란 점도 검토할 대상이다. 또 지금의 중국 신강성 지방에서 기원전 80년 무렵에 이미 불교가 공식적으로 신앙되고 있었다면 이 지방의 문화적 영향도 무시할 수 없을 것이다. 그러나 아직은 이들 지방의 고대 풍속이나 신앙 형태에 관한 구체적인 연구 결과가 나오지 않아 그 정보는 알 수가 없다. 다만 건조한 지방의 종교적 특성상 유일신의 경향이 강했을 것이란 점과, 티베트와 몽고고원을 양 축으로 끼고 있다는 지역적 특성을 감안하면 샤머니즘의 영향도 강하게 받았을 것으로 추정될 뿐이다.

　중앙아시아나 여타 지방 사람들이 실크로드를 통해 중국에 들어오면 영빈관에 머물게 되는 것이 통례였다. 이 영빈관은 관館이란 글자 대신 사寺란 글자로 표현되었다. 초기의 불교 전도승들은 사신이나 무역업자들과 함께 중국에 들어오는 경우가 많았으며, 이런 경우 승려들도 영빈관에 머물게 되었다. 이런 점을 감안하면 당시의 불교양상을 추측할 수 있다. 즉 중화의식에 강하게 물들어 있는 고급관료들은 특별한 경우가 아니면 불교를 접촉하기는 하더라도 신앙하지는 않았으리란 것이다.

그렇다면 주요한 포교대상은 어떤 계층이었을까. 정확한 사료가 남아 있지 않아 단정적으로 말할 수는 없지만 아마도 하급관료나 그곳에서 일하는 사람들, 또는 상인 계통이나 서민층이 아니었나 생각된다. 이들은 중국 고대의 신분제 사회에서 신분상승에 대한 희망을 포기한 채 사회적 통념에 따라 운명에 순응하여 살던 사람들이었다. 적어도 당시까지의 중국 사회에선 이들이 느끼는 계급모순이나 사회적 불평등에 대해 합리적인 해명을 주지 못하고 있었다. 아마도 불교는 이들에게 인과론을 통해 삼세윤회를 설명하고, 현세에 대한 순응과 내세에 대한 희망을 주었을 것이다. 한편으론 부처님을 전지전능한 초월자로 설명하여, 부처님의 초월적인 능력을 통해 무엇인가의 가피력을 얻을 수 있다고 설법했을 가능성도 배제할 수 없다. 이후 전개되는 불교의 신앙형태가 부처님을 도교의 황로黃老나 신神과 같은 존재로 인식하고 있었다는 점에서 그런 추정이 가능한 것이다.

(1) 초왕 영의 불교신앙

월지국 사신 이존이 불경을 구수口授한 이후 초기 불교의 양상을 알려주는 자료는 불과 몇 가지에 불과하다. 초왕 영의 신불信佛, 명제明帝의 감몽구법설, 환제桓帝의 신불, 착융笮融의 사찰 건립 등이 그것인데, 이 기록은 적어도 불교 전래 이후 동한東漢 말기까지의 불교양상을 알려주는 귀중한 자료들이 아닐 수 없다.

후한의 명제와 이종형제인 초왕 영은 일찍이 41년에 초나라의 왕으로 봉해졌다. 이후 51년에 초나라에 부임하였는데 사람 사귀기를 좋아하여 많은 빈객들과 교유를 했다. 하지만 이것이 빌미가 되어 모반죄로 무고를 당하여 곤경에 처했는데, 형인 명제는 동생을 살리기 위하여 영평 8년인 65년에 특별한 칙령을 내렸다. 그것은 사형을 당할 죄인도 비단을 바치면 속죄할 수 있다는 것이었다. 이에 초왕 영은 비단 30필을 벌금으로 물고 사면을 받게 되었다. 이에 명제는 비단 30필을 초왕 영에게 돌려주면서 다음과 같은 조칙을 내렸다.

"초왕은 황노黃老의 미언微言을 독송하고, 부도(浮屠: 부처님)의 인사仁詞를 숭상하며 결재潔齋하기를 3개월간 하고, 신과 맹세하여 누구도 미워하지 않고 의심하지 않는다. 그러므로 당연히 뉘우침이 있을 것이다. 그 속(贖: 벌금)을 돌려주니 이포새(伊蒲塞: 우바새)와 상문(桑門: 사문)의 성찬盛饌을 도우라."(『후한서』 권42, 초왕영전)

이로 볼 때 초왕 영은 도교와 불교를 동시에 숭상하고 있었으며, 초왕 영의 임지인 팽성彭城 지방까지 외국 승려들이 들어와 선교활동을 하고 있었다는 사실을 알 수 있다. 초왕 영은 이후에도 무고를 당해 강남의 단양경현丹陽涇縣으로 좌천되며, 그곳에서 자살한 것으로 전하고 있다. 그러나 이로 인해 초국의 불교가 강남으로 전파되는 기회가 되기도 한다. 여하튼 당시 초왕 영이 믿었던 불교는 전래 당시부터 민간신앙과 융합하고 있었다는 점을 암시하는 것이며, 석 달간 결재를 하며 신과 맹세를 했다는 것은 부처님을 신으로 생각하고 복을 비는 현세이익과 불로장수를 염원하는 신앙체계로 생각하고 있었다는 점을 말하는 것이다. 황로는 황제黃帝와 노자를 말하는 것이다. 『열선전』에 의하면 황제는 온갖 귀신을 부리는 신비적인 존재자로 등장한다. 또 『신선전』에서는 노자가 천신의 가호를 받아 모든 신선들에게 사사하는 득도자로 묘사되고 있다. 모두 초월적 능력을 가지고 인간의 길흉을 주재하는 신으로 보는 것이다.

이 시기에 유행했던 신앙으로서는 불교 이외에 도교의 방선도方仙道와 황로도黃老道가 있었다. 황로도는 황로학과 방선도가 결합하여 발생하며, 대략 전국시대 중기 제나라에서 생긴 것으로 밝혀져 있다. 서한 초기 문제文帝와 경제景帝는 모두 황로도의 청정지술淸淨之術로 세상을 통치했는데, 이로 인해 이후 황로의 도가사상은 주된 정치학설이 되어 유행한다. 황로도와 방선도 모두는 체계적인 교의나 종교이론이 없었고 구체적인 종교조직도 결성되어 있지 않았으며, 이들의 이론과 신앙은 노자의 도에서 근거를 찾으려 했다. 더구나 황로도는 방선도의 신선사상도 흡수하고 있었는데, 이것을 노자의 도에 교묘하게 결부시키면서 이후 민간신앙과 방술方術을 기초로 삼아 발전하였다.

당시 유행하고 있었던 신선방술사상은 전국시대에 지금의 하북성과 산동성 일대인 연나라와 제나라의 신선방사神仙方士사상에서 발생했다. 그들은 신통력을 지니게 될 수 있다고 보았으며, 불사약을 단련해 낼 수 있고, 신선이 되어 허공을 비행할 수 있다고 생각했다. 이러한 신선사상은 그 유래가 매우 오래되어『장자』의「소요유편」이나 굴원의『초사』에도 언급되어 있다. 더구나 진나라의 시황제와 한나라의 무제가 장생불로를 소망하여, 신선방술에 대해 지극한 신임을 보이고 적극적으로 주장하였기 때문에 이들 사상은 이 시기에 이르러 특별히 성행하게 되었다.

전래 초기의 불교는 이러한 신선방술사상을 수용하여 포교를 위한 방편으로 활용했던 것으로 보이는데, 그런 점에서 불교가 신선사상과 동일하게 간주된 것은 자연스러운 결과였으리라.

(2) 후한 환제桓帝와 양해襄楷의 신불信佛

『후한서』「환제본기」에 의하면 환제는 166년에 황로를 탁룡궁에 모셨다는 기록이 보이며, 동시에 "환제는 음악을 즐기고 금생琴笙을 잘하였으며, 원림園林을 가꾸고 탁룡궁을 세우고 화개華蓋를 만들어 부도浮圖와 노자를 모시고 제사 지냈다. 이는 신에게 청함이다."는 내용이 있다. 같은 해에 산동의 학자인 양해가 낙양에 와서 환제에게 상소문을 올렸다.

"궁중에 황로와 부도의 사당을 지으셨다고 들었습니다. 이 도는 청허하며 무위를 존중하고 생명을 소중하게 여기며 살해를 미워하고 욕망을 버리게 하며 사치를 떠나라고 가르칩니다. 그런데 지금 폐하께서는 기욕耆欲을 버리지 못하고 살생이나 형벌은 도에 넘치고 있습니다. 이것은 이미 그 도에 어긋나는 것입니다. 어찌 행복을 얻을 수 있겠습니까. 노자가 이적의 나라에 들어가 불타가 되었다고도 합니다. 불타는 뽕나무 아래서 세 번 잠자는 일이 없고, 영원한 은애恩愛의 세계에서 살기를 바라지도 않습니다. 이것은 청정에 이르렀기 때문입니다."

양해의 상소문을 보면, 그는 환제에게 불교의 윤리적 측면을 강조했지만 환제가 관심을 기울이고 있었던 것은 구복적 요소였다. 열렬하게 신선사상에 빠져 있었던 그는 불교를 불로장생을 기원하는 황로의 신앙과 동일하게 간주하고 부도에게도 제사를 지냈던 것이다. 불타가 재앙을 물리치고 복을 불러오는 신과 같은 존재로 인식되고 있었던 것이다. 다만 양해 역시 황로와 불타를 공히 도를 밝히는 동일한 차원의 신선적인 존재로 파악하고 있었지만, '청허淸虛와 무위無爲'로 대변되는 불교에 대한 이해는 환제의 수준을 뛰어넘어 격의불교의 수준까지 도달했음을 알려준다.

(3) 착융笮融의 불사 건립

진수가 저술한 『삼국지』 권49는 착융(?~195)이 사찰을 건립한 내용을 싣고 있다.

> "동으로 사람을 만들고 황금을 몸에 발랐으며, 비단으로 옷을 만들어 입혔다. 동반銅槃을 아홉 겹으로 내렸으며 아래로 이중의 누각과 전각의 길을 만들어 3천여 명을 수용할 수 있었다. 모든 사람이 불경을 독송하는 것을 일로 삼았다.… 집집마다 욕불浴佛을 하고 대부분 술과 밥을 준비하여 자리를 길에 펼쳐서 수십 리에 이르렀다."

이 기록으로 볼 때 눈에 띄는 것은 대규모의 사찰이 축조되었으며, 동반을 아홉 겹으로 했다는 것이다. 이것은 상륜相輪으로 장식되었다는 사실을 말하는 것이다. 나아가 이중의 누각, 즉 층탑이 건립되었으며, 누각 옆으로 회랑이 만들어졌다는 점을 시사한다. 또한 도금한 금불상이 만들어졌다는 사실과 불상에게 비단 옷을 입혔으며 사찰에 참배하러 오는 사람들이 불경을 독송하였음을 알려주고 있다. 욕불회와 재회의 원형이 이미 이 시기에 시작되었던 것이다. 뿐만 아니라 재회가 시행되는 동안 술과 밥을 준비하여 대접하고자 자리를 길에 펼쳤으며, 그 앉을 자리가 수십 리에 이르렀다는 사실은 규모가 성대하고 참석자들이 매우 많았음을 알려준다.

　이렇듯 앞의 사례를 통하여 알 수 있듯이, 불교의 전래 초기 중국인들은 불타와 황로를 동일한 속성을 지니고 있는 초월적 존재로 파악하고 있었다. 불타를 무병장수와 구복을 주재하는 신으로 생각하고 복을 빌기 위해 제사를 지냈던 것도 그 때문이었다.

　그러나 열렬한 전도승들의 활약과 신도의 증가는 단순한 구복과 인과응보설에 그치지 않고, 양해와 같이 윤리적이고 철학적인 차원에서 불교를 이해하고자 하는 사람들을 출현케 하였다. 이러한 여건은 상층 지식인 계층이 불교의 교의를 본격적으로 탐구하는 격의불교의 단계로 나아가고 있었던 반면, 일반 대중들은 여전히 구복적이고 신선사상적인 사고를 가지고 불교를 이해하는 양상으로 나타났다. 한편 2세기말에는 이미 불교가 대중 속에 깊숙하게 침투하여 수많은 사람들이 재회와 같은 의식을 자연스럽게 거행하였음을 알 수 있다. 양면성 속에서 불교가 한족문화에 정착하고 있었던 것이다.

4) 한족의 출가를 둘러싼 논쟁

출가자 집단인 승가는 계율을 중심으로 운영되어 왔다. 이것은 석존의 열반 이래 보편적인 현상이었다. 출가도 율장에 의거하여 법답게 출가하는 것이 전례이며, 그렇지 못하면 출가수행자로서 인정받지 못했다. 중국에도 인도의 부파불교 교단에서 사용하고 있던 율장이 전래되었지만 출가의 문제가 구체적으로 사회화된 것은 남북조시대에 이르러서의 일이다.

중국 전통의 유교윤리의 전범을 보여주고 있는 『효경』은 "신체발부는 부모에게 받은 것이기 때문에 감히 훼손하지 않는 것이 효도의 시작이며, 입신하여 도를 행하고 이름을 세상에 떨쳐 부모를 드러내는 것이 효도의 끝"이라 했다.

불교에 비판적인 입장을 취하고 있었던 사람들에게 있어서 『효경』의 이 구절은 불교를 공격하기에 더없이 매력적이고 안성맞춤이었다. 이들은 출가자들의 생활이 어버이에 대한 효도를 완전히 부정하는 것이며, 출가자들의 삭발은 부모에게 물려받은 터럭을 손상시키는 일이라 비난했다.

"맹자는 모름지기 후사를 갖는 것보다 더한 복은 없으며, 자손을 끊는 것보다 더한 불효는 없다. 그런데 사문들은 처자식을 버리고 재산을 버리며, 평생 독신이다. 이것은 도대체 어찌 된 일인가? 이런 행위는 행복한 삶을 포기하는 것이고 효행에 어긋나는 일이다. 스스로 고생한다고 해서 색다른 일이 일어나지도 않으며, 스스로 극한적인 일을 견딘다고 해서 특별한 일이 생기는 것도 아니다. 그것은 아무런 소용도 없는 삶이 아니겠는가?"

『이혹론』에 실린 이 글은 당시의 정황을 잘 보여주고 있다. 출가자들을 불효막급한 사람들로 취급하며 사상적으로 불교와 유교가 완전히 다르다는 점을 주장하고 있는 것이다. 그러나 불교를 옹호하는 입장에 있던 사람들이나 출가자들은 앞에 인용한 『효경』 구절의 후반부를 들어 불교도 효도를 하고 있으며, 오히려 유교에서 주장하는 가장 본질적인 효사상에 접근하고 있다고 변명하였다.

하지만 그러한 불교측의 주장에도 불구하고 불교가 지닌 문화적 이질감은 초기 한족사회의 지배계층에게 매우 당혹스러웠을 것이며, 이런 요인들이 한족의 출가를 억제하는 보이지 않는 사회의 압력수단이 되었던 것으로 보인다. 따라서 불교가 전래된 이후 최초의 한족 출가자들이 나타나기까지 중국불교를 이끌어간 사람들은 모두가 외국인, 혹은 이방인 출신의 출가자들이었다.

(1) 한족 출가자의 출현과 충효논쟁

중국에서 한족의 출가를 공식적으로 허용한 것은 4세기 무렵 불도징(232~348)이 활동하던 시기이다. 불도징은 한나라의 패망으로 인해 중국이 분열현상을 보이던 5호16국시대에 화북지방을 중심으로 활약했다. 그는 특히 화북지방의 패자가 된 후조의 임금인 석륵과 석호의 존경과 신뢰를 받았다. 불도징은 서역 사람이며 본성은 백帛씨이다. 성을 통해 그가 구자국 출신임을 알 수 있는데, 일찍이 이빈국에 가서 설일체유부의 소승불교를 공부했다. 이후 서진 영가 4년(310)에 돈황을 거쳐 낙양으로 들어와, 동진의 영화 4년(348) 12월 8일 업도에서 117세로 열반에 들었다.

불도징은 영적인 능력이 매우 뛰어나 신통력이나 주술 혹은 예언을 통해 석륵과 석호의 숭배를 받았다. 따라서 이들은 불도징의 영향력 아래 사찰을 건립하고 탑묘를 조성하였으며 많은 사람들이 다투어 출가했다. 하지만 진실한 출가자와 위장출가자가 혼재해 있었기 때문에 도의에 어긋나는 일이 많았다. 그러자 석호는 중서저작랑 왕도王度에게 하명을 내렸다.

"사문은 모두 고결하고 곧고 바르다. 부지런히 정진하기 때문에 도사라 말할 수 있다. 그러나 지금은 사문이 매우 많지만 나쁜 일을 행하고, 노역을 피하고 있어서 사문이라 말할 수 있는 자가 없다. 상세하게 진위를 가려내라."

이에 왕도가 답했다.

"옛날 한의 명제 무렵에 불교가 전해졌습니다만 서역 사람에게만 도읍에 사찰을 세워 예배할 수 있도록 허락했습니다. 한족은 출가할 수 없었으며, 위나라도 한나라의 제도를 따르고 있었습니다."

이 문답으로 볼 때, 후한의 명제 무렵에 서역인의 출가는 허락했으나 한족의 출가는 금지했다는 것을 알 수 있다. 『출삼장기집』이나 『고승전』 등 초기불교사를 알려주는 자료 속에서도 그 이전에 한족이 출가했다는 기록은 찾을 수 없다.

불교도의 수가 점차 증가하자 335년 왕도는 불교를 배척하는 상소를 올렸다. 이에 석호는 오히려 자신과 자신의 백성들이 본래 이민족이기 때문에 외국의 신인 불교를 숭배해야 한다고 말하며, 한족출가금지의 제한을 풀고 누구나 출가할 수 있도록 허용했다. 이것이 문헌상에 보이는 한족의 공인된 출가기록인 것이다. 그러나 공인되기 이전에도 이미 한족들 사이에서 개인적으로 출가하는 사람들이 많았으리란 것은 재론의 여지가 없다.

한편 남쪽의 동진에서는 습반치가 불도징의 제자인 석도안(312~385)에게 보낸 서간이 『홍명집』에 남아 있어 눈길을 끈다.

"불교가 중국에 전래된 이래 400여 년이 되었습니다. (그 동안) 번왕, 거사 속에서는 때로 믿는 사람도 있었지만 상고시대에는 중국 고래의 가르침이 시행되고 있었기 때문에 불도가 널리 행해지지 않았고, 시대가 바뀐다고 세간 사람들이 모두 불교를 이해하고 있었던 것은 아닙니다. 큰 파도의 법열을 기뻐하는 사람들은 아직 신분이 낮은 사람들뿐이었습니다. 동진 제2대 황제인 사마소에 이르러 비로소 현자나 철인哲人이라 부르는 군자들이 불도에 귀의하게 되었습니다."

『고승전』에 의하면 동진에서 귀족불교의 중심을 이루고 있었던 지둔(支遁, 314~366)의 집안은 대대로 불교를 신봉하고 있었다고 한다. 그의 집안은 월지국 출신으로서 일찍부터 중국에 들어온 귀화인으로 여겨지는데, 지둔 자신이 출가한 25세 이전에 이미 당시 사대부들의 교양이었던 노장사상을 배웠을 것으로 추정된다. 출가 수도한 이후 지둔은 동진의 수도인 건강으로 나와 청담사상을 매개로 사회의 명사들과 잦은 교류를 가졌다. 불교가 사대부들의 폭넓은 지지를 받게 된 것은 이처럼 지둔 등이 등장한 동진시대부터의 일이다.

그러나 불교를 반대하는 입장에서는 지속적으로 효의 문제를 거론하고 있다. 그들이 내세우는 주요 쟁점은 여전히 부모님께서 살아계실 때는 효를 다하고, 죽어서는 제사를 잘 지내며, 자손을 남겨 후사를 계승해야 한다는 것이다. 동시에 부모에게 물려받은 신체발부를 훼손하지 않는 것이 중요하다고 강조한다. 그런데 사문들은 출가하여 부모를 모시지 않고, 자손을 남기지 않으며, 삭발염의하고 제사를 모시지도 않는 등 중국 전래의 미풍양속을 훼손한다고 비판했다.

이에 대해 손작孫綽은 불교의 입장에서, 앞서 인용한『효경』의 후반부를 인용하여 "효의 극치는 어버이의 마음을 기쁘게 하는 데 있으며, 스스로의 몸을 세워 도를 실천하여 영원토록 어버이의 이름을 빛나게 계승하는 것"이라 말하며 불교를 옹호한다. 나아가 중국에서 중요하게 생각하는 충忠이 효와는 서로 용납되지 않는다는 주장을 하기에 이른다. 주나라의 태백이 육친을 버리고 다른 동네에 살면서 머리를 자르고 몸에 문신을 했으며, 어버이가 죽었는데도 돌아가지 않은 것은『논어』나 다른 역사책에서 그를 칭찬하는 것과 논리적 모순이라는 것이었다. 모두가 불교와 유교의 문화적 차이에서 기인한 것으로, 이들 문화의 발생과 사회적 배경을 이해하지 못했기에 벌어진 일들이었다.

(2) 대승불교의 수용과 출가논쟁

출가를 둘러싼 논쟁은 한족의 출가를 허용하면서 끝난 것이 아니었다. 우수한 인재들이 출가하게 되자 국왕이 이들을 환속시키기 위해 정치적 압력을 행사하는 데 주저하지 않았기 때문이다. 그렇다고 국왕들이 권력행사를 통해 환속을 요구했던 것만은 아니었다. 국왕 또한 그들 나름대로 불교사상을 재해석하여 환속의 논리를 내세웠는데, 그 속에는 대승불교의 보살사상이 전제되어 있다.

대승불교가 중국에 소개된 것은 대략 구마라집이 장안에 들어오는 시기와 맞물려 있다. 라집이 장안에 들어와 대승경전의 번역에 착수한 이래 대승불교는 중국불교계에 새로운 기풍을 형성하면서 정치, 문화, 사회의 전반에 걸쳐 새로운 변화를 잉태하기 시작한다. 특히 삼론종과 천태종 등은 라집이 번역한 『묘법연화경』과 『중론』 등의 경론이 있었기에 가능했을 정도로 그의 역할은 적지 않았다. 이들을 후원한 것은 국가였는데, 문제는 출가자 집단이 점차 방대해지면서 정치집단의 정면에 우뚝 서게 되었다는 것이다. 더구나 출가자는 방외의 손님이므로 국왕의 통제를 받지 않아도 된다는 불교적 발상은 유교적인 국왕관과 정면으로 대립할 수밖에 없었다. 따라서 출가자들이 국왕의 통제를 받느냐, 받지 않아도 되느냐 하는 문제를 둘러싼 논쟁은 끊이지 않았다. 이 문제는 여산혜원의 『사문불경왕자론』에 의해 잠시 일단락되었다. 그러나 이것 역시 출가자 집단이 국왕의 통제권 밖에 있다는 것을 인정하는 것이었기에, 미봉책이었을 뿐 재론의 여지를 안고 있었다.

여기에 더하여 후진의 임금인 요흥은 도항과 도표라는 스님의 환속을 요구하게 된다. 그들은 정치적 자질이 뛰어나므로 환속하여 정치를 돕는 것이 진정으로 불도에 합치하는 것이라 주장했다. 『홍명집』 권11에는 요흥과 이들 사이에 오고간 편지, 도항과 도표가 구마라집의 자문을 받고자 보낸 편지 등이 남아 있어서 당시의 사정을 알려주고 있다. 요흥은 도항과 도표에게 "시대를 돕는 일이 결코 작지 않으며, 진실로 마음에 불도의 의미를 보존하고 있다면 출가니 재가니 하는 형식은 중요하지 않으므로 환속하여 도와 줄 것"을 요청한다. 그러나 몇 차례의 요청에도 응하지 않자 요흥은 구마라집에게, "도는 어디에나 있는 것이므로 도항과 도표에게 아라한의 옷을 벗어버리고 보살의 자취를 따르라 권유했는데 응하지 않으므로 법사께서 도와 달라."고 요청한다. 또한 당시 승단을 관리하고 있었던 승천이란 스님에게도 편지를 보내, "자신만을 지키는 절개는 중생을 구제하는 큰일만 못하다."고 말하며 도움을 요청하고 있다.

그러나 도항과 도표는 가사 속에도 중생을 이롭게 하는 것이 있다고 주장하며 끝내 환속하지 않았다. 중요한 것은 이들의 논쟁이 대승불교의 교리적 기반 위에서 전개되고 있으며, 소승을 대승과 구별하여 폄하하려는 생각을 가지고 있다는 점이다. 또한 우수한 출가자를 환속시켜 출가집단의 약화와 동시에 정치집단의 강화를 획책하고 있다는 점에서 두 집단 간의 첨예한 대립과 갈등을 엿볼 수 있는 것이다.

2. 중국의 전통윤리와 불교

1) 효의 문제

불교가 중국에 들어와 토착화되는 과정에서 우선적으로 봉착한 것은 효와 예의 문제였다. 인도문화를 배경으로 성립한 불교가 중국의 전통문화와 상충한 것은 당연한 일이었다. 후한시대의 사람으로 알려진 모자牟子의 『이혹론』은 이러한 문제를 잘 보여주고 있다.

중국 사람들은 유교와 도교로 대표되는 유구한 문화를 지녀왔다. 특히 유교는 중국인의 생활윤리를 뒷받침하는 사상으로 중국의 문화적 배경 속에서 발달한 사상이다. 그 중에서도 농본문화를 배경으로 발달한 효와 예의 문제는 중국사회를 지탱시키는 지주라 할 수 있다.

효의 사상을 단적으로 표현하고 있는 『효경』은 다음과 같은 내용을 기술하고 있다.

신체와 발부髮膚는 부모에게 받은 것이니 감히 훼손하지 않는 것이 효의 시작이다. 입신양명立身揚名하여 부모를 드러내는 것이 효의 끝이다.

이러한 강령 아래 형성된 유교사회에 불교가 전파되어, 자기 나라 사람인 중국인들까지 머리를 깎고 출가하자 강하게 반발하고 나선다. 『이혹론』은 이러한 현실에서 반대론자들의 주장을 비판하며 불교를 옹호하는 내용을 담고 있다. 반대론자들은 이렇게 말한다.

사문은 머리를 깎는다. 이것이 도대체 무슨 일인가. 그러한 사문의 행위는 성인의 말씀과 다르며, 효자의 도리에 어긋난다. 이러한 사문의 행위가 옳단 말인가.

이에 대해 불교 옹호론자들은 삭발하고 출가하여 부모를 영원히 구제할 수 있다면 그것이야말로 진정한 효도가 아니고 무엇이냐고 반문한다.
하지만 반대론자들의 비판은 그치지 않았다.

모름지기 후사를 갖는 것보다 더한 복은 없으며, 자손을 끊는 것보다 더한 불효는 없다. 그런데 사문은 처자식을 버리고 재산을 버리며, 평생 독신이다. 이런 행위는 효행에 어긋나는 것이다.

이러한 비판의 이면에는 '불효 중에서 가장 큰 것은 후손이 없는 것이다'라는 맹자의 효도론이 깔려 있다. 이러한 비판에 대해 불교도는, "처자나 재물은 세상에서 몹시 중요시하는 것이지만 초세간적인 도는 세간과 달라, 이것이야말로 진정한 인간의 행복을 가져올 수 있다"고 주장한다. 이것은 인간의 존재의의를 부자간의 연결로 보려는 유교의 입장과 다르기 때문이다.

예교禮敎에 관한 비판에 대해서도 『이혹론』은 다음과 같이 기술하고 있다.

> 황제黃帝는 의상을 수교垂敎하여 복장을 제정하였고, 기자箕子는 홍범洪範을 설하여 복장, 태도를 갖추는 것이 5사의 첫째라 중시한다. 공자는 효경을 지어 복장문제를 3덕의 첫째에 두었고, '선왕先王의 법복法服이 아니면 몸에 걸치지 않겠다'고 하였다. 공자는 또한 '의관을 바르게 하고 모습을 훌륭하게 하는 것이 군자의 행세'라고도 하였다. 공자의 제자인 자사는 가난했지만 화관華冠을 떼지 않았다. 자로는 싸움터에서 갓끈이 끊어졌지만 다시 메는 것을 잊지 않았다. 그런데 사문은 머리를 깎고, 붉은 천으로 만든 옷을 입으며, 사람을 만나도 절하지 않고 비껴 돌아가는 등 예절다운 태도가 없다. 어찌된 연유인가. 복장과 태도가 예도를 벗어났으며 홀笏을 대대大帶에 끼우는 복식법에 어긋난다.

유교사상에서 예의범절은 의관의 정제에서 시작하여 의관의 정제로 끝난다고 할 만큼 중요한 가치를 지닌다. 그러기에 『논어』는 '예를 실천하는 것이 인仁이다'고 말하기까지 한다. 불교는 그러한 기존의 가치체계를 송두리째 흔들어놓았다. 또 그 비판에 대해 불교는 '사문은 항상 질박함을 근본으로 삼고 있으며, 복식제도의 규정은 어떻게 사용하느냐에 따라 고귀해진다.'고 말하며, 불교가 복식제도 자체를 포기하는 것이 아니라고 변론한다.

이러한 문제는 시대가 흐르면서 불교의 교세가 확장되고 대중화될수록 국수주의적인 유교 원리론자들의 강한 반발을 야기했다. 이에 불교는 효와 예의 문제에 대해 일면 절충을 시도하는데, 불교의 5계와 유교의 5상이 상통한다고 주장하는 것 등이 그것이었다. 그러나 개인의 효가 확대되어 국가에 대한 충忠의 개념으로 발전한다는 점에서 효의 문제는 사문의 왕자예배론王者禮拜論으로 발전한다. 혜원의 『사문불경왕자론』이 나오게 된 것도 이러한 배경에서였다.

이상과 같이 유교와 불교 사이에 전개된 윤리문제를 둘러싼 대립과 갈등이 어떻게 전개되고 있었는가를 알려주는 자료가 『이혹론』이다. 전편 39장으로 구성되어 있는 이 책의 1장은 일반적으로 서전序傳이라 불리며, 마지막 장은 보통 발跋 내지 후서後序라 한다. 이 두 장을 제외하면 37장이 된다.

전편은 문답형식으로 전개되고 있으며, 가설된 질문자는 북방에서 온 유학자로 설정되어 있다. 그는 불교에 대한 갖가지 의문을 제시하고 있으며, 이런 질문에 모자가 대답하는 형식이다. 상대방이 제시하는 다양한 질문에 대해 수많은 유교와 도교는 물론 제자백가의 서적을 인용하여 해설하고 있는데, 여기에 불교의 교리와 학설을 덧붙여서 불교, 유교, 도교의 관점이 하나라는 점을 강조한다. 특징적인 내용을 소개하면 다음과 같다.

첫째, 이 책은 부처님을 중국 전통 관념에 따라 해석하고 있다.

부처라 부르는 이유와 의미를 설명하면서 다음과 같이 말하고 있다.

"부처란 시호이다. 삼황三皇을 신, 오제五帝를 성인이라 부르는 것과 같다. 부처님은 도와 덕의 원조이며, 신명神明의 근원이다. …… 신비스럽게 변화하며, 신체를 나누어 흩어지게 하고, 있다가 없기도 하며, 크게도 작게도 할 수 있으며, 둥글기도 하고 네모나기도 하며, 늙은이도 젊은이도 될 수 있으며, 숨을 수도 있고 나타날 수도 있다. 불을 밟아도 타지 않고, 칼을 밟아도 베이지 않는다. 더러운 데 있어도 물들지 않고, 재난을 만나도 재앙이 없다. 가려고 생각하면 공중을 날아가고, 앉아서는 광명을 놓는다. 그래서 부처님이라 한다."

여기서 모자는 부처님을 신령한 세계를 주재하는 신으로 간주하고 있으며, 인간도덕의 체현자로 보고 있다. 대승불교의 법신불의 속성과 어느 정도 상통하는 면이 있다고 볼 수 있지만, 그보다는 노자에서 말하는 도의 근원적인 속성에 보다 가까운 것이다. 이런 점에서 모자는 부처님을 도교에서 강조하는 신선이나 진인眞人으로 보고 있었던 것이다.

둘째, 부처님의 32상 80종호에 대한 설명에서는 중국의 고사나 역사서에 등장하는 성인들의 모습이 범인들과 다른 점을 강조하고, 특별히 부처님의 32상이나 80종호를 문제 삼는 것은 편견에 불과하지 않는가 하고 반문하고 있다.

셋째, "무엇을 도라 하고, 그 도는 어떠한 것이냐?"는 질문에는 이렇게 답한다.

"도라는 것은 인도한다는 의미이다. 사람을 인도하여 무위의 경지에 이르게 하는 것이다. 이끌지만 앞선 것이 없고, 당겨도 뒤따르는 것이 없다. 들어 올려도 위가 없고, 억누르지만 아래도 없다. 쳐다보아도 형체가 없고, 귀를 기울여도 소리가 없다. 세상이 크지만 그 바깥까지도 감싸며, 털끝이 미세하지만 그 속에 들어갈 수 있다."

이것은 도의 편재성을 설명하는 것인데 불교적이기보다는 도교에 가깝다는 표현이 적당할 것이다. 여기에서 무위는 불교의 열반이나 해탈을 지칭하는 용어이다. 해탈이나 열반이 일체의 번뇌가 소멸하여 생사윤회를 벗어나는 무고안온의 경지라면 도교의 무위는 자연의 변화에 자연스럽게 순응하는 것을 의미하는 것이다. 따라서 도교의 도를 사용하여 불교의 열반을 설명하고 있는 것이다.

넷째, 윤회에 대한 질문에 대해서는 중국 전통의례 중에서 사람이 죽었을 때 행하게 되는 초혼招魂을 예로 들어 설명을 시작한다. 그러면서 역으로 초혼할 때 누구를 부르는 것인가를 질문한다. 이에 혼백을 부르는 것이라 대답하는데, 다시 "영혼이 돌아온다면 소생하겠지만 돌아오지 않는다면 영혼은 어디로 갈 것인가?" 하고 묻는다. 이에 "귀신이 될 것"이라 대답하자, 영혼은 불멸하며 단지 육체만이 썩어 없어진다고 말하면서 "육체는 오곡의 뿌리나 잎과 같은 존재이고 영혼은 오곡의 씨앗과 같은 것"이라 말한다. 뿌리와 잎은 나오면 반드시 시들지만 씨앗은 끝이 없다고 말하는 것이다. 사실 이러한 영혼불멸에 대한 문제는 이후에도 중국 불교사상사에서 중요한 논란거리가 되지만 그 원형은 이미 전래 초기부터 나타났던 것이다. 불교의 무아설에 입각한다면 윤회는 부정되는 것이 마땅하지만 이런 점에 대한 반성도 없이 이후 중국불교에서는 불교가 윤회를 가르치는 종교로 각인되고 말았다.

다섯째, 출가자들이 머리를 깎고 붉은 천으로 몸을 감고 사람을 만나도 무릎을 꿇거나 일어서는 예의를 지키지 않는다는 점에서 의례에 어긋나며 비신사적이라는 비난한다. 이 점에 대해서는 노자의 "최상의 덕은 덕에 개의하지 않으므로 덕이 있는 것이다. 저속한 덕은 덕을 잃지 않으려 하므로 덕이 없는 것이다"는 문장을 인용하면서, 삼황오제의 시대에는 고기를 먹고 가죽옷을 입었으며 나무 위에 집을 지어 살고 구멍을 파서 사는 소박한 생활을 존중하였지만, 모두 덕이 있고 인정이 많았다는 중국 전통의 고사를 인용하여 반론을 꾀하고 있다. 이 문제는 이후 여산혜원의 『사문불경왕자론』에 의해 일단락된다.

여섯째, 출가자들이 술에 만취하거나 처자권속을 거느리며 물건을 싸게 사서 비싸게 파는 등 정직하지 못함을 비판하자, 그것은 불교가 나쁜 것이 아니라 그것을 이용하는 사람들이 있어 나쁜 것이라 말하면서 오히려 불교를 실천하지 못함을 걱정하는 마음 자세가 중요하다고 말한다. 불교가 중국에 전래되어 토착화되는 과정에서 결혼한 승려들이 출현하고, 그들이 불교를 이용해 장사를 했던 것이다.

일곱째, 신선사상을 허무맹랑한 것으로 부정하면서 장생불사에 관한 기록은 불경에 미칠 수 없으며, 그런 일들은 바람을 붙들고 그림자를 잡으려는 것과 같다고 말한다.

여덟째, 불효한다는 비판에 대하여 제나라 시대의 옛 고사를 인용하여 부정하고 있다. 즉 강을 건너다 물에 빠져 허우적거리는 아버지를 살리기 위해서는 팔과 머리를 잡아당기고 몸을 거꾸로 세워 물을 토하게 하지만 그것을 결코 불효라 할 수 없는 것처럼, 출가는 진정한 효도를 하기 위한 것이지 불효를 위한 도피가 아니라고 말한다. 이러한 논리도 여산혜원의 『사문불경왕자론』에 그대로 차용되고 있다.

『이혹론』의 중요성은 이것을 통하여 초기 중국불교의 신앙형태를 알 수 있을 뿐만 아니라 이것이 중국불교도가 쓴 최초의 불교관련 문헌이라는 점이다. 불교를 옹호하며 중국의 전통신앙과 사상을 비판하고 있다는 점에서 중국불교 안에서 성숙한 독립된 의식의 일면을 보여주는 것이다.

2) 신멸신불멸神滅神不滅 논쟁

신이란 영혼이나 정신을 의미한다. 그리고 정신의 지속 여부는 윤회의 문제와 결부되어 일찍부터 중국 내부에서 많은 사람들의 논란을 불러 일으켰다. 특히 현실중심적이고 내세관이 명확하지 않았던 중국인들에게 윤회를 가르치는 불교는 매우 이질적이지 않을 수 없었다. 그리고 전래 초기의 이러한 상황을 실감나게 보여주는 것이 『이혹론』에 나오는 구절들이다.

모자의 시대에 이러한 문제가 제기된 이후 불교의 보급에 따라 보다 많은 사람들이 영혼의 불멸이 가능한가에 집중적인 문제를 제기하게 된다. 물론 영혼의 불멸을 강하게 주장한 것이 중국불교인데, 불교와 견해를 달리하는 사상가들이나 종교에선 영혼의 소멸을 논증하기 위해 노력한다. 따라서 4세기 초 축승부의 「신무형론神無形論」이 출현하고, 여산의 혜원스님은 『사문불경왕자론』에서 「형진신불멸론形盡神不滅論」을 주장하게 된다. 남북조시대가 되면 정신의 멸과 불멸을 둘러싼 논쟁은 더욱 가열된다.

유송시대에 이 논쟁에 불씨를 지핀 사람은 혜림慧琳이다. 혜림스님은 「백흑론白黑論」을 지어 영혼은 항상하는 것이 아니라 육체와 더불어 소멸한다고 주장했다. 그의 「백흑론」은 전하지 않지만, 이 주장으로 다른 스님들의 배척을 받았는데 유송의 문제文帝가 도움을 주어 바라이 죄를 면할 수 있었다. 이 무렵 하승천이란 고관이 종병이란 학자에게 편지를 보내 「백흑론」에 대한 평가를 당부했고 종병이 이에 「난백흑론」이란 글을 발표했는데, 그것이 『홍명집』에 남아 있어서 혜림의 사상적 편린을 살펴볼 수 있다.

종병의 글에 의하면 혜림은, "죽음의 이치는 인간세계의 일만으로 다할 수가 없다. 주공과 공자도 이 도리를 의심하였지만 밝히지는 못하였고, 석가모니는 말을 하고 있지만 진실이 아니다."고 자신의 견해를 밝힌다. 현실적이고 합리적인 시각에서 영혼은 지속적으로 존재하는 것이 아니라는 논리를 전개했다. 그 논리의 바탕은 본래공무本來空無론이다. 연기적 실상의 세계에선 상호의존적인 관계 속에서 존재가 규정되지만 그것이 흩어지면 영혼이라 할 것도 없다고 보는 것이다.

그러나 종병은 호교적 입장에서 혜림의 주장은 불교가 중국에 필요치 않다는 오해를 불러일으킬 수 있다고 공격하면서 공이나 무無라고 하더라도 연기법 자체까지 존재하지 않는 것은 아니라 말하고 있다. 그는 "사람의 몸은 매우 조잡한 것이나 사람의 정신은 실로 미묘한 것이다. 몸은 정신에 종속되며 결코 소멸하는 것이 아니다."고 하면서, "최상의 밝은 지혜와 가장 오묘한 뜻을 가지고 성심으로 그 신명을 다한다면 감응하여 신체를 받고 칠보정토七寶淨土에 태어나는 것이

어찌 진실하지 못하다는 것인가?"라 하여 영혼의 불멸과 윤회를 적극적으로 변호하고 있다. 또한 종병은 「명불론」에서 이렇게 말한다.

"생명을 지닌 모든 것들의 정신은 궁극적으로 지무至無한 도道에 돌아가는 것이니 모두 같은 것이지만 실제로는 인연에 따라서 변천하고 유전하여 조잡하거나 미묘한 의식을 형성한다. 그렇지만 그것은 근본정신과 함께 불멸이다. 예컨대 순임금은 고瞽에서 태어났지만 순임금의 정신은 역시 순임금 자신이 양육한 것은 아니다. 마찬가지로 아들 상균의 정신 역시 순임금이 기른 것은 아니다. 생육 이전에 처음부터 조잡하거나 미묘한 의식이 있었던 것이다. 이와 같이 근본은 태어나기 이전에 이미 성립된 것이므로 죽은 뒤에도 불멸이라는 것을 안다. 또한 불멸이기 때문에 어리석은 자와 지혜로운 자가 구별되며, 이지理智의 차이가 있는 것이다. 어리석은 자나 성스러운 자나 생사를 되풀이하는 가운데서도 불멸의 부분만은 변함이 없다."

종병은 『서응본기경』의 영향을 받아, 정신에 노장사상에서 말하는 도의 성격을 수용하면서 생사와 그 속에서의 수행을 지탱해 주는 것으로서 정신의 불멸을 주장하였다.

종병은 정신을 성불론과 결부시켜 정신이 불멸이므로 숙연의 작용으로 마침내 성불할 수 있다고 주장하며, 부처 자체를 나타내는 법신에 대해서는 "정신이 지극하면 형체를 초월하여 정신이 홀로 있게 된다. 형체가 없이 정신만 있다는 것이 법신상주의 의미"라 말한다. 종병이 자신의 영혼불멸설에 법신사상을 활용하고 있다는 점에서, 이미 이 당시에 불성론 내지 법신론이 중국에 원시적인 상태나마 전래되어 있었다는 사실을 추측하게 한다.

초기 대승불교의 주요 경전인 『8천송반야경』에서는 법신에 대해 "불타, 세존은 법신으로 이루어진 것이다. 그리고 비구들이여, 결코 이 물리적으로 존재하는 신체를 부처의 신체로 생각해선 안 된다. 비구들이여, 나를 법신의 완성으로 알지어다."(4장)거나 "실로 여래는 색신으로 보아서는 안 된다. 여래는 법신이다."라 말하고 있다. 그러나 반야부 경전에서 말하고 있는 법신은 반야바라밀을 지칭하는 경우가 대부분이라 아직 여래장사상에서 말하는 법신사상과는 차이가 있다.

종병의 뒤를 이어 신불멸론을 주장한 사람으로는 정도자가 있다. 정도자는 현실 속에서 육체와 정신이 분리된다는 것은 있을 수 없다고 인정했다. 그러나 근원적인 차원에서 보자면 정신의 본체는 빛으로 가득하고 미묘하게 신체를 통괄하며, 신체는 호흡에 의지하여 활동하고 정신을 깨달음에 연결시킨다는 점에서 다르다고 본다. 이 두 가지가 상호의존하고 있는 것이 현실이며, 정신은 지극히 미묘한 삶의 본원이므로 육체가 소멸한다고 해서 없어지는 것이 아니라고 보았다.

양대에 들어와 불교의 영혼불멸설에 반기를 들고 신멸론을 주장한 사람은 범진(范縝, 450~515)이다. 그는 유물론적인 입장에서 정신과 육체는 상즉하는 관계라 설명한다. 그의 「신멸론」에 의거해 몇 가지를 소개하면 다음과 같다.

"정신이 소멸된다는 것을 어떻게 아는가?"

"정신이 바로 육체고, 육체가 바로 정신이다. 그래서 육체가 존재하면서 정신도 존재하고, 육체가 없어지면 정신도 없어진다."

"육체는 지각이 없는 것을 말하며, 정신은 지각이 있다. 지각이 있는 것과 없는 것은 별개인데 어떻게 상즉한다고 하는가?"하는 질문에 대해서는 다음과 같이 정신과 육체의 불가분리성을 주장한다.

"육체는 정신의 본질이며, 정신은 육체의 작용이다. 그렇다면 육체는 본질을 말하며, 정신은 작용을 가리킨다. 육체와 정신은 분리될 수 없다."

또한 감각의 위치 문제를 놓고 "육체가 정신이라면 손들도 정신이며, 손들도 생각할 수 있는가?" 하는 질문에, "아픔이나 가려움 등을 지각하는 작용은 있지만 시비를 판단하는 사려는 없으며, 깊고 얕음의 차이는 있다."고 대답한다.

"육체가 소멸하면 정신도 소멸한다면 『효경』에서 '조상을 위하여 종묘에서 제사를 함에 귀신이 흠향한다'고 하는 것은 무엇인가?"라는 물음에는 "성인의 교화가 그러한 것이다. 효자의 마음을 따라서 인정이 야박한 것을 꾸짖기 위함이다. 『주역』에서 '귀신이 그것을 밝혀준다'고 한 것은 이것을 지칭하는 것"이라고 대답한다.

"『주역』에서 '귀신의 마음과 모습을 알아야 천지와 더불어 서로 비슷하고 어긋나지 않는다.'고 했으며, '귀신이 가득 넘쳐 있다.'고 하는 이유는 무엇인가?"란 질문에는, "사람이 되고 귀신이 되는 것은 어둠과 밝음의 차이가 있다. 사람이 죽으면 귀신이 되고, 귀신이 사멸하여 사람이 되는 것이라면 나는 동의할 수 없다."고 대답한다. 오히려 범진은 『답조사인』이란 글에서 사후에 영적인 무엇인가가 존재하는 것처럼 설하는 유교의 가르침은 서민을 교화하고 그들에게 효자의 마음을 심고 길러주어 조금이라도 경박한 마음이 생기지 않도록 하기 위한 것이라 말하기도 한다. 사회윤리적인 차원에서 성인과 서민을 구분하고 있는데 이것은 유교적 관점의 계급의식이 투영된 것이라 볼 수 있다.

위에서 볼 수 있듯이 남북조시대를 통해 전개되었던 신멸·신불멸론의 논리적 흐름은, 신멸론자들은 불교를 배척하는 사람이나 이교도의 입장을 대변하는 것처럼 전개되었으며, 반면에 불교도나 불교에 호의적인 사람들은 윤회설이나 성불론과 영혼불멸을 결부시키며 불교를 대변하는 것처럼 각인되었다.

이들의 논리는 나름대로의 타당성을 확보하고 있었으나 논리의 전개상 몇 가지 문제점을 보이고 있다. 그것은 신神에 대한 해석이 다의적인 만큼 치밀한 논지의 전개가 힘들다는 점이다. 특히 정신의 소멸을 주장하는 사람들은 대개 정신의 개념이 막연하고, 주창자의 입장에 따라 다르며, 특히 중국 고전을 인용하여 자신의 논리를 전개하거나 증명함으로써 중국적인 사유에만 의존하고 있다는 점이다. 이런 점은 정신을 윤회와 결부시켜 설명할 때 인과응보라는 차원에 한정하여 파악하는 단점을 드러내고 있으며, 정신 자체의 공성이나 연기성에 대한 사유의 흔적은 찾아보기 힘들다는 한계를 드러내고 있다.

근본불교의 무아설에 의하면 불멸의 근원적인 실체를 인정할 수 없는 것이 불교적 관점이다. 연기성에 입각하여 현실을 파악하고, 해체론에 입각하여 무아설을 전개한다. 이것은 인도 당시의 사회적 모순을 혁파하고, 가장 인간적인 삶을 향유할 수 있는 이상사회를 건설하고자 했던 부처님의 염원의 발로인 것이다. 그런 점에서 중국에서 전개되는 신멸·신불멸 논쟁은 근본적인 모순을 내포하고 있었다. 중국 내에서도 삼론종은 4구분별을 철저하게 타파해야 한다고 말한다. 즉 신불멸론은 4구분별에 의거해 보자면 상견常見에 해당하고, 신멸론은 단견斷見에 해당된다는 점에서 모두 타파의 대상인 것이다. 그러나 이런 점에 대한 언급이 전혀 고려되지 않고 자신의 교양과 호오에 의지하여 논리를 전개하고 있는 것이다.

일반적으로 윤회가 생물학적인 반복이나 생사의 반복을 의미하는 것이 되기 위해서는 어떤 불멸의 실체가 있어서 지속적으로 유지된다는 지속성이 증명되어야 한다. 이런 점은 초기불교 이래 불교사상가들의 관심을 끌기에 충분했다. 그러나 유식사상에서도 윤회를 식의 연생연멸緣生緣滅이 반복되면서 유지되는 것이라 설명하여 무아설과 사상적으로 배치되는 것을 피하고 있음을 간과했던 것이다.

3) 왕권과 교권의 관계

중국은 인도문화와 달리 독자적인 고유문화를 지니고 있었다. 농본사회를 배경으로 발달한 한족문화는 가정에서는 아버지를 중심으로 한 단일계통을 형성하였고, 이것이 촌락으로 확대되어서는 촌장을 중심으로 하는 문화가 되었으며, 국가로 확대되어서는 국왕을 중심으로 일사불란한 가부장적 조직을 형성하게 된다. 농본사회에 적응하기 위한 가장 적합한 방식이 오랜 시간의 검증과정을 통해 한족문화 특유의 가부장적 문화를 형성한 것이다. 이 문화의 특징은 아버지, 촌장, 천자(국왕)를 중심으로 상명하복의 질서를 탄생시켰으며, 이런 질서의 붕괴는 곧 몰락을 의미했으므로 자식은 효孝를 통해, 마을과 국가의 구성원은 촌장 내지 국왕에 대한 충忠을 통해 구성원으로서의 역할을 극대화시키고자 하였다.

한족문화의 특징은 조직의 중심축을 중심으로 움직이는 것이며, 그 중심축은 인륜의 바탕이므로 흔들어서는 안 되는 것으로 생각했다. 특히 국왕의 경우는 백성과 세상을 다스리기 위해 하늘의 권한을 위임한 대리자로 간주하였기 때문에 누구도 그 권위에 도전해서는 안 되는 것으로 여겼다. 그래서 국왕을 하늘의 아들이란 의미에서 천자天子라 부르고, 그에 대해 절대 충성을 강요하게 되었다.

그러나 문화적 배경이 다른 인도에서 발생하여 발전했던 불교는 유교와 달리 국왕의 권위는 백성들이 위임한 것에 불과하며, 국왕 자신도 인간에 불과하므로 인과의 법칙을 벗어날 수 없다고 강조했다. 이것은 국왕신권설을 부정하는 것임과 동시에 지배자와 피지배자의 평등을 주장한다는 점에서 중국의 전통사상과 배치되지 않을 수 없었다.

기원을 전후로 중국에 전래되었을 것으로 보이는 불교는 전래 초기 그다지 커다란 세력을 형성하지 않았기에 특별한 문제가 발생되지 않았다. 그러나 기층민을 대상으로 교세를 확장하고 있던 불교는 312년 발생한 '영가의 난'을 분기점으로 새로운 형국을 맞이하게 되었다. 한족의 중심지역인 낙양과 장안지역을 점령한 북방민족 출신의 국왕들이 사회통합이란 이유에서 혹은 이민족 출신도 국왕이 될 수 있다는 논리를 정당화하기 위해 불교의 논리를 활용하면서, 불교가 국가적으로 공인되고 신행되게 되었던 것이다. 서민대중을 상대로 세력을 확장하고 있던 불교계에는 더없이 좋은 호기가 아닐 수 없었다.

국가적인 후원과 실크로드와 해로를 통해 들어온 수많은 승려들의 역경과 포교에 힘입어 불교가 중국사회를 지탱하는 중요한 종교사상으로 자리 잡을 수 있었다. 국왕들도 고승을 자신의 스승으로 섬기는

데 주저하지 않았다. 특히 서역 출신의 고승들은 국왕의 스승으로서 정치적 자문을 아끼지 않았으며, 국왕의 신하가 아니라 방외지사方外之士로서 왕권과 교권의 독자성을 유지하고 있었다. 특히 불도징(232~348)은 화북지방의 패자가 된 후조왕 석륵과 석호의 존경과 귀의 속에서 불교의 번영을 유도했으며, 그의 제자인 도안道安은 교단을 정비하여 불교가 중국에 뿌리를 내리고, 종교집단으로 발전할 수 있는 기틀을 다지게 된다.

이러한 불교세의 팽창은 수구적 입장에 있던 유교와 도교의 비판과 도전에 직면하지 않을 수 없었다. 출가자도 국민의 일원인 이상 국왕의 신하가 아닐 수 없으므로 국왕에게 절해야 한다는 주장이 그것이었다. 출가자가 국왕에게 절을 한다는 것은 개인적인 문제가 아니라 승단의 독자적인 교권을 보장할 수 없다는 의미이며, 교권이 왕권에 예속되는 것을 의미했다. 『홍명집』권12에 의하면 동진 함강 6년(340) 유빙庾氷이 처음 문제를 제기한 이래 403년, 태위 환현桓玄에 이르러 절정에 이른다. 모두 배왕론을 주장한 것인데, 이런 배왕론은 한족 전통사상의 입장에서는 당연한 일이었다. 이에 대해 불교적 입장을 담아 발표한 것이 혜원의 『사문불경왕자론』으로, 이는 출가자가 국왕에게 절하지 않는 이유를 나름의 논리에 의거하여 작성한 글이라 할 수 있다.

한편 불교적 정치를 희망했던 최초의 국왕으로는 남북조시대 양나라의 무제를 들 수 있다. 그는 504년 불교에 귀의하며, 511년에는 술과 고기를 먹지 않겠다고 공언하였다. 517년에는 희생犧牲제도를 폐지한다는 칙령을 발표하며, 종묘의 공물에 채소와 과일을 사용하였다.(『양서』권2, 무제기) 평등정신에 입각하여 도속을 구분하지 않았으며, 선비와 서민을 차별하지 않았다. 수륙대재를 열어 수륙 일체의 생물에 이르기까지 덕화를 미치고자 하였다. 인도의 아소카왕과 같은 치세를 꿈꾸었던 것이다. 하지만 지나치게 불교에 몰두하고 이교도를 박해하였기에 양나라가 멸망하는 원인이 되기도 했다.

반면 북위시대에는 황제를 법신불의 화현으로 간주하는 논리가 등장하여 사문들은 누구나 황제에게 절해야 한다는 주장이 제기되었다. 당대의 명승 담요는 북위의 태조 도무제부터 당시의 황제 문성제까지 5대의 황제를 위하여 석가입상釋迦立像 5체를 조각하여 운강석굴 제16동부터 제20동까지 모셨다. "황제가 바로 여래"라는 북조불교의 전통에 따른 것인데 석가입상의 얼굴은 황제의 얼굴이었다. 교권이 완전히 왕권에 복속되었다는 사실을 알려주는 것이다. 『위서』「석노지」에 의하면 법과法果란 스님은 도무제를 현존여래로 칭송했다. 또한 도성 전체를 하나의 사찰로 간주하고, 그곳을 주관하는 국왕을 여래로 받들었다는 사실이 『광홍명집』에 나오는데, 북주 때 위원숭衛元崇이 주창한 평연사平延寺 제도에서 그 연원을 찾을 수 있다.

국가의 승단통제는 북위시대에 시작되어 교단과 승려, 사원은 국가가 임명하는 승관의 통제를 받게 되었다. 형법상으로도 승려들은 국법의 관리 아래 들어가게 되었다. 남북조가 끝난 뒤에도 교권의 예속은 지속되며, 수당 이후는 보다 철저한 통제를 받게 되었다. 국가의 권력이 강대해지면서 방외方外의 존재가 허용되지 않았던 것이다. 이후 760년 선종의 제6조 혜능의 제자인 영도令韜가 국왕에 대해 신臣을 자처한 이래 모든 승려들은 국왕에게 절하며 신하의 예를 갖추게 되었다. 중국불교의 경우는 교권과 왕권의 대립과 갈등

속에서 결국은 교권이 왕권에 예속되어 정치적으로 이용당하는 비운을 벗어나지 못하며, 이후 불교적 사상에 입각한 정치는 상상조차 할 수 없었다. 불교도 스스로도 불교는 단지 수행을 중시하는 종교이므로 정치와는 무관하다는 편견의 최면에 걸리게 된다.

당나라 시대에도 태종의 도교우위정책, 무측천의 불교우위정책, 예종의 도불평등정책의 과정 속에서 일관되게 통치의 방편으로 불교를 이용하면서 불교교단이 비대해지는 것을 막았다. 불교교단이 왕권의 예속을 벗어나 독자적인 세력이 되지 못하도록 끊임없이 감찰과 통제를 가한 것이다. 이러한 과정 속에서 불교도들은 스스로의 정체성을 포기하고 수행과 현담玄談에 몰두하게 되었다.

중국불교와 중국정치의 관계에 대해서는 다음의 세 가지 특징을 거론할 수 있다. 첫째는 해탈과 출세를 표방하여 현실적인 정치이론이 부족하다는 점이다. 중국정치사상사에서 불교는 독자적인 세력으로 성장하지 못했으며, 다만 봉건 통치 계층과 직접적인 관계 아래 하층민의 반봉건 투쟁을 억제하는 역할에 머물렀다. 둘째는 중국 역사상 전개된 네 차례의 불교박해 사건 모두가 정치와 경제의 이익이 상충한 데에 그 원인이 있다. 즉 사원의 증가와 사원경제의 팽창은 토지, 노동력, 재원, 병력 등 각 방면에서 통치계급의 현실적인 이익을 저해했던 것이다. 셋째, 중국불교가 봉건사회의 모순과 대립하는 과정에서도 끊임없이 변화하고 있는 것은 새로운 문화환경과 지리적 조건에 순응했기 때문이라는 점이다.

다만 중국의 정치적 변혁기 혹은 민중봉기 시기에 미륵사상을 기반으로 한 사회변혁이 시도되기도 한다. 미륵이 당대에 하생下生하여 용화세계를 건설한다는 『미륵하생경』의 사상이 민중봉기의 사상적 토대가 되었던 것이다. 6세기 초 북위 왕조를 위협했던 대승적大乘賊의 난을 비롯하여 수나라 초에 백의白衣와 향화香花로 단장한 미륵 소집단이 미륵의 출세를 외치며 낙양에 들어간 사건, 미륵을 자칭하는 송자현宋子賢의 집단이 수양제의 행렬을 습격한 사건, 섬서지방의 향해명向海明이 미륵의 화신임을 자칭하면서 민중을 모아 황제를 칭하다 실패한 사건 등이 그것이다. 또한 원, 청, 명시대를 걸쳐서 존재했었던 백련교도들의 정치운동 등 미륵신앙에 의지한 민중운동이 수없이 발생하였지만 결국은 모두 왕권에 의해 토벌되고 말았다. 불교입국佛敎立國이 현실적으로 실현되지 못했던 것이다.

불교사를 개관해 보면 인도는 문화의 속성상 교권과 왕권이 엄밀하게 분리되어 있었으며, 교단의 독자적인 발전 속에서 사회변혁을 유도해 왔다. 국왕 역시 그 사회적 역할에 따른 권위를 인정하되 권한의 범주를 넘어서는 곤란하다고 전제하고 있다. 따라서 국왕 역시 교화의 대상이었기에, 백성을 위한 통치자의 바람직한 자세를 누누이 강조하였다. 그리하여 마침내는 불교적 이상에 따른 통치를 실현하고자 한 마우리아왕조의 아소카왕이 등장하여 불교적 정치의 이상과 현실적 한계를 보여주었던 것이다.

그런 반면 전래 초기의 중국불교는 교단의 독자성을 유지하며 토착화를 시도했다. 중국의 정치적 변화, 특히 북방민족의 중원통치는 불교를 정치적으로 이용하였고, 불교는 그 반대급부로 국가의 공인과 보호를 받으며 국가불교로 성장할 수 있었다. 교단의 팽창과 교세의 확장은 보수정치세력들의 비판과 견제를 야기했으며, 2-3세기에 걸친 지루한 배왕논쟁은 5세기 전후에 종지부를 찍게 되었다. 이것은 불교 교단의 왕권에 대한 복속을 의미한다. 교단의 독자성 상실은 불교적 정치이상을 실현할 기회를 박탈당했음을 의미한다고 해도 과언이 아니었다. 불교를 숭상하는 국왕도 등장했지만 그것은 개인적인 차원에 국한되어 통치방법이나 이념은 유교에서 찾았다. 불교가 중국에 등장하여 이민족 출신도 황제가 될 수 있다는 논리를 제공했다는 점에서는 일정부분 영향을 미쳤다고 할 수 있으나, 정치이념을 근본적으로 바꾸지 못하고 중국 고유의 문화 속에 융합되고 말았다는 점에서 정치논리의 한계를 노정하고 있다.

4) 중국불교 토착화의 몇 가지 문제

(1) 기적의 활용과 토착화

삼국시대는 중국천하가 위, 촉, 오로 나뉘어져 할거하던 시대인데 이때에도 수많은 승려들이나 거사들이 불교를 전파시키기 위해 각고의 노력을 한다. 특히 양자강 이남 지방에 자리 잡고 있던 오나라에서는 수많은 승려들이 포교를 위해 일생을 헌신했다.

   삼국시대의 불교는 주사행의 구법여행과 『방광반야경』의 수입, 그리고 진사왕 조식의 범패 창안 등이 특징적이다. 조식이 일찍이 산동성에 있는 어산에 놀러갔다가 공중에서 울려 퍼지는 범천의 찬송을 듣고 감화를 받아 지은 것이 범패라 한다. 이것은 신라 말 쌍계사의 개창조사인 진감국사 혜소스님이 당나라에 유학하고 돌아오면서 수입해 온 이래 한국불교음악의 정형이 되었다. 지금도 전통불교음악을 어산이라 하는 것이 여기에서 유래한다.

태평 원년인 256년 오나라의 전권을 장악한 손침은 횡포한 사람이었다. 제2대 임금인 손량을 폐위시키고 손휴(258~264)를 황제에 즉위시키고 전횡을 일삼았다. 민간종교를 박해하였을 뿐만 아니라 "사찰을 부수고 도인을 죽이라"(『삼국지』「오지」권19)는 칙명을 내렸다. 손침이 살해당한 뒤에는 손호(264~280)가 제위에 올랐으나 그 역시 즉위와 동시에 절과 사당을 파괴하려고 하였다. 이때 손호는 강승회 스님에게 "불교가 주장하고 있는 선악응보는 중국의 주공이 이미 설명하였기 때문에 이제부터 불교를 이용할 필요가 없다"고 말하여 불교를 배척하고자 하는 의중을 나타내었다. 강승회는 "주공의 가르침은 매우 현실적인 사실들만을 보여주고 있습니다. 그렇지만 불교는 악을 행하면 지옥에서 오랫동안 고통을 받고, 선을 행하면 하늘에서 영원한 즐거움을 누린다고 가르치고 있습니다."라고 권선징악에 대해 자세하게 설명하여 주공의 가르침이 따라올 수 없다는 점을 알렸다.

손호는 어느 해 4월 8일 미리 화장실 앞에 방치해 두었던 부처님의 입상에 방료를 하고 "짐이 관불했노라."고 하여 웃음거리로 삼았다. 그런데 해질 무렵이 되기도 전에 음낭이 부어올라 견딜 수가 없었다. 그때 어떤 궁녀가 불상을 궁전으로 모시고 들어가 향탕香湯에서 수십 회나 씻어내자 불가사의하게도 손호의 통증이 사라졌다. 이에 손호는 침상에서 그대로 참회하고 강승회를 초빙하여 비구계를 달라고 청하였다. 그러나 강승회는 비구계 대신 5계를 주어 불교에 귀의하게 되었다고 한다.

삼국시대의 불교는 지겸 스님과 강승회 스님의 역경과 주석, 그리고 찬술서에 의해 불교가 단순한 신앙이나 사탑을 건립하는 것만이 아닌 사상으로 유포되기에 이르렀다. 후한의 초왕 영이나 환제의 신앙, 착융의 불사건립 등이 행해지던 당시에는 불경의 번역이 드물었다. 단지 금인(불상)에 제사를 지내는 등 불교적인 행사의 원형 같은 일들을 행해졌던 데 불과했다. 불교의 경전이 번역된 것은 안세고와 지루가참의 업적인데, 이 두 스님의 업적을 계승한 스님들이 지겸과 강승회였다.

불교가 중국에 들어올 수 있는 터전을 닦은 이는 물론 후한시대의 반고라는 사람이다. 그는 31년간에 걸친 서역경영을 통해 서방의 문물이 중국에 들어올 수 있게 만들었다. 인도의 쿠산왕조나 안식국 등도 서역지방의 여러 나라들과 교류를 하였는데, 동방 진출을 계속하고 있었던 불교가 서방의 문물과 함께 반고가 개척한 비단길을 통하여 후한 사회에 진입할 수 있었던 것이다.

이후 147년에 낙양에 들어온 안세고가 소승불교 경전의 번역을 시작하였고, 이어 영제 시대에 들어온 대월지국의 지루가참이 서역 풍조가 유행하는 가운데 대승불교 경전을 번역하기 시작했다. 안세고와 지루가참은 비슷한 시기에 중국에 들어왔으나 국적이 달랐을 뿐만 아니라 사상도 판이했다. 인도에서 서로 대립과 비판 속에 발전하고 있었던 소승불교와 대승불교를 대변하고 있었던 것이다. 그러나 동일한 시대에 같은 낙양에서 번역된 대·소승 경전에 대한 중국인들의 태도는 이 모두를 부처님의 가르침으로 인정하고 믿는 데 조금도 주저하지 않았다.

안세고와 지루가참은 같은 낙양에서 활약했으며, 강승회와 지겸도 같은 건업에서 활동했다. 그러나 이들이 추구했던 사상 내용은 동일하지 않았다. 안세고와 강승회 계통이 불로장생을 위주로 하는 도교적 불교에 가까웠다면, 반야학을 설한 지루가참과 지겸의 계통은 현학에 친근성이 있었다. 도교적인 불교의 단초를 연 강승회는 후한시대의 일반적인 불교 흐름을 계승한 것이라 볼 수 있다. 반면 현학의 흐름에 친근성을 지니고 있었던 지겸의 반야학은 동진과 서진 이후의 현학적 불교로 발전할 수 있는 기틀을 다진 것이다.

(2) 『안반수의경』의 번역과 태식법의 응용

안세고가 번역한 경전은 매우 많다. 그 중에 소승여래선의 선법을 알려주는 『음지입경』과 『안반수의경』이 있는데, 『안반수의경』에 대해서는 오나라의 강승회가 쓴 서문이 있다. 진나라 때는 화북지방에 살던 도안이, 강남에서는 은사인 사부謝敷가 선법을 연구하면서 이 경전을 기초로 했으며, 이후 중국 선관사상의 발전에 막대한 영향을 미치게 된다.

『안반수의경』은 마음의 동요를 통제하는 방법인 수식관(數息觀: 호흡의 수를 헤아려서 마음을 진정시키는 근본불교 이래 중요한 수행법인 5정심의 하나)을 실천하면 4신족을 얻어 열반에 도달할 수 있다고 설명하고 있다. 이처럼 초인적이고 불가사의한 신통력이나 신비한 정신적 체험을 얻는 방법으로서 인식된 선정이 자유자재한 신선의 경지를 추구하는 중국인의 막대한 관심과 기대를 모았던 것이다.

강승회는 안반이란 수많은 부처님의 큰 수레이며, 표류하고 있는 중생을 구제하는 것이라 말한다. 그러나 안반의 정의는 명확하지 않다. 이 점에 대하여 도안은 강승회가 회계에 살았던 진혜陳慧의 영향을 받아 그렇다고 판단했다. 도안은 그의 『안반주서』에서 안반에 대하여 다음과 같이 정의한다.

"안반이란 출입이다. 도가 의지할 바로서 간다고 하나 인因 아님이 없다. 덕이 머무는 곳으로서 간다고 하나 의탁하지 않음이 없다. 그러므로 안반이란 호흡에 의지하여 (마음의) 수守를 이루고, 4선의 몸에 맡기어 정定을 이룬다. 호흡에 의지하기 때문에 여섯 단계의 차이가 있으며, 몸에 맡기므로 4계층의 차별이 있다."

안반이 호흡법이라 명확하게 정의한 것이다. 이것이 수행도의 근본이며, 이것에 의하여 덕상德相이 생긴다고 말한다. 호흡법에 의지하여 수守를 완성시키고, 신체에 의지하여 정定을 완성한다고 본다. 이것은 수식관과 4선이 안반의 구체적인 내용임을 시사한 것이기도 하다.

강승회는 안세고가 번역한 『음지입경』에 대해 진혜가 해석한 「오음종五陰種」을 원기元氣로 해석하였다. 안세고가 말한 "이것이 소멸하고 저것이 생긴다. 마치 곡식의 씨앗을 뿌려서 썩으면 묘목이 몸을 받아서 위로 성장하는 것과 같다."는 문장에 대해 「안반수의경서」에서 "하나가 아래에서 썩으면 만 개가 위에서 태어난다."고 해석한다. 하나의 종자가 땅 속에서 썩으면 거기서 초목이 생기고, 그 초목에는 열매가 달리기 때문이다. 즉 앞에서 소멸하면 뒤에서 생긴다는 의미이다. 이것은 어디까지나 원기가 봄에 생겨서 여름에는 성시를 이루다가 가을에는 쇠퇴하기 시작하여 겨울에는 말라버리는 것과 같다. 초목이 마르더라도 원기는 땅 아래에 잠복해 있다가 춘기가 발동하는 계절이 되면 팔괘의 화합에 따라 원기는 마음을 지니고 있는 유정이나 초목과

하나가 되어 승강폐흥升降廢興을 반복하면서 삼계를 윤회하는 것이다. 때문에 원기를 오음종이라 해석하는 것이다.

찬술 연대가 삼국시대의 오나라로 생각되는 모자牟子의 『이혹론』에도 진혜의 『음지입경주』나 강승회의 「안반수의경서」에 나타난 전멸후생前滅後生의 사고가 다음과 같이 표현되어 있다.

"영혼은 언제나 불멸이다. 다만 몸 자체가 노후할 뿐이다. 몸이란 예컨대 오곡의 뿌리나 잎과 같다. 영혼은 오곡의 종자나 열매와 같다. 뿌리와 잎은 생기면 반드시 죽어야만 한다. 그러나 종자와 열매에 어찌 끝이 있으리오. 도를 얻어서 몸이 소멸할 뿐."

이상의 인용문에서 알 수 있듯이 영혼을 종자에 비유하고, 그것의 불멸을 논하는 것은 후대에 전개되는 신불멸론神不滅論의 원형이라 말할 수 있는 것이다.

진혜는 『음지입경주』에서 오음을 "식신識神은 미묘해서 왕래를 감지할 수 없으나 음陰은 묵묵히 가고 오며 출입이 끊이지 않으며, 그 형체를 볼 수 없다. 그러므로 음이라 말한다."고 해석하고 있는데, 이러한 해석을 강승회가 계승하여 "음陰이란 마음을 발동시키되 미세하여 눈으로 볼 수 없는 것, 즉 원기元氣인 것"으로 이해했던 것이다. 나아가 "이것을 보더라도 형태가 없으며, 이것을 듣더라도 소리가 없다. 이것을 맞이하려 하나 앞에 없으며, 이것을 찾으려 하나 뒤에도 없다. 그 형체는 미세하여 터럭같은 형태도 없다. 범천, 제석, 선인, 성자도 이 기氣를 비출 수 없지만 깨달음의 씨앗은 여기에서 화생하는 것이다. 이 기氣는 범인이 볼 수 없기 때문에 음이라 한다."고 묘사한다. 『도덕경』의 언어를 빌어서 음陰의 속성을 정의하고자 했던 것이다.

온蘊이란 불교에서 색심色心, 즉 모든 존재의 구성요소를 지칭한다. 그런데 강승회는 온蘊을 원기로 해석하였다. 불교의 근본교리에 비추어 본다면 전혀 맞지 않는 이러한 해석은 당시 불교에 대한 지식과 정보가 충분하지 못했던 점에 그 원인이 있겠지만, 중국 고대의 음양사상가들의 원기설에서 영향을 받았기 때문이기도 하다. 예컨대 지겸이 번역한『불개해범지아발경』에서는 지수화풍의 4대를 네 가지의 원기로 해석하고 이 네 가지의 원기를 인간의 신체가 빌려서 사용하고 있으면 살아있는 것이며, 죽으면 이것들이 본래의 자리로 되돌아간다고 보았다. 중국 전통의 음양오행사상에 입각하여 불교를 이해했기 때문에 가능한 해석이었다.『안반수의경』에 설해진 안반이란 호흡법은 도가의 양생술의 하나인 토납吐納과 완전히 같다고 말할 수 있다.『안반수의경』자체에도 도가의 용어들이 다수 보인다.

"안安을 청청淸으로 삼고 반般을 정淨으로 삼고, 수守를 무無로 삼고 의意를 위爲라 이름한다. 이것은 청정무위이다."

이 해석만 보아도 안반수의와 도가의 청정무위가 다를 바 없는 것이다. 이러한 정황을 고려해 보면 불교의 안반이 쉽게 수용되었던 것은 중국에 도가의 태식법胎息法이 존재하고 있었기 때문이라 볼 수 있다. 중국의 전통사상에서 사람은 천지에 충화沖和되어 있는 기氣를 누리면서 살며, 사람의 생명은 호흡의 유무에 의지하므로, 호흡 즉 기식氣息이 생명의 근본이며 천지의 활동력이라 보았다. 이 기氣의 호흡을 바르게 행하면 사람은 천지와 동체同體가 될 수 있다는 것이다.『장자』의 「대종사」 제6에서 지인至人의 기식氣息은 다리의 발꿈치에서 나오고, 세속 사람들은 이것과 반대로 인후咽喉에서 나온다는 유명한 이야기가 있다. 기식을 토해내고 새로운 것을 호흡하는 것이 얼마나 중요한 일인가가 옛날부터 알려져 있었던 것이다.

중국 고래의 태식법은 노장사상에서 발단하였지만 후대에는 도교에서도 이용되었다. 이러한 문화적 환경 속에서 불교의 『안반수의경』이나 『음지입경』 등 안세고가 번역한 경전에 나타난 안반安般의 행법은 도가의 태식법과 같은 것으로 수용되었던 것이다. 『안반수의경』의 육행六行은 후대의 불교에서도 천태지의가 『육묘법문』으로 완성하게 되며, 『천태소지관』의 「조화調和」 제4 등에서는 호흡법이 설해지기도 한다. 달리 말한다면 불교 측에서 불교라는 이름의 모자를 씌워서 태식법을 설명하였다고도 강변할 수 있다. 선종의 개조인 달마나 중국 정토교의 개조인 담란의 이름을 빌린 태식법이 『운급칠참雲笈七籤』 권59에 수록되어 있기도 하다. 물론 달마나 담란이 이러한 태식법을 만들었다고는 생각하지 않지만 안반, 즉 수식관의 행법이 이후의 불교 수행법에 커다란 영향을 미쳤다는 것은 분명하며, 여기에 『안반수의경』의 사상사적 의의가 있는 것이다.

5) 격의불교의 등장

불교가 처음 중국에 전래된 이래 구마라집이 중국에 들어오기 전년, 즉 서기 400년까지를 격의불교 시대라 지칭한다. 이 시기에 해당하는 왕조는 한나라, 삼국, 양진(兩晋: 동진·서진)이다.

격의格義란 불교사상을 유사한 중국사상에 맞추어 이해하는 것이다. 즉 불경에 나오는 용어 특히 공사상을 설명하는 것이다. 이런 점에서는 번역 자체도 격의이므로 중국불교는 격의에서 시작되었다고 말할 수 있다. 격의를 사용한 사람으로 현재 전해오는 사람은 축법아竺法雅와 강법랑康法朗 등 몇 사람에 불과하다. 『고승전』「법아전」은, '당시 문도들과 함께 세전世典에 노력했으나 아직 불리佛理를 잘 이해하지 못했다. 법아는 곧 강법랑 등과 경전 속의 일을 외서外書에 배대시켜 이해시키는 실례로 삼았다. 이것을 격의라 한다.'고 적고 있는데 이것이 격의의 전거이다.

  이 시대의 문헌은 현존하는 것이 적은데 당시 저작된 경론의 서문을 살펴보는 것도 실정을 알 수 있는 좋은 방법이다. 동진의 지둔(316~37?) 등은 격의 대가였던 것으로 보인다. 손작孫綽이 「도현론道賢論」속에서 축법호, 축법심, 지둔 등 7명의 불교인을 선도 등의 죽림7현에 비유하고 있는 것도 일종의 격의라 할 수 있다. 또한 『노자』에 보이는 무무無無, 무명無名, 자연自然 등의 용어가 불교의 공, 열반 등을 설명하는 데 사용한 것도 격의이다. 격의는 그 편리함 때문에 유행했는데 그 폐해도 심각했다.

  격의의 중심문제는 공사상을 어떻게 이해하는가 하는 데 있었던 듯하다. 예컨대 승조(384~414)는 「부진공론」이란 글에서 대표적인 격의의 사상으로 심무心無, 즉색卽色, 본무本無의 세 가지를 제시하고 있다. 따라서 이들을 중심으로 격의불교의 내용과 문제점을 알아보도록 하겠다.

  첫째, 심무心無란 만물에 대해 무심無心하게 된다는 것으로 만물 자체는 결코 없는 것이 아니라는 설이다. 이 주장은 마음이 고요해진 경지가 공의 경지라는 점은 바로 보고 있지만 만물을 실체적으로 파악하는 잘못이 있다.

　이 설은 지민도 혹은 도항의 설로 알려져 있으며, 요컨대 공을 주체자의 마음자리를 나타낸 것으로 간주한다는 점에서 평정한 마음, 태허처럼 넓고 모든 것에 상응하는 마음이라 인식한 것이다. 이 이론은 단지 공의 해설로서 불완전하지만 그러한 파악 자체는 중시되어야 한다. 왜냐하면 후에 중국불교의 주류가 되는 선사상 계통에서 사상적인 핵심이 되는 무심無心이나 무사無事와 질적으로 연속되기 때문이다.

　둘째, 즉색卽色이란 '존재는 그 자체로 존재하는 것이 아니다. 따라서 존재라고 하지만 존재가 아니다. 애당초 존재라는 것은 그저 지금 존재하는 그것에 대해 존재하는 것이지 무엇인가 먼저 존재하는 것은 아니다.'라는 주장을 분명하게 하는 설이다. 이 설은 직접 존재는 그 자체로서 존재하는 것이 아니라는 것을 바르게 기술하고 있지만 아직 존재 그 자체가 비존재라는 점을 알지 못하고 있다.

　이것은 지둔의 설이라 전해진다. 공과 상의상관相依相關에 있는 색色, 즉 물질적 존재를 파악하는 사고방식이다. 이 설은 승조의 소개가 진실인 이상 존재라는 것의 공, 무자성을 설하지 않고 있으며, 그 점에서 공의 철저한 파악이라 보기 어렵다.

　셋째, 본무本無란 마음에 무無를 존중히 여기고, 매사에 무無를 내세우는 설이다. 따라서 비유非有란 유有가 무無라는 것, 비무非無란 무無도 역시 무無라 보는 것이다. 하지만 경문의 취지를 생각해보면 단적으로 말해서 비유非有란 참된 유有가 아니라는 것, 비무非無란 참된 무無가 아니란 것을 말할 뿐이다. 어찌 반드시 비유非有가 유有의 전면부정이며, 비무非無가 무無의 전면부정이라 말할 수 있을까. 이것은 오로지 무를 좋아하는 설이지 결코 사실에 통하고 물物의 본질에 상즉한 생각이라 할 수 없다.

이것은 축법태의 설이라고도 하고, 탐법사의 설이라고도 한다. 내용 면에서 주목할 것은 노장의 무無사상과 깊은 연관이 있다는 점이다. 일체의 근저에 무無를 놓고 이중부정에 의해 공을 나타내는 비유非有와 비무非無를 모두 무를 중심으로 해석한다.

격의불교를 맨 처음 비판한 사람은 도안이었다. 도안은 '선인들의 격의는 도리에 어긋나는 점이 많다.'고 주장했다. 하지만 도안이 격의 불교에 명확한 비판을 가했다고 해서 격의적인 사유의 기반이나 거기에 사용된 용어를 버렸다는 의미는 아니다. 오히려 그는 그러한 사유 기반을 더욱 주체화해서 같은 용어를 쓰면서도 그 의미를 중국적으로 발전시켰다. 이러한 격의불교의 폐단은 중국에 들어와 많은 불경을 번역하고, 제자를 양성하였던 구라라집에 의해 본격적으로 바로 잡히기 시작했다.

6) 위경의 출현

중국에서 위경이 출현한 것은 불교가 전래된 후 오래지 않아서라 추정된다. 그것은 도안의 『종리중경목록綜理衆經目錄』에 이미 불교경전이라 생각되지 않는 의경疑經이 26부 30권이나 들어 있다는 점에서 알 수 있다. 그렇다면 이후의 동향은 어떻게 전개되었을까. 예컨대 수대의 『법경록』(594년 완성)은 중경의 혹부衆經疑惑部에 29부 31권,

중경위망부衆經僞妄部에 53부 93권을 기재하고 있다. 또한 같은 무렵의 『언종록』(602년 완성)은 의경으로 209부 491권을 꼽는다. 다시 내려와 무주왕조기의 『명전록』(695년 완성)은 위경목록에 228부 419권을 들고 있으며, 중당시대의 『지승록』(730년 완성)은 의혹 경전으로 14부 19권, 위망난진僞妄亂眞의 경론으로 392부 1,055권을 기재하고 있다. 이것은 각각 경록 편자의 안목이나 혹은 정치적 권위에 따라 의疑 또는 위僞로 판정한 경론이기에 반드시 객관적인 타당성은 없다. 그 속에 진경이 들어 있을 가능성도 있으며, 그곳에 기재된 것 이외에도 의위경론疑僞經論이 존재했을 가능성도 있다. 그러나 그러한 점을 고려한다 해도 위에 소개한 경록의 기재는 불교 전래 이래 당나라 초기까지 끊임없이 세력을 더해 가면서 위경이 작성되어 온 사실을 충분히 보여 주고 있다.

현존하는 위경이 많은 것은 아니다. 그렇지만 그들을 검토하는 것만으로도 위경이라 불리는 제경전의 내용이 얼마나 다양한지 알 수 있다. 유형화해서 말하면, 그 중에는 단순하게 한역경전의 문장을 편집해 놓은 것, 중국사상과의 접합을 시도한 것, 민간신앙과의 융화에 역점을 둔 것, 참된 중국불교의 방향을 모색한 것 등이 있다. 또한 어떤 위경이 어느 진경이나 위경에 어떠한 형태로 어느 정도 의존하느냐 하는 것도 일정하지 않다.

그러나 다양한 위경 모두가 독자적인 모습에 있어서 중국 불교인의 주체적인 고민과 중국불교 형성을 위한 그들의 신심을 나타내고 있다는 점은 분명하다. 위경에는 중국 불교인이 불교에 대응하는 여러 가지 양상이 집약적으로 나타나 있다. 이러한 점에 유의하여 몇 가지 유형에 따라 위경의 종류와 내용을 살펴보기로 한다.

(1) 서민경전의 성립

『제위파리경』은 유송의 효무제 시절(452~464)에 담정이 북위의 폐불로 제경전이 소각되어 교화할 경전이 마땅치 않아 저술한 것으로 알려져 있다. 경전의 제목은 제위와 파리라는 두 형제가 부처님께 최초의 공양을 올리고 삼귀의, 5계를 받는 점에서 따온 것이다. 내용은 삼귀의, 5계, 10선을 강조하며, 그 정신을 보급하여 현실생활의 행동지침으로 삼고, 그러한 정신을 기반으로 공양, 조탑, 재 등을 실천해야 한다고 강조한다.

　이 경전은 불교의 실천덕목을 중국 고유의 사상과 결부시키고 있다. 즉 5계를 5상·5행 등과 일체성이 있다고 주장한다. 동시에 무병장수와 소원의 성취 등 중국 고유의 민속신앙인 태산신앙의 영향이 나타나고 있다. 이러한 것을 고려할 때 위진시대부터 존재한 유불일치사상의 흐름을 수용하면서 북위 무제시대의 폐불 이후 불교중흥을 도모하기 위해 작성되었다고 생각된다. 이러한 경전의 제작 의도는 사회적으로 독자적인 신앙결사를 탄생시켰으며, 불교사상의 깊이 때문이 아니라 경전의 서민성과 명쾌한 중국적 성격 때문에 진경 이상으로 대중의 호응 속에서 영향력을 발휘했다.

　그밖의 서민경전으로 담변이 찬술한 『보거경』이 있다. 이 경전은 삼귀의, 5계, 10선계, 8관계를 지키고, 재일날에는 철저한 계율생활을 유지하라고 강조한다. 중국의 태산신앙과 불교의 지옥응보신앙이 결합한 경우다.

담요가 저작한『정도삼매경』은 재계를 지키면 선신이 수호해 주고, 수명과 재산이 늘어나며 사후에는 천상에 태어난다고 강조한다. 이외에『관정경』·『보리복장법화삼매경』·『보장경』·『정토경』·『살바야타권속장엄경』·『법원경』·『초위법사신경』 등이 있다.

(2) 도교와 속신과의 관계를 나타내는 경전

여기에 속하는 경전은 다양하므로 좀더 세부적으로 구분해서 살펴보기로 한다.

첫째, 현세의 선악에 따라 사람의 수명이 정해진다고 설명하는 것으로서,『포박자』내편에 있는 사과司過의 신이 사람들이 저지른 죄의 경중에 따라 수명을 조절한다고 하는 증수익산설增壽益算說을 계승한『4천왕경』의 계통에 속한다.『4천왕경』이외에『수라비구견월광용자경』이 있다.

둘째, 노자를 불타의 제자로 묘사하여 도교에 대항하고, 불교의 우위를 주장하는 경전군이다. 노자화호경의 개찬이라 보이는 것이 대부분이다.『상품대계정』·『지혜본원대계상품경』·『지혜관신대계정』·『도사법륜경』·『전신입정경』·『영보소혼안지경』·『선인청문중성난경』·『청정법행경』·『공작소문경』 등이 있다.

셋째, 도교에서 사용했던 재앙을 소멸하는 방법에 대항하기 위해 위작된 경전군이다. 주로 도교의 예언서인 부록符籙, 즉 장초章醮를 모방하고 있다.『불소결마유술주』·『환사피타보주』·『5룡주독경』·『취혈기신경』·『주아통경』·『주안통경』·『주적주경』·『안택주경』 등이다.

넷째, 불로장생을 목적으로 저작된 의학적 방술책을 말한다. 『용수보살약방』·『용수보살양성자』·『용수보살화향자』·『향산선인약방』 등이다.

(3) 특정한 교의를 주장하는 경전

첫째, 호국과 보살계를 주장하는 경전에는 『인왕반야바라밀경』·『범망경』·『보살영락본업경』 등이 있다. 『인왕반야경』은 국왕이 백고좌 강좌를 널리 시행하고 백 명의 법사를 청하여 반야바라밀을 강의하면 원적이 물러가고 나라를 수호할 수 있을 것이라 설명한다. 보살 52위의 계위와 10무진계를 설하는 『보살영락본업경』도 널리 알려진 경전이지만 유래가 불분명하고 양나라시대 이전에 『인왕경』·『범망경』의 설을 이어받아 위작된 것으로 추정된다.

『범망경』은 남북조시대에 임금의 비법非法과 승려들의 비행을 바로잡으려고 10중계와 48경계를 주장한다. 따라서 계율을 취급하는 경전으로 알려져 왔다. 『범망경』은 『화엄경』·『열반경』·『인왕반야경』·『보살지지경』·『보살선계경』·『우바새계경』 등의 사상적 영향 속에 있다.

『범망경』의 내용적 특징은 『화엄경』의 웅대하고 아름다운 깨달음의 세계를 무대로 설해졌다는 데 있다. 이것은 교판 성립의 영향이라 분석된다. 대승계를 불성 자체에 의거하고 있다고 규정하고 구체적으로 10중 48경계를 제시한다. 또한 계를 지탱하는 마음은 유교처럼 효순심을 강조하고 있다.

둘째, 불교계의 개혁을 주장한 경전에 『상법결의경』이 있다. 북위 말기부터 북주의 폐불(574~579)에 이르는 동안인 6세기 중엽에 저작된 것이라 추정된다. 내용은 상법시기에 불교계에 나타나는 승속의 타락을 신랄하게 비판하고 있다. 나아가 헛된 조탑, 조상, 사경 등에 대한 겸허한 반성을 촉구하고 이타적 대승불교의 정신을 실천하여 사회개혁을 완성해야 한다고 주장한다. 이 경전은 『열반경』의 불성설, 『반야경』의 공사상, 『유마경』의 보살사상, 『화엄경』의 유심사상, 『범망경』의 계율사상 등의 영향이 보이고 있다. 이 경전은 중국불교인들에게 정법시대가 아닌 상법시대를 인식시켜 승속의 타락을 비판하였는데 천태지의, 가상길장, 삼계교의 신행 등에게 깊은 영향을 주었다.

셋째, 불교적인 효의 가치관을 세워 중국 고유의 사상인 효의 사상과 융합하려 시도한 경전으로 『부모은중경』이 있다. 기타 『점찰선악업보경』・『무량의경』 등이 있으며, 관음신앙을 고취하기 위한 것으로 『고왕관세음경』・『관세음삼매경』・『관세음참회제죄주경』・『관세음보살구고경』 등이 있다.

7) 교판론의 등장

중국에 전래된 불전이나 중국에서 연구되었던 제반 교학을 정리하고 통합하려는 시도가 5세기 무렵부터 누차에 걸쳐 진행된다. 수・당대의 불교학자들은 이것을 교상판석이라 부르며 남북조시대의 각종 학설을 인용, 정리하고 있는데 각각 다소의 차이가 있다.

일반적으로 교상학자들은 일체 경전을, 뛰어난 사람이 이해하고 깨달을 수 있는 돈교頓敎, 순차적으로 깊이 이해하여 깨달음에 도달하려고 하는 점교漸敎, 설법은 한 가지이지만 그것을 수용하는 방법이 다른 부정교不定敎의 세 가지로 분류했다.

　그러나 특정학파가 받드는 경론이 가장 뛰어나고 다른 학파나 여타의 제경론은 열등하다고 하는 우열과 심천의 가치판단에 교판의 목적이 있었던 것은 아니다. 예컨대 5시교판에서는 『법화경』을 가장 훌륭한 경전으로 간주하는데, 『법화경』의 주석서를 저술한 광택사 법운은 성실학파에도 소속되었으며, 열반학파의 영웅으로 지칭되기도 한다. 또한 그는 『화엄경』을 돈교로서 각별하게 취급하고 있다. 더구나 한 사찰 안에 여러 학파의 승려들이 공존하고 있었던 당시의 교단 형태에서는 다른 학파를 비판하고 자기가 소속된 학파의 우월성만을 강조하는 교판을 제창하기에는 어려움이 있었을 것이다. 이러한 의미에서도 교판은 제경론과 교학의 정리와 분류라는 성격이 강하다고 하겠다.

　중국에서 교판이 생기기 이전인 인도불교에서도 중국불교의 교판과 비슷한 제경론의 분류나 체계가 몇 가지 존재한다. 예컨대 용수의 『대지도론』에는 불교를 비밀秘密과 현시顯示 혹은 대승과 소승으로 구분하는 방식이 소개되어 있다. 또한 용수의 『십주비바사론』은 이행도와 난행도로 불교를 구분한다. 『해심밀경』에서는 교설시기를 3시로 구분하고 제1시에 성문승, 제2시에 대승, 제3시에 일체승을 배치하고 있다. 기타 유식학자인 계현은 유有, 공空, 중도中道의 3종교를 주장하였으며, 지광智光은 3시 3승 – 4제, 법상대승法相大乘, 무상대승無相大乘 – 을 설하고 있다.

　중국인 중에서 처음 교판을 주장한 사람은 혜관(5세기 전반)이다.

혜관은 말년에 여산의 혜원을 추종한, 구마라집의 제자이다. 그는 2교 5시설을 주장했는데, 도시하면 다음과 같다.

2교: 돈교 – 화엄경(보살을 위해 완전한 진리를 밝힌 교설).
점교: 녹야원의 초전법륜에서 입멸하기까지 교화의 과정을 얕은 것에서 깊은 것으로 순차적으로 설한 것.

이상의 2시 중에서 점교를 세부적으로 5가지로 구분한 것을 5교라 한다.

①3승별교: 성문을 위해서는 4제를 설하고, 독각을 위해서는 12인연을 설하며, 대승인을 위해서 6바라밀을 밝히는 것.
②3승통교: 반야경의 교설로 성문, 독각, 보살을 공통적으로 교화하는 것.
③억양교: 『유마경』·『사익경』으로 보살을 칭찬하고 성문을 억제하는 것.
④동귀교: 3승을 하나로 모아 함께 유일, 구극의 진리로 돌아가는 것.
⑤상주교: 불타의 영원성을 설하는 『열반경』을 지칭.

제나라 유규(438~495)는 7계설을 주창했다. 유규는 원래 제나라의 관리였는데 은거하여 불교연구에 몰두했다. 그는 학인의 성질과 능력에 따라 교설을 구분해야 한다고 생각하고 독창적인 교판을 창안한다. 7계는 인천승, 성문승, 연각승, 대승, 『무량의경』, 『법화경』, 『열반경』

등이다.

북위 담란(476~542)은 중국 교판론의 본류에서 독립하여 2력 교판을 내세웠다. 담란은 정토교의 다섯 조사 중에서 제1, 일곱 스승 중에서 제3의 인물로 꼽히는 정토교 승려이며, 4론종(중론, 백론, 12문론, 대지도론)의 조사였다. 그는『정토론주』하권에서 자력과 타력을 다음처럼 밝히고 있다.

자력 - 사람들이 고통의 세계에 떨어지는 것을 두려워해서 계율을 지키고, 선정을 닦으며, 선정의 힘으로 신통력을 구비하고, 그 힘으로 어느 세계에나 자유스럽게 가는 것.
타력 - 열등한 사람이 말에 타기는 했지만, 스스로 하늘에 오르지 못한다. 그렇지만 전륜왕 일행을 따라서는 허공에 올라가 자유롭게 어느 세계에나 갈 수 있다.

이상의 2력은 이행도와 난행도의 교판과 유사하다. 그러나 신심에 의지하는 타력을 정토교의 특질로 부각시킨 점에 의의가 있다.
북주에서 수시대에 걸쳐 활약한 사람인 정영사 혜원도 자신의 저서 『대승의장』1에서 4종판을 주장했다.

입성종立性宗: 아비달마의 제법실유설
파성종破性宗: 법에 본체는 없으나 가상假相의 실재성을 인정하는 것.
파상종破相宗: 가상의 실재성까지도 부정하지만, 아직 법의 진실이 밝혀지지 않은 것. 공사상의 입장.

　현실종賢實宗: 법의 진실은 여래장, 불성임을 밝히는 것.

　이상의 교판이 토대가 되어 화엄종의 5교 10종판, 법상종의 3시설, 천태종의 5시 8교설 등 독자적인 교판이 등장하게 되었는데, 종밀은 교판과 교선의 일치를 주장하기도 했다. 그러나 이에 대해서는 별도로 언급하기로 하고 여기에서는 상론을 피한다.

　이러한 교판의 일반적인 특색을 보면, 남북조시대 불교인들이 궁극의 진리를 밝히기 위해 가장 중요시했던 경전이 『화엄경』과 『열반경』임을 알 수 있다. 즉 『화엄경』은 불자내증佛自內證의 세계가 순서나 방법을 거치지 않고 직접 드러나는 완전한 가르침이며, 『열반경』은 부처님이 방편적으로 궁극의 진리를 나타내다가 마지막에 완전히 드러낸 가르침이라는 인식이 전제되어 있는 것이다. 이러한 전제하에서 궁극의 진리와 그것의 개현 방법이 이후 형성되는 교판의 주요 쟁점이 되었던 것이다.

3. 불경의 번역과 전파

1) 불전의 번역

불전 또는 불교성전이란 경·율·논 삼장을 총칭하는 말로서 통칭 대장경이라고도 한다. 경장이란 석존의 교설을 문자화한 것이며, 율장이란 출가자와 재가신도들이 지켜야 할 계율, 또는 출가자의 집단인 승가 내의 생활규범 등을 적은 책이고, 논장이란 후세의 불교학자가 경과 율을 대상으로 하여 그 속에 담겨져 있는 뜻을 풀이했거나 조직, 정리한 연구서 가운데 경·율에 못지않게 그 내용이 출중한 논서를 가리킨다. 그러므로 45년간에 걸친 석존의 설법을 그대로 문자화해 놓은 경·율은 말할 것도 없고 인도의 불교학자들이 저술한 논서도 그 분량이 적지 않다.

하지만 그 많은 불전이 일시에 중국 땅으로 들어온 것은 아니기 때문에 역경의 기간은 장기화될 수밖에 없었다. 또한 단편적으로 특정 경전이 중국의 어느 지방에 들어왔다고 하더라도, 교통이 불편하고 정보교환의 수단이 발달하지 못했던 당시로서 다른 지방에서는 그런 사실을 알 수도 없었다. 인쇄술의 미비함 또한 번역된 경전의 유포를 더디게 하였기에 불전의 전래와 번역은 자연히 장기간에 걸칠 수밖에 없었던 것이다. 하기에 중국불교사를 번역의 역사라고 할 만큼 불전의 한역은 큰 의미를 갖는 것이다.

중국에서 불전 전래와 번역은 후한後漢 환제桓帝의 건화建和 2년(148)에 안식국에서 온 안세고安世高가 단초를 연 이래, 송宋의 신종神宗 원풍元豊 원년(1078)에 이르기까지 수백 명의 번역자가 방대한 양에 달하는 불교 전적들을 번역하게 된다. 그런데 이들 역자의 대부분은 인도 또는 서역지방에서 도래한 고승들이었으며, 일부만이 인도에 구법, 유학한 중국의 고승들이었다.

번역은 대부분 공동작업 혹은 국가적 사업으로 시행되었다. 역경사업이 본격화되자 역경원이나 번역원이라는 기관을 설치하였는데, 여기에는 역주譯主, 필수筆受, 도어(度語: 통역), 증범본證梵本, 윤문潤文, 증의證義, 범패(梵唄: 의식담당자), 교감(校勘: 교열), 감호(監護: 마지막 검열자) 등의 직제를 두어 체계적으로 시행하였다. 모든 번역이 이러한 제도 아래 이루어진 것은 아니지만 대체로 여기에 준하여 번역을 하였으므로 어느 정도 경전 번역의 확실성을 보장할 수 있었다.

불경의 전래가 시작되자 경전들을 일목요연하게 정리한 경전목록이 필요하게 되었다. 첫 경전목록은 동진東晉 때 도안道安이 처음으로 만든 『종리중경목록』(또는 道安目錄)이다. 그동안 번역된 경전들이 역자나 연도 등을 기록하지 않았기에, 언제 누구에 의해서 번역된 것인지를 알 수 없었을 뿐만 아니라, 범본을 번역한 것인지, 아니면 중국에서 새롭게 만들어진 것인지조차 알 수 없었기에 이를 바로잡고자 만든 목록이었다. 그 후 양梁의 승우僧祐는 새로이 역출된 경전을 『도안록』에 증보하여 『출삼장기집』을 편찬하게 된다. 이렇게 시작된 경록이 당, 송대를 거처 『역경도기』·『개원석교록』·『대중상부법보록』 등 수많은 경록으로 만들어진다. 또한 지광의 『실담자기』나 의정의 『범어천자문』·전진의 『당범문자』·『일체경음의』·『천축자원』 등은 모두 역경이나 경전연구를 위한 범어학의 기초서적으로서 저술된 것이었다.

2) 대표적 역경가

중국불교에 있어서 번역에 종사한 사람은 수백 명을 헤아린다. 이들은 역경에 종사했다 하더라도 역경만 한 것은 아니고, 후진양성과 교학연구, 불교홍포를 겸해서 실천했다. 그들 중에서 대표적인 역경가를 살펴보면 다음과 같다.

안세고와 지루가참은 후한 환제 때 중국에 들어왔다. 안세고의 자는 세고이며, 안식국의 태자로 태어났지만 왕위를 숙부에게 양위하고 출가하여 아비담학과 선경禪經에 정통하였다. 후한 환제 건화 원년(147) 낙양에 도착하여 영제의 건녕 연간(168~171)에 이르는 20여 년간 오로지 경전의 번역에 종사하였으니, 중국에 불교가 전래된 이래 경전의 번역은 그로부터 시작되었다. 그가 번역한 경전은 대단히 많으나 『안반수의경』·『음지입경』·『사제경』·『전법륜경』·『팔정도경』·『아비담오법경』·『아비담98결경』 등이 있다. 이들 중에서

『안반수의경』과 『음지입경』이 중국선종사에 미친 영향은 지대하다.

지루가참은 대월지 출신으로서 한나라 환제 말기에 낙양에 들어왔다. 안세고보다 조금 늦게 중국에 들어온 그는 영제의 광화(178~183), 중평(184~189) 연간에 『도행반야경』· 『반주삼매경』· 『수능엄경』· 『반주삼매경』· 『아축불국경』 등의 대승경전을 역출하였다. 이 중에서 『도행반야경』과 『수능엄경』· 『반주삼매경』은 중국불교 발전에 많은 영향을 미치게 된다. 이들 두 사람의 경전 번역은 곧 안식계불교와 월지계불교의 전래를 말하며, 각각 대·소승의 경전을 번역하여 후세에 큰 영향을 미치게 된다.

위진시기에 들어와서도 중국에 들어온 역경승들은 지속적으로 불경을 번역한다. 한편 후한 말기의 전쟁으로 낙양과 장안의 주민들이 대다수 남쪽으로 이주한 결과 승려들도 강남지방으로 이주하게 된다. 강남지방은 남해교통의 발달로 인해 뱃길로 불교가 전파되었다. 오나라 수도 건업은 화북지방에서 남하한 불교와 교주와 광주에서 북상한 불교에 의해 불교문화를 꽃피웠다. 이 시기의 대표적인 역경승은 지겸과 강승회이다.

지겸스님은 원래 대월지국 사람이다. 조부인 법도法度가 한나라 영무제 때 수백 명의 월지인을 거느리고 귀화하였다. 말하자면 낙양에서 태어난 천축인 2세인 셈이다. 지루가참의 제자인 지량支亮에게 배웠는데 재주가 매우 비범하여 세상의 칭송을 받았다. 헌제(190~220) 말년에 한나라 왕실의 다툼과 소란으로 말미암아 동향인 수백 인을 거느리고 오나라로 피신하였다. 오나라 임금인 손권은 그의 박학과 재능에 감탄하여 궁중으로 초청하여 동궁(왕세자)인

손량을 보필하고 지도하게 하였다. 이후 손량이 황제에 즉위하자 궁애산으로 들어가 은일하며, 지계持戒에 전념하면서 출가자 이외에는 만나지 않다가 60세를 일기로 세연을 마쳤다. 오나라에서 자신의 재능을 발휘하였기에 오지겸이라 칭하기도 했다.

6개 국어에 능통하여 222년부터 253년 사이에 수많은 경전들을 번역하고 주석했다. 지겸이 번역한 경전 중에서 중요한 것으로는 『유마힐경』・『대명도무극경』・『대아미타경』・『서응본기경』 등이 있다. 이 중에서 『유마힐경』과 『도행반야경』의 이역본인 『대명도무극경』은 특히 노장사상의 사상적 외연을 확장하는 데 막대한 영향을 미치게 된다. 또한 『대아미타경』을 번역하여 중국인들에게 처음으로 아미타부처님의 존재를 알렸으며, 이에 더하여 『요본생사경주』를 찬술했다. 그의 주석에 대해 전진시대의 석도안은 『요본생사경』 서문에서 "그의 주석은 근원을 잘 헤아리고 있으며, 의심을 잘 해결해 주지만 어리석은 사람들은 알기가 쉽지 않다. 나는 그의 주석을 근거로 삼으면서 알기 어려운 곳을 풀이했다."고 고백하고 있다. 당대를 대표하던 도안이 지겸의 주석이 매우 훌륭했음을 입증했던 것이다.

강승회의 선조는 강거인이며, 대대로 천축(인도)에 왕래하였다. 그의 부친은 상업에 종사하였기에 교지(交趾: 지금의 베트남)로 이주하였다. 10여 세에 양친을 여의고 출가하여 불교와 중국 고전에 능통하였으며, 불교를 전법하고자 하는 의욕으로 가득 차 있었다. 오나라의 손권이 지배하던 강남의 서쪽지방은 아직 불교가 전해지기 전이었는데, 그는 247년 건업에 들어와 작은 절을 세우고 불상을 안치한 후 불도를 행하고 있었다. 당시 오나라 사람들은 처음 보는 사문을 기이하게 생각하였다. 이후 손권의 요청으로 부처님의 사리를 구하여 왔으므로 손권은 강남에 사찰을 세우고, 처음 세운 절이란 의미에서 건초사라 이름했다. 또한 그 지방을 불타리라 명명했다. 그는 『아난염미경』·『경면왕경』·『찰미왕경』·『범황왕경』·『육도집경』 등을 번역했으며, 『안반수의경』·『법경경』·『도수경』의 3경에 주석과 서문을 지었다.

　서진시대의 대표적인 역경승은 축법호였다. 그의 선조는 월지국 사람이었으며, 성은 지支씨이다. 중국에 들어와 대대로 돈황에 살고 있었다. 8세에 출가하여 외국인 승려인 축고좌에게 사사하였기 때문에 성을 축으로 바꾸었다. 방등경전이 서역에 있다는 말을 듣고, 서역을 순역하며 많은 범본을 구하여 돈황을 통해 장안에 들어왔다. 그 후 무제의 태시 원년(265)부터 회재의 영가 2년(308)에 이르는 40여 년간을 경전 번역에 진력하여 불법홍통에 크게 이바지하였다. 번역한 경전은 『광찬반야경』·『정법화경』·『유마힐경』·『미륵하생경』 등 대략 150부 300권이라 한다. 양나라 승우스님은 불교가 중국에 널리 퍼진 이유로 축법호의 공덕을 들고 있을 정도로 역경사에 있어서 그의 공적은 구마라집 이전에 제일로 꼽혔다. 그의 명성을 듣고 모여든 승도가 항상 수천 명이었다고 한다. 사람들은 그의 덕을 존경하여 돈황보살, 월지보살 또는 천축보살 등으로 찬양하였다고 한다.

　후진 불교의 대표자는 구마라집이다. 구마라집이야말로 이 시대뿐만이 아니라 중국불교사에서 길이 잊을 수 없는 사람으로, 그의 도래는 실로 중국불교로서는 하나의 신기원을 이루는 것이었다. 당의 현장과 함께 역경사에서 2대 역성으로 불리는데, 역장의 완비와 역어의 유창함을 그의 전후를 기준하여 구분할 만큼 불교교학은 구마라집에 의해서 급속도의 발전을 이루었다.

　구마라집은 구자국 사람으로 7세 때에 출가하여 모친과 함께 서역 제국을 편력하며 불교를 연구하였다. 20세에 이르러 구족계를 받았으며, 그때 그의 명성은 이미 중국에까지 알려져 전진의 부견왕은 그를 초빙하고자 여광에게 구자국을 쳐서 구마라집을 모셔올 것을 명령하기에 이르렀다. 여광이 구자국을 쳐서 그와 함께 돌아오는 도중 전진이 망하고 후진이 일어났다. 이에 여광은 그대로 머물러 후량국을 세웠다. 이리하여 구마라집은 여기에서 약 15년간 머물렀으며, 후진왕 요흥의 초청으로 비로소 장안에 들어오게 되었다. 이것은 후진 홍시 3년(401)의 일이다. 요흥은 그를 보자 크게 기뻐하고 국사의 예로써 대하고 서명각, 소요원을 내려주어 그의 역장으로 삼게 하였다. 이후 그는 장안에서 번역에 종사하기 12년만인 홍시 15년(413)에 70세로 입적하였다.

　역경사에 있어서의 위대한 구마라집의 공적은 다시 더 말할 필요도 없으나, 역장의 완비는 역경이 종래의 개인적인 것에서 탈피하여 국가사업으로 기도되었다는 데 큰 의의를 갖는다. 그의 역경은 번역어가 적절하고 유창하며 정확했다. 때문에 그를 통해 고역 또는 구역을 구분하는 기준이 되었다. 그가 번역한 경전은 도합 74부 384권에 이르며, 후세의 교학발전에 커다란 영향을 미치게 된다. 그중 중요한 것으로는 『대품반야경』・『소품반야경』・『금강반야경』・『인왕반야경』・『묘법연화경』・『유마경』・『아미타경』・『수능엄경』・『유교경』・『법망경』・『좌선삼매경』・『대지도론』・『중론』・『백론』・『십이문론』・『십주비바사론』・『성실론』 등이 있다. 대승 논서는 이때 처음으로 전래되었는데 이로 인해 삼론종, 성실종 등이 등장하게 된다. 또한 『반야경』의 역출은 불교 교학에 한층 빛을 더해 준 것이며, 『법화경』·『아미타경』·『유마경』 등은 후세에 천태종, 정토종, 선종 등의 발달에 결정적인 역할을 하게 된다.

담무참은 중천축국 사람으로서 어려서 달마야사의 제자가 되어 처음에는 소승을 공부한 이후에 백두선사에게 『열반경』을 공부하고 나서 대승에 귀의하게 된다. 천축국왕의 미움을 사 『대반열반경본』의 전분 12권과 『보살계경』·『보살계본』을 가지고 고국을 떠난다. 이후 이빈국을 거쳐 구자지방에 들어왔다. 현시 원년(412) 하서왕인 저거몽손에 의해 고장지방에 들어왔다. 그 후 의화 3년(433) 자객에 의해 살해될 때까지의 21년간 역경에 종사했다. 『열반경』·『금광명경』·『비화경』·『불소행찬』 등 많은 경전을 번역하였는데, 특히 『열반경』은 열반종의 홍기를 가져와 교학에 미친 영향이 매우 컸다. 그가 어느 정도 북량왕에게 신임을 받고 있었는가는, 당시의 대국 북위가 온 국력을 기울여 담무참을 초빙하려 했지만 몽손이 이를 거절하며 "그와 함께 죽어도 애석하지 않다."고 말할 정도였다. 하지만 외국 사문인 담무발이 『열반경』의 품목이 부족하다고 말하자 이를 얻고자 서역으로 떠났고, 몽손이 그의 행동을 의심하여 자객을 보내 죽이기에 이르렀다. 이 일은 당시 국가 간에 있어서의 미묘한 관계와 명승들이 이들 나라 사이에서 어떠한 사회적 지위를 점유하고 있었는가를 알려 주고 있을 뿐만 아니라, 당시의 불교가 어떠한 상태에서 유포되고 있었는가를 알려준다. 담무참은 "박학다식은 라집의 부류이고, 비주신험秘呪神驗은 불도징공에 필적한다."고 말해질 정도였다. 귀신을 부려 병을 치료하는 주술에 능하였다고도 전한다.

　불타발타라는 북천축 사람으로 5세에 고아가 되어 17세에 출가하였으며, 특히 선과 율에 능통했다. 불현佛賢, 각견覺見, 각현覺賢 등으로도 불리운다. 구법사문인 지엄의 간청에 의해 요진의 홍시 10년(408) 장안에 들어왔다. 당시 장안에는 구마라집이 3천 명의 제자들을 이끌고 이름을 떨치고 있었는데, 불타발타라는 그를 찾아가 서로 교유하며 법상을 논하기도 하였다. 항상 '고요함을 지켜 무리에 휩쓸리지 말라'고 말하며 덕행을 강조하였으나 도항 등에게 배척당하여 제자인 혜관 등 40여 명과 함께 여산에 있는 혜원을 찾아가 의탁하며 선경을 번역하였다. 그는 뒤에 형주의 도량사에서 오로지 번역에만 종사하다 송의 원가 6년(429) 71세를 일기로 입적하였다. 그가 번역한 경전 중에서 가장 중요한 것은 『화엄경』(60권)이다. 법현과 공역한 『대반니원경』·『마하승지율』 등이 있으며, 『관불삼매경』·『신무량수경』·『대방등여래장경』·『문수사리발원경』 등이 있다. 『화엄경』의 역출은 영향이 커서 뒤에 당의 실차난타가 역출한 『화엄경』(80권)을 당역 혹은 신역이라 부르는 데 대하여 구역 혹은 진역 화엄경, 또는 60권 화엄경으로 불리며 유포되었다.

　남북조시대에도 뛰어난 역경승들이 등장하여 중국불교사에 뚜렷한 발자취를 남기고 있다. 우선 구나발타라를 들 수 있다. 구나발타라는 중천축 사람이다. 그는 원가 12년(435)에 광주에 들어왔으며, 문제는 그를 기원사에 살게 했다. 그는 『잡아함경』·『승만경』·『능가경』·『상속해탈경』·『무량수경』 등을 번역했다. 『아함경』은 승가제바의 『증일아함경』·『중아함경』의 번역, 그리고 불타야사의 『장아함경』

번역에 이어 구나발타라가 『잡아함경』을 번역함으로써 한역 4아함이 모두 번역되게 되었다. 『승만경』과 『능가경』의 번역은 중국 여래장사상의 전개에 커다란 영향을 주었다. 『능가경』은 4권 능가라 하여 선종의 초조인 보리달마가 혜가에게 전해주는 경전이며, 중국 선종의 발달에 막대한 영향을 미치게 된다.

남조의 양나라 무제의 초청으로 중국에 온 바라말타, 즉 진제삼장도 유명한 역경승이다. 그의 역경은 교학상에 미치는 영향으로 보아 남북조 역경가 중 제일이다. 역경 역사상 구마라집, 현장, 불공과 함께 4대 역경가로 불리는 진제(499~569)는 서천축 사람으로 양무제의 청에 따라 대동 12년(546) 해로로 광주에 도착하여, 대청 2년(548) 수도인 건강(지금의 남경)에 들어가 무제의 접견을 받기에 이른다. 그러나 전란 등으로 인해 유랑하며 불우한 생활을 하다 진의 대건 원년(569)에 생애를 마쳤다. 유랑 중에도 항상 번역을 놓지 않아 번역한 경론이 49부 142권에 이른다. 그 중에서 『섭대승론』· 『섭대승론석』· 『대승기신론』· 『금광명경』· 『불성론』· 『유식론』· 『삼무성론』· 『아비달마구사론석』· 『중변분별론』· 『여실론』 등은 특히 주목되는 것이다. 이러한 경론의 역출은 유식론의 연구를 촉진시켜 교학상에 새로운 전개를 가져왔다고 할 수 있으며, 『섭대승론』은 섭론종을 일으켰고, 『대승기신론』은 현재에도 불교학 입문서로서 중요시되고 있다.

수·당대에 활약한 역경승 역시 매우 많다. 수대에는 나련제야사, 사나굴다, 달마굽다 등이 중국에 들어와 활약한다. 수·당대를 대표하는 역경승으로는 현장과 불공을 들 수 있다. 우선 현장에 대해 살펴보면 다음과 같다. 현장은 낙양 근처인 구씨현에서 출생했다. 큰형인 장첩법사가 주석하고 있던 낙양의 정토사에 살다가 수나라 말기의 전란을 피해 이주했던 촉지방에서 『섭대승론』과 아비달마를 배웠다. 이후 법을 얻기 위해 인도에 갔다가 돌아오자 태종은 그를 맞이하여 홍복사에 살게 했으며, 자은사가 낙성되자 번역원을 설치하고 그를 맞아 역경에 종사하게 하였다. 그는 홍법사와 자은사, 또는 서명사, 옥화궁 등에서 약 20년간 무려 75부 1,335권에 달하는 많은 경론을 번역하였다. 그가 번역한 경전 중에는 『대반야바라밀다경』(600권)을 비롯하여 『불지경』·『불지경론』·『현양성교론』·『유가사지론』·『섭대승론』·『섭대승론무성석』·『섭대승론세친석』·『해심밀경』·『변중변론』·『유식론』·『성유식론』·『이부종륜론』·『구사론』·『집론』·『잡집론』·『순정리론』·『비바사론』·『발지론』·『칭찬정토경』·『약사본원공덕경』 등이 특히 유명하다.

그는 국가적인 보호 아래 역경에 종사하였다. 처음 홍법사에서 『유가사지론』을 번역하여 출간하자 태종은 그를 위해 「삼장성교서」을 하사했다. 그의 번역은 축어적이며 매우 엄밀하고 원전도 인도불교의 후기에 성립된 것이어서 종래의 번역 방법을 일변시키게 되었다. 이후 대부분 이 번역 방법에 따랐기 때문에 종래의 번역을 구역이라 칭하게 되었다. 역경사상 구마라집과 현장을 2대 역성이라고 부르는데, 라집은 구역의 대표자이고 현장은 신역의 대표자이다. 구마라집과 현장 양자를 비교해보면, 현장이 축어적으로 엄밀했던 반면 라집은 달의적達意的으로 정련되어 있다고 말할 수 있다.

불공不空은 북인도 출신으로 스승인 금강지와 함께 개원 8년(720)

해로로 낙양에 들어와 구족계를 받고 금강지의 번역사업을 보좌했다. 금강지가 입멸하자(741) 문인 함광 등과 함께 범본을 구하기 위해 인도로 돌아갔다. 인도의 여러 곳을 다니면서 진언을 연구하고 밀교 경전을 구하여 천보 5년(746)에 다시 장안으로 돌아왔다. 그는 대종의 대력 9년(774) 70세로 입적할 때까지 근 30년간을 장안의 불교계에서 활동했다. 그는 인도에서 구해온 경전 77부 101권을 번역하고 그 목록을 만들어 왕에게 헌납하자 바로 장서각에 입고하라고 명령했다고 한다. 범어 독해력과 중국어 표현력이 뛰어난 것이 그의 번역에 있어서 장점이 되었다. 때문에 중국 역사상 4대 역경가에 속하게 되었다. 중국에 밀교를 보급시키는 데 혁혁한 공헌을 했으며, 병사했다. 당나라 현종, 숙종, 대종의 3대에 걸쳐 극진한 우대를 받았으며, 병으로 자리에 눕자 대종은 개부의동삼사를 내리고 숙국공에 봉하여 식읍 삼천호를 하사하였다. 또 그가 입적하자 대종은 3일간 조회를 폐회하였으며 대변정광지불공삼장화상이라는 시호를 내렸다. 그는 특히 밀교 경전을 많이 번역했는데, 그 중 『금강정일체여래진실섭대승현증대교왕경』(『금강정경』)은 선무외(637~735)가 번역한 『대비로자나성불신변가지경』(『대일경』)과 함께 진언종의 소의경전이 되었다. 신라의 혜초스님이 불공의 제자이다.

송대에 들어와서도 역경 사업은 지속되었다. 건덕 3년(965)에 창주의 도원이 18년간의 인도여행에서 불사리와 패엽경을 가지고 왔다. 다음해에는 사문 행근 등 157인이 칙명에 따라 서역으로 구법 여행을 떠난다. 건덕 2년(964)에는 사문 계업과 300여 승려들이 함께 천축에 들어가 불사리와 경전을 구해와 모셨다. 서역과 인도의 교통로가 크게 열려 서로의 왕래가 빈번해졌으며, 그들이 가지고 온 경전의 번역사업을 국가적으로 하게 되었다. 태종의 태평흥국 7년(982)에 태평흥국사에 역경원을 설치하고 인도승 천식재, 법천, 시호, 법호 등으로 하여금 이곳에서 번역에 종사하게 하였다. 또한 중국승 유정 등 10인을 뽑아 범어를 공부하게 하여 역경사업에 종사하도록 하는 등 장기적인 안목에서 인재를 양성하기도 했다. 증의證義, 증문證文, 필수筆受, 철문綴文, 간정刊定 등은 중국승려들이 담당하여 번역을 도왔다. 역경원과 그 서편에 세워졌던 인경원을 합하여 전법원이라 불렀다.

그러나 국가적인 지원 아래 시행되었던 송대의 역경사업은 신종의 원풍 원년(1078) 역경승 일칭이 죽고 얼마 되지 않아 중지되기에 이른다. 송대의 역경사업은 당대에 뒤지지 않을 정도였지만 중국불교 사상에 이렇다 할 큰 영향은 미치지 못했다. 그것은 중요한 경전은 이미 당대에 이르기까지 거의 번역되었기 때문이었다. 훌륭한 역경 설비에도 불구하고 번역할 원본이 줄어들게 되어 역경사업이 중지되기에 이른 것이다. 새로운 문화욕구를 충족시켜줄 새로운 사조의 불교가 없었고, 또 이미 중국불교 자체가 완전히 토착화되어 선종과 같은 중국인의 심성에 적합한 불교를 창출하였기 때문이었다. 만일 이러한 사상들을 상쇄하고 남을 정도의 문화적 충격을 수반한 새로운 불교사조가 있었다면 불경의 번역은 지속되었을지도 모른다.

3) 대장경의 출판

석가모니 부처님께서 활동하던 시기에는 별도로 불경이란 이름의 책이 존재하지 않았다. 그러나 부처님의 열반은 경전의 편집을 필요로 하게 되었다. 영취산 칠엽굴에서 아난이 법을 암송하고, 우바리가 율을 암송하여 당대를 대표하는 500명의 승려들에게 공인을 받으니, 이것이 경전과 율전이다. 이때 편찬된 경전과 율전은 현재와 같이 문자로 기록된 것은 아니었다. 사제가 함께 암송하는 합송이었다. 합송이란 의미의 산스크리트어인 아가마를 음역한 『아함경』이 바로 이것이다. 그 후, 즉 불멸 후 100여 년이 경과한 뒤에 문자로 편집되기 시작했으며, 문서포교를 장려한다는 차원에서 경전에 대한 지송持誦과 서사의 공덕이 강조되었다. 이후 대승불교의 등장은 새로운 대승경전의 출현을 촉구하게 되며, 밀교에 이르러서는 방대한 밀교 경전이 등장하게 된다.

육로와 해로를 통해 중국에 불교가 전래된 이후 수많은 범본 패엽경과 종이로 제작된 불경이 중국에 들어와 한자로 번역되었다. 중국에서 번역된 한문경전은 육조시대 이래 수, 당, 송을 거쳐 조판에 의해서 혹은 지필묵에 의해 서사되어 유포되었다.

중국에 전래된 불교는 지역에 따라 혹은 전래 루트에 따라 각각의 다양한 경전들을 중국에 소개하였다. 문제는 국토가 방대하고 전래 당사자의 출신국도 서역이나 천축 등으로 다양하여 어떤 경전이 어디에서 누구에 의해 역경되었는지 알 수 없었다는 점이다. 이에 도안 이래 한역된 경, 율, 논을 체계적으로 정리하고자 하는 시도가 나타난다. 우선 위진 시기에 경전의 목록집이 등장하는데, 위경의 출현과 함께 더더욱 불경 전반에 대한 연구가 필요하게 되었다. 따라서 당의 개원시대에 이르자 이전에 이미 유포되고 있는 경, 율, 론을 왕의 명령에 따라 대장경으로 정리하게 된다. 대략 5,048권의 방대한 분량이었다. 대장경의 서사書寫는 쉬운 일이 아니었지만 황실이나 귀족들의 보호 아래 시행되었으며, 감색 종이나 자색 종이에 금과 은을 칠하는 장식경裝飾經까지 만들게 되었다.

또한 사원과 승니의 증가로 불전의 수요가 촉발되자, 서사 이외의 방법으로 불전을 제작하는 데 착안하게 되었다. 경문을 목판에 새기고 그 판본으로 다수의 경전을 인쇄하는 새로운 방식이 출현한 것이다. 이러한 점에서 만당晚唐, 오대는 사경에서 새로운 방식인 인경印經으로 옮겨가는 과도기였다고 말할 수 있다. 그리하여 10세기의 북송시대에 이르면 대장경의 출판을 목격하게 된다.

촉판 대장경

송대 불교의 특징은 대장경의 조판과 인쇄가 대규모로 이루어졌다는 점이다. 중국의 인쇄술은 이미 당대에 시작하여 경전의 인쇄가 일부 시행되었으나 각종의 경, 율, 론을 분류하여 집대성한 대장경이 간행된 것은 송대 태조 때 일이다. 세계 인쇄문화사상 유례를 찾아볼 수 없는 위대한 사업을 완성했던 것이다. 송의 태조는 개보 4년(971) 장종신을 촉의 익주(지금의 중국 사천성 성도)로 파견하여 대장경의 조판을 명하였다. 익주는 만당시대부터 전촉, 후촉시대에 걸친 인쇄문화의 중심지였기 때문이다. 이 대사업은 그 후 12년이 지나 태종 태평흥국 8년(983)에 완성을 보게 되었다. 그 내용은 『개원록』에 수록한 경, 율, 논 등 1,076부 5천여 권이며, 그 판목 수는 13만여 판이나 되는 방대한 사업이었다. 이것을 그 개판지의 이름을 따서 촉판 대장경이라고 한다.

이 대장경판을 황실에 헌납하니 태종은 태평흥국사 역경원의 서쪽에 인경원을 창립하여, 여기에 경판을 보관하고 인쇄 작업을 시작했다. 이때 인경원은 역경원과 함께 전법원이라고 총칭하였다. 또한 이 인경원의 경판은 내시성에서 관리했으며, 이것은 송 왕실의 공덕사업으로 고찰이나 대사는 말할 것도 없고, 국제적인 우의를 다지기 위해 동여진, 서하, 고려, 일본 등의 주변국에까지 기증하였다.

인경원은 이 판목의 관리와 인쇄뿐만이 아니라 정원록의 적장경이나 송의 신역경전의 개판도 함께 하였다. 그 후 신종 희녕 4년(1071)에 국고재정의 곤란으로 인경원이 폐지되자 판목은 개봉부(지금의 중국 정주시, 송대의 수도) 아래의 현성사에 있는 수성선원으로 이관되어 관리토록 하였다. 이 촉판 대장경을 근거로 고려 성종 10년(991)부터 시작하여 현종 2년(1011)에 완성한 것이 고려대장경이고, 고종 때 다시 새긴 것이 현존하는 해인사 대장경이다.

동선사판 대장경

북송의 신종 원풍 3년(1080)에 복주 동선사의 주지 혜공이 장경을 사설출판하기 시작하여 그 제자들이 휘종 숭녕 3년(1104)에 이르는 24년에 걸쳐 완성하였다. 그 후 정화 2년(1112)까지 새로 번역된 천태부의 장소章疏를 추가로 조판하여 모두 6천여 권에 이르렀는데,

이것을 복주 동선사 등각원판 대장경이라 부른다.

개원사판 대장경

북송 휘종 2년(1112)에 복주 개원사에서 시작된 것으로 본오, 본명 등에 의하여 남송 고종 소흥 21년(1151)에 이르기까지 40여 년에 걸쳐서 완성된 사판이다. 그 후 효종 건도 8년(1172)에 소왕이 선종부를 포함시켜 6천여 권이 되었다. 이것을 개원사판이라 하는데, 제2회의 동선사판과 함께 그 지명에 의해서 복주판, 민본 또는 월본이라고도 한다.

복주본의 특징은 승려들이 발기하고 일반신도들이 기부금을 헌납하여 일을 진행했으며, 대장경의 순서에 따라 조정의 입장入藏 칙허勅許가 증가하고 있다는 점이다. 국가에서 철저하게 관리하고 있었음을 알려준다.

송판 대장경

송판, 사계판이라 부르는 것은 천태의 정범, 선종의 회심 등에 의하여 호주 사계(지금의 절강성 오흥부)의 원각선원에서 이 지방의 호족인 왕영종 일족의 재시로 조판된 것으로서 남송 소흥 2년(1132)에 시작되었다. 원각선원이 뒤에 법보法寶 자복선사로 개칭됨에 따라 간기에는 자복선사 판경이라는 것이 추가되었다. 북송에서부터 남송에 이르기까지 출판된 것이 무려 6천여 권에 달했다.

적사판이라고 부르는 것은 남송 이종의 소정 4년(1231) 경 비구니 홍도 등의 발원에 의하여 1238년 호남성 평강부 적사 연성사에서 개판되었으며, 그 후에도 계속되어 원나라에 이르러서도 조판되었다. 총수 6,362권에 달하며 여러 차례의 병화로 유실되어 그 전모를 알 수 없다가 근래 섬서성 서안의 와룡사와 개원사에서 발견되어 영인되었다. 이로 인해 적사판 대장경의 전모를 알게 되었다. 이 대장경의 특징은 권자卷子 형식을 납장拉帳 형식으로 바꾼 것이다. 수장 이외에 옮기기 편리하고 독송하기 편리하게 고안된 것이다.

거란 대장경

이와는 별도로 거란 대장경이 출판되었으니 이 대장경의 조판은 국가사업으로 추진되었다. 홍종조에 그 대부분이 완성되었고, 도종의 청녕 5년(1059) 579질 5,048권의 조판이 끝났다. 그 뒤에도 새로운 전적이 입수되는 대로 보완하여 각인을 했으며, 비록 거란 대장경이라고는 했지만 사용된 문자는 역시 한자였다. 이 대장경은 수차에 걸쳐 우리나라에도 전해졌으며, 고려대장경의 조판에도 큰 영향을 미쳤다.

명대의 대장경

명대 3백년은 국권도 안정되고 문화도 향상하여 인쇄술도 발달하였다. 따라서 4회에 걸쳐 대장경의 출판이 있었다. 소위 남장판이라 불리우는 홍무 5년(1372) 남경 장산사의 관판을 비롯하여, 성조 영락제가 양친의 명복을 빌기 위해 정통 5년(1440)의 조판한 북장판과 무림판, 만력판 등이다. 만력판은 명판이라고도 부르며 방책본方冊本으로 경전 보급에 큰 역할을 했다.

청대의 대장경

청대에 와서도 대장경 출판사업은 계속된다. 건륭조에는 속장경 93질 1,833권이 조판되었다. 청의 용장이라고 불리는 735함 7,838권이 조판되었으며, 건륭 38년(1773)에는 만주어장경이 완성되었다.

위에 소개한 여러 가지 대장경 중에서 북송의 촉판과 고려대장경판은 매행 14자의 권자본이었으며, 사계판, 적사판 등은 매행 17자의 절첩본이었다.

4. 종파불교의 등장

1) 종宗의 관념과 종파불교의 출현

중국불교사에서 수당시대를 대표하는 흐름 중의 하나가 종파관념의 성립이다. 남북조시대를 통해 발달했던 각종의 학파불교를 정리하고, 종파관념이 발생한다. 종파관념을 최초로 확립한 사람은 천태 지의로 보는데, 그는 자신의 저서 『법화현의』에서 경의 본체를 구현하기 위해 필연적인 실천 요체로 종宗의 관념을 수립한다. 이때 종의 개념은 자신이 의지하는 특정한 경전이 불교의 핵심이자 경전 중의 으뜸임을 표현한 것이다.

    종의 개념을 인도불교에서 그 연원을 찾아본다면 『대지도론』에서 강조하는 4실단siddhanta이 있다. 그러나 무질서하게 전입된 중국불교는 '무엇이 불교 본래의 사상인가?'에 대한 끊임없는 추구로 교판불교를 발생시킨다. 각자의 시각에 따른 불교 일반에 대한 정리는 중심축을 필요로 했으며, 그런 차원에서 가르침의 핵심을 종극宗極 혹은 이극리

極, 종취宗趣, 종지宗旨란 단어로 표현했다. 이런 점에서 종이란 개념은 주의주장이라 정의할 수 있다.

종의 개념은 당대에 들어오면 더욱 치밀해진다. 화엄종의 지엄은 "종이 돌아갈 곳이 취"라 정의했으며, 법상종의 자은 규기는 종을 종취와 종지로 정의하고, 이들을 다시 세분하여 숭崇, 존尊, 주主로 정의한다. 이것은 자신이 신봉하고 있는 가르침이 가장 훌륭하고 존엄하며, 일체의 불교가 자신이 존중하는 가르침으로 통합되어야 한다는 것을 의미한다.

그러나 불교전반을 역사적인 전개상에서 파악하고, 그것을 근거로 일체의 불교를 통합하려고 했던 종의 개념은 반대로 별종別宗의 관념을 발생시키게 된다. 대표적인 것이 밀교와 정토교이다. 밀교의 일행은 "비밀이란 바로 여래의 비밀스럽고 심오한 가르침이며, 드러내 놓고 항상 수행하는 가르침과 다르다."고 말한다. 이것은 이전의 불교 전체를 현교라 폄하하고, 자신들의 비밀교는 이것과 성격이 완전히 다른 최고의 가르침이란 의미를 지니고 있다. 정토교에선 이러한 점이 더욱 선명하게 드러난다. 담란은 『십주비바사론』에서 난행도와 이행도를 정립하고, 도작은 성도문과 정토문을 개설한다. 따라서 말법시대에는 오직 정토 한 가지만이 열반에 들어갈 수 있는 문이라 주장하게 된다. 삼계교에선 제삼계의 불법 이외에는 중생들을 구제할 수 없다고 단정한다. 혜능은 『육조단경』에서 "오직 견성할 수 있도록 가르치는 법만이 세상에 나와 삿됨을 깨뜨리는 가르침[出世破邪宗]"이라 주장하는데 이것도 같은 맥락에서 이해할 수 있다. 따라서 이러한 경우 사용되는 종승宗乘이나 종문宗門이란 단어 속에는 자신이 소속된 종파의 교의가 불교의 본질을 꿰뚫고 있다는 자부심을 드러내고 있는 한편, 다른 종파와의 차별성을 부각하려는 상호 대립의식이 담겨 있다.

종의 관념이 다양화되면서 종파를 중심으로 중국불교의 특색을 드러내게 되는데, 그것은 다음과 같은 점에서 주목할 필요가 있다. 첫째는 중생을 구제하는 불교적 구원론이 다양화되었다는 점이다. 하지만 그 구원론이 중국적인 정서를 기반으로 수립되었다는 점에서 중국불교의 토착화 이후 중국불교의 전개양상을 개관할 수 있다. 둘째는 인도적인 수행이론의 한계를 초월하여 중국인에 의한, 중국인을 위한 수행이론이 정비되었다는 점이다. 구원론은 수행론과 맞물려 다양한 시각적 차이를 드러내게 된다. 셋째, 송대 이후, 즉 원대나 명대를 거치면서 중국불교의 종파관념은 혈맥의 계승이란 점 이외에는 특이한 양상을 보여주지 못하며, 종파관념이 발생하는 수·당 시기만큼 구원론을 수립하기 위한 치열한 창의성을 보여주지 못한다. 이것은 결국 중국불교 전반의 쇠락을 예고하는 것이다. 넷째, 각 종파의 이론이 실용화, 대중화의 성격을 일탈하면서 중국 대중들의 지지를 상실할 수밖에 없었다. 따라서 명·청대 이후 정토종의 이론을 중심으로 각 종파의 논리가 융합하게 되는데, 이러한 시대 흐름에 편승하지 못한 종파는 그 명맥을 상실하였다.

2) 당대 이전의 종파

(1) 삼론종

삼론종이란 구마라집이 번역한 『중론』・『백론』・『십이문론』의 연구를 중심으로 형성한 삼론학파의 연장선상에서 발전한다. 삼론 중에서 『중론』은 인도 중관파의 근본성전이라고도 칭할 수 있는 용수의 「중론송」에 청목이 주석한 것이며, 『백론』은 용수의 제자인 제바가 짓고 여기에 바수반두가 주석한 것이고, 『십이문론』은 용수의 저술이다.

삼론학의 전통은 문수에서 시작하여 구마라집에 이르고, 그 후 도생 - 담제 - 도명(승랑) - 승전 - 법랑으로 이어져 길장에 와서 완성된 것이다. 길장이 법랑에게 배워 삼론학의 대성자가 된 것은 확실하지만 그 이전의 계보는 명확하지 않다. 다만 승랑 이전을 고삼론, 그 이후를 신삼론으로 구분한다.

길장(549~623)은 어려서 진제삼장(499~569)을 만나 길장이라는 이름을 받으며, 아버지를 따라 흥황사 법랑(507~581)의 강의를 듣고 열한 살 무렵 출가했다. 이후 수나라 시대에 들어 본격적으로 활동한다. 길장의 교판으로는 『이장사교』의 교판과 『삼종법륜』의 교판이 있다. 『이장사교』의 교판은 성문장과 보살장의 이장과 화엄교, 삼장교, 대승교, 법화교의 사교에 의하여 일체의 경론을 판정하고 분류한 것이다.

만년의 저술인 『법화유의』에서는 삼종법륜의 교판을 주장하기도 한다. 즉 불교 전체를 근본법륜, 지말법륜, 섭말귀본법륜 등의 삼종으로 구별하는 것이다. 여기서 길장은 '공'과 '중도'로 정법을 규정한다.

『삼론현의』에선 파사현정의 이론으로 잘못된 사상을 비판, 논파하여 정법을 밝히고자 한다.

길장이 논파하고자 한 것은 불교 이외의 제사상, 아비달마, 『성실론』·대승 속의 오해 등 네 가지가 있다. 이들 중에서 사상사적으로 가장 흥미를 끄는 것은 '불교 이외의 제사상'에 포함된 중국사상에 대한 비판이다. 개략적으로 여섯 가지를 들어 중국사상과 불교의 우열을 밝혔는데 그 내용은 다음과 같다.

첫째, 중국사상에서는 현존하는 인간의 모습을 설명할 뿐이지만 불교에서는 과거, 현재, 미래에 걸친 인간의 존재를 명료하게 밝힌다.

둘째, 중국사상에서는 인간 현실의 감각과 의식을 구명하고 있지 않지만 불교에서는 지극히 미묘한 초자연적인 감정이나 능력까지 밝히고 있다.

셋째, 중국사상에서는 만유와 우주의 근원인 태허를 떼어놓아 양자의 상즉성을 논하지 않지만 불교에서는 가명으로 지칭되는 현실을 부정하지 않고 진실의 세계를 설한다.

넷째, 중국사상에 의거할 경우 무위 그대로 만유를 편력하지 못하지만 불교는 진리 자체를 변화시키지 않고 현실의 존재를 성립시킨다고 설한다.

다섯째, 중국사상에는 아직 얻고 잃음이라는 이원대립의 입장이 있지만 불교는 이원상대와 언어의 세계를 초월하여 진리를 하나로 간주해버린다.

여섯째, 중국사상에서는 아직 주관과 객관이 남아 있지만 불교는 주관과 객관이 함께 본질이 된다고 말한다.

이상을 통해 길장은 노장이나 『주역』으로 대표되는 중국철학과 불교의 차이를 확인하며, 방대한 세계관과 인간관으로 본질세계와 현실세계의 상즉성을 추구한다. 일원절대의 진리를 개시하는 것은 중국 전통사상을 능가한 구극의 가르침인 불교라 본 것이다.

삼론교학에서는 진리 자체의 모습을 언망여절言忘慮絶 내지 유이면서 공, 혹은 단적으로 중中이라 표현한다. 여기서 주의할 것은 중中의 사상이다. 이것은 불교의 근본으로서의 이제二諦를 종지로 삼고 있는 『중론』의 제목 해석과 직결되어 있다.

길장은 중中에 대해 네 가지로 자신의 입장을 밝힌다. 중에 대해 개념을 바탕으로 하는 해석, 진리의 입장에서 본 해석, 상호적인 해석, 초월적인 해석이 그것이다. 먼저 개념을 바탕으로 중은 실(實: 진실)의 의미이며 중은 정(正: 中正)의 의미라고 해석한다. 둘째, 진리의 입장에서 중은 부중不中의 의미라고 해석한다. 왜냐하면 제법의 진실한 모습이란 중도 아니고 그 부정으로서의 부중도 아니기 때문이다. 말이나 개념을 초월한 것이다. 그러한 법을 중생을 위해 억지로 이름을 붙여 설하는 것이다. 그것은 그 이름을 수단으로 삼아 이름붙이지 못할 진리 자체를 깨닫게 하려 하기 때문이다. 그렇기 때문에 중을 설하는 것은 부중을 나타내기 위한 것이라 말할 수 있다. 셋째 상호적인 시각에서 중은 편(偏: 기울다, 치우치다)이란 의미이며, 편은 중이란 의미로 해석한다. 왜냐하면 중도 편도 상호의 관련 속에서 성립되는 개념에 지나지 않기 때문이다. 그러므로 편을 설하여 중을 깨닫게 하고 중을 설하여 편을 알리는 것이다. 넷째, 초월적인 입장에서 중은 색(色: 물질)의 의미이며 심心의 의미라고 해석한다.

이상의 해석을 보면 첫 번째의 해석은 중국사상에서 말하는 중中의 이해와 질적으로는 다르지 않다. 그러나 그 이외의 해석은 완전히 중관사상의 주체화에 의해 생긴 길장 독자의 시각이다. 길장에게는 중이 의미하는 것이 형식논리상으로는 모순개념이나 반대개념에 해당하는 것이기도 하고, 또 현실의 하나하나의 법이기도 했던 것이다.

길장의 삼론교학은 그 후 문제의 혜원, 석법사, 단양의 지개, 고려의 혜관 등에 의해 계승되었다. 그러나 당대 초기까지 전승되고 있던 삼론종은 석법사의 제자로 알려진 원강 이후 쇠락하기 시작한다. 천태종과 선종의 사상발전에 막대한 영향을 미치지만 종파로서의 명맥이 끊어지는 것이다.

(2) 천태종

천태종은 북제시대의 혜문(慧文, 6세기 중엽)과 남악 혜사(南岳慧思, 515~577)를 거쳐 천태 지의(天台智顗, 538~597)에 이르러 그 사상과 수행체계가 완비되었다. 혜문선사는 오로지 『대지도론』을 중시했으며, 그 중 '세 가지 지혜를 한 마음 가운데서 얻는다〔三智一心中得〕'는 문구에서 일심삼관一心三觀의 요체를 깨달았다고 말한다. 혜사는 출가 후 『법화경』을 비롯한 많은 대승경전을 독송하였으며, 『묘승정경』을 통하여 선관을 접한 후로는 혜문을 비롯한 여러 선사들을 찾아가 선법을 배웠다. 마침내 법화삼매를 증득하고 북조의 어지러운 세태 속에서 말법시대를 교화하기 위해 법화원돈의 뜻과 네 가지 안락행으로 대중을 교화했다.

스승으로부터 법화원돈의 사상과 관법을 배운 지의는 그 후 『법화경』

의 주석서인『법화문구』상하 10권과, '묘법연화경'이라는 제목과 전체 불교의 사상을 원돈의 뜻으로 풀이한『법화현의』상하 10권을 강설하였다. 이어 만년에는 원돈지관의 실천법문으로서『마하지관』 상하 10권을 설하였다. 이들 천태삼대부는 그의 제자인 장안 관정(章安 灌頂, 561~632)에 의하여 모두 기록되어 지금까지 전해진다.

 중국 선관사상의 발달이라는 역사적인 관점에서 살펴볼 때 구마라집 이전에는 지루가참이 번역한『반주삼매경』등을 중심으로 소승선이 도입되어 발달하고 있었다. 그리고 대승선과 소승선이 명확하게 구분되기 시작한 것은 구마라집에 의해 각종의 대승선경이 번역된 이후의 일이다. 중국의 대승선은 관법에 편중하고 있었기 때문에 "대승불교의 진수인 반야지혜를 체득하고, 이것을 자유자재하게 활용하는 것을 목적으로 삼고 있었다."고 말할 수 있다. 이러한 성격의 반야공관계 대승선이 남북조를 통해 반야삼론의 연구와 함께 중국 선관사상의 주류를 형성해 간다. 동시에 초기불교 이래 실천법문을 대표하는 지관법의 종합에 의해 대승선이 추구하는 것과 마찬가지로 법신과 무상無相을 체득하려는 움직임이 라집과 동시대의 인물인 불타발타라 등에 의해 나타나고 있었다. 특히 양자강 이북의 불교계에서는 반야계 선학에 반발하는 경향이 끊임없이 배태되고 있었다. 이것이 남북조시대의 후반부터 정혜쌍수란 기치 아래 남북의 불교를 통합시키려는 기운으로 나타나게 된다. 단순히 공혜空慧의 성취에 목적을 두고 있던 반야계 선학의 부족한 것을 보충하고, 새롭게 지관의 이념을 확립하려는 운동이 일어난 것이다. 양나라 시대에 일행삼매를 강조하는『문수설반야경』이 번역된 것은 이러한 역사적 움직임과 맞물려 있다. 천태지의는 이러한 사상사적 흐름과 역사적 배경 아래 일행삼매사상을 자신의 지관사상을 정립하는 데 용해시켰다. 남북 선관사상을 종합하여 이후 완전히 중국화된 조사선이 출현할 수 있는 토대를 만든 것이다. 천태의 핵심사상은 다음과 같다.

일념삼천의 일념一念은 한 순간이나 한 찰나의 마음을 의미한다. 그 일념 가운데 3천의 세계가 갖추어져 있다는 것이 핵심요지이다. 불교는 세계를 십계로 파악한다. 이 십계에 각각 십계가 갖추어져 있다는 이론이 십계호구사상이다. 이처럼 십계에 십계가 각각 구비되어 있으므로 백계가 성립된다. 이 백계에 십여시의 속성을 더하게 된다. 여기서 세상의 모든 존재들은 이상의 열 가지 기본적인 요인을 지니기 때문에 백계는 다시 일천계로 확대된다. 이것을 일천세계라 하는데 여기에 3종 세간을 더해 삼천세계가 된다.

3제원융이란 세 개의 진리를 공관으로 자각한다는 의미이며, 세 개의 진리란 공空, 가假, 중中이다. 존재하는 모든 것이 공이라 관하는 것을 공제라 한다. 공제의 입장은 존재하는 모든 것을 소극적으로 부정하고, 그 부정을 통해 일체를 평등한 것으로 파악한다. 가제란 공제에 의해 일단 부정된 일체의 현상을 다시 가현假顯이라 하여 적극적으로 긍정하는 것이다. 그러나 이 가제에 집착하게 되면 평등의 원리를 망각하게 될 뿐만 아니라 쾌락주의나 유물론의 입장에 빠질 우려가 있으므로 가제에 집착하는 것을 경계한다. 그래서 가제와 공제를 상호 부정하게 되는데 이것을 중제中諦라 한다. 그러나 이 중제는 가제와 공제를 완전히 떠나 있는 것은 아니다. 한편으로는 존재하는 일체의 사물을 공이라 부정하면서도 다른 한편으로는 가라고 긍정하는 입장이 중제라 할 수 있다. 즉 공제 속에 가제와 중제를 내포하고 있고, 가제 속에 공제와 중제를 내포하며, 중제 속에 가제와 공제를 내포하는 것, 그러므로 세 가지 존재에 대한 자각의 방식이 혼연일체가 되어 있는 점에서 삼제원융의 참다운 의미가 살아난다. 천태사상에서 존재하는 모든 것을 있는 그대로 제법실상이라 보는 것은 여기에서 기인한다.

천태종은 다른 종파와 달리 이론과 실천을 동일하게 중요시한다. 즉 교敎와 관觀에 동일한 무게를 두고 있다. 이것을 교관겸수敎觀兼修라 한다. 지관은 천태대사 초기에는 선이라 했는데 후기에 이르러 지관이라 말한다. 지관이란 관심觀心하는 것이다. 지관의 지止는 모든 심상心想을 정지시키고 무념의 상태에 머무는 것이다. 관觀은 망상의 산란한 마음을 멈추어 참다운 지혜를 나타내고, 그로 인해 모든 존재의 실상을 관찰하는 것이다. 번역하면 지止는 정定이고, 관觀은 혜慧이다. 혹은 적寂과 조照라고도 한다. 지와 관에 의해 모든 존재가 삼제원융하게 파악되며, 일념삼천의 세계관을 수립할 수 있다. 마음을 관조하는 형식에는 4종삼매가 있다.

천태 지의 이후 그의 법맥은 장안 관정에게 계승되며, 이후 중국불교의 주류에서 밀려나 있다가 형계 담연에 이르러 부흥된다. 형계 담연은 『법화경』을 중심으로 제종파의 장점을 융합하고자 시도했으며, 성구설을 더욱 발전시킨다. 나아가 초목와석에도 불성이 있다는 무정유성설을 제창하여 본질적인 생명의 가치를 확대한다. 이는 불성론의 유행이라는 사상사적 상황 속에서 천태종 독자의 불성설을 명확하게 할 필요성의 대두되었고, 또 성구설을 중심으로 주도적 위치에 있던 화엄종 계열의 무정무성설을 논파하여 천태교학의 우위성을 확보하려는 시도와 관계가 깊다. 그러나 담연의 시도는 결과적으로 천태교학과 화엄교학의 간격을 좁히는 것이 되었다. 『대승기신론』이 진여수연의 사상에 입각하여 만법의 진실성을 논하고 있다는 점, 『화엄경』의 사상을 바탕으로 존재와 부처의 일체성, 법성과 불성의 일의성을 주장하는 점 등에 다가선 것이다.

담연 이후 천태의 법맥은 회창의 폐불사건, 당오대의 사회적 혼란 등으로 침체의 국면을 벗어나지 못하였다. 그러다 16대 사명 지례에 의해 재흥의 터전을 일구게 된다. 사명 지례는 고려 출신인 의통 보운의 제자로서 지의에서 담연으로 이어진 정통 천태교학을 지키려고 노력했다. 그러나 당시 천태종은 일념一念이나 마음에 대한 해석상의 문제로 산가파와 산외파로 분열된다. 불교계 전반의 제종융합의 기류가 천태종의 교의를 해석하는 문제에까지 영향을 미친 것이다. 이렇게 천태교학은 오래지 않아 다시 침체기를 맞는다.

(3) 삼계교

삼계교三階教의 창시자는 신행이다. 신행은 남북조시대 말기의 극심한 정치적 혼란과 경제적 파탄을 몸소 체험하였으며, 그 속에서 신음하는 민중의 처참한 삶의 현장을 목격하게 된다. 또 상주가 동위와 북제의 수도였던 관계로 북제를 정벌한 북주 무제의 폐불 사건도 체험하게 되었다. 교단 내부의 극심한 타락과 부패로 야기된 폐불이었지만 충격적인 일이었다. 여기서 신행의 관심사는 당시 유행하던 교판론보다 말기적인 사회현실과 도탄에 허덕이는 중생구제에 기울어졌다.

신행의 핵심사상은 삼계불법이다. 삼계란 3단계 혹은 세 가지란 의미를 지니고 있다. 부처님의 입멸 이후는 법이 머무르는 시간, 중생들의 근기, 중생들의 처소 등이 각각 다르기 때문에 각 단계마다 상응하는 법이 달라야 한다는 뜻이다. 신행은 당시 각 종파들이 앞다투어 교판을 세우고 자신들의 소의경전만이 최고의 가르침이며, 유일한 구원의 방법이라 주장했지만 그것은 현실적인 구원에 아무런 도움이 되지 않는다고 보았다. 사회가 혼란하고 민중이 도탄에 빠져 있어도 수수방관할 수밖에 없는 것이 각 종파의 현실이었기 때문이다.

신행은 이들 제삼계의 중생을 구원하기 위한 구체적인 사상으로 삼보사상을 내세웠다. 즉 보법普法, 보불普佛, 보행普行이 그것인데, 여기에서 보普는 별別의 반대개념이며, 보편·추상抽象·전체를 지향한다는 의미이다. 예외 없이 일체의 대상에 적용된다는 뜻을 함축하는 것이다.

그렇다면 보법은 무엇인가? 말법시대 중생들의 근기는 일승도 삼승도 못되며, 교법의 사정邪正, 심천을 식별할 능력이 없다. 만일 그들에게 일승인이나 삼승인이 배우는 별진별정불법을 가르쳐 주면 마치 선천적인 맹인이 그림을 그리는 것과 같다. 따라서 이로움이 없을 뿐만 아니라 제불의 가르침을 비방하는 죄를 더하게 되어 아비지옥에 떨어질 뿐이다. 그러므로 사정을 식별할 능력이 모자라는 제삼계인(신행 당시의 중생 혹은 현대인)은 일승과 삼승을 구별하거나 유견(有見, 법상종 계통)이나 공견(空見, 법성종 계통)에 사로잡히지 말고 일체선을 두루 닦아야 구원을 받을 수 있다고 보는 것이다. 신행은 보법의 실천만이 제불도 구원할 수 없다고 포기한 제삼계의 중생들에게 강한 자극을 줄 수 있으며, 그러한 자극이 중생들이 본래 지니고 있는 여래장이나 불성을 자각하게 만드는 계기가 된다고 주장한다.

보불이란 보법을 불타론에 응용한 것으로서 일체의 중생을 부처로 인정하고 예불하듯이 예경하는 것이다. 즉 여래장불, 불성불, 당래불, 불상불佛想佛이다. 보행이란 보법보불관에 입각하여 실천수행을 유도하는 것이다. 보행사상은 보경普敬, 인악認惡, 공관空觀으로 세분된다. 사람치고 부처 아닌 사람이 없으므로 상호간에 공경해야 한다는 사상이 보경사상이다. 자신을 심각하게 반성하고 일체의 악을 인정하며, 인고와 두타를 통해 일체의 악을 끊고 한없는 선근을 심도록 하는 것이 인악의 요체다. 또한 인악하는 마음이 있어야 보경사상이 구체적으로 실행될 수 있다. 보경과 인악의 정돈된 인식과 실천은 본래부터 불가득이라 보는 것이 공관이다. 철저한 무집착의 마음과 그런 마음까지도 의식하지 않는 심행일여心行一如의 경지이다.

신행은 이와 같은 보행의 말미에 공관사상을 제시함으로서 삼계교설이 단순히 관념화되는 것을 방지하고자 한다. 그는 오직 보불법普佛法에 의해서만 현실과 개인적 질곡에서 벗어날 수 있다고 본다. 그러나 질곡으로부터의 해방은 현실을 떠나 관념적인 세계에 몰입하는 것이 아니기에, 신행은 불합리한 현실개혁에 착수하게 된다.

그 구체적인 사회적 구제의 방법으로 무진장의 실천을 강조했다. 보시를 통한 사회적 구원을 완성하고자 했던 신행의 구체적인 실천행이 무진장행이었던 것이다. 신행은 개황 7년(587) 백주지사白州知事에게 보낸 편지에서 "신身, 명命, 재財를 보시하면 성불에 직접 도달한다."

고 말하고 있다.

신행의 열반 이후 그의 제자들은 무진장원을 설치하여 스승의 사상을 실천하였다. 그들은 도처의 사원을 증축하거나 수리하였고, 기아에 허덕이거나 삶에 찌든 사람, 여행자, 노약자 등을 위한 사회구호사업을 전개하였으며, 신분제의 타파를 위해 노력하였다.

그러나 삼계교가 지닌 이러한 대중성과 사회성에 위기의식을 느낀 당나라 조정은 칙령을 내려 개황 2년인 600년부터 이의 신봉을 금지했다. 이후 삼계교는 3백여 년에 걸친 탄압으로 중국불교사의 전면에서 사라졌으나, 근대에 돈황 문서의 발굴과 함께 역사의 무대에 재등장하였다.

3) 당대 이후의 종파

(1) 화엄종

화엄종은 당나라 현수 법장(賢首法藏, 643~712)에 의하여 개창되었으며, 『화엄경』을 소의경전으로 한다. 화엄종의 초조는 두순(杜順, 557~640)이며 2조는 지엄(智嚴, 602~668)이다. 지엄은 『화엄공목장』·『화엄경수현기』 등을 지어 화엄종 성립의 기초를 마련하였으며 『탐현기』·『오교장』·『화엄경지귀』 등 무려 60여 부의 저술이 있다.

화엄종의 사상은 천태사상과 더불어 중국불교사의 쌍벽을 이룬다. 천태를 성구性具사상이라 한다면, 화엄은 성기性起사상이다. 성기와 연기는 관점의 차이뿐이라 말할 수 있다. 즉 현실을 사事의 입장에서 보면 연기라 말하지만 이理의 입장에서 보면 불성의 현현인 성기라 말하게 된다. 그런 점에서 연기와 성기의 본체는 동일한 것이다. 이사理事의 관계를 설명할 때도 사는 이를 떠나 존재하는 것이 아니라 사물의 이법을 갖추고 있는 것을 사라고 말한다. 이는 사의 본질이며, 사가 존재하게 만드는 원리이다. 그런 점에서 이는 사를 떠나 그 존재의의를 찾을 수 없다. 이런 점에서 이가 바로 사이며, 사가 바로 이가 된다. 이러한 원리를 부처와 중생의 관계에 대입하면, 중생 밖에 따로 부처가 존재하는 것이 아니고 중생 자체가 부처인 것이다. 부처는 중생을 떠나 어디에서도 찾을 수 없는 것이지만 다양한 중생들의 통일 원리이자 본질적인 생명의 가치로 설정된다.

화엄종에서는 존재의 세계를 네 가지 측면에서 접근한다. 현상의 차별성만 보는 것을 사법계事法界, 개체와 개체 사이의 보편적 원리나 평등성을 보는 것을 이법계理法界, 현상과 이치, 보편성과 차별성은 서로 떨어져 있는 것이 아니라 걸림 없이 서로 의존하고 있는 것을 이사무애법계理事無碍法界라 한다. 나아가 개체와 개체가 자유스럽게 서로 용납하여 하나가 되며, 원융무애한 무진연기를 이루면 현상계 자체가 곧 절대적 진리의 세계라고 보는 것이 사사무애법계事事無碍法界이며, 이것이 곧 화엄의 법계연기法界緣起이다.

화엄종의 핵심사상은 사사무애법계 혹은 법계연기이며, 구체적으로는 십현연기와 육상원융六相圓融으로 설명된다. 십현연기는 법계연기의 모습을 열 가지 측면으로 열어 설명한 것이다. 육상원융이란 십현연기와 다른 각도에서 연기를 설명하고 있는 것이다. 여기서 육상원융에 대해 간략하게 살펴보면 다음과 같다.

육상六相이란 총상總相·별상別相, 동상同相·이상異相, 성상成

相·괴상壞相을 말한다. 이 세 쌍의 대립된 모습이 서로 원융무애한 관계에 있어서 하나가 다른 다섯을 포함하면서도 또한 여섯이 서로 다른 모습을 방해하지 않고 전체와 부분, 부분과 부분이 원만하게 융화됨으로써 법계연기가 성립한다는 설이다. 위의 육상은 차례대로 보편성·특수성·유사성·다양성·통합성·차별성을 나타내는 말이기도 하며, 차례대로 둘씩 묶어 각각 체體·상相·용용의 측면에서 보기도 한다. 그리고 총상總相·동상同相·성상成相은 모으고 이루는 측면에서 본 것이므로 원융문이라 하고, 별상別相·이상異相·괴상壞相은 나누고 벌리는 측면에서 본 것으로 항포문行布門이라 한다.

십현연기나 육상원융이나 모두 법계연기에 대한 설명이며, 이러한 사고의 원형은 『화엄경』의 '일즉다 다즉일'이라는 원융사상과 중국 전통의 즉사이진卽事而眞사상이 결합하여 연출한 것으로 본다. 이러한 법계연기설은 사상적으로 매우 웅장하고 심오한 것이기에 자칫 관념의 세계로 빠져 들게 할 수 있지만 중국이라는 거대한 국가의 현실을 고려한다면 매우 훌륭한 사회통합이론이라 말할 수 있다. 즉 다민족 국가의 중국을 하나로 엮어주는 철학으로 손색이 없는 것이다.

이렇듯 철학적인 입장에서 사변적으로 흐르기 쉬운 일면을 가진 화엄사상의 단점을 극복하고 실천적으로 구체화시킨 종파가 중국 선종의 홍주종 계열이었다. 마조 도일의 평상심시도平常心是道는 계급의식의 철폐와 실존의 가치를 극대화하였으며, 임제 의현은 '주체와 대상이 함께 사라지지 않는다'는 인경구불탈人境俱不奪을 주장하여 현실이 그대로 법계연기임을 명백히 했다.

법장 이후 화엄종을 현양한 사람은 이통현과 징관이었다. 이통현은

『신화엄경론』을 저술했는데『화엄경』을 가장 중국적으로 해석했다는 평가를 받고 있다. 징관(738~839)은 여래장으로서의 마음 그 자체의 절대성과 자재성을 기초로 일체의 사물과 현상의 상즉상입相卽相入을 주장하며, 천태 성악설의 영향을 받아 성악부단론性惡不斷論을 주장한다.

징관 이후 화엄교학에 새로운 계기를 마련한 사람은 종밀(780~841)이다. 그는 화엄의 입장에서 선을 수용하는 교선일치를 주장한다. 화엄종의 교학과 홍주종 내지 화택종의 세계가 동일한 지향점을 지닌다고 보았던 것이다. 징관과 종밀의 사상은 이후 전개되는 화엄교학의 성격을 거의 결정짓게 된다.

화엄종의 교학은 중국인들에게 가장 친숙했던 가르침이었다. 불성론과 법신사상이 현학사상과 유사한 사유체계를 지니고 있었다는 점에서 친근성을 지녔던 탓이다. 때문에 선종, 성리학, 송대 이후의 신도교, 염불선 등의 발전에 많은 영향을 미치게 된다.

(2) 법상종

현장 삼장이 인도에서 무착과 세친의 저서들을 전래한 뒤에 이것을 기초로 자은대사 규기가 개창한 것이 법상종이다. 현장은 인도에서 진나, 무성, 호법의 법맥을 계승한 계현에게 공부했으며, 세친의『유식삼십송』에 주석을 붙인『성유식론』을 번역하여 규기에게 전수했는데, 이 호법의 학설을 중심으로 법상종을 발전시킨다. 규기(632~682)는 17세에 출가하여 현장 문하에서 공부하며, 25세부터 번역사업에 종사했다. 이후『성유식론술기』와『대승법원의림장』등을 저술하여 자신의 교학을 발전시킨다.

　법상종의 중심사상은 만법유식이라는 세친의 주장에서 나온 것이다. 외부에 존재하는 모든 사물은 의식이 만들어낸 것에 불과하며 그 어떠한 것도 실재하는 것이 아니라는 것이다. 만법유식에 대한 논리적 해명을 위해 법상종은 오위백법으로 분류한다.

　오위법은 이 세상에는 오직 식識만이 존재할 뿐이라 주장하는데 심왕은 식 자체의 모습이며, 심소는 식의 작용이며, 색은 식이 변화된 것이며, 불상응행은 식이 나누어진 것이며, 무위는 식의 참다운 본성이므로 오위 각각에 대해 모두 식 이외에 다른 것은 없다고 본다. 이러한 논리에 의해 모든 존재는 식을 떠나 존재할 수 없다고 말한다. 팔식 중에서 전육식은 자신의 활동분야 이외에 대해서는 어떠한 지각도 없다고 본다. 그들이 경험한 것은 아무런 해석도 없이 말나식에 보고된다. 말나식은 전육식이 제출한 정보를 모으고 정리하며, 다시 전육식에 명령을 내린다. 동시에 아뢰야식과도 연결되어 있다.

　외부세계에 대한 욕망, 갈애, 무지, 믿음 등의 결과는 말나식에 상응하는 것이며, 그런 점에서 아뢰야식은 말나식과 육식에 의해 오염된다. 그렇지만 아뢰야식은 자기동일성과 순수성을 상실하지 않고, 단지 더럽혀질 뿐이다. 여기서 필요한 것은 말나식의 작용에 변화가 일어나는 것이다. 말나식은 맹목적인 의지가 아니라 이지적이며, 깨달음의 능력을 지니고 있기에 이것이 가능하다고 본다. 문제는 말나식이 올바로 작용하도록 하여 분별하는 활동을 그치고, 대신 아뢰야식에 선한 종자만을 보내도록 하는 것이다.

　이상의 관점에서 말나식은 불교수행의 중심축이라 말할 수 있다.

수행의 힘으로 말나식을 훈련시키는 것이며, 깨닫도록 만드는 것이다. 이원성을 넘어 반야를 성취하는 것이 바로 말나식의 깨달음인 것이다. 이러한 상태에서 외부세계는 환상으로 인식되며, 모든 존재의 본성이 이해된다. 아뢰야식은 이제 초월적인 것이 되며, 인과관계를 벗어나 이법과 현상의 조화로 특징되어지는 진여를 깨닫게 된다. 이런 인식의 경지에서 말나식은 주객을 초월하여 아뢰야식에 선한 종자만을 보내게 된다.

실천수도의 측면에서 법상종은 오성각별설을 주장한다. 성문종성, 독각종성, 보살종성, 부정종성, 무성유정종성으로 중생을 분류하고, 이들 중에서 무성유정종성은 불성을 지니고 있지 않기 때문에 성불할 수 없다고 말한다. 이것은 모든 중생은 불성을 지니고 있다는 『열반경』이나 『법화경』과 다른 입장이었기 때문에 천태종 등과 논쟁을 하기도 한다. 수행의 단계로 자량위, 가행위, 통달위, 수습위, 구경위를 설한다.

규기 이후 법상종의 전통은 그의 제자인 혜소에 의해 계승된다. 혜소는 『성유식론요의』 등의 저술을 통해 신라계 유식학파인 원측(613~696) 등의 유식사상을 비판하면서 스승의 이론을 정밀화한다. 그러나 법상종은 중국에서 번성하지 못했다. 이론이 너무 번쇄하여 대중성이 없을 뿐만 아니라 실용성을 추구하는 중국인들의 성향과 이질적이었기 때문이다.

(3) 선종

보리달마가 중국 선종의 초조이지만 달마 이전에도 대·소승의 선경이 전래되어 있었기 때문에 여래선이라 불리는 선법이 시행되고 있었다. 또한 대승경전은 경마다 다양한 삼매를 설하고 있다. 달마 이전 시기에 활동한 선사로서 대표적인 사람은 불타발타라, 불타선사, 륵나마제 등이다. 이 중에서 불타선사는 북위의 효문제(471~449)가 창건한 숭산의 소림사에 주석하고 있었다. 불타선사의 제자로 도방道房과 도방의 제자인 승조僧稠가 있었다.

그러나 이들과 달리 후대 중국 선종의 주류가 되는 조사선의 뿌리는 보리달마와 연결되어 있다. 달마의 선사상을 알려주는 가장 오래된 문헌은 『이입사행론』이다. 이입이란 도에 들어가는 데는 많은 방법이 있지만 결국은 이로부터 들어가는 것〔理入〕과 행으로부터 들어가는 것〔行入〕의 두 가지로 귀결되며, 다시 행으로 들어가는 방법에 보원행報怨行, 수연행隨緣行, 무소구행無所求行, 칭법행稱法行의 네 가지가 있다고 말한다.

달마는 당시 학파불교의 대세였던 경전을 훈고주석訓古註釋하는 것으로 수도의 본질을 삼지 않고 실천궁행에 주력했다. 부단한 수행과 일체에 얽매이지 않는 것, 그리고 6바라밀의 실천을 강조하는 칭법행의 가르침은 반야의 공관에 기반을 두어야 한다고 말한다. 이입도 4행에 의해서 비로소 그 생명력을 획득하게 된다는 점에서, 이입이 반야 실천의 초문이요 궁극임을 말하며, 그 점에 달마선의 특징이 있다.

신광 혜가는 본래 반야 사상을 연구하던 학승이었다. 혜가의 사상은 달마의 『이입사행론』의 근본 사상을 계승하면서도 『능가경』에 의지하며, 만법일심萬法一心의 도리에 입각하여 이견二見의 대립이 모두 각자의 마음에서 일어나는 망상에 지나지 않는다고 규정했다. 혜가의 법을 이어받은 승찬은 북주의 폐불을 몸소 겪어야 하는 격동기를 보냈다. 승찬은 『신심명』을 저술했는데, 이 책은 달마의 『이입사행론』과 혜가의 안심법문安心法門에 이어 심법心法에 대한 깊은 사색과 체험의 결정을 담고 있다. 선에서 말하려고 하는 사상이 이 『신심명』 속에 모두 포함되어 있다고 해도 과언이 아니다.

쌍봉 도신(580~651)의 속성은 사마이다. 낙양과 숭산 소림사를 중심으로 주로 북쪽 지방에 퍼져 있던 선법은 도신에 이르러 화남지방의 농촌지대에까지 전파된다. 도신은 쌍봉산에 30여 년 머무르며 선문을 활짝 열었다. 이로 인해 달마선은 크게 발전하였으며 중국 남방에서도 선이 정착하게 되었다. 도신의 특색은 오문설五門說에 나타나 있다. 부처라는 것은 마음이며, 마음 이외에 다른 부처는 있을 수 없다는 것을 오문으로 세분하여 설명한 것이다.

황매 홍인(602~675)이 활약한 시기는 당나라 초기이다. 당시의 불교는 낙양과 장안이 중심이었다. 홍인은 스승인 도신이 머물던 쌍봉산의 동쪽에 있는 빙무산, 즉 동산에서 오직 달마의 선법을 전하며 제자들의 육성에 힘썼다. 홍인의 사상은 그의 법문집인 『수심요론』을 통해 알 수 있다. 홍인은 도신의 일행삼매사상을 한층 발전시켜 수심불이修心不移를 주장했다. 이 수심修心에 대한 해석상의 차이가 후세에 남북의 2종으로 대립하게 되는 원인이 되었다. 수심설의 근거는 『금강삼매경』의 "일심의 한결같음을 지키는 것이 여래선에 들어가는 것이다."는 문구에 두고 있다. 즉 일심의 한결같음을 지키는 것은 자기의 있는 그대로의 본심을 지키는 것이며, 그것은 또한 진실한 자기에 눈뜨는 것이다. 원래 외적인 갖가지 장애로부터 자기를 지키는 것은 자기가 본래 청정하기 때문이다. 무수한 더러움에 물들지 않는 강한 자기에 눈뜨는 것이야말로 진정으로 자기를 지키는 것이라 말한다.

중국 선종사는 홍인을 출발점으로 하여 북종선과 남종선의 등장을 본다. 홍인의 제자인 신수를 따르는 그룹이 북종선을, 또 다른 제자인 혜능을 계승하는 그룹이 남종선을 형성한 것이다.

옥천 신수(606?~706)는 홍인의 수제자였다. 신수의 선사상은 『관심론』과 『대승무생방편문』을 통해 살펴볼 수 있다. 『관심론』은 마음의 내관內觀을 가르친 것이다. 『대승무생방편문』은 다섯 종류의 대승경론에 의거하여 조직화시킨 것이다. 신수는 도신의 오문설과 홍인의 수심설을 계승하여 발전시킨 『대승오방편』을 주장했다. 신수의 사상적 특징은 대략 세 가지로 집약할 수 있다. 첫째는 마음을 거두어 망견을 떠나라고 강조하는 것이다. 두 번째는 화엄교학의 성과를 도입하고 있다. 셋째는 실천의 체계적 파악이라 말할 수 있다. 장안과 낙양의 황실 및 귀족들의 귀의 아래 교학을 조직화하는 데 성공한 신수의 사상은 명실상부하게 새로운 시대의 불교로 평가받았다. 안록산과 사사명의 전란이 일어나기 직전까지의 반세기 동안 신수의 법문은 당나라의 융성함과 더불어 장안 불교계의 주류를 차지했다.

조계 혜능(638~713)은 홍인의 제자로서 남종선의 개창자로 추앙받는다. 혜능은 『금강경』에 의하여 처음 발심하고 『금강경』에 의지하여 깨달음을 얻었다고 한다. 그래서 그의 사상은 반야로 일관되어 있다. '깨닫지 못하면 곧 부처가 중생이요, 한 생각 깨달으면 중생이 바로 부처이다.', '삼세제불과 12부경전이 인성 중에 본래 갖추어져 있지만 깨닫지 못하기 때문에 선지식의 가르침을 받는다.'라는 문구를 통해 진여본성 또는 깨달음의 바탕이 자기에게 본래부터 구족되어 있다는 사실을 밝힌다. 또한 혜능은 '행주좌와에 항상 한결같이 직심直心을 행하라.'고 말한다. 좌선을 선의 기본 형태로 인정하면서도 본유각성에 대한 신념을 일상생활 전체에서 실현하려는 것이다. 따라서 도를 닦고 도를 깨침에는 출가나 재가의 구별 없이 어떤 경우에도 타당하다고 주장하였다.

혜능의 선사상은 하택 신회를 비롯한 그의 직계 제자보다는 남악 회양(677~744)의 문하생인 마조도일과 그 계통의 선사들에 의해 계승, 발전되었다.

마조 도일은 어려서 홍인의 법을 이은 지선智詵의 제자인 처적에게 배우고, 유주의 원율사에게 구족계를 받았다. 이후 회양의 문하에 들어와 심인을 전수받으며, 강서지방의 임천과 홍주를 중심으로 선풍을 드날렸기 때문에 그의 선문을 홍주종이라 부르게 되었다. 마조의 사상은 화엄종의 법계연기사상이나 우두 법융의 반야사상, 더 소급하여 승조의 촉사이진觸事而眞의 사상적 영향을 받고 있다. 그리고 이러한 사상들을 종합하여 일상성이 진실 그 자체라고 주장했다. 즉 평범한 마음의 작용에서 진리나 부처 자체를 보는 것이다.

마조 도일의 제자로 선원청규를 제정한 백장 회해에 이르러 선종이 종파로 발전할 수 있는 기틀을 다졌는데, 그는 문하에 황벽 희운과 위산 영우를 둔다. 황벽의 제자 임제 의현이 임제종을 창시하며, 위산의 제자인 앙산 혜적은 스승과 함께 위앙종을 개창한다. 또 석두 희천은 약산 유엄과 천황 도오를 제자로 두었는데 약산 유엄의 손상좌인 동산 양개가 조동종을 개창하고, 천황 도오의 계통에서 설봉 의존을 거쳐 운문종과 법안종이 출현하였다.

(4) 정토종

불교의 수행법 중 대중들에게 지금까지 가장 넓고 깊게 행해지고 있는 것은 바로 염불수행일 것이다. 부처님을 염하라는 가르침은 '밤길을 가거나 두려운 마음이 들 때에는 부처님을 생각하고〔念佛〕법을 생각하고〔念法〕승가를 생각하라〔念僧〕.'는 『잡아함경』 권35의 「염삼보경念三寶經」 법문이나 소승의 오정심관 수행 가운데서도 보이지만, 본격적인 염불정토 왕생사상의 대두는 초기대승불교 시대에 여러 가지 정토계열 경전이 성립되면서부터라 할 수 있다. 그 가운데에도 『무량수경』・『관무량수경』・『아미타경』이 중국 정토종의 소의경전이 되었다.

각종 정토계 경전이 중국으로 전래되면서 남북조 초기에 점차 미륵신앙이 그 모습을 보이게 되며, 남북조 말기에 이르러 북조에서는 관음신앙이 번성하게 된다. 반면 정토종의 핵심인 아미타신앙은 그때까지도 큰 두각을 나타내지 못하다가 동진 불교계의 지도자 여산 혜원(334~416)이 일으킨 백련사를 계기로 전파된다.

혜원 이후 정토의 교리와 수행법을 사회적으로 전파하는 데 크게 기여한 이는 담란(曇鸞, 476~542)이다. 그는 일찍이 도교의 불로장생술에 관심이 있었으나 보리유지로부터 『관무량수경』을 전수받고 개종한 530년 무렵 이후부터는 오로지 정토교리를 전파하는 데 여생을 바친다. 특히 용수의 『십주비바사론』에 근거하여 정토교를 '이행도'로 규정하였는데, 이행도란 아미타불을 믿고 그의 원력에 의해 서방정토에 왕생하는 타력신앙이었다.

담란의 사후 중국에는 말법사상이 대두하였다. 즉 정법 500년, 상법 1000년, 말법 1만년이라 하여 부처님 입멸 1,500년이 넘는 시기에 해당하는 당시(550년 무렵)를 말법시대로 규정하고 그에 대처하려는 자각과 움직임이 일어난 것이다. 이 무렵 정토교의 지도자였던 도작(道綽, 562~645)은 당시야말로 일체 중생을 죄악과 부패로부터 구원할 때라 서원하고 아미타불의 명호를 부르며 모든 죄를 참회하여야만 한다고 강조했다.

도작에 이어 정토종의 교의를 체계화하여 종단으로서의 면모를 갖추게 한 이는 선도(善導, 613~681)이다. 그는 도작이 입적하자 장안으로 나아가 『아미타경』 수십 만 권을 사경하여 배포하고 염불을 권장하는 등 정토교 전파에 헌신한다. 그의 저술 가운데 『관무량수경소』는 종래의 『관무량수경』에 대한 해석을 일변시키는 것으로 정토종의 진수를 담고 있다. 『관경소』에서 그는 서방정토로 왕생하는 직접적인 실천〔正行〕으로 염불, 독경, 일심으로 정토를 관찰함, 아미타불의 찬탄과 공양의 다섯 가지를 들고, 이들 중에서 염불을 주된 행위로 보고 나머지는 부수적인 행위로 간주했다. 특히 염불뿐만 아니라 참회나 예배 등 기타 모든 선업을 긍정하였으며, 정토삼부경 이외에도 『법화』·『금강』·『열반』·『반야경』 등도 극락왕생에 효과가 있다고 하며 독송을 적극 장려하였다.

선도 이후 중국에는 새로운 정토교의 흐름이 생겨났다. 자민삼장慈愍三藏 혜일(慧日, 680~748)과 법조法照로 이어지는 맥이 그것이다. 혜일은 구족계를 받은 후 인도로 건너가 13년간 그곳에 머무르면서 아미타불과 관세음보살의 설화에 많은 영감을 받았다. 중국에 돌아와서는 경전의 번역이 아니라 정토교를 전파하는 데 여생을 바쳤으며, 그 공으로 사후에 현종으로부터 '자민삼장'이라는 시호를 받았다. 그는 혜능의 가르침에 좇는 선종이 점차 세력을 넓혀가자, 계율과 경전을 경시하며 선정에 집착하는 선종의 태도를 강하게 비판하며 계・정・혜 삼학의 원만한 실천을 강조하였다. 나아가 선과 교 또는 염불과 선의 조화로운 수행을 강조하였으므로, 그를 선정일치론 또는 염불선의 원류라 부르기도 한다.

혜일의 맥을 이은 법조는 당시 장안에 불공 금강이나 담연, 징관 같은 다른 종파의 유명한 스승들이 있었으나 이들과의 경쟁 속에서 정토교를 널리 유포시켜 '제2의 선도'라 불리기도 한다. 그는 본래 천태학을 공부하였기 때문에 자민삼장과 같이 교리와 수행의 조화를 도모하기도 하였다.

정토신앙은 회창 폐불 이후에도 선종과 더불어 유행하기는 하였으나 독립된 종파라기보다는 선, 교, 율이 혼합된 신앙형태인 염불결사였다. 이후 원과 명대를 지나 청대에 이르면 중국불교는 쇠퇴기를 맞게 된다. 아울러 교단도 변모하여 거사불교가 유행하며, 임제종 역시 재가의 거사들에 의해 행해졌다. 그러나 전반적인 쇠퇴의 기류 속에서도 대중들과 밀착되어 있었던 것이 바로 염불신앙이었다. 아미타불과 관음신앙은 '집집마다 관세음, 곳곳마다 미타불'이라고 할 정도로 구석구석 미치지 않은 곳이 없었다.

5. 중국불교의 민중화

1) 불교의 민중화 운동

중국의 국가와 사회에서 그것을 구성하고 있는 사람들은 보통 관리와 백성, 선비와 서민, 통치자와 피지배자로 구분된다. 관리와 선비, 지배자는 관리로서 지배계급에 해당되며 사대부로도 불렸다. 백성이나 서민, 피지배자는 주로 농사나 상공업에 종사하는 사람들이었다. 특히 중국 사회에서는 전 인구의 대부분이 농민이었기 때문에 이들 무지하고 몽매한 농민들을 주축으로 다른 직업에 종사하는 사람들을 통칭하여 서민, 민중, 대중이라 불렀다. 그러나 민중이나 대중 속에는 이러한 백성과 서민 이외에도 때로는 사대부나 관리로 지칭되는 사람들까지 포함되기도 하는데, 불교의 민중화는 이러한 사대부나 서민을 대상으로 삼고 있었다는 점을 유념할 필요가 있다.

더구나 불교의 보급은 지역적으로 보자면 도시 주민의 불교적 생활화와 농촌 주민의 불교적 생활화로 크게 나누어 볼 수 있다. 또한 직업별로 분류하자면 농민의 불교적 생활화, 상공업자의 불교적 생활화, 관리들의 불교적 생활화로 구분할 수 있다. 이상과 같이 사회 안에 있어서의 불교의 양태, 그것의 구체적인 표현형식 등이 불교의 민중화라 말할 수 있는 것들이다.

(1) 민중화의 방법

그렇다면 이러한 불교의 민중화 운동을 전개하고, 그것에 헌신한 사람들은 누구인가. 더구나 그 운동의 방법은 어떠한 것이 있는가. 이러한 의문을 풀어주는 것이 경사, 창도사, 설법사, 속강승, 화속법사, 유행승, 읍사, 사승 등의 교화자들의 이름이다. 모두가 동진시대 이전부터 수당시대에 걸쳐 활동했던 승려들이었다.

한편 교화 방법에 있어서도 여러 가지 새로운 시도가 시작되어 정토변상도를 비롯한 다양한 경전의 변상도가 나타나 시각포교의 길을 열었으며, 음악 방면에서도 청각적인 포교방법으로 경전의 읊조림, 암송, 독송 등과 함께 범패, 불곡佛曲, 음창吟唱, 담설譚說, 가창歌唱 등이 이용되었다. 또한 일반적인 경전에 대한 강론과 서민들을 위해 쉽게 경전의 내용을 풀어서 설명해 주는 속강 등의 법회가 열렸는데, 그들이 사용한 것은 주로 변문變文이나 속문俗文 등이었다. 뿐만 아니라 불교의 인연담을 골자로 삼은 많은 희곡, 시, 소설 등의 문예작품이 등장하여 다양한 측면에서 사람들의 생활 속에 불교사상이 녹아들고 있었다.

(2) 전문적인 포교사

경사經師

경사는 교묘한 음성으로 경전을 독송하고, 일체의 범패를 잘하는 사람을 말한다. 범패란 불경의 게송이나 기타 창작된 찬가를 교묘한 곡조로 읊조리는 것으로, 3세기 무렵인 삼국시대 위나라의 진사왕 조식이 범패를 창작한 이래 시작된 것으로 알려져 있다. 범패에는 전독轉讀, 영경詠經, 풍경諷經 등으로 일컬어지는 몇 가지 종류가 있는데 이것을 담당한 승려를 경사라 불렀다. 이들은 각 가정의 재회나 기일에 초청을 받아 미묘한 음성으로 경전을 독송했다. 송대 이후, 즉 11세기 이후가 되면 이러한 승려들은 부응승赴應僧으로 불리며, 경사와는 다른 제도 아래서 죽은 사람의 추선공양이나 행복, 안녕 등을 성대하게 시행했다. 이들은 송대 이후 교종 사찰에 살았던 까닭으로, 유가교승 혹은 교승敎僧이라 불렸다.

중국에서는 3세기경인 삼국시대부터 조상의 기일이나 행사에 승려를 초청하여 독경을 하고 법문을 듣곤 했는데, 이러한 풍속이 오늘에 이르기까지 유교의 조상숭배사상과 조화를 이루며 대부분의 가정에서 행해지고 있다. 불교의 민중화, 가정화의 대표적인 사례로 꼽을 수 있는 일이다.

창도사唱導師

창도사, 설법사, 화속법사, 속강승, 유행승, 읍사, 사승 등은 모두 전문적인 교화승을 지칭하는 말이다. 창도란 법리를 선양하여 대중들의 마음을 개도한다는 의미를 지니고 있으며, 일찍부터 경사와 함께 재가자들에게 초청되어 경사가 경전을 독송할 때 함께 하던가 끝난 뒤에 창도사가 높은 좌석에 올라가 설법을 했다. 그 설법의 내용은 집단의 성질에 따라 달랐으나, 일반적으로는 우선 3세의 인과를 밝히고 그 법회나 재회의 의의를 기술했다고 한다. 설법의 법도는 여산 혜원스님의 법칙을 모범으로 삼았다.

5세기 무렵인 남북조시대 송나라의 담종은 효무제를 위해 창도하고 보살의 5법을 시행했다고 하며, 또한 황제의 애첩인 은씨 숙의가 죽자 삼칠일의 기일에는 항상 행동을 조심하며 재에 임했으며 늘 설법을 했다고 한다. 처음에는 세상의 도리는 뜬구름과 같으며 사랑하는 사람과는 반드시 헤어지지 않으면 안 되는 도리를 설명하고, 은씨의 청결한 덕으로 영화가 갖추어졌으며, 마침내 오늘의 슬픔에 이르게 되었음을 찬탄하고, 부처님의 가르침으로 유도했다고 한다. 황제는 이것을 듣고 눈물을 흘렸다고 하며, 시간이 흘러가면서 점차 칭찬이 깊어졌다고 한다.

이상은 담종 등 상류사회에 대한 교화이지만 『고승전』 권13 창도에 관한 송나라 「담예전」에 의하면 "무릇 요청이 있으면 귀천을 가리지 않고 평등하게 갔으며, 빈부에 관계없이 법도를 하나로 한다."고 기술하고 있다. 제나라의 「법경전」에서는 "법경스님은 마음으로 도법을 홍통하기로 맹서했으며, 귀천에 구애받지 않고 요청이 있으면 반드시 갔으며, 추위와 더위를 피하지 않았다."고 설명하고 있다. 「혜분전」에는 "매번 재회에 가되 항상 대중을 위해 설법을 했으며, 양초 연간에는 모두 그 교화를 받들었다."고 한다. 이상의 기록에 의하면 창도사들은 귀천을 불문하고 빈부를 가리지 않았으며, 추위와 더위를 피하지 않고 언제 어디서나 요청이 있으면 반드시 가서 대중을 위해 설법하는 것을 임무로 삼았음을 알 수 있다.

이렇게 이해하고 보면 중국에서는 일찍부터 신분, 빈부, 귀천을 가리지 않고 어느 가정에서나 죽은 사람의 추선공양을 위해 혹은 조상의 기일 재회 등에는 승려들을 초청하여 독경을 하고 설법을 들었던 것을 알 수 있다. 이것은 유교의 조상숭배사상, 즉 효의 실천윤리와 연결된 것이며, 더구나 도교나 기타의 민간신앙에 의한 주문이나 무격의 공덕사상, 지옥사상 등과 융합된 것에 따른 것이라 볼 수 있다.

당나라 도세가 지은 『법원주림』 권36에는 북제의 관리인 성이 양씨라는 사람이 죽자 그의 노비가 순사하게 되는데 4일째 되던 날 노비가 소생하여 말하길, 죽은 주인이 병사들에게 둘러싸여 관부에 들어가려다가 자기를 보고 말하기를 "너를 데리고 와서 해야 할 일을 하려고 생각하고 유언으로 너를 부른 것이지만 괴로움은 각자가 받지 않으면 안 되기 때문에 너는 아무런 관계가 없다. 이제 관부에 말해서 너를 노비로부터 해방시켜 주리라."고 하고 관부 안으로 들어가 극심한 벌을 받는 것을 보았다. 그때 죽은 주인이 지옥의 관리들에게 청하여 노비를 놓아주게 했으며, 돌아가는 노비에게 부탁하여 처자에게 말을 전해 달라고 했다. 그것은 처자의 추선공덕으로 극심한 고통은 면했지만 아직 지옥을 벗어날 수 없으므로 다시 불상을 만들고 사경하여 자신을 구제해 달라는 것이었다. 이 말을 들은 유족들이 바로 재회를 베풀어 망자의 복을 빌었다고 한다.

이상의 이야기에 의하면 사후에 지옥에서 고통을 당하는 죄인이 승려를 청하여 독경한 공덕으로 지옥의 고통을 면하게 되었다는 것이다. 또한 조상造像이나 사경의 공덕도 지옥의 고통을 면하게 해준다는 점을 밝히고 있다. 이것은 같은 책에서 이 이야기에 이어서 나오는 당나라 때 괄주자사였던 의방이 죽어서 지옥에 떨어졌지만 승려들을 청하여 법도를 시행하고 독경과 범패를 행한 공덕으로 지옥을 벗어나 소생했다는 이야기에서도 찾아볼 수 있다. 일반 사회에서 죽은 자의 추선공양에 승려를 초청하여 재회를 개설하는 것은 중대한 행사였으며, 특히 효의 윤리를 절대시하는 중국사회에서는 불교가 민중들과 접근할 수 있는 최상의 방법이었던 것이다.

설법사說法師

설법사는 창도사와 같지만, 당나라의 수도에 있던 법해사의 보암스님은 당시 사람들에게 설법사로 불렸다. 그의 교묘한 설법과 내용은 사람들의 심금을 울렸으며, 한번 그가 설법대에 오르기만 하면 아직 입을 열기도 전에 보시물들이 쏟아져 나왔으며, 순식간에 자리를 메울 정도였다고 한다. 『속고승전』30에 따르면 당나라 익주 정혜사의 혜관스님도 설법사로 유명했다. 각 사찰에서 서로 초빙을 했으며, 항상 보시물이 산처럼 쌓였고 대중들에게 『지옥경』을 강설했다고 한다. 그가 죽자 성안의 7세 이상의 사람들은 모두 상복을 입었다고 한다. 이후 어느 집이나 재회를 할 때는 자리를 두 개 만들어 한 자리는 비워두었는데 그것은 혜관스님을 추모하기 위한 것이었다고 한다.

속강승俗講僧

속강이란 명칭이 나오는 것은 당나라시대부터이며, 송대 이후는 거의 보이지 않는다. 속강이란 일반적으로 속인들을 위한 강의, 즉 출가자를 위한 강의가 아니라 재속의 신도들을 상대로 하는 강의를 지칭한다. 이것은 수도인 장안에서 시행되었던 1개월간의 속강으로부터 지방의 사원에서 시행되었던 단 하루에 끝내는 속강도 있었는데, 이러한 속강을 담당했던 승려를 속강승이라 불렀다. 중당시대 장안에서 활약한 문숙법사는 속강승으로 유명했다.

특히 지방의 사원에서는 정월, 5월, 9월의 3회에 걸쳐 속강법회가 개설되었으며, 지방에 거주하는 민중들에게는 가장 즐겁고 중요한 연중행사의 하나였다. 특히 아무것도 없는 농촌에서 인근의 사찰에서 개최되는 속강승의 설법은 유일한 정신생활의 양식이었으며, 즐거운 오락이기도 했다. 최근 연구가 활발한 돈황문서 중의 변문變文이나 속문俗文 등도 이러한 모습을 잘 보여준다.

『아미타경변문』·『법화경변문』·『화엄경변문』·『유마경변문』·『불본행집경변문』 등 경전의 변문에서부터 『항마변문』·『팔상성도변문』·『태자변문』·『목련구모변문』·『부모은중경변문』 등 부처님의 전기나 불교의 이야기에 이르기까지 혹은 불교와 관계가 없는 『순자지효변문』·『왕소군변문』·『맹강녀변문』 등 다양한 방면에서 민중들과 친숙해질 수 있는 자료의 변문이 만들어졌다. 이런 변문은 속강승이나 창도사, 설법사 기타 교화승에 의해 흔히 사용되었으며, 민중교화의 자료이자 설법의 교재였다. 더구나 이런 변문은 운문으로 엮어져서 노래로 부르기가 쉬워, 불교를 재미있고 평이하게 일반대중들에게 보급시킬 수 있었다.

변문에는 『서방정토변상도』처럼 각각의 변상도가 있었다. 『유마변상도』라든가 『항마변상도』 등은 시각적인 전법을 위한 훌륭한 자료였고, 이러한 변문이나 변상도에 의한 법회는 오락이 없는 농촌에서 열렬한 환영을 받았다. 한편 송대 이후가 되면 승려들의 손을 벗어나 도시에 개설된 오락장으로 진출하게 된다. 특히 불교의 인연설화문학이 일반사회의 대중들에게 진출해서 불교의 민중화를 촉진하게 된다.

유행승遊行僧

유행승이란 글자 그대로 도시나 촌락을 유행하면서 교화하는 승려를 말한다. 이것은 일찍이 남북조시대부터 시행되고 있었다. 『위서』의 「석로지」에 의하면 북위의 효문제는 칙명으로 승려들의 위람僞濫행위를 금지하고 있지만 그 중에서 '비구는 사찰에 있지 않고, 촌락을 유행한다.'고 말하고, '만일 3보를 위해서 백성을 방문하여 교화하는 사람은 관의 증명서를 휴대하라.'고 말하고 있다.

『당서』의 「백관지」에도 승려들이 지방을 순례하며 교화하는 규정을 만들고 있으며, '유화승은 민가에 머무르는 것이 3일을 지나서는 안 된다.'고 규정하고 있다. 현종은 칙명으로 승려들의 재산 축적을 금지하고 있으며, 그 중에 '혹은 주현州縣에 출입하며 권력자와 결탁하거나 혹은 향촌을 순력하며 하고 싶은 대로 교화하고 그 집회가 악습으로 번지는 일이 있어서는 안 된다.'고 하여, 순례하며 농민을 교화하는 것을 금지시켰다. 이것은 유행승의 활약이 매우 커다란 영향을 미치고 있었음을 반증하는 일이기도 하다.

읍사邑師

읍사나 사승으로 불리는 사람들은 이상의 교화승과 약간 그 계통을 달리하고 있다. 읍사는 남북조 시기인 5세기부터 북중국 지방에서 만들어졌으며, 읍회邑會나 의읍義邑으로 불리는 재가의 불교단체를 교화하는 승려이다. 당시 대동의 석불, 용문의 석굴불, 천룡산의 석불 등 많은 불상의 제작에 의해 알려졌듯이 이러한 불상의 조성을 중심으로 연결된 하나의 신앙단체가 읍회나 의읍으로 불렸으며, 그 회원은 30인 이상에서 많게는 수백 명에 이르렀다. 이러한 읍회에 교화승인 승려가 있었던 것은 필연적인 결과이며, 이들이 읍사였다. 회원들의 정신적 지도자였던 것이다. 따라서 종래의 단순한 창도사가 아닌 읍회 중의 책임을 담당하고 있었던 승려인 것이다.

읍회가 발전하여 당나라 때가 되면 남방에서 일어난 법사法社 중심의 신앙단체가 되며, 재회를 중시하는 결사를 만든다. 더구나 염불결사라든가 미륵결사, 화엄경을 중심으로 하는 결사 등이 빈번하게 결성되는데, 사원社員 혹은 사우社友로 불리는 회원들을 교화하는 위치에 있던 승려를 사승社僧이라 불렀다. 읍사와 사승은 회원을 교화하는 임무를 띠고 있었다는 점에서는 같지만 당나라시대의 사승은 주로 사찰을 중심으로 활동했으며, 읍사는 촌락마다 결성되어 있는 읍회를 돌아다니며 교화했다는 점에서는 차이가 있다.

이상에서 살펴본 전문적인 포교사들은 각각 어떠한 입장과 방법을 취하여 불교의 민중화를 위해 노력했는가에 따라 명칭이 달라졌지만,

그들 모두는 불교를 보급하기 위해 헌신적으로 심혈을 기울였다. 청각을 통한 설법, 회화나 조각을 통한 시각적 포교, 희곡이나 연극을 통한 포교, 시나 소설을 통한 포교 등 다양한 각도에서 불교의 민중화를 전개했던 것이다.

2) 민중의 불교적 생활

(1) 민중의 불교수용 태도

여러 방법과 각 방면에서 불교의 민중화운동이 전개되었지만, 일반 민중들은 어떻게 이것을 수용하고 어떻게 여기에 대처해 갔는가. 지식계급인 독서계층과 무지몽매한 하층계급과의 차이도 컸지만 도시와 농촌의 지리적 관계나 혹은 상업이라든가 농업이라든가 하는 직업의 차이에서도 드러났고, 더구나 각 개인의 성향에 따라서도 그 받아들이는 방식이 달랐을 것이다.

 전문가가 설하는 난해한 불교철학을 도저히 수용할 수 없었으리란 것은 당연한 일이며, 게다가 일반 민중들은 현실적인 행복과 안녕을 가져오는 불교를 요구하고 있었다. 그들에게 있어서 행복이란 어떠한 것이었을까? 보편적인 인간의 욕망은 장수, 무병, 무재앙, 부귀, 명예 등에 있다. 이런 현세적인 욕망이 미래에도 지속되길 바라는 것이고, 사후에는 정토에 왕생하여 행복을 얻으려고 하는 데 있는 것이다. 이러한 방면에 적응하려고 스스로 변화하는 모습을 보여주는 것이 종교의 역사이며, 상술한 욕망을 만족시키기에 가장 좋은 종교를 신앙하려는 것이 대중들의 심리적 경향일 터였다. 불교는 적어도 이런 요구를 어떻게 충족시켜 왔을까? 불교 본래의 가르침이 인생의 괴로움을 설하고, 공과 무상, 무아를 설하여 인간이 갖추어야 할 모습을 자각시키는 것이라는 점에서 보면, 불교 신앙인에게 각각의 욕망만을 만족시키는 데서 그치게 할 수만은 없는 일이었다.

그러나 사람들이 불교에서 배우고 수용했던 것은 인과응보설이었고, 더구나 그것은 현실주의적인 현세에 관계된 일로부터 다시 과거·미래·현재의 3세에 걸친 인과응보설로 전개되고 있었다. 더욱 놀랄만한 일은 인생관의 전환으로서, 현재의 자기가 멀리 과거의 자신이 지은 선업과 악업의 과보라 알고, 현재의 자신의 행위가 선악에 따라 미래의 자신의 행불행을 결정하는 것이라 생각했다는 것이다.

중국인에게 있어서 이것은 매우 놀라운 인생관의 전환이었으며, 이 3세에 걸친 인과응보, 윤회전생의 사상은 뒤에 도교사상과 융합하여 사후에 염라대왕 등 시왕의 심판을 받는다는 신앙이 되어 사람들에게 수용되었다. 현재에도 중국 어디에서나 민중의 가장 친근한 사묘로 번영하고 있는 것이 토지묘와 성황묘인데, 이 성황묘의 대부분에서는 미래의 시왕전이 개설되어 사후를 심판하는 시왕의 모습을 볼 수 있다.

(2) 현세이익적 신앙

불교는 오랫동안 재앙을 제거하고 복덕을 부르는 가르침으로 신앙되어 왔다. 여기서 초복招福의 구극은 정토에 왕생하여 부처가 되는 것이지만 근년에 간행된 유사안거사 편『신편백의주령감록』이란 책을 보면 많은 영험전을 기술하고 있다. 이들을 분류하면 다음 몇 가지로

구분할 수 있다.(관음경의 3재8난의 소멸법에 의거)

첫째, 즐거움을 주는 영험전이다. 여기에는 득자得子, 득부得富, 연수延壽, 생정토生淨土의 항목이 있다.

둘째, 발고拔苦의 영험전이다. 여기서는 채무를 해결하는 것, 혐의를 벗어나는 것, 소송을 벗어나는 것, 사귀를 축출하는 것, 병을 치료하는 것, 맹목盲目을 밝히는 것, 수압囚壓을 벗어나는 것, 수레에 깔리지 않는 것, 편륜片輪이 되는 것을 막는 것, 미로를 벗어나는 것, 수난水難을 벗어나는 것, 화난火難을 벗어나는 것, 병재兵災를 벗어나는 것, 비적匪賊의 난을 벗어나는 것, 일체의 액운을 벗어나는 것, 산아産兒의 액법을 벗어나는 것 등이다.

또한 청말 청원거사 심명재 편 『역조금강경지험기』의 분류 목차에 의하면 여기에는 연수延壽, 생자生子, 등과登科, 여원如願, 유질愈疾, 탈난脫難, 환양還陽, 우사遇赦, 면익免溺, 지분止焚, 화천化賤, 복호伏虎, 면축免畜, 도금度禽, 제유濟幽, 극귀郤鬼, 상서祥瑞, 호우護佑, 생천生天, 귀서歸西 등 20항목을 들고 있다.

이러한 초복과 제재除災를 위해 중국에서는 일찍부터 『관음경』과 함께 『금강경』이 신앙되었는데, 『금강경』을 독송하거나 이 경을 인쇄하여 보시하면 그 공덕에 의해 현세와 미래에 행복을 얻을 수 있다고 하였다.

(3) 조상造像, 조탑造塔과 연수延壽의 공덕

5세기 무렵부터 유행한 많은 촌락 중심의 조상이, 위로는 황제를 위하고 아래로는 7대의 부모의 깨달음과 추복追福을 위한 것이며,

더하여 자신의 정토왕생을 위한 목적도 많았음을 남아 있는 명문에 의해 알 수 있다.

요나라 시대 비탁非濁의 『삼보감응요략록』에도 이러한 영험전이 나온다. 연수延壽에 대한 사례를 들어보면, 사미가 사찰의 벽을 수선했을 때 장대를 사용하여 벽목壁木으로 삼고, 이것을 수리한 공덕으로 2년의 수명이 50세까지 연장되었다는 것을 기술하고 있다. 또한 어느 가난한 아이가 장난으로 나뭇잎을 사찰로 삼아 사람들에게 믿으라고 권유한 공덕으로 60년의 연수延壽를 얻었다고 한다.(제48) 또한 비구가 가람의 뚫린 벽 구멍을 보수한 공덕으로 수명이 증장했으며,(제49) 국왕이 고찰을 수리한 공덕으로 30년의 연수를 얻었다고 기록하고 있다.(제50) 이들 대부분은 경전에 나오는 고사로 가람이나 정사를 수리한 공덕을 강조하고 있다.

또한 당나라시대의 장리통이 『약사경』을 서사한 공덕으로 30년간 연수했다는 것을 기술하고,(제33) 당나라 현종 때인 개원 연중에 동자가 수명경을 독송하는 것을 일심으로 듣고 70여 년의 수명을 얻었다고 기술하고 있다.(제37) 연수의 공덕은 단순하게 『관음』이나 『금강경』뿐만 아니라 일체의 공덕이 여기에 해당한다는 것을 보이고 있다. 따라서 부귀에 있어서도 마찬가지이다. 같은 책에서는 가난한 사람이 일문의 동전을 약사여래에게 공양하고 부富, 복福, 수壽의 세 가지 복을 얻었다고 하며,(제24) 가난한 여자가 『승만경』을 수지하고 마침내 황후가 되었다고 하는 인도 이야기를 게재하고 있다.(제23)

기타 소재掃災에 관한 불교의 공덕은 사경, 보시, 경전독송, 염불, 방생, 조상, 화상畵像, 조수조탑, 재회 등의 일에 의해 재난을 면할 수 있다고 한다.

당나라 당임의 『명보기』도 이 문제를 취급하고 있는데 특히 사후의 명계冥界에 대한 과보의 문제에 관련하고 있다. 선인善因은 선과善果를 얻는 반면에 절도에 의해 소, 당나귀, 양 등의 축생이 되기도 하고, 더구나 명계의 태산부군, 염라왕이나 귀신의 공포, 지옥의 양상 등을 설하여 불교를 믿지 않고 악업을 행하는 사람들의 고통스러운 모습을 설하고 있다.

(4) 관음과 낭랑신

현실적으로는 일체의 재난을 없애고, 행복을 누리며, 사후의 미래에는 정토에 왕생하여 부처가 되고자 하는 것이 불자들의 소원이었다. 이러한 소원을 가장 잘 만족시켜 주는 것이 관음신앙이었으며 아미타신앙이었다. 이밖에 지장신앙이나 시왕신앙, 미륵신앙, 문수신앙, 부처님의 사리신앙도 있었다. 그들은 이러한 신앙에 의하여 적어도 자신의 소원을 만족시키려 했던 것이다.

관음이 자항대사慈航大士나 남해대사南海大士로 불리며, 선박업자들에게 신앙되고 있었던 것은 해상수호신으로서 항로의 안전을 위해 필요한 일이었다. 관음보살의 보이지 않는 도움으로 누차 생명의 위난을 벗어났다는 많은 설화가 전해지는데, 이러한 관음은 도교의 천후天后인 낭랑娘娘과 혼합되어 관음이 도교의 신이 되어 버렸다.

관음보살의 낭랑화는 많은 사람들의 일상생활을 좌우하였는데, 특히 중국 근세에 있어서 낭랑신앙은 놀라울 정도로 빠르게 서민들의 생활 속으로 침투해 들어갔다. 이때의 낭랑은 본존本尊이 태산옥녀泰山

玉女, 즉 태산신 동악대제東岳大帝인 여벽하원군女碧霞元君이며, 태산의 낭랑이라고도 불리는 여성신이다. 이 낭랑은 특히 아기를 점지하고 육아育兒를 전문으로 하며 일체의 병환을 다스리는, 행복을 주는 신으로 믿어져 왔다. 어떠한 산간을 막론하고 낭랑신을 제사하지 않는 곳이 없다고 할 정도로 신봉되었던 것은 현실의 고뇌를 제거하고 행복을 주는 신이기 때문이었다. 이 태산의 낭랑은 현실적으로 관음의 화신이라 믿어지면서, 관음낭랑이라 불리게 되었다.

관음은 『법화경』 「보문품」에서 말하듯이 자유롭게 남녀를 주고, 화난·수난·도장난刀杖難 이하의 7난을 제거하고, 몸은 33변화신이며, 일체의 사람들, 일체의 재난과 고난을 구제하려고 하는 보살이었다는 것은 도교의 낭랑신과 흡사하다. 따라서 마침내는 도교의 신으로서 관음을 수용하고 낭랑의 본지本地로 말하게 되었던 것이다. 또한 남해대사, 자항대사로서 천후낭랑天后娘娘과 결합하여 해상신으로서 더욱 신앙되었다. 불교와 도교가 결합한 사상 중의 하나인 것이다.

(5) 민간신앙과 불교

대체적으로 중국사회에는 전문가들이 이구동성으로 말하고 있듯이 그들의 신앙은 폭넓은 융통성을 지니고 있으며, 포용적이고 관대했다. 한편에서 보자면 다양성이고, 순일성이 결여되어 있는 것이다. 불교 안에서도 미륵경전의 독송, 미륵상을 세운 공덕에 의해 서방아미타불 정토에 왕생하려고 발원하고 있듯이 미륵정토와 미타정토를 구분하지 않고 매우 막연하게 신앙한다. 특히 근대가 되면 도교, 유교, 불교의 3교 조화사상이 그대로 일반인들의 신앙이 되어 사찰이나 도관에는 석가, 공자, 노자의 세 분 조사상이 모셔졌다. 또 이러한 삼교당三敎堂이 개설되는 것에 대해서 어느 누구도 이상하게 생각하지 않았다.

근세의 사원에서 도교적인 신이 없는 곳이 없었으며, 반드시 관제關帝가 모셔지고 낭랑신이 안치되었다. 사람들은 자식을 얻기 위해 사찰에 참배하고, 눈병을 치료하거나 질병을 물리치기 위하여 혹은 보다 좋은 행복을 향유하기 위하여 사찰의 문턱을 넘었다. 관음낭랑이 되었던 것도 당연한 일이었다. 이렇게 해서 불교는 그 순일성을 상실하고 도교적인 불교로서 민중들에게 수용되었던 것이다. 도교도 역시 불교적인 도교로서 성황묘 안에 승려가 도사와 함께 거주하며 그들의 신불神佛에게 봉사한다고 말하는 장소도 등장했다.

이렇게 해서 일반의 민중에게 있어서는 불교와 도교가 아무런 구분도 없었다. 그들의 기원의 대상은 재앙을 제거하고 복을 부름에 있어 가장 빠르고, 보다 경제적이고, 간편하게 만족시켜 주는 그러한 신불이었다. 그것이 관제이고, 관음이며, 낭랑, 옥황상제, 아미타불 등과 같은 신이었다.

중국인 가정에서의 종교행사를 살펴보면 반드시 조상의 사당〔祖廟〕이 있다든가 혹은 내불식內佛式의 불단 등이 설치되어 있었으며, 불상이나 신상 혹은 신불의 위패를 안치하고 그곳에서 조상의 영혼을 제사지내 왔다. 부엌에는 아궁이신(조왕신)이 모셔져 있었다. 연중행사를 살펴보더라도 정월은 신들의 하강에서 시작하는데, 음력 12월 30일 밤에 백신百神의 그림을 걸고 향을 사르는 접신接神의 의식을 행하여 8백만의 신들을 맞이하면서 정월의 원단이 된다. 2일에는 각 상가는 특별하게 재신財神을 제사지내고 15일은 상원방등上元放燈

이라는 이름으로 당나라시대부터 사관寺觀을 중심으로 성대한 연등회를 거행하였다. 사람들은 밤에 나와 이것을 보고 돌아갔다.

2월의 청명절은 조상의 묘를 참배한다. 한식절이라고도 하며, 친족 모두가 모여 친목을 도모하는 때이기도 했다. 남송 소흥 말기에 회음의 시민이 딸이 죽어 한식절이 되었다. 딸을 위해 불사를 하고 싶은데 준비된 돈이 없었다. 어머니는 자신의 머리카락을 잘라 팔아 6백 전錢을 모았다. 이것으로 거리에 나가 스님을 찾았으며, 『금강명경』을 사서 사경하고 딸을 위해 독경하고 돌아왔다. 승려는 이러한 보시를 받고 도반 4명과 술을 사서 마시려고 했는데 그때 죽은 딸이 그곳에 모습을 나타내어 말하길, '독경의 공덕으로 지옥의 고통을 벗어났는데 만일 음주하여 파계한다면 이전의 공덕이 소멸하여 다시 지옥의 고통을 받아야만 한다'고 호소하여 스님들이 놀래어 술을 마시지 않았다. (『세시광기』 권16) 이것은 한식절에 사자의 추복追福을 위해 승려를 초빙하여 공덕을 닦고, 이 공덕으로 지옥의 고통을 벗어날 수 있다는 것을 기술한 것으로서, 일반 민중들이 한식절 행사를 어떻게 생각하고 있었는지를 보여주는 것이다.

4월 8일은 옛날부터 욕불회가 사원에서 거행되었으며, 거리를 연이어 걸으며 석가불상의 행성이라고 하는 행사가 있었다. 또한 청의 돈숭이 지은 『연경세시기』에는 4월 8일 사람들은 팥이나 콩으로 염불을 헤아리며, 이 팥을 쪄서 약간 소금을 뿌리고 이것을 길에서 사람들에게 먹도록 주어서 불연을 맺기도 했다. 바로 석가 탄생시의 설화에 따라서 '지천指天팥찰떡'이 판매되었으며, 사람들은 이것을 사서 먹는 것이 당대부터 유행하고 있었다.

3) 사찰과 당시의 문화

(1) 유람지 역할의 사원

송나라의 전역錢易이란 사람이 저술한 『남도신서』란 책에는 "장안의 희극 장소는 대부분 자은사에 집중한다. 작은 것은 청룡사, 다음에는 천복사, 영수사이다. 비구니들의 강연은 보당사에서 성황을 이루었으며, 유명한 승려들이 여기에 모인다."는 기록이 보인다.

당나라부터 오대에 걸친 상황을 설명하는 것으로서 사찰을 중심으로 많은 희극 장소가 개설되었음을 보여주는 기록이다. 인구 2백만에 이르렀으리라 추정되는 세계 제일의 장안 성중에서 성황을 이루었던 장소는 현장스님이 건립한 대자은사가 제일이었으며, 다음이 청룡사, 천복사, 영수사였다. 희극극장에 모이는 사람들을 대상으로 다양한 점포도 개설되어 매우 융성했던 모습을 보여주고 있다.

당나라의 선종(846~859)이 만수공주가 득병했다는 소식을 듣고 위문하는 사신을 보냈는데, 공주가 자은사의 희극극장에 구경하러 갔다는 보고를 받고 진노했다고 한다.(장고의 『유곤고취』) 자은사는 남쪽으로는 살구나무 밭으로 둘러싸여 있었는데 곡강의 자운루, 부용원으로 통해서 이 일대는 일종의 유람지로, 장안 사람들이 가장 좋아하는 장소였던 것으로 보인다. 당나라 두순학杜荀鶴의 『송창잡기松窓雜記』나 마병의 『극담록』 등의 책에는 당시의 재상을 비롯하여 많은 관리나 사대부가 자은사로부터 곡강 일대를 유람하고 곡강의 물가에서 술을 마셨다고 기록하고 있다.

또한 백락천의 동생인 백행간의 『삼몽기』에도 그가 형인 백락천과 곡강에서 유람하고, 자은사의 부처님 사리를 참배하고 사찰을 두루 돌아다니는데 해가 저물었다고 말하고 있다. 당나라 『옥천자』에는 매년 등용시험인 진사나 수재에 급제한 새 관리는 자은사에 그 이름을 써서 남기는 습관이 있었다고 기록하고 있다. 손계孫棨의 『북리지』에서는 곡강의 연회에 참석하는 많은 기생들이 자은사를 통해 가는 모습이 묘사되어 있으며, 『서경잡기』에는 자은사는 대나무 숲이 우거져 있으며, 경성에서 유람하기가 가장 좋은 장소라 말하고 있다.

또한 자은사는 당대에 모란의 명소로 세상에 이름을 날리고 있었다. 당나라시대에 모란을 감상하는 것은 일종의 유행이었으며, 한 그루에 수천 원씩 하는 고가의 꽃이었다. 따라서 자은사는 모란을 감상하려는 사람들로 들끓었다. 모란은 3월 15일을 전후로 20일 정도 피었다고 하며, 자은사 원과원의 모란은 다른 사찰의 모란보다도 보름 정도 일찍 피었기 때문에 특히 유명했다.

당시의 장안에서 자은사 외에도 연강방의 서명사가 모란으로 유명했으며, 정강방의 숭경사, 영락방의 영수사, 장수방의 영태사, 여기에 홍당사, 홍선사 등은 모두 모란을 감상하는 사람들로 넘쳤다. 사원이 단순히 모란으로만 유명했던 것은 아니어서, 호남성 형산의 축융봉 아래의 법화사는 석류꽃으로, 절강성 북부의 절서 학림사는 두견화 등으로 유명했다. 특히 학림사의 두견화는 높이가 일장 이상이나 되었으며, 매년 봄이 끝날 무렵부터 여름에 걸쳐 만개하여 이것을 감상하고자 하는 사람들이 사방에서 모여들었다. 봄부터 여름까지, 하루 종일 술을 마시며 유람하는 사람이 끊어지지 않았으므로 마을 사람들은 거의 폐업할 지경에까지 이르렀다고 한다.(장방의 『환희지』)

이러나 이러한 것들은 한두 가지의 사례에 불과하다. 각 사원이 천하의 명승지에 건립되어 사람들의 유람 장소가 되었던 것은 전혀 이상할 것이 없었다.

(2) 사찰의 행사

사찰의 연중행사나 특정 재회, 기타 법회 행사에는 다양한 점포와 시장이 개설되었고, 여기에 모인 사람들을 대상으로 구경거리가 베풀어졌는데 이것은 또 다른 사람들을 불러 모아 매우 시끌벅적거렸다. 당나라 이작李綽은 『상서고실』에서, 촉의 불교사원에서 큰 법회를 개설했으며, 백 가지 놀이가 마당에서 행해졌는데 그 중에 십세 정도의 아이가 높은 장대 끝에서 춤추는 기예를 펼치는 것을 보았다고 기술하고 있다. 이렇게 해서 사찰의 연중행사는 더 많은 사람들을 사찰로 향하게 만들었다. 그것은 사찰에서 시행하는 열반회, 욕불회, 우란분회, 성도회, 정월의 연등회 등과 개산기일, 달마기일 등 그 지방의 연중행사로서 사람들이 기다리던 큰 행사가 되었으며, 그것은 사찰에 참배하기보다도 그것을 기회로 행해지는 행사를 보러 가기 위한 것이었다. 또한 이와 함께 열리는 정기적인 시장에서 다양한 물건을 살 수 있었기 때문이기도 하다.

특히 욕불회나 7월 15일의 우란분회의 행사는 사람들이 모이는 것이 각별했다. 당나라 천보 이후에 장모란 사람이 검남(사천성) 절도사였는데 중원일에 소관의 각 사찰에 명하여 진열을 성대하게 하고, 선비나 여인들이 마음대로 유람하게 했다. 그 안에서 개원사의 진열은 특별했는데 사대부, 서민 등이 자기 마음대로 골라 볼 수 있는 기간이

3일이나 되었다고 한다.(『여자의 일사』) 또한 익주(사천성)의 대성자사는 몇 대에 걸친 조정의 명화가 회랑에 그려져 있는 것이 유명했는데 중원일에는 일반의 사대부나 서민들이 사찰을 유람했다. 우연히 세 청년이 이 우란분회에 사찰을 둘러보았는데 그 중의 생이라는 사람이 벽화 속의 천녀에게 연심을 품고 매일 저녁 이 미인을 만나는 것을 즐겼다. 그러나 그런 중에 점차 야위어가며 요사스런 기운이 떠다니는 것을 본 용이란 사람이 부약符藥을 써서 이것을 제거하려고 했다. 이것을 안 천녀는 '자신은 제석천의 시녀인데 부약 때문에 헤어지지 않으면 안 된다'고 눈물을 흘리며 슬퍼했다. 그녀는 기념품으로 옷고름 속에서 옥으로 만든 비파형 빗을 건네주고 가버렸는데, 그로부터 생은 병이 나아 원래의 상태로 돌아왔다. 기념품도 남아 있었지만 지금은 유실되었다고 적고 있다.(『묘정객화』 권4)

또한 4월 8일의 욕불회는 중국에서는 일찍부터 거행된 행사이며, 행성行城이라 해서 석가상을 코끼리에 싣고 거리로 행진하는 의식이 시행되었다. 그리고 이날은 특별하게 지천指天이란 팥떡이 판매되며, 사람들은 이것을 맛보는 습관이 있었다. 또한 7월 15일의 우란분회에서는 우란 단팥떡이 판매되었고, 2월 15일의 열반회는 그에 해당하는 찰떡을 팔았다. 12월 8일 성도회에서는 납월팥죽을 만들었다.

불교가 연중행사로 음식문화에까지 침투한 사례이며, 불교민중화의 일면을 나타내는 좋은 사례라 할 것이다. 음식까지 불교의 영향을 강하게 받았다는 것은 5계의 첫 번째인 불살생계와 관계가 있었다. 육식이 금지되고 채식주의자가 되는 사람들이 있었던 것은 커다란 변화였다. 이것과 연관해서 방생사상의 발전은 방생하는 연못의 설치,

짐승이나 고기 등의 방생 행사 등을 발생시켰는데 이것은 불살생계가 대중들에게 수용되었다는 증거라 할 수 있다.

(3) 사찰과 시장

사찰과 시장은 이른 시기부터 형성되어 송대 이후 급격하게 발전하였다. 사원의 연중 행사에 모이는 많은 사람들을 대상으로 자연히 그곳에서 물물교환이 이루어지거나 시장이 형성되었으며, 이 시장은 임시와 정기로 구분되었다. 정기적인 시장은 때로 고정화되어 사원 앞에 문전시장으로 발전하게 되었다.

 중국에서 시장의 발전은 사찰을 중심으로 한 것으로, 현재 중국 각지에서 행해지고 있는 정기시장도 거의 사찰을 중심으로 발전한 것이다. 송나라 수도였던 동경(지금의 하남성 정주시, 혹은 개봉이라 부른다)의 상국사에서는 매월 5회에 걸쳐 경내에 시장이 열렸는데 삼문에 열렸던 축산시장을 필두로 불전 주위에는 횃불이 있고, 후문과 후원의 회랑 등에는 천막을 친 것, 노천인 것 등 많은 상점이 열려 성황을 이루었다.

 또한 당 말기부터 송대에 걸쳐 지금의 사천성의 성도에서는 누에시장이 열렸는데 매년 정월부터 3월까지 각 주의 성에서 현을 돌아 15개소에 이르는 시장이 있었으며, 거의 사찰이나 도관을 중심으로 열렸다고 하는데 보력사, 용흥사, 성수사, 대자사, 엄진사 등이 그것이다. 특히 대자사의 누에 시장은 수도인 상국사의 시장과 필적할 정도로 큰 시장이었다. 모이는 물자도 약에서 농기구에 이르기까지 모든 것이 있었으며, 여기에 모이는 사람들도 지주 계급에서 일반 서민에 이르기까지 다양했다고 한다.

(4) 민중의 정신적 지주인 사원
위진 시기 이래 당대에 이르기까지 사원은 도시나 농촌에 있어서 하나의 문화센터였다. 특히 농촌에는 아무런 오락기관도 없었기에 사찰은 마을의 공회당이자 교육기관이었으며, 오락장소이자 유람장소이기도 했다. 한편으로는 금융기관으로서 금전의 융통을 해주는 곳이기도 했으며, 때로는 승려들의 보증을 얻어 임차관계를 맺는 곳이기도 했다. 시장의 발달이 사원을 중심으로 전개되었기에 불교민중화의 한 장소이기도 했지만 더 중요한 것은 사원 그 자체가 정신적 지주의 역할을 했으리라는 것이다.

각 사원이 속강 등의 행사로 직접적인 불교교화의 장을 개설함과 동시에 승려들이 각 결사結社를 순회하고, 서민들이 이해하기 쉽도록 『지옥경』이나 『인왕경』 혹은 『금강경』 등을 중심으로 강경이나 변문, 변상도 등을 이용하여 시청각적인 전도를 행했던 것은 불교사원이 지방의 교육기관이자 정신적인 안위의 근거가 되었다는 것을 보여주는 것이다.

장안의 보당사는 당대 일류 명사의 설법을 들을 수 있는 곳이었는데 근처의 기녀들이 모여들어 설법을 듣는 사찰로도 유명했다. 평강리에 있었던 기녀는 매월 3일과 8일에 개설된 설법의 자리에 참석하는 것이 허락되었는데, 이들 기녀들은 사찰의 참배를 구실삼아 손님들과 놀러 나가기도 했다. 또 일반의 청년들이 이들 기녀를 위해 보당사에 모였는데, 이것은 불교의 교화가 기녀에게까지 미치고 있었던 사실을 엿볼 수 있는 불교민중화의 좋은 사례라 할 것이다.

4) 사원의 금융업, 무진장無盡藏

(1) 무진장의 정의

무진無盡이란 말은 어떠한 의미가 있을까? 불교의 율장이나 경전, 특히 대승불교의 대표적 경전인 화엄, 열반, 유마, 법화 등의 경전에는 무진이란 단어가 다수 발견되고 있다. 삼사三事무진 즉 보시무진, 지계무진, 박문博聞무진에서 무진삼매, 무진등, 무진혜, 무진해海, 무진연기 등의 용어를 비롯해『화엄경』「십지품」의 십무진,『무진의보살경』의 팔십무진 등 많은 종류의 무진 법문이 있다.

　무진이란 불교에서 유진有盡에 반대되는 의미를 지니는 단어이다. 무위법을 무진이라 하고, 유위법을 유진이라 한다. 우리들이 현재 보고 듣고 경험하는 현실세계의 일체의 존재, 즉 항상 변화하고 상주하지 않으며, 무상하고, 다함이 있는 것이며, 마침내는 소멸하여 버리는 것을 유위법 즉 유진이라 한다. 무위법이란 이러한 개념에 반대되는 것이며, 상주하여 다함이 없는 세계를 말한다.『유마경』「보살행품」에 의하면 "무엇을 무진이라 말하는가? 무위법을 말한다."고 정의한다.『대승의장』14에서는 "덕이 넓고 끝이 없음을 무진이라 부르고, 무진한 덕이 포함되는 것을 장이라 부른다."고 해석하고 있다. 끝없는 불교적 실천을 무진장이라 정의할 수 있는 것이다.

　율장에서는 무진보시의 구체적인 양상에 대하여 무진물物, 무진재財, 탑물塔物무진 등의 말이 보이고 있는데 이러한 말들이 바로 금융현상으로서의 무진을 나타내고 있는 것이다. 『근본설일체유부비나야』
권22, 『필추니비나야』 권10, 『근본살바다부율섭』 권6, 『십송률』 권
56, 『마하승지율』 권33 등에는 이러한 무진행위에 대하여 상세한
설명을 하고 있다. 『유부비나야』 권22 '출납구리학처出納求利學處' 제19
를 보면 "세존께서 말씀하시되, 만일 승가를 위한다면 마땅히 이윤을
추구해야만 한다. 부처님의 말씀을 듣고 나서 신심 있는 바라문과
거사 등은 불법승을 위하기 때문에 무진물을 베푸나니 이 삼보의
물건을 마땅히 회전시켜 이윤을 추구하고, 얻어지는 재물은 삼보에
돌려주어 공양을 해야만 한다."고 말하고 있다. 즉 신도들이 보시하는
재물을 무진이라 부르고, 이 무진물을 가지고 이윤을 추구하여 삼보를
공양하라는 것이다.

  그렇다면 도대체 무엇이 다함이 없다는 것일까? 전술한 『유부비나
야』에서 보았듯이 신도들이 보시하는 무진물 자체가 '다함이 없는
보시'라는 의미인가, 아니면 보시된 재물의 이자가 점차 증가하여
'다함이 없다'는 의미인가? 송대의 도성道誠이라는 사람은 저서 『석씨
요람』에서 송대에 시행된 사원의 장생전長生錢, 즉 무진전에 대해
설명하면서 "사원의 장생전에 대해 율장에서 말하길, 무진재이니
대개 자모子母가 전전展轉하여 다함이 없기 때문이다."라 하고 있다.
무진재란 이자를 놓아서 원금과 이자가 전전하여 점차 증가하므로
다함이 없다고 말했던 것이다.

(2) 중국 불교계에서 무진의 연원

중국에서 무진장 제도가 나타난 것은 언제일까? 무진장하면 삼계교의

화도사에서 실시되었던 무진장을 연상하게 된다. 그러나 현존하는 기록에 의하면 최초로 등장하게 되는 것은 남북조시대라 본다. 승우의 『출삼장기집』권12 '법원잡연원시집목록'에는 양나라 무제가 『십무진장기집』 4권을 만들었다는 기록이 있다. 그러나 목록에만 존재할 뿐 현존하지 않아서 애석할 뿐이다. 어디에 열 곳의 무진장을 만들었으며, 그 경과는 어떠했는지 알 수가 없다. 다만 양나라 무제가 열 곳의 무진장을 만들었으며, 그 무진장을 만들기 위한 발원과 무진장에 대한 구체적인 내용 등이 기록되었으리라 추정할 뿐이다. 또한 양무제가 열 곳의 무진장을 만든 것은 『화엄경』 권22에 보이는 십무진의 사상에서 나온 것이라 본다. 부처님의 대자비행과 보살의 대보살행을 본받아 『화엄경』의 십무진사상을 그대로 여실하게 실천함으로써 복을 구하는, 불교의 복전사상이 바탕이 된 사회구제사업이었을 것이 분명하다. 여하튼 이러한 사실을 통해 남북조시대에 이미 무진장 운동이 사찰 안에 정착되어 가고 있었음을 알 수 있다.

  중국 역사상 나타난 무진장 현상은 남북조시대가 처음은 아니었다. 그 이전에도 인도와 같이 금융대부업에 해당하는 출식出息이 시행되고 있었다. 이러한 것들은 우선 중국 사원경제의 확립에서 살펴볼 수 있다. 즉 중국불교교단이 성립된 것은 동진 중엽이므로 사원경제가 확립된 것도 이 무렵이라 보아 큰 무리가 없을 것이다. 그런 점에서 무진의 기원을 동진 이전으로 소급하는 것은 무리가 있어 보인다. 기록상으로 북위시대에 무진장 제도가 시작된 것으로 보이는데, 대동의 운강석굴을 조성한 담요스님의 승지속僧祇粟 등의 제도가 그것이다. 『위서』 권114의 「석로지」에 의하면 담요의 주청에 의하여 세승조歲

僧曹에 60호의 곡식을 납부하는 사람을 승지호로 삼고, 이 곡식을 승지속이라 했다. 흉년이나 재해가 발생한 해에 굶주리는 기근자들에게 곡식을 나누어주는 제도로 한대 이전부터 시행되고 있었는데, 이러한 제도가 사원 안에서 승려들에 의해 시행되었고, 또 이런 제도가 발전하여 뒷날 사원의 무진장이나 질고質庫의 모체가 된 것이다. 이러한 제도는 이자를 추구하거나 축재가 목적이 아닌 분명한 빈민구제사업이었다. 『위서』「석로지」의 세종 영평 4년(511)의 칙명에 의하면 승지속의 목적을 다음과 같이 기술하고 있다.

"승지속은 본래 구제의 시여를 기대하고 흉년에 빌려주고 풍년에 거두어 들였다. 산림의 승니들조차 수시로 베풀어주니 백성들은 궁색함이 있으면 또한 그것을 구휼했다."

승지속의 목적이 어디에 있는가를 보여주는 것이다.

"삼가 살펴보건대 죽은 사문통 담요는 옛날 승명원년의 주청에서 양주군호 조순자 등 2백 집을 승지호로 삼고 할당량을 매겨서 조를 쌓았으며, 옛 성현들이 기근이 든 해를 구제한 것을 흉내 내었으니 도속을 가리지 않고 모두 구제하기 위해 베풀었다."

또한 같은 해 고조高肇의 상소문의 주청을 보면 승지속이 매우 성행하였음을 알 수 있다. 도속의 구별이 없이 대출되었기 때문에 사회적인 환영을 받았던 것이다.

(3) 무진장 제도의 전개

그러나 세월이 흐르면서 이러한 제도가 점차 각지의 사원으로 확대 시행되면서, 초기의 목적을 망각한 채 영리를 추구하는 경향으로 변질되었고 마침내는 사회문제로 대두되었다. 『위서』「석로지」의 세종 영평 4년의 칙소는 이에 관한 이야기를 전하고 있다. 승지속을 담당하는 승도들이 단지 이익만을 추구할 뿐 수재나 기근 등에 대해서도 저들 농민들의 고통을 돌보지 않고, 고리대금에 몰두했으며, 심지어는 대차증명서를 변조하는 등의 부정행위를 통해 빈민들을 도탄의 곤경에 빠지게 했다는 내용이 그것이다. 조정에서는 관리를 파견하여 엄중한 조사를 시행하였는데 곡식의 수량, 대차의 다소, 연월일, 현재 미수 등 상세한 사항을 대장에 남기고 있으며, 대출이자가 원금보다 많아진 경우나 증명서를 개작한 경우 등은 이것을 처벌하는 한편 혹 대출하는 경우라도 가난한 백성을 우선으로 하고, 부유한 사람에게는 대출할 수 없도록 했다.

 부정행위를 일삼는 승도들의 고리대금업에 시달리는 사람들이 품은 원한이 거리에 가득했으며, 자식을 버리거나 자살하는 사람이 50여 인에 미쳤다고 하는 것은 그 폐해가 얼마나 심각했는가를 알려주는 대목이다. 이것은 당시 도유나 승섬, 승빈 등의 부정에 따른 것이었다. 이외에도 『위서』「석로지」은 성내에 진출하여 속기를 풍기고 있는 무수한 사찰과, 위의를 혼란케 하는 수많은 승려들의 일탈을 보여주고 있다. "사탈민거삼분차일寺奪民居三分且一", 혹은 "침탈세민광점전택侵奪細民廣占田宅"이라 언급되고 있는 이런 현상은 "천하주진승사역연天下州鎭僧寺亦然" 등의 상황에 이르면 당시 불교교단의 내부가 어떠한 상태에 있었는가를 상상할 수 있다.

 「석로지」에 의하면 이미 사원뿐만 아니라 승니 개인이 대금업을 하고 있었다. 또한 『남사』권70 「견법숭전」을 보면 "법숭 손빈은…

일찍이 한단의 모시풀을 가지고 주에 있는 장사사의 고庫에 나아가 돈을 빌리며, 뒤에 모시풀을 팔아 돌아오니, 모시풀 속에서 5냥의 돈을 얻어서 수건으로 그것을 싼 뒤에 사고寺庫에 송환했다."고 한다. 여기서 사고란 옛부터 사찰 안에 있던 사고 또는 고라 지칭하던 금융기관을 말한다. 장사사는 동진 초엽에 장사 태수 등함이 강릉에 있던 저택을 사찰로 만든 것이며, 지금의 호북성 형주부 강릉현에 있는 사찰이다.

이상에서 무진장의 변천과정에 대하여 간략하게 살펴본 대로 이즈음에는 무진장, 질고質庫 등의 금융기관이 각 지방의 사원에까지 설치되어 있었던 것을 알 수 있다.

당나라의 회신이 지은 『석문자경록』 권하에 의하면 영엄사의 승려 승진이 흑암지옥에 떨어졌다고 하며, 그 죄상은 무진등유전燈油錢 20관을 무단히 사용하고 반환하지 않았기 때문이라고 한다. 여기서 무진등유전이 무엇을 의미하는지 분명하지는 않지만 사고寺庫에 넣어서 대출해야 하는 상주물常住物인 듯하다. 『속고승전』 권6에는 양나라 「보연전」 중에 "후사고범관後寺庫犯官"이란 말이 보이고 있으며, 같은 책 권5에 나오는 「승민전」에서는 큰 집을 짓기 위해 재물을 사고에서 빌려 충당했다는 기록이 보인다. 또 같은 책 권16의 「승조僧稠전」에는 북제 문선왕이 승조에 귀의하여 칙명으로 돈과 비단, 이불 등을 보내며, 사중에 고庫를 설치하여 이것을 저축하고 항상 비용으로 제공했다는 기록이 보인다. 여기서 말하는 고도 사고를 의미하는 것으로 보이며, 재물을 대출하여 백성들을 구제하는 사업으로도 활용했던 듯하다.

남송 육유의 『노학암필기』 권6에서는 "이제 승사에서는 고를 만들어

빌려주는 돈(質錢)으로 이익을 취하였으니 이것을 장생고라 한다."는 기록이 보인다. 또한 청나라 적호翟灝의 『통속편』에 의하면 "세속에서는 질포質鋪를 당當이라 부른다.…… 당나라 이전에는 이 일을 오직 승사僧寺에서만 했다."는 기록이 보인다. 고庫의 성격이 어떠한 것인지를 알려주는 것이다.

(4) 인도불교의 영향

그렇다면 중국 사원에서 시행되고 있었던 질고質庫나 무진장 등은 인도불교에서 시행되고 있었던 무진재無盡財란 제도와는 어떤 관계가 있는가? 질고 등에서 대출을 통해 이윤을 얻었던 일 등은 인도의 무진재 제도와 완전히 동일한 형태로, 인도의 제도를 그대로 수입했다고 말하더라도 지나치지 않다. 인도에서 시행된 무진재에 대한 기록은 일찍이 중국에 전해진 율전에서도 발견할 수 있다. 『십송율』・『마하승지율』 등은 물론, 근본설일체유부의 여러 율장 등에 이에 관한 기록이 남아 있다.

『십송율』은 『출삼장기집』이나 『개원석교록』 등의 경록과 승전 등에 의하면 구마라집이나 혜원 등의 힘에 의해서 혹은 불야다라, 담마류지, 축불염 등에 의해서 역출되었다. 진나라 홍시 6년인 404년 불야다라를 비롯한 수백 인의 사람들을 장안의 중사에 모아 범본『십송율』의 번역을 시작했지만, 갑작스러운 불야다라의 죽음으로 잠시 중단되었다가 다음해 담마류지가 와서 번역을 완료하였다. 구마라집은 두 사람과 함께 번역장에 있으면서 이 책을 완역했다. 처음에 번역된 품수는 58권이었지만 비마라차가 증보하여 현행하는 61권이 되었다.

이『십송율』의 홍포에는 비마라차의 노력이 크며, 역출 후 남북조가 끝날 때까지 이『십송율』이 가장 유행하였다.

『마하승지율』은 동진 의희 14년인 418년 2월 법현스님이 가지고 온 범본에 의거하여 불타발타라, 즉 각현覺賢이 법현과 함께 건업의 도량사에서 역출한 것이다. 그러나 이 율전은 겨우 도량의 학자들 사이에서만 유행되었으며, 널리 세상에 알려지지 않았다. 근본설일체유부의 여러 율전들은 당나라 중기에 의정 삼장에 의해 번역되었다. 『율섭』이 구시 원년인 700년에, 『유부비나야』가 장안 3년인 703년에, 『유부필추니비나야』가 경룡 4년인 710년에 번역되었는데, 이것은 당말 송 이후에 영향을 미치게 된다.

무진에 관한 율전들을 살펴보면『십송율』·『승지율』은 이미 동진시대에 역출되어 있으며, 특히『십송율』이 상당히 알려져 있었다는 점에서 무진재가 무엇인지 인식하고 있었다고 볼 수 있다. 전술한 사고와 같이 분명한 이름은 보이지 않더라도 그 제도는 율전의 무진과 공통하고 있는 것이다. 사고와 무진재가 공통의 성격을 지니고 있다는 점에서 무진장이나 사고의 원형이 율전에서 기인한 것이거나 인도의 제도를 모방한 것이라 판단할 수 있다. 만일 이러한 판단이 성급한 결론이라면 동진시대부터 법현을 필두로 연속되었던 인도구법승들에 의해 각종의 새로운 정보들이 수입되었으리라 추정되며, 무진장 제도도 이러한 과정 중의 하나였다고 판단할 수 있다. 때문에 무진장이든 무진장원이든 사찰금융제도는 중국에서 고대부터 시행되어온 중국 독자의 구제사업이란 주장은 성급한 판단이라 말할 수 있다.

더불어 생각해야 할 것이 무진이란 명칭 이외에 중국 고대부터

질質, 전典, 당當 같은 이름이 있어서 무진장 같은 임대차업이 시행되고 있었던 점이다. 이것이 남북조시대에는 사고, 질고, 혹은 고 등의 이름으로 시행되었으며, 이후에도 면면히 성행되고 있었다. 『산우석각총편』 권9 복전사 상엄의 비석이나 무종의 회창 5년 정월 3일의 『남교사문』 등에 여전히 이들에 대한 기록이 나타나고 있기 때문이다.

이러한 제도들이 송대에 들어와서는 장생고라 불렸으며, 완전히 임대업으로 변화되어 당대의 화도사 무진장이나 양대의 복전사상에 의한 무진제도와는 현격한 차이를 보이게 된다. 남송 육유의 『노학암필기』에서는 사찰이 장생고를 만들어 이윤을 취하고 있는 사실을 들어 개탄하고, 이들의 폐해를 막기 위해 금지시켜야 한다고 주장한다. 송나라 도성도 『석씨요람』에서 장생전이 무진재에서 유래했음을 밝히고 있으며, 장생전은 장생고에서 대출하는 금전임을 기록하고 있다. 원대 성희명의 『보타낙가산전』에서는 "순우 8년(송대의 이종) 무신…… 비를 빌어 감응이 있자 돈 2만 냥과 쌀 50석을 베풀어 장생고를 설치하고 접대했다."는 기록이 있다. 보타산사에 장생고가 있었음을 알려주는 기록이다. 송대 오회가 저술한 『능개재만록』 권2에서는 "강북 사람들은 재물과 질전質錢으로 해고解庫라 했으며, 강남 사람들은 질고라 했다."는 기록이 보인다. 해고 중간에 '전'자를 넣어 해전고라 부르는 경우도 있는데 이것은 산동성 영엄사에 있는 '대원국사법지비'에 보이고 있다. 이것을 전고典庫라 부르기도 했다.

이렇게 해서 무진장원, 무진장, 무진재, 장생고, 해전고, 해고, 전고, 사고, 질고, 고 등은 각 시대에 혹은 각각의 지방에서 명칭은 다르지만 모두 재물과 금전을 이용하여 이윤을 추구했으며, 그 이윤으로 사찰을 운영하던 것이니 남북조시대 이래 현대까지 전승되고 있는 것이다.

5) 조상숭배

(1) 조상숭배의 의미와 불교적 행사

조상숭배란 자신이 속한 가계의 선조를 숭배하는 일이다. 숭배한다는 것은 단지 정신적인 일만이 아니라 구체적으로는 조상을 제사지내는 일이기도 하다. 조상의 영령을 사당에서 제사지내고, 각종 공물을 바치며, 조상의 혼령을 위로하고 이들에게 감사함으로써 자손들의 행복을 지켜달라고 기구하기도 한다. 이러한 조상의 제사는 어디까지나 가정의 조상을 제사지내는 일이었으며, 다른 혼령을 여기에 덧붙이는 일은 없다.

중국에서의 조상숭배는 이런 의미에서 효의 표현 방식으로 유교적인 가치관과 혼연일체가 되어 기층민중의 의식세계를 점령하고 있었다. 불교가 전래되어 민간에 유포되자 불교적 가치관이 더하여져 중국 민중불교의 발전과 함께 토착화하게 되었다. 동시에 중국불교는 조상숭배라는 중국민중의 절대적 가치에 동조하여 불교의 독자적인 제사문화를 창출하였는데 우란분회, 기일법회, 칠칠재, 시왕재 등이 바로 그것이었다. 그러나 유교의 조상숭배와는 달리 그 내용에 있어서는 매우 이질적인 요소가 포함되어 있었다.

특히 불교는 사후의 영혼에 대해 유교와 다른 입장을 취하고 있었다. 유교는 사후의 영혼에 대해 세밀한 고찰과 명쾌한 해결을 주지 않고 막연한 입장을 취하고 있었던 반면에, 불교는 사후의 세계를 3세양중 인과설에 입각한 6도윤회를 설하며 사후의 영혼에 대해 제사를 지냈다. 제사를 지내는 대상인 위패에 대해서도 유교는 다른 위패의 동참을 허용하지 않았던 데 반하여 불교는 제사 당사자의 위패 이외에 다른 위패도 함께 놓고 동시에 제사를 지냈다. 조상만이 아니라 육친권속이나 나아가 일체중생까지도 더하여 제사를 지내는 데 거리끼지 않았다. 조상의 제사로서 여러 선행을 권유하고, 그것을 조상에게 바치는 회향문에서 "원하옵건대 이 공덕을 평등하게 일체중생에게 보시하고, 함께 보리심을 발하여 안락국에 태어나게 하소서."라 발원했다.

조상숭배와 관계를 지니면서 민속의례로 자리 잡은 불교적 행사는 여러 가지가 있다. 이들 중에서 연중행사로 2월의 청명절, 7월 15일의 우란분회, 10월 1일의 송한의送寒衣 3회는 조상의 묘를 참배하는 날이었는데, 그 중에서도 7월 15일은 도교의 중원일中元日과 결합하여 불교의 행사로서 가장 중요한 날이었다. 이 행사는 이미 일찍부터 중국에서 시행되었다. 목련이 아귀도에 있는 어머니를 구하는 설화에 의해 『우란분경』이 유행하고, 각 가정에서는 조상의 신령을 제사지냈다. 묘에 공물을 바치고, 승려를 초청하여 독경하고 조상의 공덕을 닦았으며, 동시에 자신과 일족의 행복을 기원했다. 또한 어느 사찰이나 참배하고 그곳에서 사자의 명복을 빌었다. 수륙회 혹은 수륙재 등은 대부분 7월 15일 승려를 불러서 거행했으며, 물에 빠져 죽은 사람의 영혼이나 기타 추선追善을 얻지 못하고 떠돌아다니는 유령들에게 공덕을 베풀었다.

불교의 윤회사상은 사람이 죽으면 영혼은 지하의 음부陰符로 가며,

그곳에서 염라대왕을 비롯한 시왕의 심판을 받아 다시 인간으로 태어나거나 아니면 다른 축생으로 태어난다고 한다. 이 영혼은 귀신이라고도 불리며, 인간세계에 나와서 자신을 죽인 사람에게 복수를 하기도 하고, 타인에게 자살을 권유하기도 하고 위해를 가하기도 한다. 그렇지만 이는 뒤에 남은 사람이 추선법회를 행하지 않았기 때문으로, 아들이나 친족도 없이 칠칠일七七日의 중음中陰의 불사佛事에도 갈 수 없는 기운이 독한 떠돌이 귀신인 것이다. 이들을 천도하기 위해 장례식에 승려나 도사를 부르고, 친절하게 사자에게 독경의 공덕을 베풀며, 다시 칠칠재七七齋나 백일재, 일주기, 삼주기 등 도합 10회에 걸쳐 재회를 베풀었다. 청명절이나 우란분회는 이러한 재회에 있어서 아주 중대한 불사법회로, 이런 날은 도시나 농촌, 불사나 도관, 장소와 사람을 불문하고 모두 이 행사에 참여했던 것이다.

또 다른 불교행사로는 12월 8일의 성도회가 있으나 이는 사찰에서 거행했던 행사로 각 가정에서는 특별하게 신앙하지 않았다. 그러나 12월 23일에 아궁이 신에게 제사지내고 하늘에 보내며, 12월 30일에는 승려나 도사를 초청하여 독경하는 것 등은 송대 이후에 어느 가정에서나 보편화되었다.

(2) 묘상墓相과 불교

조상숭배와 더불어 중요시되었던 것 중의 하나가 묘지이다. 사람이 사는 것을 양택이라 하여 중요시했다면, 죽은 조상을 모시는 묘지는 음택이라 하여 그 여하에 따라 자손들의 길흉화복이 좌우된다고 생각했다. 그런 점에서 묘지는 아무렇게나 선택하는 것이 아니라 여러 가지 조건을 구비해야만 했다.

묘상은 묘지를 선택하는 데 있어서 가장 중요한 요인이다. 그렇다면 묘상이란 무엇인가. 묘상이란 묘지의 모습을 보고 그 가정의 행복과 불행을 판단하는 것이다. 즉 가상家相, 지상地相, 인상人相, 골상骨相, 수상手相, 인상印相 등의 성명학과 마찬가지로 운명학의 일종인 것이다. 이것이 풍수사상과 어우러져 묘제가 엄중해지고, 묘를 크고 화려하게 하는 것이 효의 윤리와 결부되어 발전하면서, 그것이 살아남은 자들의 권위와 효성의 정도를 판단하는 기준이 되어 복잡한 양상을 띠게 되었다. 불교 역시 토착화 과정에서 이러한 묘제를 완전히 무시할 수 없었으며 한편으로는 유교의 조상숭배사상에 동조하게 되었다.

그러나 불교에는 묘상가墓相家들이 말하듯이 묘지는 영원한 음택이고, 묘상의 길흉에 따라 가족의 길흉화복이 정해진다고 말하지 않는다. 묘를 통해 조상의 음덕을 기리고, 묘지를 연고로 삼아 자신의 불도를 성취시키려고 하는 데 목적이 있었다. 토착화를 위한 방편과 그것을 통해 불도를 펼치고자 하는 이중의 목적을 가졌던 것이다.

초기불교 경전인 『잡아함경』은 불교도로써 길흉화복을 점치는 일이나 주문, 운명학 등에 빠지지 말 것을 강조하고 있다. 부처님 자신도 사후의 문제에 대해 아무런 해답도 주지 않았다는 점이나 운명론, 유신론, 우연론을 부정하고 있다는 점에서도, 불교는 주어진 현실에 충실할 것을 가르쳤으며 살아 있는 인간들을 어떻게 구제할 것인가에 주목하고 있었던 것이다. 따라서 중국적인 풍수나 음택사상은 불교와 무관하다고 말하는 것이 타당할 것이다.

불교의 장례법은 수장, 임장, 매장, 풍장, 화장 등이 있었으나 중국인들은 매장문화와 연계하여 묘상을 중시하는 사상이 발달한다. 그러나 임장이나 수장은 그럴 필요가 없었다. 불교적 묘란 석탑이나 석비石碑를 지칭하며 화장하고 남은 유골을 석탑이나 석비 아래 넣어두는 것이다.

묘탑이나 묘석은 묘의 표식에서 발전하였을 것이고, 그 표식이 어떠한 것이라 하더라도 가족의 운명을 좌우하는 무언가의 주력呪力을 지니고 있는 것은 아니었다. 그러나 유교적 효 윤리의 절대화는 묘제를 엄격하게 하고 사후의 제사를 엄중하게 규정하였으며, 불교 또한 이것에 동조하여 『우란분경』・『효자경』・『부모은중경』 등을 중심으로 조상에 대한 보은행을 강조하게 되었다.

(3) 묘에 길흉이 있는가?

중국 전래의 민간 습속에서는 묘석의 형태에 따라 그 가정의 명운命運이 결정된다고 생각했기 때문에 조상에 대한 추선追善의 의미를 넘어 묘를 가족의 뿌리로 생각했다. 그러나 공을 설하고, 무상과 무아를 설하는 불교의 입장에서는 이러한 민간신앙을 일고의 가치도 없는 것으로 취급하여 미신이나 사설邪說로 치부하고 배척했다.

진역 『화엄경』 24권에서는 "점상占相을 멀리하고, 정견을 수습하며, 결단코 깊이 죄복罪福의 인연을 믿어야만 한다."고 말하고 있으며, 『대방등대집경』 권50에서도 "3보에 귀의하고 천신을 믿지 마라. 정견을 얻으려 하고, 세차일월歲次日月의 길흉을 얻으려 하지 마라."고 말하고 있다. 『반주삼매경』・『지장십륜경』 등에서도 비슷한 구절이 보이는데, 모두가 미신이며 무간지옥에 떨어지는 행위라 금지하고 있다.

　그럼에도 불구하고 조상숭배사상 혹은 가족의 번영이라는 초논리적이면서도 지극히 세속적인 욕망에 의해 이러한 사상은 매우 보편화되었다. 불교 역시 토착화 과정에서 이를 교묘하게 이용하여 중국사회에 뿌리를 내리고 민중 속에 파고들고자 하였기에, 오히려 당·송대 이후에는 불교와 함께 불가분의 관계를 지니고 있는 것으로 오해받기에 이른 것이다.

제2편

中國의 불교신앙

1. 불교신앙의 여러 양상

1) 관음신앙

중국 민간신앙의 형태를 사묘의 분포에 따라 조사한 보고서에 의하면 중국 북부지방의 민간신앙은 관제신앙과 관음신앙으로 대별할 수 있다. 관제신앙은 도교신앙과 결부된 중국 고유의 민속이라 본다면 관음신앙은 불교가 중국에 토착화된 이래 민중생활 속에 깊숙하게 자리 잡은 약간은 민속화된 불교다.

관음신앙은 민중들의 애환을 직접 어루만져줄 수 있을 뿐만 아니라 가장 대중성을 지니고 있었기에 많은 사람들의 사랑과 귀의를 받게 되었으며, 그런 만큼 다양한 모습을 지니고 발전하였다. 여기에서는 관음신앙이 중국 민간신앙 속에서 어떠한 지위를 차지하고 있었으며, 얼마나 많은 신자들을 지니고 있었던가를 살펴보기로 한다.

앞에서 이야기했듯이 낭랑신앙과 관음신앙의 결합은 불교 대중화에 지대한 공헌을 했다. 중국에서 낭랑신앙은 특별한 사묘를 지니고 있지는 않았지만 매우 광범위하게 민간생활 속에 뿌리내리고 있었다. 원래 낭랑신앙은 불교와 전혀 관계가 없는 민속신앙이다. 낭랑의 의미를 살펴본다면 낭娘이란 글자는 소녀를 의미한다. 또한 어머니란 의미도 지닌다. 그러나 낭랑이라고 붙여서 읽게 되면 그 의미가 달라진다. 사전에 의하면 낭랑이란 황후나 여신을 의미하고 있다. 그리고 그것이 황후든 여신이든 낭랑이란 말은 여성을 표현하는 것이며, 모성을 나타내는 것임에 틀림없다. 이로 볼 때 낭랑신은 모성숭배사상에서 유래한 것이고, 모성신을 낭랑신이라 지칭하게 된 것으로 볼 수 있다.

이상과 같은 의미에서 살펴본다면 낭랑신의 본질은 다양하다고 말할 수 있다. 즉 모성신으로 숭배되는 신들은 모두 낭랑신이라 부를 수 있기 때문이다. 우리나라의 삼신할미처럼 자손을 점지해 주는 고유한 기능을 지니고 있었기에 자손의 대물림을 소중하게 생각하던 중국인들에겐 더없이 소중한 민간신앙이 아닐 수 없었다. 여기에 불교의 모성신앙을 대표하는 관음보살, 귀자모신 등은 필연적으로 낭랑신이라 불릴 수 있는 가능성을 원천적으로 지니게 된다.

이렇게 해서 관음은 낭랑신으로서 가장 많은 신앙을 받고 있던 벽하원군碧霞元君, 즉 천선성모天仙聖母, 나아가서는 천후성모天后聖母 등과 함께 받들어졌다. 관음낭랑으로서 혹은 송자관음送子觀音, 백자百子관음, 백의대사 등의 이름으로 낭랑신과 동일하게 취급되어 최대의 존경과 예배를 받게 된다.

중국에서 낭랑의 사당이나 낭랑신을 말하자면 태산의 벽하궁을 떠올릴 수 있다. 그리고 북경 묘봉산의 낭랑 사당을 말할 수 있으며,

벽하원군태산옥녀의 모습이 연상된다. 그만큼 태산의 낭랑 즉 천선성모는 북쪽지방 낭랑신의 대표자가 되어 있다. 이에 상대해서 천후와 천비天妃로 불리면서 천후성모라 존경받는, 천후궁에 모셔져 제사를 받는 낭랑신이 있다.

이상에서 말한 두 곳의 사당, 즉 벽하궁과 천후궁의 주신인 천선성모 벽하원군과 천후성모 천후 두 여성신이야말로 낭랑신의 대표자인 것이다. 벽하원군은 보통 태산낭랑이라 불리며 태산을 중심으로 북중국에서 두루 신앙되고 있다. 천후는 복주를 중심으로 남중국에서 그 유래와 신앙형태를 찾을 수 있다. 하나는 대륙의 신이며, 하나는 해상 수호신의 성격을 지니고 있는 것이다. 그런 만큼 천후낭랑은 무역업자, 해운업자 등이 신앙의 대상으로 삼았으며, 해안선을 따라 많은 사당이 존재한다. 반면 태산낭랑은 농·상업자 등이 대다수 신앙하고 있으며, 주로 대륙의 오지에서 그 사당을 발견하게 된다.

이 두 낭랑신앙의 형태는 각각의 특성을 유지하면서 번성하였다. 심지어는 조정의 비호를 받아 북송 무렵부터 점차 성행하였는데 북방의 벽하, 남방의 천후로 구분되면서 숭배되었다. 하나는 태산을 중심으로 대륙적 기질을, 하나는 복주를 중심으로 해양신의 속성을 지닌 완전한 별개의 낭랑신이지만 낭랑신앙이라는 점에서 서로 영향을 주고받으면서 융합되기도 한다. 따라서 해신인 천후낭랑은 완전히 태산낭랑과 동일시되어 모든 기원의 대상이 되었으며, 송자낭랑, 두진痘疹낭랑, 안광낭랑으로서 아무런 구별도 없이 발전한다.

그런데 벽하원군, 즉 태산원군은 태산신인 동악대제의 딸이며, 일체의 재물과 복덕을 주는 여성신으로서 민중의 존경을 일신에 모으게 된다. 천후는 복주지방 이름 모를 어촌에서 가난한 어부의 딸로 태어나 여자 무당이 되었다. 그렇지만 마침내는 항해하는 배의 안전과 항로를 수호해 주는 수호신으로 승격되어 제사를 받고, 급기야 천후가 되어 천비로 받들어진다. 그리고 이러한 신앙들은 그 이면에 관음신앙이 스며들 여지가 충분히 내재되어 있었다는 점에 주목하지 않을 수 없다.

오늘날에도 많은 중국의 민중들은 낭랑의 사당에 찾아가 태산낭랑에게 자식을 보내달라고 기도하면서 다른 한편으로는 관음보살에게도 자식을 간구하고 있다. 백의관음에게 자식을 달라고 하는 것과 같다. 특히 송자관음이 주신으로 모셔지고, 백자관음이 중존中尊으로서, 그리고 좌우에 안광낭랑과 두진낭랑이 시립하고 있다. 민중들은 관음보살과 낭랑신을 구별하지 않으며, 낭랑신을 관음보살의 화신이라 생각하는 것이다.

관음보살은 일체의 소원에 대해 천수천안과 천변만화의 위신력으로 일체의 화신을 나타내어 대자대비의 손길을 나누어주는 보살이다. 때문에 출산, 육아, 기타 재물과 복덕을 주는 낭랑신도 관음보살의 화신이라 믿게 된 것이다. 관음은 본신本身이고 태산낭랑은 응신應身이라는 믿음이 자리를 잡게 되면서 낭랑신의 후벽이나 낭랑 사당의 위쪽 편액에 불광보조佛光普照라 쓰게 되었다.

또한 천후가 바다의 수호신이 되어 무역상들의 신앙의 대상이 되었던 것도 관음 화신의 일종이며, 관음의 다른 이름인 남해대사, 자항대사와 상통하는 것이기도 하다. 예로부터 항해하는 사람들의 수호신으로서 혹은 배의 신으로서 남해지방 무역상들의 절대적인 귀의를 받고 있던 관음보살이 남해대사로 불리고 자항보도慈航普渡로 표현되었는데, 이것이 천후신앙에 영향을 미치게 되어 그녀 역시 관음보살의 화신으로 간주되었고, 남해대사와 동일시되기에 이른 것이다. 신앙의 성격과 불교의 외연확장이 낭랑신앙을 자연스럽게 관음신앙에 융합하였던 것이다.

그러나 남해대사의 사당과 백자관음 사당 혹은 백의대사 사당에 나오는 모습은 서로 완전히 다르다. 하나는 육상의 신이며, 하나는 해상신의 모습을 보이고 있다. 이렇게 관음신앙과 낭랑신앙은 상관관계 속에서 한층 그 신앙의 깊이를 더해 갔다.

그렇다면 관음보살의 낭랑화 즉 관음낭랑의 신앙은 그 양상이 어떻게 전개되었을까? 관음낭랑에 대해 어떻게 기도했으며, 무엇을 바라고 무엇을 요구했을까? 중국대륙 각지에서 관음낭랑으로 생각되는 것들을 살펴보면 대부분 백자관음, 송자관음, 송생(送生)관음, 백의대사로 불린다. 이들은 공통적으로 자손관음이라 부를 수 있는 것으로 대부분 어린애를 끌어안고 있는 모습이다. 보통의 송자낭랑이나 자손낭랑과 거의 같은 모습이라 말할 수 있다. 다만 머리에 백의를 걸치고 있는 백의관음의 모습이라는 점이 보통의 낭랑과 다를 뿐이다.

이들 관음낭랑은 자손을 받고자 기원하는 사람들의 의지처였다. 자손도 없이 불행하게 사는 사람들에게 자손을 보내주고 출산, 육아, 아동의 성장을 보호해 주는 것이 관음낭랑의 기본적인 책무였다. 물론 관음낭랑은 관음신앙과 같이 모든 욕망을 이 여신에게서 얻고자 하는, 그래서 치병, 재복, 재난의 방지 등에 이르기까지 일체의 기원이 포함되어 있지만 그 중에서도 특히 송자관음, 자손낭랑, 백자관음

등은 아이를 주고, 키우며, 성장하는 것을 보호하는 것이 전문이었다.

한편 이 전문화된 관음낭랑도 각 지방이나 각 사당의 성격에 따라 다양한 양상을 보이고 있고, 기원하는 방식이나 그 효과가 나타나는 방법 등도 다르다. 따라서 일률적으로 관음낭랑을 규정할 수는 없다.

보통의 자손당, 백자당처럼 자손을 주는 낭랑 사당에서는 그것이 백의송자관음이든 태산낭랑이든 각 사당은 하나의 잔 속에 어린애의 인형을 놓아두고 있다. 물론 이것은 도사들이 미래 준비해 놓은 것인데, 도사에게 돈을 주고 빌려 자신이 바라고 좋아하는 인형과 인연을 맺는다. 집으로 가지고 온 인형을 자신의 아이로 생각하고 살아있듯이 취급하며 훌륭한 의복은 물론 세 끼의 식사도 함께 한다. 또 이름을 붙여 그것을 부르며, 성장하는 모습을 생각해 매년 커다란 인형으로 대체하기도 한다. 이렇게 하는 사이에 실제로 아이가 태어나면 최초에 제시했던 기원 조건을 이행하기 위해 사례하는 것이 관례였다. 사례 방법도 다종다양했다. 새 인형을 만들거나, 아니면 이전의 인형을 그대로 돌려주거나 했는데, 사례로는 도사에게 물품을 주는 것 이외에도 신상의 수선이나 당우의 수리 등 부담스러운 것도 있었다. 일반적으로 중국의 사찰이나 사당에서 흔히 목격하게 되는 '유구필응(有求必應)' 등의 편액을 헌납하는 것, 신상에 입힐 새로운 의복을 헌상하는 것이 일반적인 사례였다.

자식을 얻는 방법으로 인형 대신 불전을 받친 신발을 받아서 돌아오거나 혹은 인형의 국부에 있는 양물을 사사롭게 가지고 돌아오기도 했는데, 그것을 먹으면 자식을 얻게 된다는 기묘한 풍습도 있었다. 국부를 가지고 가거나 그것을 먹으면 자식을 얻는다는 풍속은 태원부

진사진의 낭랑 사당에서 지내는 제사가 유명했다. 때문에 근교의 부녀자들이 모여들어 양물을 가져갔기에 온전한 상태의 인형은 하나도 없었다고 한다.

강소성 청포현에서는 송자관음에게 자식을 빌고 그 신발을 훔쳐 돌아왔는데, 이것을 '관음의 신발을 훔친다'고 불렀다. 그리고 출산시에는 관음이 주는 자손으로 생각하고, 관음을 가친假親으로 삼아 자손의 수명이 길고, 재난이 없기를 바라는 습속도 있었다. 이러한 풍속은 대를 잇는 것이 효도 중에서 가장 큰 효도로 생각하는 중국인들의 의식이 반영된 결과이며, 이것이 민간신앙과 결부되어 다양한 형태로 발전한 것이다.

2) 법화경 신앙

중국불교사에서 법화경 신앙이란 어떠한 것을 지칭하는 것인가? 당나라 혜상惠詳의 『홍찬법화전』이나 승상僧詳의 『법화경전기』는 법화경 신앙의 기록서라 말할 수 있다. 이들 책에는 『법화경』의 독송, 수지, 서사, 해설, 수관修觀 등의 공덕이 기술되어 있다. 이러한 내용들을 보면 『법화경』을 독송, 암송, 서사, 해설하면 대단한 공덕이 있다고 영험의 사례를 들어서 실증하고 있다.

물론 『법화경』이외에도 많은 대승경전은 신심과 공덕을 강조하고 있다. 그렇다면 법화경 신앙의 특징은 무엇일까? 우선 고려해야 할 사안이 불교를 신앙하는 사람들의 계층을 파악하는 것이다. 중국 역사상 지배계급은 전 인구의 1할 정도로 사대부나 지식인 등이 여기에 속한다.

이들은 주로 반야사상에 의거한 불교사상에 경도되어 있었다. 그 나머지 9할이 피지배계급인 서민대중들이었고 이들은 거의 문맹에 속하는 사람들이었다. 지역적으로는 농촌에 사는 농민이 대부분이었는데, 『법화경』을 신앙하는 사람들은 주로 이러한 계층의 사람들이었다.

항상 지배계층의 압박을 받아야 했던 봉건사회에서 이들 서민들의 바람은 매우 소박하고 현실적인 문제, 즉 삶의 고단함에서 벗어나고자 하는 것이었다. 『법화경』이 경전을 수지, 독송, 서사, 해설하면 커다란 공덕이 있다고 강조한다는 점에서 무지몽매한 서민들에게는 접근할 수 없는 영역으로 비춰질 수도 있었다. 그런 점에서 보면 『법화경』은 오히려 지식인, 출가한 전문 수행승 등의 계층에 어울리는 신앙형태라 말할 수 있다. 하지만 경전 안에서 만인의 평등을 가르치고, 여인의 성불과 만선萬善성불을 강조하고 있다는 점에서는 서민들에게도 친근감을 줄 수 있는 여지는 충분했다.

서민들이 『법화경』을 신앙하는 데 결정적인 역할을 한 것은 전문 교화승들이었다. 이른바 교화자, 창도사, 유행사, 설교자 등으로 불렸던 이들은 농촌지역을 돌며, 법화경의 내용을 쉽게 전달하고자 했다. 『화엄경』·『열반경』과 함께 『법화경』은 속강승들의 유력한 교재였다. 현존하는 돈황문서 중에서도 이러한 사실들을 확인할 수 있다. 바로 『법화경변문』이라는 속강의 교재이다. 이러한 교재를 통해 법화신앙을 고취시키고, 급기야는 법화경의 이름을 부르는 것만으로도 공덕이 있다는 사고를 유발하게 되었다. 정토교의 선도가 주장한 칭명염불과 같은 유형이었다. 이런 차원에서 보자면 서민들이 『법화경』을 수지하거나 게송의 한 구절이라도 지니는 것, 나아가 『법화경』의 강의를 듣는 것만으로도 커다란 공덕을 얻게 된다는 것, 법화경을 공양하는 이익 등이 강조된 것은 『법화경』이 지닌 대중적 속성을 나타낸 것이라 말할 수 있다.

소신공양과 소지공양

소신공양과 소지공양은 『법화경』의 독자적인 신앙으로 볼 수 있다. 본래 대승불교에서는 수행의 요건으로 6바라밀을 들고 있으며, 그 중에서도 보시바라밀을 제일로 꼽는다. 보시바라밀은 3륜이 청정해야 한다고 말하지만 결국 그 핵심은 자신의 육신을 고려하지 않는 희생정신에 있다. 이런 것을 불교에서는 사신捨身이라 부른다. 사신이란 자신의 육체를 상대방에게 보시하는 것인데 중국의 문헌에서 많은 사례를 찾아볼 수 있다.

『고승전』 12에 의하면 북량의 법진은 기아에 허덕이는 사람들을 구하기 위해 자기 자신의 살점을 도려내어 소금에 절인 다음 나누어주었다고 한다. 동진시대에 활약한 도안의 제자인 승부는 어떤 동자의 병을 치료하려고 자신의 뱃살을 잘라 주려고 했으며, 송나라 담칭은 호랑이 피해를 막기 위해 자신의 육체를 호랑이에게 주었다고 전한다. 육체나 생명을 주는 대신 양무제를 위시한 일군의 천자들에게서 찾아볼 수 있는 실례처럼 자신의 지위나 재산 일체를 버리고 사원의 노예가 되어 삼보에 봉사하는 사신공양도 있었다.

『법화경』에서 말하고 있는 소신공양 역시 사신의 일종으로 몸을 태워 부처님께 공양하고, 그것에 의해 자신의 수행을 완성함과 동시에 사회 일반대중의 이익을 도모하고자 하는 것이다. 소신공양이 법화경에만 나오고 있다는 점도 특이하지만 법화경에는 신체 전체의 소신공양이 아닌 신체의 일부분, 즉 손가락을 태우는 소지공양도 설하고 있다. 「약왕보살본사품」 23은 소지공양이 나라나 처자식, 더 나아가 삼천대천국토나 혹은 다양한 보배를 공양하는 것보다 많은 공덕이 있다고 찬탄한다. 나아가 소신공양이 보시 중의 보시이며, 최고의 보살행이라 강조하고 있다.

『고승전』은 이러한 경전의 가르침을 몸소 실천한 스님들의 전기를 싣고 있다. 12권 망신편에는 법우, 혜소, 승유, 혜익, 승경, 법광, 담홍 등 7인의 소신공양이 기재되어 있고 27권 유신편에는 법응, 승애, 회통과 비구니 2인, 한 명의 서생 등 6인이 나오고 있다. 여기서 주목할 것은 일반 재가신자도 소신공양을 했다는 기록이다. 또한 『송고승전』 제23 유신편에는 무염, 정란, 원혜, 식진, 경초, 소암, 회덕 등 7인을 기록하고 있으며, 양나라 보창이 편집한『비구니전』권4에는 선묘니, 도종니, 혜요니, 담간니, 빙니 등 6인을 기재하고 있다.『홍찬법화경』권5 유신편에는 혜소, 승유, 혜익과 한 명의 거사, 승애, 대지, 회통, 담추, 호론 등 9인을 소개하고 있다. 몇몇은『고승전』이나『속고승전』에 이미 소개된 사람들이지만 한 명의 거사가 출현하고 있다는 점을 주목할 만하다.『법화경전기』권10에도 혜소, 혜익, 대지, 법광, 승유와 한 명의 서생을 소개하고 있는데, 이미 소개된 바를 재편한 것들이다.

승려들의 소신공양이나 연지, 연비공양을 살펴보면 모두『법화경』약왕보살의 분신을 답습하여 보살행을 실천하고 있다. 소신을 대하는 태도는 사람에 따라 각각 달랐다. 장소도 어떤 이는 산중에서 했고,

성안에서 하기도 했으며, 혹은 탑 앞에서 하기도 했다. 소신의 방법도 다양해서 장작을 쌓아놓고 그 위에 앉아서 하는 것이 보통이었지만, 탑 위에 앉고 밑으로부터 불을 끌어들여 하기도 했다. 그러나 여기서 공통적으로 나타나는 것은 소신하는 사람이 자신의 소신행위를 비밀스럽게 행하는 것이 아니라 당당하게 날짜와 장소를 공표하여 대중들에게 공개했다는 것이다. 이러한 큰 행사가 공고되면 위로는 황제로부터 아래로는 서민에 이르기까지 여기에 참석하여 함께 수희隨喜했다. 때로는 커다란 재를 베풀어 법회를 행하고, 소신 행사를 장엄했다. 소신하는 사람은 『법화경』「약왕보살품」을 암송하면서 불 속에서 호흡을 단절해 갔다. 이러한 소신공양은 개인적인 행사로 끝나는 것이 아니라 사회적인 행사로 전이되었는데, 이는 한 사람의 소신이 사회적으로 매우 커다란 영향을 주었음을 보여준다. 행사에 참석한 대중 전체가 한 마음으로 『법화경』을 암송하면서, 혹은 『법화경』에 관한 설법을 들으면서 공덕을 나누는 수희공덕의 장이 되었던 것이다.

문경 공덕

문경聞經공덕은 또 다른 형태의 법화경 신앙이다. 전술한 소신이나 소지공양은 보시의 구극으로, 또 최고의 보살행으로서 일반 서민들은 도저히 실행할 수 없는 실천이었다. 따라서 이것이 서민들에게 보급될 수는 없었다. 이에 비해 어떠한 사람도 신앙할 수 있는 가장 쉬우면서도 커다란 공덕이 있는 것은 『법화경』을 듣는 일이었다. 이것이 곧 경전을 듣는 것만으로도 공덕이 있다는 의미의 문경공덕 즉 문경신앙이다.

『법화경』「약왕보살본사품」23에는 "숙왕화여, 이 경전은 일체중생을 잘 구제하기 위해…… 만일 어떤 사람이 이 법화경을 들을 기회를 얻어서 자신도 듣고 남도 듣게 한다면 그 공덕은 무량하니라.…… 만일 어떤 사람이 이 약왕보살본사품을 듣는다면 무량무변한 공덕을 얻으리라."고 경전을 듣는 것만으로도 공덕이 있음을 설하고 있다. 귀 있는 사람은 누구나 평등하게 이러한 공덕을 얻을 수 있다는 점에서 서민들에게는 호소력이 있었던 것이다.

구체적인 사례를 보면, 『법화경전기』 권9에는 청문이익聽聞利益의 항목이 시설되어 있는데, 22가지의 사례를 들고 있다. 청문이란 분명히 경전을 듣는다는 의미이고, 이것 한 가지를 주제로 22가지의 실례를 기록하고 있다는 것은 이미 서민계층에 법화경 신앙이 얼마나 광범위하게 퍼져 있었는가를 말하는 것이기도 하다. 『법화경전기』에는 많은 지식인계층의 신앙자들을 열거하고 있지만 강해감응講解感應, 풍송승리諷誦勝利, 전독멸죄轉讀滅罪, 서사구고書寫救苦, 의정공양依正供養 등의 장절을 시설하여 각각 전문가나 독자들을 거론하고 있다.

한편 청문이익의 22가지 사례는 광명녀(1), 묘의천(2), 석상주(3), 전다라자(4), 합구자(5), 범량자(6), 외사미(7), 광법예(8), 독사(9), 사위왕(10), 심양녀(11), 옹사미(12), 랑원견(13), 위편복(14), 수미후(15), 월지귀(16), 양처녀(17), 무구우(18), 니지통(19), 사미장(20), 승효자(21), 당질녀(22) 등이다. 여기서 1,2,3,4,7,10,16,18 등은 중국 이외의 사례를 기록한 것이며 19, 20, 21, 22 등은 청문이익이 아니고 법화경을 중시하지 않았던 죄과를 기술한 것이다. 나머지 10가지 사례를 살펴보면 사미가 한 사람, 재가 남자가 한 사람, 재가 여자가 두 사람이고, 기타 여섯 가지 사례는 인간이 아닌 축생의 일을 기술하고 있다. 비둘기, 쥐, 뱀, 원숭이, 개, 박쥐, 오랑우탄 등인데 이들은 모두 법화경의 독송이나 강설을 듣고 축생의 몸을 벗고 인간으로 태어나기도 하고, 천상에 태어나기도 한다.

예컨대 당나라 정관 연중에 병주 석벽사의 한 노승이 항상『법화경』과『금강경』을 독송했다. 이 무렵 이 절의 대들보 위에 둥지를 틀어 살고 있던 두 마리의 비둘기가 항상 이 독송을 들었다. 비둘기들은 죽어서 석벽산 아래의 어떤 부인 집에 쌍둥이로 태어났다.

장안 현위에 살던 범량의 아들은 세 살에 스승도 없이『법화경』 3권과 4권을 암송했다. 1권과 2권은 암송하지 않았다. 그럼에도 부모님이 죽자 출가하여 3권과 4권을 중심으로 암송했다. 어느 날 꿈에 자신은 전생에 작은 죄를 지어 쥐로 태어났지만 장안 소요원의 역경관에 들어가 살던 때에 마침 법화경 3권과 4권 강설하는 것을 들을 수 있었다. 하지만 아직 나머지 권수를 다 듣기 전에 승려들에게 발각되어 쫓겨나오게 되었다. 그렇지만 3권과 4권을 들은 공덕만으로도 사람으로 태어나 전생에 들은 경전을 스승 없이도 암송할 수 있게 되었다는 것이다.

또한 수나라 초엽 승랑이 사육하던 원숭이와 개가 승랑이『법화경』 독송하는 것을 듣고 그 공덕으로 천상계에 태어나며, 상산의 형당정사에 있던 수십 마리의 박쥐들은 사문이 머무르며 암송하는 법화경을 듣고, 그 공덕으로 사후에 사천왕천에 태어났다고 한다. 수나라 말기 돌아다니며 교화하던 속강승이 호구산에 들어가 한 여름『법화경』을 독송했는데 일백여 마리의 원숭이 중에서 한 늙은 원숭이가 이 독경을 듣고 뒤에 제2천에 태어났다고 한다.

12번째인 옹주 풍천현의 사미는 7세에 출가하여 사미가 되었는데 스승에게 단명할 운명이란 말을 듣게 되었다. 비 때문에 어떤 정사에 유숙하고 있는데 그곳에서 법화경 독송하는 것을 듣고 기쁜 마음으로 돌아올 수 있었다. 3일 후 그를 본 스승은 사미를 보고 너의 수명은 90세가 되었다며 어떻게 된 일인지 놀라워했다고 한다. 장수를 희구하는 일반 대중을 위해 경전을 들으면 연수延壽할 수 있다고 가르친 사례라 할 수 있다.

11번째 사례인 심양녀는 문경공덕으로 지옥에서 벗어나 인간세계로 돌아온 이야기이다. '나무묘법연화경'이라 부르는 소리를 듣고 지옥고를 벗어나게 되었다는 것이다.

문경공덕이 축생조차도 공덕을 얻을 수 있다는 극단적인 사례들을 보여준 것이다. 이것은 내용을 이해하지 못하더라도 단순히 귀로 듣는 것만으로도 무량한 공덕을 얻을 수 있다고 말하는 점에서 무지한 서민들의 지지를 얻기에 충분했다. 더구나 현실적인 질곡을 벗어나고픈 서민들의 아린 가슴을 생천하거나 인간으로 환생한다는 가르침을 통해 위무하고자 했으며, 동시에 축생조차도 구제하고자 하는 불교의 가르침을 보여주고 있다.

문경공덕을 강조하는 것은 대승불교 일반에 공통된 현상 중의 하나라 말할 수 있다. 그러나 『법화경』은 어느 경전보다 문경의 공덕을 강조하고 있다는 점에서 법화신앙의 하나로 인식되기에 이른다. 법화경 중에서 하나의 4구게만이라도 수지하거나(약왕품), 하나의 게송이나 하나의 구절을 듣고 기뻐하거나(법사품), 하나의 게송을 듣고 기뻐하는 사람(수희품) 등은 무량한 공덕이 있다고 설하였는데, 이러한 점으로 미루어보면 경전의 제목을 부르는 것만으로도 공덕이 있다고 말하는 것도 전혀 무리가 아님을 알 수 있다.

공양예배의 공덕

『법화경전기』 권10에는 장안현에 살았던 어떤 노파의 이야기가 나온다. 이 노파는 봉사에다 고집스러운 귀머거리였기에 사람들은 그를 경멸했다. 어느 때 대자은사에서 『법화경』 속강이 있다는 소식을 듣고 손자의 손에 이끌려갔지만 볼 수도 들을 수도 없었다. 단지 손자가 가르쳐주는 대로 합장하고 예배할 뿐이었다. 이후 3개월 뒤에 갑자기 사망했다. 손자가 장사 지내려 했지만 아직 시신이 식지 않았기에 그대로 두었다. 그런데 한밤중에 귀머거리 노파가 손자를 불렀다. 사람들은 귀신이 온 줄 알고 놀라지 않을 수 없었다. 다음날 아침이 되어 보니 봉사였던 노파가 똑바로 눈을 뜨고 말을 하는 것이 보통 사람들과 조금도 다르지 않았다. 사연을 물어보니 다음과 같이 말했다. 즉 죽어서 지옥사자에게 이끌려 염라대왕 앞에 가니 염라대왕이 합장하며 노파에게 절을 하면서, '당신은 위대한 공덕이 있는 사람이다.'며 합장하고 말하길 '법화경을 공양했기 때문에 업장이 소멸되었고 눈, 귀, 혀의 모든 근본이 회복되었다. 살 날이 남아 있으니까 빨리 인간세계로 돌아가라.'고 했다는 것이다.

이런 실례는 문경도 아니고 수회도 아닌 단순히 예배 공양한 공덕을 말하는 것이다. 『법화경』 「분별공덕품」 17은 "널리 이 경전을 듣거나 혹은 다른 사람들이 듣게 한다면, 혹은 자신도 보호하고 남에게도 보호하게 하고, 혹은 자신도 서사하고 남도 서사하게 한다면… 혹은 꽃, 향, 영락, 당번, 향유, 소등 등으로 경전을 공양한다면 이런 사람들의 공덕은 무량무변해서 일체종지를 얻게 되리라."고 말한다. 같은 내용이 「다라니품」 26에도 나오고 있다.

『법화경전기』 권10의 「십종공양기」 9는 경전에 합장 공양하는 것을 설하면서, '해탈하고자 경전을 받아 지니고 공양하는 사람은 미륵보살이 출현하는 세상에서 열 가지 이익을 얻는다.'며 경전을 공양하는 이익에 대해 설명하고 있다. 법화경을 향해 합장하고 공양하는 일은 그다지 어려운 일은 아니다. 누구나 쉽게 할 수 있는 일이다. 그런 점에서 서민들에게 법화신앙이 매력 있게 다가설 수 있었던 것이다.

다보탑 신앙

법화신앙의 또 다른 형태는 다보탑 신앙이다. 물론 불탑이나 사리탑, 다보탑 등의 탑 신앙은 『법화경』의 독자적 신앙형태는 아니다. 이미 고대 인도사회에서 그 유례를 찾아볼 수 있다. 불교에선 석가모니불의 입멸 이후부터 인도의 전통을 수용하여 사리탑으로서 예배하는 것이 일반화되어 있었다. 가람의 배치도 사리탑 내지 불탑이 중심이 되어 그 자체를 부처님으로 생각했다.

   탑 신앙은 인도, 중국, 한국을 통해 널리 보급되어 많은 불탑이 건립되었다. 수 문제가 전국에 부처님의 사리탑을 건립하도록 칙명을 내린 것은 유명한 사실이다. 또한 장안 인근의 봉상 법문사의 사리탑 신앙은 장안 시내에 광기를 불러 일으켰을 정도였다고 전한다.

   그러나 같은 탑 신앙이라도 다보탑 신앙은 사리신앙이 아니라 법화경 신앙 중에서 다보여래와 석가여래를 함께 안치하여 예배하는 탑

신앙을 지칭한다. 『법화경』「견보탑품」 11은 석가불이 『법화경』을 설하고 있을 때 높이 오백 유순의 칠보탑이 출현하고, 탑 안의 다보여래가 석가여래와 좌석을 반으로 나누어 나란히 앉는 장면을 보여준다. 다보여래의 출현은 법화경이 설하듯이 언제 어디서나 용출하여 법화의 공덕을 증명한다고 한다. 이 신앙에 의해 다보탑이 건립되었으며, 탑을 세워 예배하는 것이다.

중국에서의 다보탑 신앙은 육조시대부터 나타나기 시작했는데, 현재 남아 있는 유물 중에서도 대동석굴, 용문석굴 등 많은 석굴에 남아 있는 석상 중에서 다보탑 안의 이불병좌상二佛並坐像이 보인다. 또한 탑은 없더라도 두 부처님이 함께 앉아 있는 작은 불감이 많이 보이는 것도 다보탑 신앙에서 그 연원을 찾아야 할 것이다.

법화경 변문과 변상도는 서민들을 위해 출현한다. 위에서 살펴보았듯이 법화경 신앙은 사대부 중심이 아닌 무지한 서민들을 대상으로 보급되었다. 이들 서민사회에 『법화경』의 가르침을 설하고 다녔던 사람들을 흔히 속강, 혹은 화속법사로 불렀는데 그들은 천촌만락을 돌아다니며 법화경의 가르침을 재미있고도 쉽게 서민들에게 전달하고자 했다.

당대 장안의 왼쪽 거리에 있었던 보수사에서 회창 원년 정월 15일부터 한 달간 열렸던 속강은 속강승이기도 했던 체허법사가 『법화경』을 교재로 시행한 법회였다. 이처럼 속강은 길게는 1개월여에 걸친 장기간의 법회뿐만 아니라 단기간에 시행되는 것도 있었다. 각 지방의 사원에서는 봄, 가을 2회에 걸쳐 이러한 속강이 시행되었다.

이들 속강승들이 속강에서 사용한 교재는 변문이라 불렸다. 일종의 교화자료인데 일반인들이 이해하기 쉽도록 각색된 것들이다. 사용된 용어도 대중들이 사용하는 대화체나 속어가 대다수였다. 법화경 변문이란 법화경을 일반인들이 알기 쉽도록 그 내용을 그림으로 그려 넣고, 이 그림을 중심으로 변문이 설명되는 것을 말한다. 이러한 변문과 변상도는 표리관계를 형성하며 중요한 민간 교화자료가 되었다.

변문집은 오늘날에도 중국에서 많은 종류가 출판되어 유통되고 있다. 변문은 성격상 여러 종류가 있는 것이 당연하다. 지방에 따라, 대상에 따라 그 설명하는 방식이 다를 수밖에 없기에 생긴 현상이다. 법화경의 변상도도 다양하여 법화경 전체를 화재로 삼아 그린 것, 법화경 중의 1품이나 2-3품을 중심으로 그린 것 등 다양하다.

때문에 중국 전역에 걸쳐 속강법회에서 사용되었던 변문이나 변상도는 극단적으로 말해 속강승의 숫자만큼 존재했었다고 말할 수 있다. 그리고 이들의 노력이 있었기에 90퍼센트 이상을 차지하는 서민들을 불교의 테두리 안으로 끌어들여 작은 위안이나마 받을 수 있도록 했던 것이며, 논리나 지식이 아닌 감성적인 신앙심에 호소하여 법화신앙을 꽃피웠던 것이다.

3) 문수신앙

문수는 지혜를 상징하는 보살이다. 일반적으로 불가에서는 문수와 보현을 함께 부르고, 관음과 대세지를 함께 언급한다. 왜냐하면 문수와 보현은 석가모니부처님의 협시보살들이며, 관음과 대세지는 미타여래의 협시불이기 때문이다. 문수보살은 사자를 타고 있으며, 보현보살은 코끼리를 타고 있다. 사자는 백수의 왕이므로 문수보살이 보살 중의 으뜸이라는 상징성을 나타내는 것이다. 지혜의 작용은 용맹스럽기가 사자와 같기 때문이라 말하는 사람들도 있다.

그렇다면 문수보살은 도대체 어떤 보살인가? 역사적으로 실존했던 인물인가? 자못 궁금하지 않을 수 없다. 결론적으로 말하자면 관음, 대세지, 문수, 보현 등의 대승보살은 모두 실존했던 인물들이 아니다. 상징성을 지닌 가공의 인물로 모두가 부처님의 화신으로 간주되고 있다. 시기적으로는 과거불에 속하며, 석가모니부처님의 교화를 돕고자 짐짓 변화하여 보살로 나타난 것이다.

『망월불교대사전』의 「문수사리보살」 조항에는 문수의 과거불의 이름을 다양한 경전에서 찾아 소개하고 있다. 용종상여래, 대신여래, 보상여래, 환희장마니보적여래가 문수보살의 다른 이름임을 밝히고 있다. 이 여래는 모두 과거불에 속하며, 현재도 활약하고 있고, 제보살과 아라한을 교화한 것이 헤아릴 수 없이 많다고 설명하고 있다.

이렇게 과거불의 화신으로 평가하면서도 다른 한편에서는 인도에 실재했던 인물이라고도 말한다. 서진시대의 섭도진이 번역한 『불설문수사리반열반경』(대정장 14권)에 의하면 문수사리는 매우 자비했으며, 인도의 사위국 다라촌의 범덕이라는 바라문의 집에 태어난 것으로 되어 있다. 태어날 당시의 집안은 연꽃처럼 화려했으며, 문수는 어머니의 오른쪽 옆구리로 태어났다. 신체는 황금처럼 빛났으며 태어나자마자 말을 할 정도로 신동이었다. 또한 태어나자 일곱 가지의 보배로운 덮개가 그 위를 덮었다고 한다. 경전에 따르면 그는 크샤트리아 종성이었으며, 왕자로 태어났다는 것을 짐작할 수 있다.

여러 선인들에게 출가하여 법을 찾았지만 95종의 바라문들 중에서도 그와 대적할 수 있는 인물이 드물었기 때문에 부처님의 문하로 출가하여 공부하게 되었다. 수능엄삼매에 들어 있으면서 이 삼매의 힘에 의해 부처님께서 열반한 뒤 450년 지난 뒤에 설산에 이르러 5백 명의 선인들을 교화하고, 모두 불퇴전의 경지에 들어가게 했다. 여러 신선들과 함께 비구의 형상이 되어 공중을 날아 본생지(本生地: 본래 태어난 땅)에 이르렀으며, 니구로다 나무 아래서 결가부좌하고 수능엄삼매에 들어갔다고 설한다.

『화엄경』 권45 「입법계품」에 의하면 문수보살은 본래 살던 땅인 사위국을 떠나 남쪽에서 교화하게 되며, 여기서 선재동자를 만나게 된다고 말한다. 경전에서는, "그때 문수사리보살은 이 여러 비구의 보리심을 세운 뒤에 그 권속들과 함께 남쪽으로 교화를 떠나게 되며, 각성覺城의 동쪽에 이르러 장엄당바라 숲 속의 커다란 탑묘 안에 머물렀다. 이곳은 과거의 여러 부처님들이 머물던 곳이었으며, 또한 과거의 여러 부처님들이 보살이었던 때에 고행을 닦던 곳이기도 했다. 문수보살은 이곳에서 일체법계수다라를 설했는데, 큰 바다 안의 헤아릴 수 없이 많은 용왕들이 문수의 미묘한 설법을 듣고 용의 몸을 벗고 천인의 가운데 태어나게 되며, 불퇴전의 경지를 얻게 되었다. 상시 각성의 사람들은 문수사리가 커다란 탑묘에 머물고 있다는 소식을 듣고 5백 명의 우바새, 5백 명의 우바이, 5백 명의 동자들이 모두 이곳에 모여 문수사리를 예경했다."고 한다.

여기에서 문수보살은 그들을 위해 대기설법을 행하였는데, 선재동자도 여기에서 문수의 지시에 따라 53선지식을 찾아 여행을 떠나게 된다. 이렇게 해서 그는 본래 태어난 곳인 사위국의 북인도뿐만 아니라 남인도도 여행하게 되었다. 더구나 문수보살은 각 경전에 따르면 과거·미래에 걸쳐 제불보살의 스승이 된다고 말한다. 문수보살은 제불보살의 부모였던 것이다. 그렇기에 항상 보살 중의 우두머리였던 것도 당연한 일이었다.

문수보살과 얽힌 이야기 중에서 가장 유명한 것은 문수가 유마거사의 병문안을 가게 되는 사건이다. 이 사건은 예로부터 중국이나 한국 등의 북방불교권에서는 널리 알려진 이야기이며, 그림이나 조각으로 표현되기도 했다. 이 사건은 석가모니부처님이 십대제자로 일컬어지는 사리불, 목련, 가섭, 수보리, 우바리 등의 제자들에게 유마의 병문안을 가도록 하지만 이들 모두가 유마를 감당할 수 없다며 입을 다물자, 지혜제일로 불리는 문수보살이 제자들을 대표하여 병문안을 가면서 시작된다. 십대제자들을 비롯하여 많은 불제자와 보살들, 아라한 등 수천 명이 문수보살을 따라서 유마의 병실에 들어서면서부터 양자의 문답이 시작되는데 여기에서 『유마경』의 불이법문이 설해지는 것이다.

이 경은 특히 중생이 아프기 때문에 자신(유마)의 병이 생겼다는 것과 그렇기 때문에 중생의 병이 치료된다면 자신의 병은 저절로 치료될 것이란 장면에서 절정에 이른다. 기실 유마거사의 병은 영원히 치료될 수 없는 것이다. 중생들이 이 세상에 존재하는 한 부처님의 가르침을 실천하는 보살들은 그들의 아픔을 대신하기 위해 함께 아파하지 않으면 안 되기 때문이다. 그렇게 보면 유마의 병은 대승보살사상의 극치를 표현하고 있는 것이다. 이러한 대화와 장면이 너무나 유명하기에 이후 많은 사람들은 영원히 그 대목을 기억하고자 했다. 그래서 그림이나 조각으로 남기기를 주저하지 않았다.

현존하는 것 중에서 유명한 것은 돈황 천불동의 벽화이며, 이 중에 천 개의 팔과 천 개의 발우를 지닌 문수상이 있다. 오대나 송 초의 작품으로 평가하고 있지만 신상에 천 개의 팔과 천 개의 발우, 천 개의 손이 나온다는 것은 매우 특이한 구상이 아닐 수 없다. 같은 돈황의 벽화에 원대 이후 것으로 추정되는 문수상도 있다. 사자 위의 연화좌에 앉아 왼쪽 발을 내리고, 왼쪽 손은 무릎 위에 두었으며, 오른손은 가슴에 대고 여의주를 가지고 있다. 협시로 동자상이 있다. 특이한 사실은 문수상은 동자 형태가 많다는 점이다.

(1) 문수신앙의 공덕

그렇다면 사람들은 어떠한 목적으로 문수보살에 예배공양하는 것일까? 미타신앙이나 미륵신앙처럼 사후에 정토에 왕생하기 위해서인가? 하지만 문수의 정토는 일반적으로 중국 오대산으로 일컬어지며 사후에 문수의 정토에 왕생한다는 사상은 찾을 수 없다. 다만 정토왕생을 설할 뿐이다. 『문수사리반열반경』에 보면 "만일 어떤 중생이 문수사리의 이름을 들으면 12억겁의 생사죄를 소멸하게 된다. 만일 예배공양하면 윤회 전생하더라도 항상 제불의 집에 태어나며, 문수사리의 위신력으로 보호받는다."고 한다. 이러한 내용은 미타의 이름을 듣는 것만으로 80억겁의 생사죄를 없애게 된다는 정토교의 미타신앙과 다를 바 없다.

정토경전인 『아미타경』은 미타의 이름 부르길 하루 내지 일주일에 이르면 아미타불이 임종할 때 와서 맞이해 주고 왕생하게 된다고 하는데, 마찬가지로 『문수경』에서도 "진실로 능엄경을 지송하고 문수사리의 이름을 부르되 하루에서 일주일에 이르면 문수가 반드시 그 사람의 처소에 오리라."고 말한다. 혹은 집을 나와 꿈속에서 문수사리를 만나게 된다면 그 공덕으로 하루 밤낮 안으로 아라한이 될 수 있다고도 말한다.

뿐만 아니라 "불멸 후에 일체 중생들이 문수사리의 이름을 듣는 사람, 혹은 그 형상을 볼 수 있는 사람은 백천 겁 안에는 악도에 떨어지지 않으리라. 만일 문수사리의 이름을 수지독송하는 사람은 설사 무거운 장애가 있더라도 아비지옥의 맹렬한 불덩이 안으로 떨어지지 않으리라. 그리고 청정한 국토에 태어나게 되리라. 거기서 부처님을 만나 법을 듣고 무생법인을 증득하리라."고 설하고 있다.

진실로 현세의 이익뿐만 아니라 미타신앙의 정토왕생처럼 지옥을 벗어나 정토에 왕생할 수 있는 것이다. 이는 아미타여래의 공덕과 조금도 차이가 없는 것인데 그 이유는 아마도 문수보살의 십대서원 때문이 아닌가 생각한다. 『대보적경』 권60 「문수사리수기회」을 보면 문수의 십대서원 중 여섯 번째가 일체의 가난한 사람들에게 먹을 것을 주며, 일곱 번째는 일체의 부처님에게 의복을 제공하며, 여덟 번째는 일체의 사람들에게 재물과 부귀를 주며, 아홉 번째는 일체의 미묘한 집을 주리라 서원하고 있다. 또한 문수사리의 이름을 부른 복에 대해서도 근본서원으로 언급하고 있다. 이로 보면 문수는 신앙자들에게 의식주와 금은재보를 주는 보살이며, 문수신앙이 서민대중들에게 환영을 받게 된 연유도 여기에 있었다고 볼 수 있는 것이다.

(2) 문수신앙의 성립

문수보살 신앙이 언제부터 중국에서 시작되었는가는 명확하게 알수는 없지만, 문수보살에 관한 경전들이 유행하게 된 시기로 볼 때 아마도 불교가 중국에 전래되던 초기에 이미 문수신앙이 시작되었으리라 추정된다. 대정신수대장경에 수록되어 있는 남북조시기에 번역된, 문수사리의 이름이 들어 있는 경전을 번역 연대순으로 추출해 나열하면 다음과 같다.

『불설보적삼매문수사리보살문법신경』1권 / 후한 안세고 역(대정장 12)

『문수사리문보살서경』1권 / 후한 지루가참 역(대정장 14)

『불설문수사리순행경』1권 / 원위 보리유지 역(대정장 14)

『문수사리불토엄정경』2권 / 서진 축법호 역(상동)

『불설문수회과경』 / 서진 축법호 역(상동)

『불설문수사리정률경』 / 서진 축법호 역(상동)

『불설문수사리리현보장경』2권 / 서진 축법호 역(상동)

『불설불설문수사리반열반경』1권 / 서진 섭도진 역(상동)

『문수사리문보리경』1권 / 요진 구마라집(상동)

『문수사리발원경』1권 / 동진 각현 역(대정장 10)

『문수사리문경』2권 / 양 승가바라 역(대정장 14)

『대보적경』문수설반야회(문수사리소설마하반야바라밀경 2권) / 양 만타라선 역(대정장 11)

『문수사리소설반야바라밀경』1권 / 양 가바라 역(상동)

『불설문수사리행경』 1권 / 수 두나굴다 역(대정장 14)

당송시대의 불공 이하 밀교부에 속하는 대략 35부 정도의 경전은 생략하고, 수나라 때까지 대정장에 수록된 것을 나열해 본 것이다.

중국불교는 후한의 안세고, 지루가참의 번역에서 시작되었다고도 말할 수 있는데, 처음 번역될 당시부터 이미 문수경전이 번역되었다는 사실은 중요하다. 불교가 전래될 초기에 관련 경전이 번역되었다면 문수신앙의 연원이 그만큼 오래 되었다는 반증이기 때문이다.

중국은 삼국시대부터 북방 이민족의 침입에 의해 북방은 5호16국이 되며, 진나라가 남쪽으로 옮겨서 동진이 된다. 이후 불교는 점차 중국 사회로 침투하면서 오늘날까지 남아 있는 운강이나 용문의 석굴불상들이 조성되었던 것이다. 돌이 풍부한 북방 촌락의 불교신자들이 집단으로 각각의 석불을 만들어 공양했다는 사실은 각종 문헌에 의해서도 알 수 있는데, 문수상도 일찍부터 조성되었다.

『광홍명집』 제15와 『여산기』 권1에서는 여산의 문수상에 대해 기술하고 있다. 동진의 도간이 광주 자사로 있을 때 어부가 바닷가에서 야광을 보고 이것을 그물로 건져 올렸더니 아육왕이 조성한 문수상으로 이것을 무창의 한계사에 안치했다. 이후 주지인 승진이 여행하는 중에 꿈을 꾸었는데 한계사가 화재로 모두 소실되었다. 그런데 문수상을 모신 전각만은 여러 신들이 둘러싸서 타지 않았다. 승진이 놀라 돌아와 보니 꿈에 본 그대로 문수상을 모신 전각을 제외하고는 모두 타버렸다고 한다. 도간이 강주로 이동할 때 문수상도 옮겼는데 뒤에 혜원스님은 여산에 절을 세우고 문수상을 영접했다고 한다. 동림사의 문수상이 바로 그것이다.

『법원주림』 권14는 송의 원가 2년(425년) 유식지가 문수의 금상을 만들어 조석으로 예배했다는 기사를 싣고 있다. 또한 문수의 정토로 일컬어지는 오대산도 남북조의 초두부터 시작된 것이다. 각 농촌의 재회로 불리는 그룹들은 미타나 미륵신앙을 중심으로 모인 것이 많았지만 그 중에는 문수나 보현을 중심으로 모인 재회도 있었다. 당나라 시대가 되면 남방에서는 이것을 법사法社라 불렀으며, 회원은 사원이 되었다. 북방에서는 읍의邑儀, 읍자邑子라 불렀으며, 보통 30~40인의 집단이 많았다. 또한 석경으로 유명한 태산석경과 마찬가지로 산동성 추현의 첨산, 택산, 수우산의 암석에 조각된 북제시대의 석경은 모두 문수반야경으로 이것 역시 남북조시대의 문수신앙의 증거이다.

(3) 문수의 정토 오대산

산서성의 북변에 자리 잡고 있는 오대산은 예로부터 문수의 정토로 불리며, 세계 각국의 불교도들이 동경하는 땅이 되었다. 그렇다면 어떤 연유로 오대산이 문수의 정토로 불리게 되었으며 또 언제부터 성지가 된 것일까?

오대산 불교를 소개해주는 사료는 당의 혜상이 저술한 『고청량전』 2권, 송의 연일이 찬술한 『광청량전』 3권, 송의 장상영이 지은 『속청량전』 2권으로 모두 대정장경 권51에 수록되어 있다. 또 오대산과 문수보살이 언제 어떻게 결부되었는가에 대해서는 동진의 각현이 번역한 『화엄경』 권29의 "동북방에 보살의 주처가 있다. 청량산이라 부른다. 과거의 제보살들이 항상 그 안에 살고 있다. 뒤에 나타난 보살이 있으니 문수사리라 부른다. 일만의 보살 권속이 있다. 항상 여기서 설법한다."는 기록과, 당의 보리유지가 번역한 『문수사리법보장다라니경』의 "내가 멸도한 뒤에 이 섬부주의 동북방에 나라가 있는데 대진나라 부른다. 그 나라 안에 산이 있는데 이름하여 오정五頂이라 한다. 문수사리동자가 유행하며 거주한다."는 기록을 결부하여 문수보살이 거주하는 청량산, 오정의 산을 오대산으로 비정하게 되었다.

그러나 『문수사리법장다라니경』은 당나라 시대에 번역된 책이기 때문에 자료로 사용하는 데는 약간의 문제가 있다. 이미 육조시대부터 오대산은 문수의 성지가 되어 있었기 때문이다. 『화엄경』에 의하면, 인도의 동북방에 있는 산에 문수보살이 일만 명의 권속과 함께 거주하며 항상 설법하고 있으며 그 산을 청량산이라 부른다고 한다.

그렇다면 오대산과 청량산은 어떤 관계가 있는가? 이 책 권5 말미에는 『화엄』에 관한 책 목록이 나오는데 그 중에 『화엄경재기』 1권이 있다. 제나라 경릉 문선왕의 찬술이다. 불교학자이자 평신도였던 문선왕의 책이니까 당연한 것이라 생각할 수 있겠지만 이것은 화엄강華嚴講이라고 불리는 강의 내용을 모은 것이다. 일반적으로 50인이나 80인이 월 1회씩 모여 『화엄경』을 읽거나 혹은 설교를 듣고 뒤에 식사를 하는 일종의 행사였는데, 남북조시대부터 성행하고 있었다. 그 중심 경전은 정토경전이었는데 『법화경』이나 『화엄경』도 있었다. 소위 결사가 유행하고 있었던 것이다.

이로 보면 남북조시대에 이미 『화엄경』 신앙이 성행했으며, 강술이나 풍송, 서사 그리고 『화엄경』의 재회나 결사 등도 결성되어 있었음을 알 수 있다. 따라서 『화엄경』에서 말하고 있는 동북방에 청량산이 있으며, 문수사리가 항상 그곳에 머무르며 일만 명의 보살과 함께 설법하고 있다는 사실에 대해서도 잘 알고 있었던 것이다. 여기에서 청량산을 오대산으로 비정했으며, 그곳을 문수사리의 정토로 간주하고 그곳을 참배해서 문수보살의 공덕을 얻으려 했던 것이다. 『화엄경』이 전래되어 번역된 후 특히 남북조시대에 『화엄경』 신앙이 성행하면서부터 오대산을 청량산으로 부르게 되었다. 최소한 문수사리의 정토로서 문수가 항상 이 산에 살면서 설법하고 있다면 『화엄경』과 밀접한 관계가 있어야 했던 것이다. 이때 오대산이란 지명은 일반 대중들이 부르던 통속적인 명칭이었으며, 청량산은 지식인 계급에서 부르던 이름이었다.

남북조 초기에 북위의 추도원이 저술한 『수경주』에는 오대산에 문수보살이 살면서 항상 독룡을 진압했으며, 지금은 사찰을 세워 사방에서 승려들이 참배하기 위해 몰려온다고 기술하고 있다. 당시부터 영산으로서 승속의 참배가 끊이지 않았음을 알 수 있는 것이다.

이런 과정을 거쳐 중국불교의 황금시대인 당대로 들어서면서 오대산의 문수신앙은 진실로 당대불교의 중심으로 자리 잡았다. 물론 수도인 장안이 그 중심지였지만 그것은 교학만의 중심이었으며 신앙의 중심지는 오대산이었다. 오대산은 단순히 중국 전역에서 참배객들이 몰려오는데 그치지 않고, 멀리 외국에서조차 참배객들이 찾아오는 불교도들의 동경의 땅이 되었던 것이다.

중국 각지에 남아 있는 『불정존승다라니경당』은 오대산의 문수보살의 영험을 얻으려고 멀리 인도에서 온 불타파리라는 승려의 영험담을 기술하고 있으며, 『고청량전』은 당나라 고종 때 오대산을 참배하러

온 1백세의 고령인 스리랑카의 승려 석가밀다라에 관한 기록을 싣고 있다. 또 인도의 승려 보리선나도 오대산을 동경하여 참배했으며, 뒤에 일본에 초빙되어 동대사 건립에 진력한다.

당대에 법장이 찬술한 『화엄경전기』 권1은 오대산에 대해, "문수사리보살이 항상 그곳에 있으면서 『화엄경』을 강의한다. 그러므로 예로부터 당나라에 이르기까지 서역의 승려들이 수만 리를 멀다않고 이 오대산에 참배하는 것이다. 이 나라의 도속 역시 끊이지 않아 왔다. 그래서 혹은 신이한 승려나 성스러운 팔부신중을 만나기도 하고, 혹은 하늘에 종을 울리기도 했다. 또는 부처님의 게송을 멀리서 듣는 등 천만 가지로 변하는 기묘하고 상서로운 기운을 만난다."고 적고 있다.

『고청량전』이나 『광청량전』 등에는 많은 영험담이 실려 있는데 특히 『고청량전』에는 재미있는 이야기가 나오고 있다.

당나라 고종 용삭 연중에 오대산의 성스러운 자취를 조사하라는 칙명이 서경의 회창사 승려인 회원 등에게 하달되었다. 오대산 문수신앙에 대한 광신적인 신앙을 교정하려는 의도였다. 그는 칙명을 받들어 내시 장행홍, 오대현령인 여현람, 화가 장공영 등 십여 명과 함께 중대로 향하게 되었다. 그런데 그곳에서 그들은 부처님의 진용眞容을 배알하게 되는데 다가가면 홀연히 사라졌다. 중대의 정상에 다가가 아직 그곳을 돌아보지도 않았는데 안에서 짙은 향내음이 그윽하게 퍼져 나왔다. 탑 앞은 잘 장식되어 있었으며, 불상도 훌륭했다. 더하여 종까지 울리는 기묘한 광경이었다.

서대로 향하자 멀리 서북에서 한 명의 승려가 검은 옷을 입고,

백마를 탄 채 달려왔는데 근처에 다가와서는 홀연히 사라졌다. 또한 대부사 동당으로 가자 문수상이 수리되어 있었는데 부근의 마른풀이 불에 타올랐다. 불이 비화되어 멀리 화원까지 옮겨 붙어 이것을 태웠다. 물이 멀리 있었기 때문에 사람을 보내 길어 올 수도 없었다. 그때 문수당 뒤에서 검은 구름이 일어나 5장 정도로 커지더니 갑자기 비를 뿌려 불을 끄더니 홀연히 사라져 흔적도 남지 않았다. 거기서 일행은 반선산으로 향했는데 내시 장행홍은 여기서도 다시 이상한 향기를 맡았다.

조사를 나온 일행은 이렇게 해서 여러 가지 영험을 만났으며, 이를 그대로 황제에게 보고하였다. 황제는 이러한 사실을 아름답게 여겨 믿게 되었다. 청량산의 성스러운 자취는 이것에 의해 더욱 알려졌고 문수신앙 또한 더욱 성행하게 되었다. 또 회창사의 승려 회원은 이 산을 그려 화첩으로 만들고 오대산의 간략한 전기 1권을 써서 널리 선전하였다. 문수신앙이 얼마나 대중적이었는지를 알려주는 사실이다.

오대산은 화엄종의 성지로도 자리 잡았는데 북도파 화엄학의 본거지였다. 이곳을 통해 강원도 오대산에 화엄학이 전파되었으며, 의상이 화엄종을 일으키자 우리나라에서도 여기에 자연스레 융합되었다.

4) 나한 신앙

(1) 나한이란 무엇인가

나한이 아라한의 줄임말이고, 아라한이 부처님의 열 가지 명호 중의 하나이므로, 나한신앙도 부처님을 숭상하는 신앙이 될 것이다. 그러나 신앙 대상으로서의 나한은 단순히 수행의 최고의 경지를 말하는 아라한이 아닌, 민중들의 삶의 밑바닥 속으로 파고 들어가 자리 잡고 있는 의지처이다.

사찰의 나한전에서는 병든 남녀노소들을 어루만져 주는 좌상으로 조성되기도 하는데, 이것은 중생들의 아픔을 치유해 준다는 상징적인 표현이다. 대부분의 나한전에는 16분의 나한이 안치되어 있으며, 이들의 필두에 앉아 있는 분이 병을 고쳐준다는 빈두로존자이다. 존자란 존귀한 사람이란 의미를 가진 아라한이나 나한의 다른 이름이다.

16나한은 모두 석가모니부처님의 제자로 사리불, 목련, 아난, 라훌라 등이 그들이다. 『아미타경』의 서분에 보면 "나는 이와 같이 들었다. 한때 부처님께서 사위국의 기수급고독원에서 위대한 비구의 무리 천이백오십 명과 함께 있었다. 이들은 모두 위대한 아라한이었다. 장로 사리불, 마하목건련, 마하가섭, 마하가전연, 마하구희하, 이파다, 주리반타가, 난타, 아난타, 라후라, 교범파제, 빈두로빈라타, 가류타이, 마하겁빈나, 박구라, 아일루타 등 이처럼 다양한 위대한 제자들과 가지가지의 보살마하살, 문수사리법왕자, 아일다보살, 건타하리보살, 상정진보살 등의 대보살 그리고 석제환인 등의 헤아릴 수 없이 많은 천deva과 대중들이 함께 있었다."고 한다. 석가모니부처님의 제자들은 모두 위대한 아라한의 깨달음을 얻은 사람들이며 또한 대승의 보살들로 이들이 『아미타경』의 강좌에 모여 있었던 것이다.

일반적으로 나한은 16나한, 18나한, 5백나한 등으로 한정하며, 그 외에는 없다. 『대정대장경』권49에는 『대아라한난제밀다라소설법주기』라는 책이 있는데 이 책을 중심으로 16나한의 이름을 살펴보면 다음과 같다.

제일 빈도라발라타사존자, 제이 가락가벌차존자, 제삼 가락가발이타사존자, 제사 소빈타존자, 제오 낙거라존자, 제육 발타라존자, 제칠 가리가존자, 제팔 벌사라불타라존자, 제구 융박가존자, 제십 반탁가존자, 제십일 라고라존자, 제십이 나가지나존자, 제십삼 인게타존자, 제십사 벌나파사존자, 제십오 아씨다존자, 제십육 주차반탁가(주리반특)존자 등이다.

이들은 모두 인도의 범어음을 소리나는 대로 음역한 것이다. 이상에서 보았듯이 16나한의 첫머리는 빈도라발라타사 존자이다. 이 존자는 『사리불문경』이나 『미륵하생경』 등에서는 대부분 빈두로로 부르고 있다. 또한 열한 번째의 라고라 존자는 보통 라훌라로 알려진 부처님의 친 아들을 지칭하는 것이다. 어떤 경전에서는 이 라훌라를 라호라羅護羅라고도 부른다.

이들 16명의 나한이 모두 석가모니부처님의 제자인가에 대해서는 명확하지 않다. 다만 제일, 제구, 제십, 제십일, 제십육의 다섯 명은 석가모니부처님의 제자가 분명하다.

『법주기』에 의하면 16명의 나한들은 모두 3명6통, 8해탈 등의 무량한 공덕을 갖추고 있으며, 3계의 오염을 정화시킨다. 경·율·론 3장에 박통했으며, 외전에도 능통하다고 한다. 더구나 스승인 석가모니부처님의 부탁에 의해 자신들의 수명을 신통력으로 늘리고 있으며, 세존의 정법을 영원히 지키기 위해 노력한다. 나아가 시주施主를 위해 진정한 복전이 되고 있으며, 이 시주들에게 위대한 과보를 얻게 하기도 한다. 그러나 이것은 그들이 본래부터 지니고 있는 고유한 임무의

하나에 불과하다. 그들의 진정한 존재 이유는 다름 아닌 말법시대의 중생들을 위해 복전이 되어 주는 것이며, 사람들의 재난을 제거해 주고, 행복한 삶을 영위할 수 있도록 노력하는 것이다.

(2) 빈두로존자의 구제 활동

16나한의 필두는 빈두로존자이다. 그는 16나한의 대표자이며, 동시에 16나한의 활동을 그 혼자 담당하고 있다고 해도 과언이 아니다. 더구나 처음부터 16나한이 있었던 것이 아니었다. 원래는 빈두로존자 한 명이었는데 활동 범위가 점차 확장되면서 각각의 지역을 담당해서 구제활동을 할 수 있는 16명의 나한으로 발전하게 된 것이다. 따라서 16명의 나한은 빈두로존자에서 확대되었기에 그의 분신이라 말할 수도 있다.

빈두로존자는 석가모니부처님의 제자로서 사자후 제일로 불린다. 그가 신통력을 대중들에게 보이자 부처님께서 꾸짖으며, 열반에 들어가는 것을 허락하지 않으시고 영원히 세상에 머물며 사회복지를 위해 진력하라고 명령하게 된다. 부처님의 부촉을 받아 세상이 불국화될 때까지 활동해야 하는 운명을 지니고 있는 것이다.

"부처님께서 왕사성에 살았을 때의 일이다. 왕사성에 수제거사라는 대부호가 살고 있었다. 어느 때 전단목으로 발우를 만들어 포대에 넣고, 높은 상아로 만든 항아리에 이것을 넣고 젊은 사문이나 바라문들에게 만일 누군가가 사다리나 막대기를 사용하지 않고 이것을 꺼내는 자가 있다면 이 전단향 나무로 만든 발우를 주리라 말했다. 많은 불제자들도 이것을 들었는데 이러한 일에 신통력을 사용하는 것을 좋아하지 않아 모두 하지 않고 가버렸다. 그렇지만 빈두로존자는 거사의 말씀을 듣고 위의를 바르게 한 뒤에 선정에 들어가며, 자리에서 손을 뻗쳐 이 발우를 잡아 모두에게 보여주었다."(『십송율』 제37)

수제거사는 이 신통력을 보고 크게 기뻐했으며, 신속하게 그 발우에 죽이 아닌 갱미로 만든 밥을 채워 빈두로존자에게 주었다. 빈두로는 이것을 먹고 나서 이 발우를 여러 비구들에게 보인다. 발우의 훌륭한 점과 그 인연을 말한 것인데 이것이 석가모니부처님에게 알려지자 부처님께서는 헛되이 신통력을 보인 경솔함에 대해 질책했다. 그리고 열반에 들어가지 말고 일생을 세상에 머물며 사람들의 복전이 될 것이며, 사회에 봉사하라는 명령을 내린다.

이렇게 하여 빈두로존자는 영원토록 세상에 머물며 언제 어디서나 불행한 사람이 있으면, 특히 자신에게 구원을 요청하면 어떤 집이라도 날아가 그 재난을 제거해줄 임무를 지고 있는 것이다. 이는 대중들에게 매우 매력적으로 다가왔고 대중 속에 뿌리내리는 데 커다란 작용을 하게 된다. 동시에 대승보살의 구제활동을 사실적으로 묘사하고 있는 점에서 그 호소력이 컸던 것이다.

중국에 빈두로가 알려진 것은 『청빈두로법』 1권이 역출된 이후이다. 이 책은 일찍이 후한의 안세고에 의해 번역되었는데 현존하는 것은 유송(420~479)의 혜간이 번역한 것이다. 이 경전은 이름처럼 빈두로존자를 초빙하는 방법에 대해 기술하고 있는데, 책의 내용은 다음과 같다.

천축국에서는 불교 신자인 국왕이나 장자가 만일 일체의 재회를 베풀고자 할 때는 반드시 빈두로빈라타서아라한을 초청하지 않으면 안 된다. 여기서 빈두로는 이름이며, 빈라타서는 성이다. 그는 수제 장자를 위해 신통력을 나타내었기 때문에 부처님에게 배척을 당해 열반에 들어갈 수 없었으며, 말법시대의 비구·비구니·우바새·우바이의 4부 대중을 위해 복전이 되라는 명령을 받게 되었다. 따라서 빈두로존자를 재회에 초청하려고 할 때는 청정하고 조용한 장소에서 향을 사르며 예배하고, 그가 산다고 하는 천축국의 마리산을 향해 지극한 마음으로 빈두로의 이름을 부르며 "부처님의 칙명을 받아 말법시대의 사람들을 위해 복전이 되어 주는 대덕 빈두로빈라타서존자시여, 부디 저의 소원을 들어주시고, 저의 식탁에 앉아주소서."라고 한다.

또한 새로운 가옥을 만들어서 그를 초청하려고 할 때는 "부디 저의 초청을 받아주시고, 저의 집에 머물러 주십시오."라고 한다. 또한 뭇 승려들의 목욕을 청할 때에도 초빙하는 말로는 "부디 목욕하는 곳에 들어와 주십시오. 아침 일찍부터 청정한 목욕물을 마련했으며, 다양한 물품을 준비하고, 물의 온도도 조화를 이루었으니 사람들이 들어오도록 해 주십시오."라 한다.

집을 열고 목욕하는 장소로 안내하며, 들어오면 문을 닫는다. 만일 입욕이 끝나면 그 뒤부터 승려들이 입욕하는 것이 된다. 무릇 재회의 음식이나 목욕에서 초청하는 모든 승려들은 반드시 지극한 마음으로 해탈을 추구해야 하며, 결코 의심하지 않으며 신심이 청정해진 뒤에야 기원해야 한다.

또한 『대정신수대장경』 권32에는 『빈두로돌라사위우타연왕설법경』1권이 있는데 송의 구나발타라가 번역한 것이다. 이 책은 빈두로존자가 발차국의 우타연왕을 섬겼던 재상의 아들로 태어났다는 사실을 기술하고 있는데, 그는 미장부로서 총명하고 박식하며 인자하고 세상의 고뇌를 구제하여 널리 사람들을 교화한 사람으로 묘사되어 있다. 더하여 스스로 십선十善을 닦고, 삼보를 믿으며, 마침내는 출가 수행하여 깨달음을 얻게 된다. 물론 부처님의 제자로서 아라한과를 성취하게 된다. 이리하여 그는 고국으로 돌아와 국왕인 우타연과 길고 긴 문답과 설법을 통해 임금을 불법에 귀의시킨다고 기술하고 있다.

중국에서 재회에는 반드시 빈두로존자를 초청하는 풍습이 있었다. 이것은 아마 부처님의 제자이면서 끝까지 열반에 들지 않고 말법 중생을 구제하는 복전이 된다는 생각 때문이었을 것이다.

빈두로존자에 대한 대중들의 사랑이 뿌리내리면서 송대 이후에는 많은 지식인들이 나한에 관한 그림이나 저술을 하게 된다. 그것은 아마도 지식인들이 담당해야 할 대중에 대한 봉사를 빈두로존자가 대신했기 때문인지도 모른다.

철정이란 사람이 엮은『나한도찬집』3권에는 원나라 시대까지 전해 오는 나한에 관한 그림이나 저술을 망라하고 있다. 이 책의 상권에는 송나라 소동파의『당관휴화18나한찬』, 송 육유의『청주나한당기』, 증기의『당관휴화18나한찬』, 명 지욱의『18응진상찬이수관휴진적』, 청나라 건륭황제의『당관휴화18나한찬』, 청 조익의『광효사 관휴화나한가』, 청 정경의『성인사 간관휴16나한화축』, 황임의『제나한도』등이 있으며, 중권에는 소동파의『18나한송병서』가 있고, 명 진가의『발소동파18나한송』이 있으며, 다시 진가의 책에 발跋을 붙인 명

석성돈, 석성사가 있다. 이외에 명 왕세정의 『18나한게』, 송 황정견의 『16나한16수』, 송 석덕홍의 『수석가상병18나한찬』, 명 진가의 『16대아라한찬』, 명 통운의 『18아라한찬』, 명 석우와 석원현, 석행주, 초도인, 석심월, 도륭의 18나한찬이 있다. 동시에 각 시인들이나 문인들이 16나한에 받친 찬송이나 기記가 있다. 하권에는 『과해나한도』에 대한 기록이나 찬송이 있으며, 명의 왕손을 필두로 많은 사람들이 등장한다. 또한 『오백나한기』가 송나라 이후 출현한다. 이러한 현상은 당송 이후에도 나한신앙이 대중화되고 있었음을 알려준다.

5) 지장신앙

(1) 지장보살의 이름

대승불교 역사에서 비교적 늦게 등장하는 것이 지장보살이다. 그렇지만 문수, 미륵, 관음 등과 나란히 대중들의 사랑을 받게 되며, 어떤 점에서는 다른 보살들보다 훨씬 대중들의 생활 속으로 밀착해 들어갔다고 볼 수 있다.

지장보살의 이름에서 지地는 대지를 의미하며 장藏은 저장하는 장소, 즉 창고를 의미한다. 따라서 축자적으로 해석한다면 대지라고 하는 창고 정도로 풀이할 수 있다. 『대방광십륜경』에 따르면 "불가사의한 공덕을 갖추고 있으며, 그것을 복장伏藏하고 있다.", "사람들을 구제하기 위해 견고한 대비심을 일으키며, 그것을 복장하고 있다."고 하는 것이 지장보살이다. 지장보살의 이름을 부르고, 공양하면 커다란 은혜를 얻을 수 있다는 것이다.

창고 안에는 보이지 않지만 보배가 복장되어 있다고 한다. 복장이란 매장되어 있다는 의미이다. 따라서 지장이란 이름 그대로 소원을 이루어주는 여의보주를 매장하고 있는 대지로 '어머니와 같은 대지'인 것이다. 대지는 만물을 포용하고, 생명을 양육하며, 무한한 은혜를 베풀어주는 근원이다. 지장보살도 이처럼 사람들을 구제하는 무한한 공덕의 힘, 대비의 마음을 구비하고 있는 보살인 것이다.

인도사회에서 지장신앙이 얼마나 유행했으며, 그 영향력이 어떠했는가에 대해서는 명확한 보고서가 없다. 다만 『대방광십륜경』이나 같은 계열의 『대승대집지장십륜경』에서는 "한결같은 마음으로 지장보살의 명호를 부르면 소원을 성취할 수 있다."고 말한다. 『지장보살본원경』 「도리천궁신통품」에서는 선남선녀가 지장보살의 이름을 듣고, 찬탄하고, 우러러 예배하며, 이름을 부르고, 공양하며, 지장보살의 형상을 그리거나 조각하면 하늘에 태어나며 악도에 떨어지지 않는다고 말한다. 또한 「지신호법품」에서는 "미래세에 지장보살본원경을 독송하거나 지장보살을 공양하는 사람이 있으면 나는 밤낮으로 신비한 힘을 써서 이 사람을 수호하리라. 물이나 불의 재난, 도적의 재난에서 보호해 주리라."고 확언하고 있다.

이런 대지의 신에게 부처님은 다음과 같이 말하고 있다.

"너의 크고 신통한 힘은 다른 신들이 미칠 수 없다. 왜냐하면 이 인도의 대지는 모두 너의 보호를 받기 때문이다. 초목, 자갈돌, 벼와 삼, 대나무와 갈대, 곡식, 보배에 이르기까지 대지에 의지하는 것은 모두 너의 힘에서 기인한 것이다. 지장보살의 이익을 찬탄한다면 너의 공덕의 힘이나 신력은 평상시 힘의 백천 배나 증가할 것이다. 만약 미래세에 선남선녀가 지장보살을 공양하고, 지장보살본원경을 독송하며, 이 경전에 의해 일심으로 수행한다면 너의 신력으로 이 사람들을 보호하고, 모든 재난이 소멸하게 하라. 다만 대지의 신만이 이 사람을 수호하는 것이 아니고, 하늘의 신들도 이 사람을 수호하리라."

불교에 수용된 고대 인도의 신들은 매우 많은데, 위의 내용에서도 불교가 인도의 대지의 신과 밀접한 관계를 맺고 있음을 알 수 있다. 지장신앙은 지옥의 염라대왕과도 친밀한 관계를 지니게 되는데, 후세의 지장신앙에서는 염라대왕이 지장보살의 화신으로 간주되기까지 한다.

(2) 중국의 지장신앙

중국에서 지장신앙이 언제부터 발달했는지는 명확하게 알 수 없다. 그러나 『대방광십륜경』이 397년에서 439년 사이의 북량시대에 중국에 소개된다는 점을 생각하면 그 시원을 대강이나마 짐작할 수 있다. 이것은 원조라는 사람이 찬술한『정원신정석교목록』이란 책에 의거한 것인데 번역자가 명확하지는 않다. 현장에 의해『지장십륜경』10권이 번역된 것은 그 후 연대가 한참 지난 후인 651년경으로 이 무렵에 『점찰경』과 『지장본원경』이 등장하여 지장삼부경이 완성된다. 대략 7세기의 일들이다.

중국에 현존하는 가장 오래 된 지장상은 낙양 근교에 있는 용문석굴의 불상으로 명문銘文을 통해 확인할 수 있다. 436년 북위가 낙양에 천도하여 용문에 석굴과 석불을 만들기 시작한 이래 수당대에 이르기까지 9만7천여 개의 석불과 2천여 개에 이르는 조상造像의 명문이 남아 있다. 이에 의하면 석가상이나 미륵상은 5세기말부터 조상되었으나 지장상은 당나라 시대인 664년에 처음 등장한다. 또 5세기에서 6세기의 북위시대에는 주로 석가상과 미륵상이 조상되다가 7세기 후반에 이르러 아미타불상이 급속도로 증가한다. 이러한 변화는 차방정토신앙이 타방정토신앙으로 변하고 있었음을 의미한다. 그런 점에서 지장신앙 역시 타방정토사상과 연계되어 7세기에 주목받게 되는 보살신앙인 것이다.

(3) 삼계교와 지장신앙

7세기에 발달하게 되는 타방정토신앙은 석가모니부처님의 입멸 이후 악세의 중생을 구제하려는 본원사상의 중시와 함께 현세를 말법이라 생각하는 염세적인 의식이 투영된 결과라 말할 수 있다. 『지장십륜경』의 서문에는 지장신앙이 말법시대의 중생들을 위해 시설된 가르침임을 강조하고 있다. 이 경전의 서문은 현장의 제자인 신방이란 스님이 썼는데 신방은 삼계교의 신봉자였다. 그가 저술한 『십륜경초』에는 제삼계불법(삼계교)에서 지장을 으뜸으로 모시고 있다고 말하고 있다.

 삼계교는 법장사의 신행이라는 스님이 말법시대의 중생들을 효과적으로 교화하기 위해 구상한 불법이다. 그의 가르침은 당시의 시대적 상황과 상응하여 많은 대중들의 지지를 받으며 발전하였다. 하지만 결국 위정자들에게 위압감을 주면서 정치적 탄압을 받고 역사의 뒤편으로 표연히 사라지고 만다.

 삼계교는 당시를 말법시대로 규정했는데, 이렇듯 현세를 말법시대의 우매한 중생들이 사는 것으로 보는 이상 악세의 구제를 설하고 있는 『십륜경』의 가르침에 대단한 매력을 가질 수밖에 없었을 것이다. 신행은 『삼계불법』 4권을 저술했는데 백수십 회나 『십륜경』을 인용하고 있다. 그가 얼마나 이 경전을 중시하고 있었는가를 알려 주는 것이다.

　삼계교는 정토를 믿는 것은 제2단계의 수행법, 즉 말법악세의 중생들이라 규정한다. 나아가 제3단계에 해당하는 최하근기의 중생들은 지장보살을 예참하는 것이 최상이라 말한다. 그래서 지장보살의 위대한 서원은 악도를 구제하는 것에 있다고 말하는 데 주저하지 않았다. 삼계교의 신도들은 정토를 구하는 것이 아니라 오로지 삼악도에 떨어졌다는 전제 아래 일심으로 지장보살을 찬송하며 그의 가피를 바랐던 것이다.

(4) 명부전 시왕상과 지장신앙

현재 각 사찰에는 명부전이 있고, 그 안에 염라시왕전을 설치하고 있다. 보통 염라대왕은 죽은 사람이나 지옥세계의 중생들을 관장하는 것으로 알려져 있는데, 중국에서는 도교와 결합하여 명계시왕冥界十王 사상을 만들어 내었다. 염라는 본래 염라마왕을 말하며 인도 베다시대의 야마신yama이었다.

　명부시왕신앙은 당오대 말기에 등장한다. 『석문정통』 권4나 『불조통기』 권33에 기재되어 있는 것에 의하면, 당나라 때 도명스님의 영혼이 중음세계에서 유람하게 되는데 열 가지 명부의 왕들을 분별하고, 그들이 각각 다스리는 망자의 죄업이 있는 것을 보고 잠에서 깬 뒤에 기록했다고 한다.

『지장보살영험기』에 기록된 것으로는 청태사 사문 지우가 쓴 『감응지장기』의 고사가 있다. 지우는 후진의 천복 연중인 936년에서 944년에 중국에 지장보살의 도상圖相과 『본원공덕경』을 가지고 왔다고 한다. 도상의 중앙에 지장보살을 안치했으며, 좌우양방에는 시왕을 그린 그림이었다. 시왕의 명칭은 중국의 호칭을 사용하고 있으며, 중국고대의 도복을 입었다고 한다. 이 내용에 의거한다면 이 그림은 인도에서 가지고 온 것이 아니라 한족의 민속과 결합된 것이라 판단할 수 있다.

당나라 말기 이후에 유전한 『예수시왕생칠경』 중에는 시왕이 죄인들을 심판하는 정경이 기재되어 있다. 『불조통기』 권45에는 구양수가 젊어 병들었을 때 꿈속에서 시왕을 보고 그의 가르침에 따라 승려들을 공양하고 지장보살상을 만들어 안치하여 치병했다고 한다. 이들은 모두 불교의 인과응보사상이 민간신앙과 결부되어 만들어진 것으로 볼 수 있다.

지장신앙과 관계있는 것으로는 지장참법이 있다. 지장참법은 자신이 지은 죄를 참회하고 부모의 추선追善을 기원하는 의식으로 오늘날에도 부모의 은혜에 보답하기 위해 부모의 명복을 비는 불공을 드릴 때는 지장예참법을 시행하고 있다.

지장보살이 대중들의 사랑을 받자 이후 수많은 영험담들이 쏟아져 나오게 된다. 946년에서 950년간의 오대 사천성의 지사였던 곽서안은 본래 불교보다 노자를 좋아했다. 그는 한때 열병이 들어 백방으로 노력했지만 낫지 않았다. 불교를 믿고 있던 부인이 남편의 쾌유를 위해 지장보살을 조성하였고 그 공덕으로 병을 고치게 되었다. 북송시대 장안의 무관이었던 최이계란 사람은 죽었다가 이틀만에 소생하였는데, 그가 지옥에서 심판을 받게 되었는데 생전에 현덕사의 스님에게 지장보살을 조성하여 공양한 공덕으로 깨어나게 되었다는 것이다.

(5) 김교각과 지장신앙

중국불교의 4대성지로는 지장도량인 안휘성의 구화산, 문수도량인 산서성의 오대산, 보현도량인 사천성의 아미산, 관음도량인 절강성의 보타산을 꼽는다. 중국의 불교도나 대중들은 무의식적으로 살아생전에 이 네 곳을 참배하는 것이 소원이다. 그런데 4대 성지 중에서 지장도량인 구화산의 주인공이 신라 출신의 김교각스님이다. 그는 중국의 민중들에 의해 지장보살의 화신으로 추앙받고 있으며, 그래서 김지장이라 불리기도 한다.

중국 송나라 때 찬영이 지은 『송고승전』권20에 나오는 '당지주구화산화성사지장전'에 나오는 석지장은 신라국의 왕족이라 기록되어 있다. 이후 저술된 『신승전』에도 마찬가지의 내용이 있다. 김지장스님은 794년 음력 4월 30일 저녁에 제자들을 모아놓고 작별 인사를 한 뒤에 함 속에 들어가 가부좌를 하고 열반에 들게 된다. 그때 유언하길 "내가 열반한 뒤 내 육신을 다비하지 말고 함 속에 넣었다가 3년 뒤에 열어 보아라. 그때까지 썩지 않았으면 그대로 개금하라."고 말했다. 이에 3년 뒤인 797년 김지장스님의 육신을 그대로 개금하여 지금의 구화산 화성사 육신보전에 모시게 된다.

역사적으로 안휘성은 신선사상이 발달한 곳이다. 도교의 신선사상은 사상적으로는 노장의 영향을 강하게 받았다. 이 노장사상은 대지와 같이 포용과 생육의 정신을 함유하고 있다. 그런 점에서 신선사상과 불교사상이 결합하여 대중화된 것이 안휘성의 지장사상이며, 그것을 완성한 분이 신라 출신의 김교각스님이었던 것이다.

6) 미륵정토신앙

불교가 중국에 전래된 뒤로 다양한 형태의 불교신앙이 등장하는데, 그러한 현상은 위진 남북조시기에 기초를 다지게 된다. 정토신앙의 하나인 아미타신앙 이외에 미륵신앙도 이 시기에 이르러 대중들의 주목을 받는다. 특히 수당대 이후 정토종 하면 미타신앙을 지칭하는 것으로 굳어졌지만 미륵신앙도 정토신앙에 속하는 것이었다. 비록 후대에 쇠락했지만 일시적이라 해도 미륵신앙은 위진 남북조시기 미타정토를 능가하는 성세를 보였으며, 민중들 사이에서는 여전히 무시할 수 없는 영향력을 지니고 있었다. 특히 원말 발생한 민간 비밀 종교단체, 특히 백련교는 미륵하생신앙을 이용하여 군중을 조직화하고, 명대와 청대에 누차에 걸쳐 무장봉기를 일으키기도 한다.

(1) 미륵신앙의 전파

미륵신앙의 주축인 미륵보살은 일찍이 중국에 소개되지만 커다란 영향은 미치지 못하였다. 지루가참이 번역한 『도행반야경』 「불가계품」 제11은, "만일 어떤 보살이 도솔천상에서 이 세간에 태어나거나 혹은 미륵보살에게 이 깊은 경전 속의 지혜를 듣고 이 세간에 와서 태어난다면 이러한 공덕을 지니고 있기 때문에 이제 깊은 반야바라밀을 체득하리라."라고 하여, 미륵정토에 대한 직접적인 표현 없이 미륵보살에 대해서만 간단하게 언급하고 있는 것을 살펴볼 수 있다.

하지만 서진 무라차가 역출한 『방광반야』 권11의 대사홍품 제51의, "수보리야, 이 보살마하살은 도솔천상에서 공덕과 선의 근본을 구족했음을 알아야 한다. 왜냐하면 이 보살은 미륵보살에게 이 깊은 경전을 듣게 되는데, 이런 이유로 이제 이 세간에 와서 태어나 깊은 반야바라밀을 체득하고, 듣자마자 바로 깨달으며 믿어 즐겁게 행을 지키느니라." 라는 구절로 볼 때 미륵보살이 중국에 일찍 소개되었음을 알 수 있다.

중국에서 역출된 미륵경전은 다음과 같다.

〈『출삼장기집』 권3과 4에 기재되어 있는 미륵경전의 목록에 보이는 유관 경전〉
미륵경 1권(도안은 『장아함경』에서 나왔다고 말함)
미륵당래생경 1권
미륵하생경 1권(진제 역이라고도 함)
미륵보살본원대시성불경(초록본)
미륵위여신경 1권
미륵수결경 1권
미륵작불시경 1권
미륵난경 1권
미륵수하경 1권

〈『출삼장기집』 권5에 기록된 경전〉

미륵하교경 1권

〈수나라 법경의 『중경목록』 권2에 기록된 것(주로 위경)〉
미륵성불본기경 1권
미륵하생관세음시주보경 1권
미륵성불복마경 1권

〈당나라 지승의 『개원석교록』 권18 소재 위경〉
수신본관미륵성불경
금강밀요경론 1권
미륵하생견관세음대세지동화중생사악작선수락경 1권
미륵마니불설개오불성경 1권

〈미륵6부경〉
불설미륵보살상생도솔천경(-상생경), 저거경성, 455?, 대정장 452.

불설미륵하생경, 축법호 역, 303? 대정장 453

불설미륵하생성불경(-하생경), 라집 역, 402?, 대정장 454

불설미륵하생성불경, 의정역 701? 대정장 455

불설미륵대성불경(-성불경), 라집 역, 402?, 대정장 456

불설미륵래시경, 실역, 대정장 457(내용이 매우 간단하여 가장 먼저 번역된 것으로 봄)

(2) 도안의 미륵신앙

도안이 활동하던 시기는 중국 전역이 5호16국으로 사분오열되었던 시기였다. 전란으로 황폐화된 민심은 의지처를 잃고 있었으며, 지식인들은 자신들의 무력함에 자책할 뿐 선택의 여지가 없던 시기이기도 하다. 그러한 때 출가 본연의 모습을 지키며, 초기 중국불교 교단의 정비를 위해 일한 도안의 공적은 찬연하다는 표현 이외에는 적당한 말이 없다.

『고승전』도안전에 의하면 "도안은 매일 제자 법우 등과 함께 미륵보살 앞에 서서 도솔천에 태어나길 서원했다."고 한다. 도안의 제자들 역시 미륵정토인 도솔천에 태어나길 기원했다. 「담계전」에 의하면 도안의 제자 담계는, "뒤에 병이 깊어짐에 항상 미륵부처님의 명호를 염송하여 입이 닫힐 시간이 없었다. 제자인 지생이 병을 간호하면서 질문했다. 어째서 안양에 태어나길 원하지 않습니까? 담계가 말하길, 나와 화상 등 8인은 함께 도솔천에 태어나길 서원했는데 화상과 도원 등은 이미 왕생했지만 나만 아직 가지 못했다. 그러므로 다만 가고자 소원할 뿐이다. 말을 마치자 광명이 몸을 비추었으며, 용모가 다시 환해지면서 마침내 고요히 천화했다. 춘추 70세이니 바로 도안의 묘소 오른쪽에 장사지냈다."고 한다.

도안의 친구인 축승보전에 의하면 "뒤에 형주의 상명사에서 휴식하며 간단한 채소로 스스로 절제하며 예참하면서 근신했다. 그러면서 도솔천에 왕생하길 서원했다."고 한다.

도안은 「파수밀집서」을 서술했는데, 이것에 의하면 이미 관상염불을 알고 있었다. 즉 "파수밀은 이 경전을 편집한 뒤에 삼매정에 들어가 손가락을 튕길 사이에 정신이 도솔천에 올라가 미륵보살 등과 함께 어떤 당각에 모여 설법했다. 권지權智를 홍양함에 대해 현성들이 묵묵히 있었으며, 설법하는 것이 양양洋洋하여 넘칠 뿐이니 또한 즐겁지 아니한가?"(『출삼장기집』 10)라 한다. 이것은 일종의 관상염불이라 말할 수 있다.

『고승전』 도안전에 의하면, 도안이 죽음에 임박해 어떤 이승이 사찰에 찾아왔다. 밤마다 문틈으로 출입하는 것을 본 제자가 도안에게 보고하자 도안이 찾아가 예배하고 찾아온 이유를 묻게 된다. 이에 이승은 도안을 해탈시키기 위해 왔다고 대답한다. 해탈하는 법을 알려달라고 하니 목욕하면 된다고 말했다. 그러면서 목욕하는 방법을 알려주었다. 이에 도안이 다음 생에 갈 곳을 알려달라고 청하자 그는 손을 하늘의 서북쪽을 향해 가리켰다. 그것을 보자, 도솔천은 미묘하고 뛰어난 과보를 갖추었다고 말했다. 저서로 『정토론』이 있었다.

(3) 남북조시기 미륵신앙이 유행한 원인

남북조시기부터 도안과 같은 걸출한 인물이 미륵신앙에 의지할 정도로 미륵신앙이 유행한 원인은 무엇일까? 다양하게 분석할 수 있으리라 보지만 다음의 몇 가지로 정리할 수 있다.

첫째, 신앙적인 측면에서 말하자면 중국 민중의 종교심리는 범신론적이란 점이다. 즉 중국 민중들은 불교를 받아들이면서 부처나 보살을 동시에 다 믿었다. 그들이 희구하는 것은 심신의 안정과 기복을 얻는 것이었기 때문에 미타정토와 미륵정토의 구별을 이해할 수 없었고, 그럴 필요성도 느끼지 못했다.

둘째, 당시 사람들은 미타정토가 미륵정토보다 우월하다고 생각했다. 즉 미륵정토는 욕계의 제4천인 도솔천이므로 세속세계 안에 존재하는 것이라 생각하고 있었다. 반면 미타정토는 최고의 불국토로서 멀리 삼계 위에 존재한다고 생각했다. 미륵정토에 가는 것도 쉽지 않은데 미타정토에 간다는 것은 불가능하다고 생각했다. 따라서 미타정토보다 가기 쉬운 미륵정토에 귀의하게 되었을 것이다.

셋째, 중국인의 전통적인 사유의 특징은 실질을 중시하고 이성을 경시한다는 점이다. 즉 혜원으로 대표되는 미타정토 신봉자들이 주로 활용한 것은 정토삼부경인데, 여기서 말하는 선정의 관상법은 이성적인 깨달음을 요구하고 있다는 점이다. 따라서 소수의 상근기자들은 공감할 수 있지만 대다수는 공감할 수 없었다. 반면에 미륵신앙은 상생이나 하생을 막론하고 이성적인 요소가 없다. 다만 조상, 조탑, 건사 등에 의지하여 예배하고 염송하는 등의 비교적 간단하고 실제적인 방법으로 전파되었던 것이다. 미륵보살을 염송하는 것만으로 도솔천에 왕생할 수 있다는 것을 도안이 실증했던 것이다. 이성보다 감성에 호소한 것이 대중적 지지를 획득했던 것이다.

넷째, 서역에서 유행하던 소승 미륵신앙의 유입과 전파는 북조 미륵신앙을 신속하게 성행시켰다. 소승불교는 미래불인 미륵을 받들었는데, 미륵은 관불자들이 선정에 들어갈 수 없다고 할 때 의심을 해결해 준다고 여기게 되었다.

이것은 후대 대승불교의 정토사상에도 영향을 미쳤다. 436년 북위가 북량을 멸망시키자 저거씨를 따르는 종족과 신민 3만 호가 평성에 머무르게 된다. 『속고승전』 승랑전에 의하면 북위군이 동쪽으로 돌아가자 피랍되어 온 3천 명이 함께 돌아간다. 운강 석굴을 만든 담요는 양주에서 왔는데 데리고 온 3천 명의 승려들도 운강 석굴 개착에 동참했다. 그들은 미륵신봉자들이었기 때문에 미륵불, 연등불, 석가불 위주로 불상을 조성하게 된다.

(4) 미륵신앙의 흥망과 원인

북위 효문제의 개혁은 보수파의 저항에도 확실한 성공을 거두었다. 그러나 효문제가 죽자 북위의 정치는 날로 부패해져 매관매직과 뇌물이 공공연하게 성행했다. 지방관리들은 가렴주구했으며 학정을 일삼았다. 관료와 지주들의 사치는 극에 달해 고양왕 원옹은 노예 6천 명, 시녀 5백 명을 거느리고 매일 음악을 연주하며 밤을 지새웠는데, 한 번에 사용하는 비용이 수만 전에 이르러 세인들을 놀라게 했다.

북위는 사원의 등급도 엄격하여 2백만 명에 가까운 승니 중에서 극소수만이 특권을 누렸다. 문성제 때의 담요는 평지호와 세수곡 60두를 승조(僧曹)에 납부하는 농민들을 승지호로 만들어 달라고 간청했다. 이것은 실질적으로 농민이 사원에 예속되는 것과 같았다. 또한 범죄자와 관노를 불도호로 만들자고 주청했는데 이들은 사원의 경작과 추수에 전념하는 사원의 노예와 같았다. 선무제 때 양주군호 조순자 등 2백 인은 핍박을 받아 승지호가 되었는데 압박과 착취 때문에 자살하는 사람이 50여 명에 이르렀다. 사원 안의 하층 승려들 역시 가혹한 압박과 착취에 시달렸다.

이런 사회적 분위기는 끊임없는 농민봉기를 불렀다. 489년 태주에서 폭발한 왕백공 봉기, 493년 지유가 장안성 북쪽에서 의거를 일으켜 인근 일곱 주의 인민들 수십만 명이 호응한 사건, 499년 유주의 왕혜정이 일으킨 봉기, 선무제 경명 원년인 500년 제주의 유세명이 일으킨 사건, 이후 진주, 경주, 분주, 하주 등지에서 연이어 농민봉기가 발생하였다. 이 무렵의 농민봉기에는 승려들의 영향도 강했는데 473년의 혜은 모반, 481년 법수 모반, 490년 사마혜 모반, 509년 유혜왕 모반, 유승소의 모반 등이 그것이다. 이 중 515년 발생한 기주 승려 법경이 일으킨 사건은 특히 그러한데, 법경은 대승을 자칭하며 새로운 부처가 출현했다는 구호를 제창했다. 당시는 미륵하생경이 유행하기 시작할 무렵으로 법경이 내세운 새로운 부처란 바로 미륵불을 지칭하는 것이었다. 하지만 봉기가 진압되며 대중적 지지기반을 상실한 미륵신앙은 북주 무제의 폐불로 인해 쇠퇴의 길로 접어들었다.

수대 미륵교의 창시자는 부대사로, 본명은 전옹(傅翁, 497~569)이다. 그는 양나라 때의 승려로서 선종의 선구자 중 한 사람이었다.
 589년 진나라가 멸망하자 수나라 원년 산서성 태원 일대에서는 백의의 천자가 동해에 출현한다는 민요가 있었다. 610년 정초 미륵교도들이 황궁에 진입하여 정권을 탈취하고자 했으나 실패했다. 『수서』 양제기에 의하면 "도적 수십 인이 있었는데 모두 흰 모자와 수련복, 향을 사르고 꽃을 잡은 채 자칭 미륵불이라 하면서 건국문으로 들어오자 지키는 사람들이 모두 머리를 조아렸다. 그들은 호위군사의 장검을 빼앗아 난을 일으켰다. 제왕 간이 그들을 참살했다."고 한다.
 수 양제의 원정과 폭정, 가렴주구 등으로 세상이 혼탁해지자 이미 민간에 널리 퍼져 있던 미륵교가 민중들의 바람을 대변하여 정치를 개변하고자 했던 것이다.

613년 미륵교도 송자현은 미륵불이 세상에 출현했다고 자칭하며 양제를 모살하고자 했지만 일이 누설되어 살해당한다. 이어 향해명도 미륵불이 세상에 출현했다고 자칭하며 군사를 일으켰다가 진압 당했다. 법림의 『변정론』에 의하면 "양제는 병주에 홍선사를 만들고, 옆의 용산에 미륵좌상을 만들었다."고 하는데 이것은 두 번의 미륵교도 난을 경험하자 미륵정토를 미타정토로 전환하고자 한 시도로 보인다.

이후 미타정토신앙은 급속도로 확산되어 수대의 저명한 불교사상가들은 미타정토를 연구하게 된다. 영유, 정영사 혜원, 천태 지의, 길장 등은 모두 미륵정토 대신 미타정토신앙을 앙양했다. 또 민간 재가자들의 불교결사체인 의읍과 법사가 있었다. 의읍은 읍회邑會라고도 하며 공동출자로 사찰이나 불상 등을 만드는 단체였으며, 법사는 귀족을 중심으로 한 의읍과 유사한 성격의 단체였다. 이들은 모임에서 속강을 듣곤 하였는데 수대가 되면 이들을 중심으로 미타신앙이 번성한다.

(5) 당대의 미륵신앙

현장(600~664) 역시 독실한 미륵신봉자였다. 『대자은사삼장법사전』에 의하면 "법사는 도솔천궁에 전심하여 자씨보살을 염송하며, 그곳에 태어나 공경공양하길 서원했다. 유가사지론을 받고, 묘법을 들었으며, 통혜通慧를 성취했다. 또한 이 사바세계에 다시 태어나 사람들을 교화하고, 뛰어난 행을 닦게 하며, 일체의 악업을 버리고 널리 제법을 선포하여 일체를 이롭고 안락하게 하고자 했다. 이에 시방의 부처님께

예배하고, 정념으로 앉아서 마음을 자씨보살에게 기울였으나 별다른 인연이 없었다. (그런데) 심상心想 중에 마치 수미여산(수미산)을 오르는 것과 같이 일이삼천을 넘어 도리타궁(도솔천궁)의 자씨보살이 계시는 묘시대에서 청중이 둘러싸고 있는 것을 보았다. 이때 심신이 환희케 되었지만 단상이 있고, 도적이 있다는 것을 알지도 기억하지도 못했다."고 한다. 현장이 미륵 관상염불을 했다는 것을 알 수 있는 기록이다.

현장은 또한 인도에 유학할 때 관세음보살상 앞에서 세 가지를 발원했다. 첫째는 학업을 마치고 귀국하면 무고안온함을 얻어 꽃이 세존의 손에 있기를 바라며, 둘째 복혜를 닦아서 도리타궁의 자씨보살에게 태어나고 화관을 세존의 두 어깨에 걸고자 하며. 셋째 중생계 중에 불성이 없는 자가 한 명이라도 있으면 현장 자신도 불성이 있고 없는가를 의심할 것이며, 만약 불성이 있어 수행하여 성불할 수 있는 자는 화관을 세존의 목에 걸게 해 달라는 서원이 그것이었다.

측천무후(684~704)는 황제가 되자 위경을 제작하여 자신의 권위를 높이는가 싶더니 695년에는 자칭 미륵하생이라 선언했다. 측천무후의 이러한 주장은 민간에 미륵교를 유행하게 만들었다. 따라서 현종은 715년 미륵교를 금지한다는 조칙을 내리게 된다. 현종이 발표한 「금단요사등칙」에 의하면 "예컨대 백의장발로 미륵하생에 가탁하여 요와妖訛하기 때문에 널리 도중을 모아 선관禪觀을 해석하니 망령된 설교가 재앙을 일으킨다. 혹 특별히 작은 경전을 만들어 불설이라 속이며, 혹 제자들을 모아 화상이라 칭한다. 대부분 혼인하지 않았다고 규수들을 속이며, 대중들과 접촉하며 번성하니 정치를 어지럽히는 것이

심하구나."(『당대소령집』 권113)라 전한다.

그러나 미륵교의 금지는 미륵신앙을 금지한 것은 아니었다. 713년 현종은 칙령으로 훼손된 안국사의 미륵불전을 보수하게 한다. 당시 유명한 시인 백거이(772~846) 역시 미륵신봉자였음을 그가 저술한 「화미륵상생탱기」에서 말하고 있다. 그러나 당나라 무종이 회창 연간 (841~846)에 일으킨 폐불로 인해 전 불교의 상승세가 꺾이면서 미륵신앙 역시 쇠락의 길로 접어든다.

(6) 미륵교에서 백련교로

당 현종의 미륵교 금지 이후 미륵신앙은 쇠락하기 시작하며, 정토신앙은 미타신앙 일변도의 사조를 형성한다. 다만 민중 속에서는 미륵교와 고유한 민간 비밀종교가 융합하여 송원대의 백련교가 탄생할 기반을 다지는데, 명・청대에 이르면 대강남북에 두루 걸쳐 강대한 종교집단을 형성한다. 미륵신앙이 변모하여 민간에 그 뿌리를 내린 것이다.

당나라 현종의 미륵교 금지 이래 송나라 인종 시까지 대략 3백여 년 사이에 미륵교의 활동은 보이지 않는다. 그러나 송나라 진종과 인종 무렵 관료와 군대의 부패가 극에 달해 그 폐해가 민생을 위협하자 조정 안에서도 국정개혁의 목소리가 끊임없이 이어진다. 이에 미륵교도와 농민을 등에 업고 왕칙이란 사람이 봉기한다. 미륵교는 민간 사이에 비밀리 전승되고 있었는데 그들은 "석가불의 시대는 가고, 미륵불의 시대가 왔다."고 가르쳤다. 왕칙은 미륵교의 가르침을 이용하여 정권찬탈과 개혁을 도모한 것이다. 그는 원래 군대의 장교였다.

(7) 모자원과 백련종 창립

미륵교는 뒤에 백련교라 칭하게 되는데 이것은 백련종과 통합된 결과이다. 백련종은 원래 정토종의 지파로 아미타불을 신앙했다. 아미타신앙과 미륵신앙은 정토신앙이라는 점에서 상통점을 지니고 있었다. 남송시기 백련종의 교의와 수행 방법은 모두 간단하고 행하기 쉬운 방식이었고 그만큼 민간에 커다란 영향을 미쳤다. 하지만 세상의 변화를 희구하는 교도들에 의해 미륵사상이 수용되면서 백련종의 종지가 변하게 되는데, 동시에 미륵교는 백련이란 이름과 그들의 조직을 이용하고자 했다는 점에서 이해가 맞아떨어졌다. 이들은 새로운 조직정비와 사상확립을 통해 부패한 원나라를 타도하고 새로운 세상을 만들고자 봉기하게 된다.

백련교의 창시자는 남송 소흥 연간(1131~1162)에 활동한 곤산의 승려 모자원이었다. 그는 아미타불을 신봉했으며 서방정토에 왕생하길 희구했다. 모자원은 원래 천태종의 교리를 활용하여 「원융사토삼관선불도」란 그림을 그린 다음 불상과 도형, 비유로 불국토에 대해 설명했다. 이런 방식이 서민 대중들에게 커다란 호응을 일으켰다.

모자원은 과거에 시행되던 정토결사의 방식이 느슨하던 것을 변화시켜 사제상승과 종문 간의 연대감 강화 등으로 조직을 강하게 결속시켰다. 동시에 정산호반에 연참당을 건립하고 스승을 자처하며 대중들의 추앙을 받았다. 세력이 커지자 조정은 백련교를 백운종, 마니교와 함께 이들을 사교 집단으로 매도하며, 모자원을 강주로 유배시켰다. 하지만 백련교는 그 교의가 이해하기 쉽고, 수행 방식이 매우 간편했기 때문에 하층 서민들의 호응을 받으며 전파된다.

원나라 조정은 중국을 통일한 후 백련교의 활동을 지지하고 승인했다. 백련교는 번성기에 접어들면서 여산의 동림사와 정산호의 백련당을 양대 중심지로 삼아 활동 범위를 넓혔다. 백련교도 중에서 재가자들은 백련도인이라 부르며, 삭발하지 않고 수십 명 혹은 수백 명씩 결합하여 암당庵堂을 만들었다. 이들은 아미타불, 관음, 대세지 등의 불상을 받들며 각자의 구복과 재앙의 소멸을 빌었으며, 나아가 선행을 통해 세상을 구제하자고 외쳤다. 이러한 암당庵堂의 규모는 사찰이나 도관과 비교될 정도로 커졌다.

뒤에 백련교는 미륵신앙과 결합하여 사회개혁에 대한 비판정신을 고취하게 된다. 또한 마니교를 흡수하여 광명을 숭상하였는데, 광명은 어둠과 싸워 이길 수 있다고 믿게 된다. 이런 요소들은 점차 서민대중들이 부패한 원나라의 통치에 반발하는 형태로 전개되었다.

백련교는 1308년에 이르러 활동금지를 당했는데, 1338년 백련교의 승려 팽보옥과 그의 제자인 주자왕이 지금의 강서성 의춘에 해당하는 원주에서 봉기하였으며, 1351년에는 영주의 백련교가 무장봉기하였다. 이것이 원말 발생하는 대규모 농민 봉기의 시작이었다. 봉기의 지도자는 백련교의 수령 한산동이었으며, 유부통 등이 보좌했다. 그들은 한산동을 명왕明王이라 불렀다. 세상을 밝혀주는 사람 중의 우두머리라는 의미였다. 동시에 그는 송나라 휘종의 8세손이므로 마땅히 중국의 군주가 되어야 한다고 퍼뜨렸다.

봉기에 참여하는 사람들은 모두 머리에 붉은 수건을 두르고, 붉은 깃발을 들어 강한 의지를 표시했다. 때문에 그들을 홍건군, 홍군, 혹은 향을 살라 미륵에게 예배한다는 의미에서 향군香軍이라 불렀다.

한산동이 붙잡혀 사형 당하자, 유부통이 바로 뒤를 이어 봉기하였고 각지의 백련교도들과 농민들이 동참하게 된다. 팽보옥, 곽자흥 등이 지방의 무리를 이끌었다. 1355년 유부통은 한림아를 맞아들여 소명왕이라 부르며, 국호를 송이라 정한다.

이 무렵 명나라 태조가 되는 나이어린 주원장이 곽자흥 밑에서 난에 참가한다. 뒤에 곽자흥이 죽자 영수가 된 주원장은 연호를 소명왕이라 정한다. 주원장은 봉기한 군중을 이끌고 마침내 원나라를 무너뜨리며, 할거하던 군웅들도 아우르게 된다. 한림아를 과주의 강 속에 침몰시키고, 1368년 정식으로 황제가 된 그는 국호를 명이라 한다. 이 명明은 주원장의 출세를 뒷받침하게 된 명왕을 나타낸 것으로 명교에서 숭상하던 광명사상과 직접 연결되어 있는 것이다. 결론적으로 백련교의 순수한 신앙심이 부패한 원나라를 무너뜨리고 명나라를 탄생시킨 동기가 되었던 것이다. 그들의 구호와 행동은 당시 사회가 요구하던 개혁 정신과 부합했으며, 압박에 시달리던 농민들의 희망과도 맞아떨어졌기에 전폭적인 지지를 획득할 수 있었던 것이다.

2. 중국불교의 응보신앙

1) 불교의 응보應報신앙

위진남북조시대가 되면 불교는 중국에 토착화되어 기존의 사상과 융합된다. 민속과 융합해서 새로운 풍속을 만들어 내는가 하면, 전통사상과 융합하여 중국화된 불교사상을 잉태하기 시작한다. 전래 이래 4세기 정도의 장구한 세월이 흐르자 불교에 의해 중국사회의 변화된 모습이 보이기도 하지만 동시에 중국사상에 의해 불교의 변화도 가속화되었던 것이다. 여기에서는 불교사상의 여러 가지 변화 중에서 응보사상, 혹은 응보신앙이 중국에서 어떠한 모습으로 대중 속에 파고들어 갔는지를 알아보기로 한다.

 중국의 응보신앙은 분명 불교의 막대한 영향을 받았다. 그렇지만 응보신앙이 불교의 전유물은 아니었다. 소박하지만 중국 내부에도 응보신앙의 새싹이 보이고 있다. 원래 중국에는 인과나 응보에 대해 깊은 이론적 고찰은 보이지 않는다. 4서나 13경 등에는 인과因果,

인연因緣, 응보應報 등에 관한 문구는 한 마디도 나오지 않는다. 다만 인연이란 단어만은 각종 사전에서 이미 인용하고 있듯이 『사기』 104의 전숙전이나 『한서』 22의 예악지, 기타 한대의 저서 속에 나타나고 있으나, 여기에서도 이 단어는 기회나 근거, 지주支柱 등의 의미로 사용되고 있다. 『후한서』 95의 황보규전에서는 '친류親類', '연자緣者'의 의미로 사용되고 있으며, 권76의 진총전 등에서는 관리가 사사로운 정으로 법조문을 왜곡하여 이익을 얻는다는 의미로 사용되고 있다. 어느 것도 불교에서 말하는 인연이란 의미로 사용되는 것은 없다. 또한 응보를 의미하는 보응報應이란 단어도 『한서』 13의 형법지에서 '보응의 세력은 생명체의 종류에 따라 다르다.'고 말하고 있는데 이것도 불교에서 말하고자 하는 응보의 의미와는 다르다고 말할 수 있다.

중국에는 전통적으로 인과와 상관이 있는 응보라는 단순한 사고방식은 있었다. 『좌전』이나 『묵자』의 명귀 등에는 이러한 이야기가 매우 많이 보이고 있다. 그러나 그것은 사람이 죽어 귀신이 되고, 귀신의 세계에서 인간세계로 돌아와 인간들에게 보복한다는 내용이 핵심이다. 특별히 천신, 지신, 물매(物魅: 사물에 붙어 있는 혼령이나 정령) 등과 같은 것을 인정하고 있지만 그들의 이야기 속에서도 사려 깊은 응보신앙의 양상을 발견할 수 없다. 이것은 본래 중국에서는 천명사상이 탁월했기 때문에 객관적 존재로서의 하늘〔天〕이 정한 운명에 따르는 결정론적 사고방식이 강했기 때문으로 여겨진다. 그리고 이러한 요소들이 결합하여 천인감응天人感應사상으로 발전하는데, 특히 비상한 사람의 징후로서 천변지이, 조수나 초목류의 이변이 있다고 생각하는 징응徵應사상이 나타났다. 여기에 참위설의 감응사상을 덧붙이게 되는 것이다.

　불교의 응보신앙은 윤회사상 등과 결부되어 있으며, 업사상에 의해 발전해 왔다. 인도의 업사상은 정통 바라문 사상에서 싹 튼 것이며, 정리된 형태에 의거한 업사상은 종교적 행위를 의미하는 것이다. 행위 뒤에 남는 여습이 원인이 되어 다음의 행위를 필연적으로 이끌어 내는 것이다. 이러한 업에 의지해 일어나는 인과응보의 사상은 불교만이 아니라 여타의 종교에서도 가르치고 있었다. 특히 자이나교는 숙작인宿作因론을 주장하고 있었는데 이것은 근본 원인으로 숙업(宿業: 전세의 행위)만을 인정하고, 현재의 업은 훗날의 원인이 되지 않는다고 말했으며, 고행에 의해서만 숙업에서 벗어날 수 있다고 주장했다.

　이에 비해 불교의 업사상은 연기사상과 연결되어 성립하며, 대승불교의 발전과 함께 더욱 정밀해 진다. 따라서 현재 우리들 자신이 겪고 있는 괴로움과 즐거움은 과거의 자신이 결정한 업의 결과이며, 그래서 자신이 당연하게 수용해야만 하는 것이라 간주함과 동시에 미래에 선한 과보를 초래할 수 있도록 현재에도 선업을 쌓아야만 한다고 주장했다. 이렇게 불교는 숙업을 체관諦觀하면서도 새로운 업에 의해 숙업을 전환시키려고 하는 자력적인 인생관을 지니게 되었다.

2) 악업에 대한 응보

중국에는 악업의 사악성을 말하는 이야기가 수없이 많다. 그 중에서도 가장 중요하게 생각했던 것은 살생이었다. 『태평광기』의 응보신앙에 대한 것은 119권부터 133권에 이르는 15권이나 되는 방대한 분량이며, 이들이 온통 살생이라는 악업의 두려운 과보를 설명하고 있다.

살생 중에서도 살인은 최고의 악업으로 규정되었다. 북제 안지추란 사람이 저술한 『환원기』(『태평광기』 119)에 의하면 한나라 영제의 중상시였던 왕보는 처음에 발해의 임금과 그의 왕비(송나라 황제의 고모)를 살해했다. 왕보는 이 때문에 송나라 황후의 노여움을 샀는데, 영제를 속여 송나라 황후와 그의 부모형제까지 주살당하게 한다. 당시 영제의 꿈에 선황제인 환제가 나타나 송나라 황후와 발해왕이 아무런 죄가 없음을 원망하면서 영제를 하늘에 고발하였으며, 그로 인해 옥황상제가 진노했기 때문에 영제의 죄를 구원하기 힘들게 되었다고 말했다. 이에 영제는 사실을 알고 영혼을 위로하고 개장改葬을 명령하게 된다. 하지만 그 와중에 영제가 붕어하게 된다. 이 응보담은 불교의 영향을 그다지 많이 받은 것은 아니고 중국 고유의 보응신앙이 자리 잡고 있다. 그러나 여기서 보여주듯이 무고로 살해하는 것의 과보는 죽음이다. 대부분은 피해자가 옥황상제에게 호소하여 가해자의 수명이 끊어지는 것이다. 동시에 피해자 또는 관계자는 가해자의 꿈에 나타나 예고를 하기도 하고, 죽을 때까지 괴롭히는 것으로 되어 있다. 이것은 중국의 응보신앙 중에서도 고전적인 유형이다. 이것이 불교의 영향을 받게 되면 죽은 사람은 일단 지옥세계에 가며, 거기서 염라대왕의 재판을 받아 지옥이나 극락에 태어나게 된다.

각종의 저서에 흩어져 있는 이러한 이야기는, 중국의 전제왕조를 둘러싼 심각한 권력투쟁의 과정에서 대부분의 억울한 죄에 대한 원망을 해소하는 것으로 마무리된다. 이러한 경우 가장 심각한 것은 황제자리에 대한 다툼이었다. 『태평광기』 120권 양무제조에 인용된 「조야첨재朝野僉載」에 의하면 양나라의 무제는 남제의 동혼후를 살해하고 즉위하는데 동혼이 죽은 날에 후경이 태어나며, 뒤에 후경이 양나라 조정에 반란을 일으켜 무제는 굶어죽게 되었다. 때문에 당시 사람들이 후경을 동혼후의 후신으로 부르게 되었다. 두려운 악업의 과보를 말하고 있는 것이다. 이 무렵 『태평광기』 120권에는 북제의 문선제, 양무제, 진패선, 수서인용(문제의 태자 용) 등 육조부터 수나라에 이르는 사이에 일어난 격렬한 황위 다툼에 관한 인과 이야기를 싣고 있다.

또한 관료의 대립과 항쟁에 얽혀 있는 응보담도 보인다. 당나라 후기가 되면 당쟁이 나타나게 되며, 관료들의 권력투쟁은 격렬해 그 방면의 이야기도 복잡해진다. 「일사」(『태평광기』 122권 송신석)에 의하면 당나라 재상인 송신석은 친구 왕번과 함께 권신인 정주를 제거하려고 모의했다. 그런 과정에 왕번이 정주에게 밀고하여 송신석은 개주로 유배를 당해 죽게 된다. 뒤에 송신석이 그의 부인 꿈에 나타나 상제에게 청하여 왕번의 유죄가 결정되었다고 말하고 사라졌으며, 동년 11월 왕번이 저잣거리에서 허리가 잘려 죽게 된다. 이외에도 「보록경전」(『태평광기』 123권)에 보이는 호격의 응보담도 유명한 감로의 사변에 얽혀 살해되는 사건이다. 이러한 이야기들은 격렬한 정쟁의 와중에서 권력자들이 현기증이 날 정도로 살인을 자행하던 당시에 일반 사람들은 그것을 인과로밖에 수용할 수 없었던 것에서 발생한 것으로 볼 수 있다.

불교에서 살생의 과보는 특히 두려운 것으로 되어 있다. 피해자가 동물이라도 가해자에게는 죽음의 과보가 따르는 것이다. 조수어별鳥

獸魚鼈에서 작은 곤충에 이르기까지 모든 살생은 죄악이지만 특히 임신한 짐승이나 태아를 살해하는 것은 강한 비난을 받았다.

상해를 입힌 경우에도 응보가 따랐다. 예컨대 소의 혀를 잘랐다든가 오리의 다리를 잘랐다든가 절름발이를 만들거나 실명시키는 경우 가해자에게 그에 상응하는 기형아가 태어난다든가 혹은 가해자 자신이 그러한 기형 동물로 윤회한다고 하는 것이다.

불교사상에 기초한 응보신앙에서 살생과 상해 다음으로 악업이 되는 것은 도둑질이었다. 일반적으로 훔친 물건 중에서 특히 중죄가 되었던 것은 사원이나 승려의 물건을 훔치는 일이었다. 승려가 도둑질을 하는 것은 물론 속인이 사원의 재물을 훔치는 것도 마찬가지였다. 장작 한 개비, 소금 한 줌, 빵 한 조각을 훔쳐 먹는 것까지 세세하게 그 과보에 대해 기술하고 있는데, 죄업에 따라 각각 특별한 지옥의 고통을 받게 된다고 말한다.

죽이는 것과 훔치는 것 이외의 각종 파계에 대한 응보에 대해 살펴보더라도 전반적으로 중국 설화와 인도 불경의 내용은 매우 상통하여, 『본생담』이나 『비유경』 등의 경전 속에서 일정한 전형을 찾아낸 것으로 보인다.

특히 당나라시대가 되면 업사상, 삼세양중인과사상, 인과응보사상 등이 혼합하여 일반서민들의 가정에 깊숙하게 침투하면서, 사회윤리적인 목적과 결탁하여 민중들의 한과 억울함을 달래주는 전설로 자리 잡게 된다.

3) 응보신앙과 불경

(1) 선인선과

응보신앙 중에서도 선인善因으로는 중국 고래의 윤리도덕과 불교의 지계나 보시 등이 있지만 일반적으로는 개인적인 것이 많다. 예컨대 군주나 관리가 선정을 베풀었다고 하는 것은 그다지 문제가 되지 않는다. 이것은 악의 경우에도 마찬가지이다. 그것은 업이 본래는 공동의 업이라기보다는 불공업, 즉 그 과보를 개인적으로 받을 뿐 다른 사람들에게는 영향을 미치지 않는 철저한 자기책임주의에 입각해 있기 때문이기도 하다. 설사 정치적·사회적인 요인을 만들더라도 그 결과는 개인적인 응보로 결정되기 때문이다.

또한 선인善因은 일반적인 것, 서민적인 것, 일상적인 것이 많이 취급되며, 인의仁義나 충효 등 주로 음덕이라 지칭되는 것들에 집중되고 있다. 다른 한편으로는 유명한 임금이나 훌륭한 관리들이 사찰을 만들고 불상을 만드는 일이나, 고승대덕의 교리 선양도 해당되는 것으로서 바로 염불이나 송경誦經 등이 훌륭한 과보를 만드는 것으로 생각되었다. 그리고 훌륭한 과보에 대한 구체적인 생각들은 복록수福祿壽로 표현되는데 특히 수명의 연장이나 장수가 가장 희구하는 사항이었다. 그 중에서 임관任官이나 승진에 해당하는 것이 많이 보이는 것은 악의 경우처럼 중국 응보신앙의 두드러진 특색 중의 하나이다.

불교의 영향을 전혀 받지 않았다고 말할 수 있는 한대 이전의 응보설 화로는 가의賈誼가 지은 『신서』 6 춘추에 보이는 이야기를 들 수 있다. 전국시대 초나라의 손숙오는 어렸을 적에 외출하고 돌아와 근심하며 먹지를 않았다. 이에 그의 부모가 이유를 묻게 되는데 그는 울면서 말하길 "머리가 둘인 뱀을 보면 죽는다고 하는데 제가 그것을 보았습니다. 해서 후인을 위해 이 뱀을 죽여 묻었다."고 말했다. 그의 어머니는 이 이야기를 듣고 "근심하지 말아라. 너는 죽지 않는다. 내 들으니 음덕이 있는 사람은 하늘이 반드시 복덕으로 보답한다고 했다."고 말했다. 과연 그는 관리가 되어 국민이 따르는 사람이 되었다고 한다. 살생이 불교에서 말하는 5계의 첫 번째이지만 손숙오가 세상 사람들을 위해 살생했기 때문에 오히려 음덕으로 칭송을 받게 되었다는 점에 주목한 이야기인 것이다.

『태평광기』음덕전에 나오는 유홍경은 당나라 팽성에 살던 부자였다. 그는 베풀기를 좋아했지만 대가를 바라지 않았다. 장경 연간에 관상가가 그를 보니 그의 수명은 2-3년밖에 남지 않았다. 그런데 이 사이에 덕을 닦으면 수명을 연장하는 일이 가능하기에 "대저 한 번의 덕으로 백 가지 재앙을 소멸할 수 있으며, 작록爵祿을 누릴 수 있거늘 수명에 비견하리오."라 말하고 가버렸다. 뒤에 유홍경은 그의 딸을 시집보내기 위해 여자 노비 네 명을 팔았는데, 그 중의 한 노비인 방란손의 아버지가 억울한 누명으로 관노가 되었다는 이야기를 듣고 노비문서를 불태우고 양민으로 해방시켜 주었으며, 가재 50만 냥을 출연하여 자신의 딸보다 먼저 시집보냈다. 그 일로 방의 아버지가 꿈에 나타나 "그대의 음덕으로 천지가 감동했다."고 하면서 옥황상제에게 청하여 수명을 25년 연장시키고, 부귀는 자손이 3대에 걸치도록 했으며, 뒷날 재앙이 없도록 하는 허가를 받았다고 말한 뒤 사라졌다. 3년 뒤 이전의 관상가가 다시 와서 보니 과연 수명이 25년 연장되리라 예언했다고 한다. 이것도 불교사상과는 무관한 중국 고유의 형태이지만 부귀와 연수延壽를 선한 행위의 과보로 생각하고 있었음을 알려주는 것이다.

중국에서는 일반적으로 선인善因에 대한 과보로서 복록수福祿壽를 구하며, 특히 관직에 나아가 장수하는 현세적, 권력지향적인 바람을 나타내고 있다고 말할 수 있는데, 이 바람이 불경의 지송이라고 하는 선인에 의해서도 달성될 수 있다는 신앙이 각종 자료에 강하게 나타나고 있다. 바로 이런 점은 불교의 영향이 그만큼 강했다는 것을 반증하는 것이다. 즉『태평광기』의 보응기에 의하면 당나라 두덕현은 대사로서 양주로 가는 도중 저승사자의 추격을 받게 되었다. 이때 배고픈 저승사자에게 밥을 주게 되었는데 이 일로 저승사자는 한동안 두덕현을 지옥으로 연행하지 않고, 급하게『금강경』을 천 번 읽으라고 말하고는 가버렸다. 한 달여 뒤에 저승사자가 다시 왔는데 경전을 읽은 숫자가 충분하므로 이제 걱정하지 않아도 된다고 말했다. 이후 염라대왕을 만나게 되었는데 저승사자가 지옥계의 일을 누설했다고 고백했기 때문에 도리어 저승사자가 곤장 30대를 맞고 두씨는 풀려났다. 그때 저승사자가 다시 배고픔을 호소하므로 돈을 주었는데 그가 장래를 예언하길 "전중감에서 세 번 승진하여 좌상이 될 것이며, 64세까지 살 것"이라 했다. 두씨는 그 뒤 예언대로 되었다고 한다. 저승사자에게 음식을 산다거나, 염라대왕의 명령을 수행하지 않는다는 것은 아무래도 중국사회의 현실성을 지옥계까지 반영한 것이라 볼 수 있다. 경전을 읽는 일에 의해 소생蘇生, 연수延壽, 승진했다는 이야기는 흔히 볼 수 있는 내용으로 독송 또는 서사한 경전의 권수라든가 횟수 등이 문제가 되고 있는데 이것은 중국인의 타산성을 보여주는 것이다.

『태평광기』보응기에 의하면 원화 8년 진사과에 낙제한 우리회는 어떤 스님에게 "그대가 빨리 급제하고자 하면서 왜 금강경을 읽지 않는가?"란 핀잔을 듣고 『금강경』의 열렬한 독송자가 되었다고 한다. 여기서 과거에 급제하기 위해서도 『금강경』을 독송하게까지 되었다는 것은 재미있는 일이 아닐 수 없다. 기타 『금강경』·『법화경』·『관음경』 등을 독송한 과보로 나포된 몸일지라도 가쇄枷鏁가 저절로 풀려 사면된다든가 참수당할 경우에도 칼이 이유 없이 부러져 버린다든가 하는 각종의 죄장罪障을 소멸하는 예화도 있다.

그러나 중국의 보응신앙은 인도처럼 내세에 대한 공상적인 묘사, 극락정토에 관한 드라마틱한 표현, 현실을 초월한 부처님의 경이로운 기적 같은 것은 보이지 않는다. 또 숙업에 대한 체념은 보이지만 수 세대에 걸친 웅대한 업사상의 전개는 없다. 새로운 업에 대한 과보는 대부분 직접적인 복록수 중시에서 특히 식화食貨 중시의 사상에 의해 해석되는 것들이다.

(2) 응보신앙과 유관 불교 자료

불교의 응보신앙에 따라 재가자들은 무병식재, 현세이익, 극락왕생 등의 좋은 과보를 얻기 위해 사찰의 건립이나 불상 조성, 사경, 방생, 보시, 염불, 송경, 설재設齋 등 해야 할 일이 매우 많았다. 이들은 몇몇 흥미 있는 문제를 제공하는데 여기서는 주로 경전의 수지, 독송과 유관한 몇 가지를 소개하고자 한다.

우선 응보신앙과 관련하여 염송되는 경전을 개략적으로 살펴보면

『금강경』과 『법화경』이 압도적으로 많으며 그밖에 『반야부제경』・『반야심경』・『수능엄경』・『약사경』・『무량수경』・『아미타경』・『화엄경』・『금광명경』 등이 있다. 『태평광기』 권102에서 권115에 이르는 14권은 주로 독송된 경전에 의해 발생한 응보담을 분류해서 기술하고 있는데, 특히 권102에서 권111에 이르는 10권에는 육조시대와 수당대에 걸쳐 『금강경』・『법화경』・『관음경』의 세 경전을 수지 독송, 서사했던 일이 기록되어 있다. 특히 전술한 세 경전 중에서도 당나라 혜상이 지은 『홍찬법화전』이나 승상이 지은 『법화전기』 등의 자료에서 보면 『법화경』이 가장 애송된 경전이었다. 세 경전 이외에 『화엄경』과 유관한 자료로는 당나라 법장이 찬술한 『화엄경전기』나 혜영, 호유정이 지은 『대방광불화엄경감응전』 등이 있으며, 여기서 자료를 뽑으면 『화엄경』도 많이 애송되었음을 알 수 있다.

또 『양고승전』 권12의 송경편, 『속고승전』 권28의 독송편, 『송고승전』 권24-25의 독송편에서도 유관한 자료를 찾을 수 있다. 다만 이상의 세 고승전의 성격상 이곳에 실린 고승들이 반드시 응보신앙과 관계가 있다고는 말할 수 없다. 참고사항으로 『송고승전』에 의해 육조시대나 수당시대의 강석에서 교재로 사용되었던 경전을 살펴보면 『열반경』・『십지경』・『법화경』・『화엄경』・『섭대승론』・『삼론』・『반야경』・『유마경』・『사분률』・『성실론』 등이 자주 등장한다.

또한 송경승誦經僧의 경우 『법화경』이 세 고승전에서 모두 상위를 차지하고 있다. 이것에 비해 『유마경』은 『양고승전』에만 보이며, 육조시대의 귀족불교와 대략 그 운명을 함께한다. 그러나 『화엄경』과 『금강경』은 동일하게 수당시대에 들어 많이 보이고 있다.

『태평광기』에서 보응신앙의 대상이 되는 경전에 한정해서 살펴보자면 『법화경』은 시대가 변하더라도 일정한 횟수를 유지하지만 『금강경』은 수당시대가 되어야 유행하고 있다. 또한 응보신앙에서 『법화경』이나 『금강경』과 어깨를 나란히 하며 등장하는 『관음경』은 『법화경』의 한 품이었지만 별도의 추종세력을 확보하면서 송경승이나 일반 서민층의 고른 지지를 받게 된다. 그 이유는 명확하게 분석할 수 없지만 서민구제적인 요소가 핵심을 차지하기 때문으로 보인다. 전문적인 송경승들은 『관음경』을 『법화경』에 포함시키고도 있지만 응보신앙의 차원에서는 독립적인 영역을 확보하고 서민들의 지지를 받았던 것이다.

한편 불상을 조성하는 것이 커다란 공덕을 짓는 것이란 생각이 보편화되면서 관음상은 독경에서 중시되었던 『관음경』이나 『법화경』 이상의 지지를 받게 되었다. 관음보살이 사람들의 요구에 부응하여 현세이익을 달성해 주면서도 극락왕생까지 가능하게 해 준다는 점에서 중국인들의 마음을 사로잡은 것으로 볼 수 있다.

응보신앙의 관점에서 도상圖像에서는 그다지 보이지 않았던 『금강경』이 수당시대가 되어 급속도로 염송된 것은 중국 선종의 6조인 혜능스님이 이전의 선가에서 중시하던 『능가경』보다 이 경전을 중시하고, 또 이 경전이 생명을 연장하는 수명경壽命經이란 사고가 일반화된 이후의 일이다. 또한 이 경전이 유행하기 시작하는 중당 무렵은 신주나 다라니도 유행하게 되며, 불상에 있어서는 경당經幢류가 점차 만들어지면서 응보신앙에 등장하게 된다. 경당에는 존승다라니를 비롯해 많은 밀교 경전이 새겨졌으며, 밀교 경전을 제외하면 『금강경』이나 『반야심경』이 많았다. 중국에서 다라니나 신주 등은 전래의 무격 등이 행하던 점이나 주문 등에서 수용되기 쉬웠으며, 이것은 선업을 쌓아 선한 과보를 추구한다기보다도 일시적이지만 숙업을 차단하려는 바람이 강했다고 말할 수 있다. 이러한 모든 것들은 중국인 특유의 현실중시 경향과 맞물려 발전했던 것이다.

4) 중국불교에 있어서 죄악의 문제

종교는 죄의 자각을 중요한 조건의 하나로 삼고 있다. 자신의 죄악에 대해 스스로 자각한다는 것은 바로 자기반성의 세계에 들어가는 것이자 자기부정을 통한 인식의 전환을 의미하는 것이기도 하다. 중국사회에서 중국불교로 토착화되어 간다는 것은 불교에 의한 중국인들의 자기의 죄에 대한 반성, 자각의 여하와 직결되는 문제가 아닐 수 없다. 따라서 여기서 말하는 것은 근본적인 악의 요인인 무명이나 반대 개념인 불성 등과 같은 윤리학을 말하고자 하는 것이 아니라, 바로 실재적인 생활윤리의 문제인 각자의 죄악관에 대한 것이다. 중국인 각자의 생활 체험 속에서 불교가 어떠한 영향을 주었는가라는, 불교가 중국화되어 가는 하나의 형태상에서의 문제인 것이다.

(1) 참괴慙愧와 참회懺悔

참괴와 참회는 초기불교 이래 불교에서 매우 중요하게 생각하는 개념들이다. 두 개념 모두 자신의 과오를 부끄럽게 여기고, 이것을 후회하여 고치려고 하는 마음이다. 양자의 차이를 말한다면 과거의 자신의 과오를 부끄러워하는 마음이 참괴심이며, 이러한 마음속에서도 남부끄러움을 느끼는 것이 참, 양심의 가책을 받는 것을 괴로 구분한다. 참회는 다른 사람에게 자신의 허물을 고백하고 용서를 구하는 것을 말한다. 참이란 범어 ksama(참마)를 음역한 것이며, 회는 참마의 의미이다. 따라서 범어와 한문이 병합되어 있는 용어이다. 동시에 참회란 단어는 제불보살이나 대중들 앞에서 자신의 죄악을 참회하며 밝힌다는 의미에서 고백한다는 뜻을 지니고 있는 desana란 용어로도 표현된다.

『금광명경』 권1에서는 "천 겁 동안 지은 극악한 죄업도 만일 지극한 마음으로 참회한다면 이러한 중생의 죄악은 모두 사라질 것이다."고 말한다. 또한 『북본열반경』 권19에서는 지바가 아사세왕에게 "대왕께서 만일 참회하고 참괴심을 품는다면 모든 죄는 소멸되어 청정하게 되리라."고 말한다. 결국 참괴나 참회는 자신이 지은 죄업을 모두 소멸한다는 점에 공통점이 있다. 참괴나 참회나 엄밀하게 말하자면 자기비판이다. 자신의 죄업을 참회하여 제불보살에게 고백하고 용서를 구하는 일이며, 이로 인해 기존의 죄업을 소멸시키는 것이다.

그렇다면 중국불교에서는 이러한 참회나 참괴가 어떠한 형식으로 표현되었으며, 참괴나 참회를 통해 죄업을 소멸하기 위해 기도했던 것은 언제부터의 일이었을까?

『광홍명집』 권28에 나오는 참회문으로는 양무제의 「마하반야참문」과 「금강반야참문」, 간문제의 「열반참문」・「육근참문」・「회고만문」, 심약의 「참회문」, 강총의 「청진무제참문」, 진선제의 「승천왕반야참문」・「법화경참문」・「금광명참문」・「대통방광참문」・「허공장보살참문」・「방등다라니재참문」・「약사재참문」・「무애회사신참문」

등이 있다. 또한 대정신수대장경 권45에는 양무제가 황후 희씨를 위해 지은 『자비도량참법』 1권이 있는데 이것을 보면 "저희들은 스스로 무시이래로부터 지금에 이르기까지 무명에 덮여 애착의 번뇌에 사로잡혀 있는 바, 어리석음의 그물에 빠져 있습니다. 삼계를 거쳐 6도를 건너 고해에 깊이 빠져 스스로 빠져나올 수 없습니다. 지난 행위와 과거의 인연을 알지 못하거나 혹은 스스로 청정한 생명을 파괴하거나 다른 이들의 청정한 생명을 파괴합니다. 스스로 청정한 수행을 파괴하거나 남의 청정한 수행을 파괴합니다. 이러한 죄악은 헤아릴 수 없고 끝이 없어서 오늘 참괴하고 참회하오니 원하옵건대 소멸하여 주시옵소서."라 발원하고 있으며, 다시 "저희들이 거듭 오체투지하옵니다. 또한 무시이래로 지금까지 세 가지 착하지 않은 근기 때문에 4전도견을 일으키고, 오역죄와 십악을 만들었습니다. 3독이 불타오르고 8고를 길렀으며, 8한8열의 여러 가지 지옥을 만들고…… 인천 생로병사의 가지가지 괴로움의 원인을 만들어 육도의 무량한 괴로움의 과보를 만들었습니다. 견딜 수도 없고, 듣고 볼 수도 없습니다. 이러한 죄악이 무량무변하여 오늘 참회하오니 원하옵건대 소멸하여 주시옵소서."라 하고 있다. 또한 간문제의 '육근참문'은 안이비설신의의 6근의 죄와 업장을 차례로 들어서 자기비판을 하는 것이며, 상술한 심약과 강총의 참회문은 오역, 십악에 물든 자기의 업장을 깊이 반성하고 참회하여 이것을 없애려는 것이다.

이렇게 남북조시대에는 참회문의 여러 양식이 상당히 정리되어 있으며, 간절한 참회문을 살펴볼 수 있다. 물론 이런 참회문은 인도불교사에서 비구들이 시행했던 포살법회와 관계가 있으며, 중국에서도 포살을 설하는 율전이나 경전이 번역된 이후의 일이다. 『출삼장기집』 권2에는 오지겸이 번역한 『회과경』을 비롯하여 『보살회과경』·『삼품회과경』이 있고, 권3에는 『보살참회법』이 있다. 그리고 이러한 방향에서 중국불교의 참회법이 전개되면서 죄의 의식과 죄악관이 멸죄滅罪와 수공덕修功德의 각종 행업行業으로 나타난 것이다.

운강석굴의 대불은 문성제가 무제의 폐불에 대한 참회와 멸죄가 그 조상造像 원인의 첫 번째인 것처럼 조상, 조사탑, 재회나 법회 또는 송경이나 사경, 기타 많은 공덕을 닦는 행업은 멸죄와 선업을 쌓는 일이었으며, 왕생이나 성불이 목적이었다. 이처럼 멸죄를 위한 많은 행업들은 한편으로는 자기반성의 소산이었으며, 다른 한편으로는 죄에 대한 자각을 촉진시키는 일이었다.

한편 참회의 방법도 시대의 추이와 함께 점차 그 강도가 강해지는데 천태의 「관음참법」이나 「법화삼매참법」, 또 담천의 「십악참문」과 영유의 「총참십악게문」 등이 그러한 모습을 잘 보여준다. 더하여 말법사상으로서 오탁악세설과 함께 철저한 죄악관으로 일관하는 삼계교의 신행 이하의 참회문, 도작, 선도 등 정토교 조사들의 참회문, 또한 지승의 『집제경예참의』에 나타난 각 조사들의 참회문 등은 모두 자신의 죄를 고백하고 부처님 앞에 엎드린 모습을 나타낸 것이다.

특히 말법불교로서 삼계교와 정토교의 참회법은 완전히 자기비판의 정점에 서 있다고 말해도 지나치지 않을 정도로 자신을 문책하는 표현이 극도로 사용되고 있다. 선도의 『관념법문』은 "스스로 엎드려 참회하는 것이 태산이 무너지는 것과 같습니다. 땅에 뒹굴며 통곡하옵니다."라 하거나 "주야로 여섯 때 참회할 수 있나니 몸과 마음을 쉬지 않고 오체투지하여 태산이 무너지듯이 소리쳐 울며 눈물을 뿌립니다."
고 한다. 선도는 『왕생예찬』에서 약참회와 광참회를 말하고 있으며, 상중하의 3품참회를 설명하면서 참회의 모습에 대해 설명하고 있다.

참회법은 하나의 불교의례로 시행되었고 참회문 역시 일정한 문안 형식이 정착되었다. 따라서 참회의 형식화는 필연적이었다. 즉 형식에 따라 자신의 죄업을 고백하고 스스로의 죄업에 대해 자각하고 반성했던 것이다.

(2) 지옥에 떨어진다는 공포

중국에서는 상당히 이른 시기부터 지옥에 관한 경전이 번역되었다. 『출삼장기집』 권4 실역편에는 『지옥경』·『니리경』·『18니리철성니리경』·『지옥죄인중고사경』·『권고니리경』 이하 13가지의 지옥에 관한 경전을 열거하고 있다. 이들은 적어도 남북조시대에는 이미 시행되고 있었던 것들이며, 읍의邑儀 등의 불교단체를 순회하면서 관리하고 있었던 교화자들, 혹은 유력한 창도사들의 훌륭한 교재로 활용된 것으로 추정된다. 『지옥경』은 모두 지옥의 참상에 대해 묘사하고 있으며, 그곳에서 고통 받는 죄인들의 모습을 심각하게 설명하고 있다. 더구나 이러한 지옥에 떨어져 고통 받는 원인으로 현세에서의 십악, 오역, 법보를 비방하는 천제 등의 죄를 들고 있으며, 지옥고를 면하는 방법으로 개과천선의 참회, 송경, 사경, 조상, 조사탑, 재회 등의 수공덕修功德을 열거하고 있다.

따라서 이러한 『지옥경』의 보급은 자신의 죄업에 대한 자각의 계기가 되었으며, 무간지옥에 떨어져 고통 받는 죄인이 자신일 수 있다는 인식을 지니게 만들었다. 더구나 이러한 지옥의 참상이 그대로 눈앞에 그려진 지옥변상도가 나타난 것은 사람들로 하여금 가일층 지옥에 대한 공포를 느끼게 만들었고, 엄습해오는 아라한이나 악귀, 괴상한 짐승 등에 의해 밤낮으로 시달리게 만들었다.

당대에 화성畵聖으로 칭송받던 오도현은 장안의 상락방 조경공사의 삼문의 동쪽 벽에 지옥의 모습을 그렸다. 이것을 보는 사람들은 자신도 모르는 사이에 온몸의 털이 솟구쳤다 하니 이 지옥변상도가 사람들에게 얼마나 커다란 영향을 끼쳤는지 상상할 수 있다. 더구나 당시 각 사찰에 있었던 지옥변상도나 정토변상도는 당대의 유명한 화가들의 작품이었기에 그 효과는 더욱 컸을 것이다.

이처럼 지옥변상도와 정토변상도의 대비는 자신의 죄업을 그대로 보여주었고, 지옥에 떨어진다는 공포로부터 벗어나 부처님이 계시는 정토에 태어나고자 원했다. 때문에 과거의 죄업을 참회하고, 선근을 닦으려고 결심하는 등 커다란 효과를 달성할 수 있었다. 비교적 일찍 출현한 명보기冥報記나 각종의 영험기, 설화집, 왕생전 등은 지옥에 떨어진 이야기가 대부분이었는데, 이는 사람들이 자신의 죄업을 자각하게 유도하는데 매우 유효했을 것이다.

(3) 말법도래와 오탁악세

말법이 도래했다는 자각은 불교도들에게 커다란 비탄 중의 하나였다. 그렇지만 현실적으로는 어떻게 할 수가 없었다. 수나라시대의 불교도들은 당시를 확실하게 말법시대로 자각하고 있었다. 정상말의 삼시三時설에 입각한 말법사상은 남북조 말기에 들어온 것으로 추정된다.

말법이란 세상이 사악으로 가득 차 있어 정법이 없어지고 불법이 비판받으며, 사탑을 파괴하고, 세존의 등신상과 경전이 소각당하는 시대를 지칭한다. 그리하여 사람들은 간사와 위만(僞瞞) 그리고 투쟁과 살육이 넘치는 지옥 같은 세상, 아귀와 축생이 사는 세상에서 사는 것이나 다를 바 없다는 것이다.

당대에 대한 이러한 현실인식은 많은 불교사상가들을 고민하게 만들었으며, 이러한 시대적 요청에 부응하여 현실을 구제할 사상으로 등장한 것이 바로 신행의 삼계교와 도작의 정토교 등이었다. 도작은 『안락집』에서 시대(時)와 근기(機)와 무리(類)에 상응 할 수 있는 것은 미타신앙밖에 없다고 보고 정토교를 강조하였으며, 그의 제자인 선도 역시 이것에 동조하여 말법시대의 오탁중생은 일심으로 칭명염불해서 미타의 구제를 받는 방법 이외에는 없다고 단정했다. 삼계교나 정토교나 모두 사악한 중생들이 대상이며, '본래는 범부이지만 동시에 성인이 된다'고 단정하고 선근이 없고 죄업이 많은 인간들을 구제하는 것이 목적이었다.

율종의 개창조이자 불교사학의 대가였던 도선은 말법의식 아래 계율을 강조하고 있으며, 규기도 말법시대이기 때문에 미륵신앙이 필요하다고 주장했다. 모든 사람들이 죄악의 뿌리가 깊은 자기를 반성하고, 오로지 부처의 구제를 바랐던 것이다. 이러한 것들이 일반 대중 속에 뿌리 깊게 자리 잡으면서 또 다른 중국불교의 특색을 형성했던 것이다.

5) 중국인의 죽음의 관념과 불교

인간이 살아가는데 있어서 언제 어디서 누구에게나 한결같이 문제가 되는 것은 죽음이라 말할 수 있다. 죽음에 대해서는 언제나 사람들이 진지하게 접근한다. 때문에 대다수의 문화는 이것을 해결하고자 하는 노력의 표현물이라고 말해도 지나치지 않다. 특히 많은 종교는 이에 대한 해결법을 제시하고 있으며, 불로장생을 목적으로 하는 많은 의약이나 허다한 민간신앙도 죽음을 피하려는 욕구가 전제되어 있다고 말할 수 있다.

그렇다면 누구도 해결할 수 없었던 죽음에 대해 중국불교는 어떻게 접근하였을까?

(1) 천명설과 숙명설

『논어』「선진편」에서 계로가 공자에게 귀신이나 죽음에 대해 질문하게 된다. 이에 공자는 "아직 사람도 섬기지 못하거늘 어찌 귀신을 섬길 수 있겠는가?", "아직 사는 것도 알지 못하거늘 어찌 죽음을 알겠는가?"라 대답한다. 공자는 죽음의 문제에 대해서는 명확한 해결책을 제시하지 않았으며, 그보다는 삶의 문제에 무게중심을 두었다. 그러나 공자는 천명에 따르고, 천명을 아는 것이 군자의 도리라 말하고 있다는 점에서 죽음이라는 것 자체도 천명으로 받아들이고 있으며, 인력으로는 어떻게 할 수 없는 것으로 인식하고 있다. 『논어』「옹야편」에서 제자인 백우의 병상에 들러 그가 임종에 다다랐음을 알고, 제자의 손을 잡고 "이제 죽으니 운명이로구나. 이런 사람이 병에 걸리다니,

이런 사람이 병에 걸리다니!" 하며 탄식하고 있다. 이렇게 훌륭한 사람이 질병으로 죽어간다는 것은 천명이며, 어떻게 해볼 도리가 없지만 그럼에도 불구하고 유감이 아닐 수 없다는 장탄식이다. 안연의 죽음에 대해서도 "슬프구나, 하늘이 나를 버리는구나, 하늘이 나를 버리는구나!" 하고 그의 죽음을 슬퍼하며, 하늘을 원망하고 있을 뿐이다. 공자는 죽음을 천명에 따르는 것으로 인식하고 있었다. 그렇기에 죽음이란 하늘이 정한 일이며, 인력으로는 어떻게 할 수 없는 일이라 생각했다. 백우 같은 사람이 악질로 죽고, 안연 같은 사람이 젊어서 죽는 것을 천명이라 받아들이면서도 납득할 수 없기에 하늘을 원망하고 싶은 기분을 어찌할 수 없었던 것이다.

이렇듯 당시의 중국에서는 천명설과 숙명설이 일반화되어 있었다. 이러한 학설에 반론을 제기한 사람은 묵자 한 사람뿐이었다. 『묵자』의 「비명편」 상하에는 일반적인 천명설과 숙명설에 반대하는 주장이 기술되어 있다.

묵자의 주장에 따르면 천명론자의 말은 완전히 사회의 질서를 혼란케 하며, 인간의 노력을 무시하는 것이고, 위험한 언론이자 난폭한 사람들의 도리라고 공격한다. 만일 천명론자의 주장을 믿는다면 상벌도 상벌의 의미가 없이 천명이 되고, 백성들은 자효제장慈孝弟長을 무시할 것이고, 앉고 일하고, 나가고 물러남에 절도가 필요하지 않으며, 남녀의 구별조차 불필요하게 되리라고 말한다. 어느 것이나 천명이라 믿기 때문이다. 죽고 사는 문제부터 일거수일투족 모두를 천명으로 간주하고, 인간의 자유의지를 인정하지 않는 천명론자에 대해 공격하며, 세상에 커다란 해악을 끼칠 수 있다고 말한다. 물론 『묵자』의

「천지편」에서는 만물이 모두 천제天帝의 지배 아래 있으며, 빈부귀천과 길흉화복은 모두 하늘의 의지에 의해 좌우된다고 말한다. 이것은 일견 「비명편」과 모순되듯이 보이지만 그가 비난하는 것은 인간의 생활에서 자유의지와 노력을 부정하는 것에 대해서였다. 따라서 유가에서 말하는 '인사를 다하고 천명을 기다린다'고 하며, 인력을 인정하는 천명설을 상대로 삼았던 것은 아니었다.

(2) 삼세양중인과설

후한시대의 유생인 왕충의 『논형』은 「논사편」을 비롯하여 「물세편」 등에서 인간의 죽음에 대한 논설이나 인생에 대한 숙명적인 의견을 기술하고 있다. 그의 의견은 철저한 숙명설로서 어떠한 일이건 목적에 부합하는 일이며 운명이어서 인력으로는 어쩔 수 없다고 말한다. 이처럼 극단적인 운명설에 대해 동진시대에 저술된 『포박자』는 인간의 선악행위에 따라 천명이 바뀐다고 말한다. 인간의 장수와 요절은 그 사람의 행위의 여하에 따라 결정된다고 하는 탈산奪算사상은 도교의 유명한 윤리사상이다. 『포박자』의 내편 권6 미지는 "천지에 사과司過의 신이 있다. 사람이 범하는 경중에 따라서 그의 산算을 빼앗는다. 산이 감소하면 가난과 질병이 발생하고, 누누이 우환을 만나게 되며, 산이 다하면 죽게 된다."고 말한다. 즉 죽음이란 것이 천명으로 정해져 있다고 하더라도 사과신에게 산을 빼앗기고, 산이 다하면 죽게 된다고 말한다. 산算이란 3일을 의미한다. 작은 죄는 3일〔算〕이며, 큰 죄는 3백일〔紀〕을 빼앗기게 된다. 이것은 역설적으로 말해 천명에 의해 수명이 결정되어 있다고 하더라도 공덕을 잘 쌓고, 선행을 함으로 인해 죽어야 할 운명을 늘일 수가 있다고 보았던 것이다.

북제의 불교신자인 안지추의 『안씨가훈』의 「종제편」에도 죽음에 대한 문장이 나오고 있다. 죽음에 대한 문제의식을 드러낸 것이 아니고, 자신의 사후에 치러야 할 장례식, 제사 방법 등에 관한 것을 직접 지시하고 있는 유언장과 같은 것이다. 담담하게 죽음을 논하고 있는 점이 특색이다. 죽음을 자각하고, 반드시 죽을 수밖에 없는 인간을 보면서도 하등의 불안이나 공포를 느끼지 않고 있으며, 그런 점이 불교신자의 모습을 보여주는데, 죽음은 인간에게 정해져 있는 일이고, 면할 수 없는 일임을 말하고 있다. 그렇지만 죽더라도 부백復魄할 필요 없이 관의 재질을 소박하게 할 것이며, 관에 넣는 부장품 일체를 생략할 것, 무덤을 만들지 말 것, 상례도 소박하게 할 것, 친척이나 친구들도 부르지 말 것, 특히 주의할 것은 제사의 공물로 삼기 위해 살생하면 도리어 죄업을 증장하는 일이므로 만일 어버이의 은혜를 갚으려고 하거든 수시로 승려들에게 공양하고, 7월 15일 우란분재에 아귀들에게 베풀어 주라고 말하고 있다.

불교는 삼세양중인과설을 설하고 있다. 인간의 생사는 이 법칙에 따르는 것이고, 과거의 선악의 업인業因이 현재와 미래의 결과를 초래하는 것이라 말한다. 죽음도 이러한 법칙을 피할 수 없다. 죽음을 자신의 업으로 수용하고 있지만 자유의지를 부정하는 업론이 아닌 것은 물론이다. 안지추는 비교적 충실하게 불교의 근본 가르침에 입각하여 죽음을 받아들이고 있는 것이다. 그러나 「귀심편」의 살생에 대한 항목에서 "살생을 좋아하는 사람은 죽음에 임박하여 그 과보를 받으며, 자손이 재앙을 받는다."고 말하고 있는데 이는 가족주의식이 강한 유교의 영향을 보여주고 있다. 당시 일반사회에 보편적으로 믿어지던 사상으로 불교의 자인자과自因自果의 응보사상과는 다른 것인데, 이러한 점들이 중국불교가 지닌 특색이라 말할 수 있다.

송나라 시대의 불교신자인 왕일휴 거사는 『정토문』이라는 그의 저서에서 숙업의 문제에 대한 많은 사례를 보여주고 있는데 여기서도 역시 조상의 업이 가족에게 미친다는 가족제도의 윤리가 나타나고 있다. 사람의 수명은 선악의 행동에 의해 장단이 결정된다는 도교적인 사고를 부정하고, 인간의 화복은 오직 현세의 행업에 의해서만 결정되는 것이 아니라 전세의 업인이 더해진다고 기술하고 있다는 점에서 불교의 업사상에 충실하고자 하는 것을 엿볼 수 있다.

같은 송대에 나온 선도의 저작으로 알려진 『임종정념결』에서는 인명의 장단은 생시에 이미 결정되어 있는 것이어서 이것을 연장하려고 귀신에게 기도해도 소용없다고 말한다. 만일 사교를 믿어 살생하고 귀신에게 제사를 지내게 된다면 도리어 죄업이 증장하고 수명이 감소하게 된다고 말한다. 정해진 수명이 귀신의 힘으로 좌우되는 일은 없다는 것이다. 이 『임종정념결』에서 인간의 수명이 생시에 이미 결정되어 있다고 말하는 것은 숙명론인지 천명론인지 혹은 불교의 업사상에 의지한 것인지는 이것만으로 판단할 수 없다. 다만 그가 도교적인 발상, 즉 민간신앙을 거부했으며, 살생하여 희생물을 바치고 제사를 지내는 것은 도리어 불행을 초래한다고 하는 불교적 발상을 보여주는 것이다.

불교의 숙업은 어디까지나 삼세에 걸친 것이고, 유교처럼 현세만으로 인과를 설명하고 있지 않다. 그 업이 유교나 도교처럼 자기 이외의 타자의 절대적인 힘에 의해 규정되지 않고 자기의 업인에 의해 업과를 얻는 것이었다. 그 업인은 전세에도 있고, 그 이전의 과거에도 있으며, 더하여 현세의 업인도 있다. 따라서 그 과보의 시기도 순현업, 순생업, 순후업, 순부정업 등의 네 가지가 있다.『불위수가장자설업보차별경』에서도 "만일 사람들이 중죄를 짓고, 깊이 자책하여 참회하고 다시는 죄를 짓지 않으면 근본업을 뽑아내리라." 하는 것은 숙명설을 취하지 않는 하나의 사례이며, 선업이 악을 변화시킬 수 있다는 것을 보여 주는 것이다. 이런 점은 유교나 도교와도 일맥상통하는 점이 있다. 유교는 현세를 중심으로 인과를 설하고, 자신보다는 절대타자를 중심으로 논의하고 있는 데 반해, 불교는 삼세응보설의 입장에서 절대자인 창조주를 인정하지 않으며 자업자득의 이치를 설파하고 있다. 중국불교는 이와 같은 사상의 연장선상에서 발전해 왔던 것이다.

중국의 일반 서민들이 죽음의 문제와 사후의 생활에 대해 깊은 관심을 기울이게 된 것은 불교가 대중화되고 난 이후의 일이라 말할 수 있다. 현실적인 향락을 중시하던 민중이 사후를 생각하고, 미래의 일에 대해 준비하게 된 것은 그들의 정신생활 상에서 커다란 변화가 아닐 수 없었다.

양나라 보창이 저술한『경률이상』권49, 권50에 있는 지옥부 상하 2편과 당나라 도세가 편찬한『법원주림』권7 지옥부 등에는 지옥의 참상과 죄인들이 받고 있는 고통의 모습이 기술되어 있다. 이들의 모습은 모골이 송연할 정도이며, 지옥은 각각 현세의 악업의 다소에 따라 다른 모습을 지니게 되고, 현세에서 닦는 공덕은 이와 같은 지옥고를 면하게 한다고 상세하게 소개하고 있다.

육조시대부터 성행하게 된 사후의 세계를 취급하는 소설이나 수필 등의 설화문학 등과 당·송대에 많이 나오는 명계冥界의 상황이나 시왕신앙, 칠칠재의 행사 등 어느 것이나 죽음에 관한 기록이 아닌 것이 없었다. 이것을 보면 대중은 대부분 삼세양중인과를 믿으면서도 천명을 믿고, 숙명설을 믿고 있었다. 유교, 불교, 도교의 사상을 융합하여 구분 없이 믿고 있었던 것 역시 중국불교의 특징 중의 하나이다. 『송고승전』권3에 나오는 당나라 경사 대안국사 자린전을 보면, 자린은 어머니의 사후 지옥세계를 태산신인 천재왕에게 묻고, 왕에게 부리簿吏의 조사를 받고 어머니가 지옥에서 고통 받고 있다는 사실을 듣게 된다. 이에 어머니를 구출하기 위해 노력하며, 마침내 어머니를 도리천에 왕생할 수 있도록 도와준다. 그런데 여기에서 출가한 아들 자린이 당시 중국의 민간신앙인 사후의 세계를 지배하는 태산신에게 어머니를 구출해달라고 소원하고 있다는 점이 기술되어 있다.

　이는 죽음과 태산신앙이 얼마나 공고한 신앙으로 중국인들의 심성에 침투해 있었는가를 이야기하는 것임과 동시에 중국불교가 이러한 형태가 되지 않을 수 없었던 이유를 말하는 것이기도 하다. 즉 일반대중들이 불교를 이렇게 신앙하였다는 사실에 주목해야만 하는 것이다. 동시에 중국불교가 사후의 윤회전생을 설하였던 것은 현실적이고 향락적인 중국인들에게 있어서 가장 바람직한 사상이었다고 말할 수 있다. 사후에 다시 이처럼 즐거운 인간사회에 태어날 수 있다는 희망을 주었기 때문이었다. 그것을 위해서도 공덕을 쌓기에 주저하지 않았던 것이다.

6) 중국불교의 지옥관

(1) 지옥관의 발생과 전개

중국의 지옥관은 이미 위진남북조시대가 되면 매우 활발하게 전개되고 있다. 지옥에 대한 상세한 내용뿐만 아니라 죄인들이 고통을 받고 있는 모습이나 그 참상을 매우 자세하게 묘사하고 있어서 보는 사람으로 하여금 두려움과 공포를 느끼지 않을 수 없게 하였는데, 이는 죄악을 지어서는 안 된다는 권선징악의 사상을 백성들의 의식 속에 확고하게 자리 잡게 만들었다.

이러한 지옥사상에 대한 경전적 근거로『송률이상誦律異相』은『장아함경』·『누탄경』·『문지옥경』·『정토삼매경』·『관불삼매경』·『대지도론략』등을 들고 있다. 동진시대에 불타야사와 축불념이 공역한『장아함경』은 권19에「지옥품」을, 서진의 법립과 법거가 공역한『누탄경』은 권2에「니리품」을, 동진의 각현이 번역한『관불삼매경』은 권5에서 지옥을 설명하고 있으며,『정토삼매경』과『문지옥경』은 현존하지 않지만 당시에 유행했던 경인 듯하다.

또 당나라 도세道世의『법원주림』권7에도 지옥부가 있으며,『제경요집』권18에도 지옥부가 있다. 이 책에는 많은 경전에서 지옥 관련 내용을 소개하고 있는데, 등장하는 지옥경전을 살펴보면 앞에서 이야기한『경률이상』에서 인용한 것 외에도 후한 안세고가 번역한『죄업응보교화지옥경』, 북량 부타발타가 번역한『아비담비바사론』, 동진 승가제바가 번역한『삼법도론』, 오의 강승회가 번역한『구잡비유경』, 북위 반야류지가 번역한『정법염처경』, 당나라 현장이 번역한『비바사론』·『지장십륜경』, 역자 미상의 『나선비구경』 등이 있다. 대부분이 남북조 이전에 번역된 책들이지만 당나라 때 새롭게 번역된 지옥경전도 인용되고 있다.

지옥경전의 등장은 사람들의 뇌리에 지옥에 관한 깊은 인상을 심어주게 되었다. 따라서 위에 소개한 경전뿐만 아니라 많은 지옥경전들이 번역되었는데, 불경 번역 초기 인물인 후한 안세고 역시 『죄업응보교화지옥경』·『18니리경』·『귀문목련경』·『분별선악소기경』·『불설모의경』 등을 번역했다. 또 양나라 승우의 『출삼장기집』 권4의 실역잡경부에도 『철성니리경』·『근고니리경』·『18니리경』·『4니리경』·『지옥경』·『지옥중생상해경』·『지옥죄인중고경』 등 21종의 지옥경전이 나열되어 있는 것을 보더라도 지옥경전의 성황을 알 수 있다.

아함경전의 각종 경전에 등장하는 지옥부나 『정법념경』을 비롯한 앞에 소개한 역경가들의 경전을 살펴보더라도 남북조시대에 이미 거의 모든 종류의 지옥경전이 소개되었던 것이다. 여기에 더하여 당나라의 역경가인 현장이나 밀교승인 불공 등에 의해 많은 지옥경전이 번역되었다. 스타인이 정리한 돈황문서 중에서도 『불설죄업보응교화지옥경참』 이하 50종을 헤아리는 지옥경전이 나온다. 이들을 보더라도 중국사회는 지옥사상으로 뒤덮여 있었다고 해도 과언이 아니다. 그리고 이러한 사회현상의 이면에는 사후 지옥에 떨어질 수 있다는 공포를 느끼게 함으로써 사람들을 규율하고자 했던 사회윤리적인 의도가 전제되었다고 볼 수 있다. 많은 사람들이 지옥에서 벗어나고자 하는 마음을 지니게 되었으며, 정토교의 융성과 연계되어 지옥사상은 점점 확대 유포되었고, 마침내 중국 사람들의 뇌리에는 염라대왕이나 악귀 등의 모습이 각인되기에 이르렀다.

(2) 중국 전통사상과의 융합

그렇다면 불교의 지옥사상은 중국 고유의 명계冥界사상과 어떠한 관계를 유지하게 되었을까? 처음 불교의 지옥사상이나 사후의 생활을 삼세인과나 육도윤회사상과 연결시켜 일반사회의 대중들에게 보급시킨 사람들은 다름 아닌 불교의 전문 교화승들이었을 것이다. 창도사, 속강승, 화속법사, 설법사, 유행승, 읍사, 사승 등으로 불리는 이들의 전문적인 포교에 의하여 지옥경전은 다양하게 포장되어 설명되었다.

지옥사상을 대중화시키는 데 공헌한 것은 지옥의 변상도였다. 최근 그 전모를 드러내고 있는 돈황문서 중의 변문變文류는 그러한 흐름을 잘 보여준다. 지옥변상도는 사원의 벽화로서 정토변상도나 기타 변상도와 함께 흔하게 그려졌다. 더구나 이 변상도가 단순한 벽화에 그치지 않고 괘도掛圖로 제작되어, 설명문인 변문과 함께 교화승들의 설법자료가 되었다는 점을 주목해야만 한다. 변문 중에서 목련변문은 『우란분경』에서 발전된 것이며, 『목련명간구모변문』은 제목에서 알 수 있듯이 목련존자가 지옥을 순례하며 지옥의 비참한 모습을 목격하고 어머니를 구제한다는 내용이다.

『역대명화기』는 당나라시대의 화성畵聖으로 칭송받았던 오도현의 지옥도가 보는 사람들로 하여금 전율을 느끼게 만들었다고 기술하고 있는데, 이는 변문이나 변상도가 얼마나 민중의 인기를 끌고 있었던가를 보여주는 대목이다. 이들이 송대 이후에는 와당, 집의 난간, 이야기,

설교 등 일상적인 생활 속으로 진출하여 대중들의 연극이나 희극, 창가 등의 자료로 활용되게 되었다. 또한 소설의 발전과 함께 사후의 문제와 지옥에 대한 많은 관심을 불러일으켰는데, 한편으로는 몇몇 문제를 발생시키기도 했다.

(3) 지옥사상의 대중화

지옥사상은 시간의 흐름과 함께 소설이나 설화문학, 영험전, 시나 희극에 용해되어 사람들의 뇌리에 강하게 자리 잡았다. 그렇다면 이렇듯 지옥의 공포를 일반사회에 각인시킬 수밖에 없었던 사회문화적 배경은 무엇이었을까?

그 핵심적인 이유는 유교의 효의 윤리에 대응하기 위한 필요성이라 말할 수 있다. 즉 불효는 지옥에 떨어지는 원인이 됨을 강조함으로써 일반대중들에게 효행을 유발하고자 했던 것이다. 유교적 가치관에 입각해 보면 불효는 대역죄에 해당한다고 말할 수 있다. 불교가 중국에 전래된 초기에 유생들이 불교를 공격하는 이유 중의 하나가 불효였다는 점에서 지옥사상과 불효를 교묘하게 연결시켰던 것이다. 예컨대 정토교의 선도善導는 『반주찬』이나 『관념법문』 등의 저서에서 불효는 지옥에 떨어지는 원인이라 역설하였으며, 『무량수경』 또한 부모에게 효도하는 것이 왕생의 원인이라 말하였기에 일반대중들의 호응을 받기에 충분했다고 말할 수 있다. 지옥세계에 태어나는 원인으로 불효를 비롯한 5악10악의 행업, 즉 살생, 투도, 사음, 망어, 음주 등의 5악을 부정하는 5계를 가지고 유교의 5상의 윤리에 견주려고 했던 대응책이었던 것이다.

이러한 모습은 삼세인과응보설과 육도윤회설에 의지하는 불교가 이질적 문화인 유교나 도교를 사회적 기반으로 삼고 있던 중국에 어떻게 수용되었는가를 알려주기에 충분하다. 권선징악의 지옥사상은 효 윤리와 결합하여 빈부귀천을 막론하고 상하존비의 차별이 없이 모두 평등하게 적용되었기 때문에 서민계급, 피압박자계급, 위정자, 지배자, 권력자 모두에게 반발을 일으키지 않았으며, 오히려 지옥의 공포로부터 벗어나기 위해 선근을 닦아 안락국토에 가길 원하여 불사에 더욱 전념케 하는 원인이 되었다. 염불에 의해 정토에 왕생하고 안락을 얻는다고 가르치는 정토교는 당시의 사람들에게 환영받지 않을 수 없었다. 중국에서 정토교가 융성하게 되는 이면에는 지옥에 대한 공포에서 벗어나고자 하는 심리적인 요인이 있었던 것이다.

　반면에 지옥에 떨어져 고통 받는 사람들을 구제하려는 시도도 나타나게 되었다. 많은 설화문학이나 영험전, 명보기冥報記 등에 의해 알 수 있듯이 중음中陰의 행사, 기일忌日, 연기年忌 등의 불교행사는 바로 지옥에 떨어진 사람들이나 지옥에서 고통 받고 있는 사람들, 혹은 지옥에 떨어질 사람들을 구제하기 위한 행사였다. 이러한 생각들은 중국 전래의 조상숭배사상과 밀접한 상관성을 지니고 발전하였다. 특히 현세의 사람들이 각종 공덕을 쌓아서 죽은 자에게 회향하면 그 공덕으로 죽은 자의 혼령이 지옥을 벗어나 극락에 왕생할 수 있다는 사고도 일반화되었다. 이러한 사고는 불교의 자업자득의 인과율에 모순되는 것이었음에도 불구하고 삼세양중인과설에 의거하여 대중화되기에 이르렀다.

　따라서 기일이나 연기에 죽은 자들을 지옥으로부터 탈출시키기 위해 승려들을 초청하여 독경법회를 시행하게 되었다. 죽은 지 49일 동안에는 아직 재생처를 결정하지 않고 중음으로 존재하기 때문에 그 사이에 지옥으로 떨어지는 것을 방지하기 위해 유족들은 칠일마다 복을 닦고, 그 공덕을 죽은 자에게 회향하는 것이 중음사상인데, 이것은 칠칠재로 불리며 엄중하고 성대하게 시행되었다.

 나아가 칠칠재는 예수칠재豫修七齋의 행사로까지 발전하여 그것이 도교의 명계사상과 융합되어 시왕十王 심판의 신앙이 되고, 시왕재가 되어 유행하게 된다. 도교에서는 명부가 태산이며, 이 태산신이 죽은 사람의 운명을 담당하고 있다. 고대부터 중국은 태산신앙이 죽음과 깊은 관계를 지니면서 발전해 왔으나 불교가 대중화되면서 불교의 지옥사상과 융합되어 중국의 독자적인 지옥사상이 탄생하였다. 그리고 이러한 행사는 바로 사후의 운명을 결정하는 중대한 일로서, 특히 부모가 사망했을 때에는 효와 불효를 판단하는 문제와 연결되어 중국불교에서 가장 중대한 문제가 되었다. 각 가정의 제사나 중요한 불사가 되었던 우란분재, 수륙재, 시아귀施餓鬼의 행사는 모두 지옥사상과 연관되어 발전한 것이며, 이들의 배경에 중국 고유의 효사상이 자리잡고 있다는 것이 중국불교의 특색이 되었다.

3. 불교와 도교의 대립과 갈등

1) 도교 개관

중국인의 입장에서 본다면 불교는 외래 종교의 하나일 뿐이다. 불교가 중국에 들어온 이래 불교는 중국 고대의 경제, 정치, 전통사상과 문화의 영향을 받아 중국 토착화의 과정을 겪게 된다. 이러한 정황은 결코 중국불교의 발전 과정에서만 볼 수 있는 것은 아니다. 어느 정도는 세계문화교류사상 일어날 수 있는 일종의 규칙성을 띠는 사건이기도 하다. 예컨대 외래문화가 다른 지역이나 이민족 국가에서 발전하거나 토착화하기 위해서는 그 지역의 시간적, 공간적 역사의 조건을 수용하지 않을 수 없으며, 그렇기에 일정 정도 해당 국가나 민족의 특색을 포용하게 되는 것이다. 동시에 그들 속에 용해된 특색은 기존의 것과 차이점을 드러내기도 한다.

　이러한 문화적 속성을 고려한다면 문화의 유입과 발전은 그것이 전래 이후에 변화했는가, 변화하지 않았는가 하는 점에 주안점이 있는 것이 아니라 그것이 토착문화와 어떠한 관계 아래 변했는가를 살피는 일인 것이다. 불교 역시 마찬가지다. 불교가 중국화 과정에서 찾아야 하는 필연성은 다름 아닌 중국문화와 어떠한 유기적 관계 속에서 중국화 되었는가를 살펴야 하는 것이다.

불교가 어떻게 중국화 되었는가를 논의하려면 무엇보다 먼저 도교와의 상호관계를 고찰할 수밖에 없다. 이는 두 사상은 종교적 체계를 갖추고 있는 거대한 조직일 뿐만 아니라, 불교가 전래 초기에 도교의 선구사상인 신선방술과 노장사상의 심대한 영향을 받게 된다는 점 때문이다. 나아가 불교의 발전 전체과정 속에서도 도교와 풀 수 없는 인연을 갖게 되기 때문이다.

도교는 중국 한족문화에서 발생하여 성장한 종교이다. 동한 순제(125~144) 연간에 생겼으므로 이미 1천8백여 년의 역사를 지니고 있다. 도교는 중국 고대의 전통신앙, 즉 미신 방술과 민속의 기초 위에서 점차 형성되었는데, 사상의 내용으로 보면 고대의 귀신숭배, 신선방술과 진한시대의 황로학설에서 유래되었다.

세계의 허다한 고대 민족과 마찬가지로 중국 고대에도 귀신을 숭배하는 풍속이 성행했다. 기록에 따르면 은나라 상나라의 통치자들은 모두 귀신을 숭배했다. 군사문제나 국가의 대사는 모두 귀신의 명령을 들으려고 노력했다. 이때 사람과 귀신을 연결하는 가교, 즉 귀신의 이야기를 대표하는 것은 '무축사(巫祝史=무당)'로 불리는 사제자들이었다. 무축사들은 점복 등 무술이나 신령에게 기도하는 일을 통해 길흉이나 양재禳災, 화복 등의 일을 예언했다. 신령에 의지하는 것은 은대의 사회생활 중에서는 중요한 일이었다. 주나라 시대가 되면 점차 발전하여 천신天神, 인귀人鬼, 지지地祇의 귀신체계가 형성된다. 이러한 귀신관념은 후대에 도교가 계승하게 되며, 도교의 다신숭배의 연원이 된다.

도교의 또 다른 사상적 연원은 신선방술이다. 전국시대 연나라와 제나라에는 한꺼번에 많은 신선방술사들이 출현한다. 이들은 신선이 되는 비방을 알고 있다고 자칭하면서 연단술이나 연단약을 조제했으며, 선단仙丹과 선약仙藥을 복용하면 하늘을 날 수 있고 신선이 된다고 선전했다. 『장자』 내편 「소요유」에는 많은 곳에서 '구름의 기운을 타고 날아다니는 용을 제어한다.'고 기술하고 있다. 이들 신선은 '불속에서도 열기를 느끼지 않고', '찬 곳에서도 추위를 느끼지 않는다', '구름 기운을 타고, 해와 달을 타며, 4해의 바깥에서 노닐며, 생사도 없고 변화도 없다'는 신인神人 내지 지인至人이었다. 처음에 방사들은 신선이 되는 비술을 중시했지만 체계적인 이론은 없었다. 제나라 사람인 추연鄒衍이 창안한 음양오행설 이후 방사들은 방술과 음양오행설을 결합하여 『사기』 「봉선서」에서 지칭하는 '방선도'와 『한서』 「예문지」에서 기술하고 있는 '신선가'를 만들게 된다. 도교의 신선신앙과 수련하여 신선이 되는 사상이 등장한 것은 이처럼 후대의 일이었다.

도교와 도가의 상호관계는 비단 오늘뿐만 아니라 고대에도 역시 분간하기 어려울 정도로 혼재된 양상을 보이고 있다. 그 원인을 규명하자면 주요한 것은 두 가지 이유로 정리할 수 있다. 첫째는 '도가의 근원은 노자에서 나왔다'는 점이다. 도교 역시 노자를 교주로 받들고 있다. 이로 인해 양자는 늘 한 가지로 오인하게 된다. 그러나 실제로는 도가사상이 도교에 대해 중요한 영향을 준 것은 사실이지만 도가와 도교는 동일한 것이 아니란 점이다. 서한 원년에 통치자는 황로학의 '청정무위淸靜無爲'의 사상으로 세상을 다스렸으며, 이로 인해 황로학은 크게 부흥했다. 본래 황로학과 신선가들의 말은 매우 다른 것이었다. 황로학이 철학사상이라면 신선가는 미신방술이었다. 다만 한대의 신선가들은 유교에서 공자를 신격화하는 것에 영향을 받아 다시 신선방술과 황로학을 결합하며 처음에는 황제黃帝를 숭앙하다가 이어서 노자를 받들게 되었다. 그리고 최후에 노자를 비조로 삼아 유교나 불교와 병립하며 황로도黃老道를 만들게 된다. 이 황로도가 바로 도교의 전신이다. 뒷날의 도교는 항상 노자의 5천문(『도덕경』)으로 경전을 삼고, 노자의 학설로 전거를 삼아 도교의 교의와 사상을 내세우게 된다.

도교가 조직적인 독립 종교가 된 것은 동한시대의 장릉이 '오두미도'를 창립한 이후의 일이다. 동한시대 도교의 또 한 유파는 장각이 창립한 '태평도'로, 태평도의 흥망성쇠는 황건군과 밀접하게 연관되어 있다. 황건군의 발전에 따라 널리 전파되었으며, 뒤에는 역시 황건군의 실패로 인해 치명적인 타격을 받게 된다. 따라서 민중 사이에서 비밀스럽게 유전되었다.

도교는 위진남북조시기에 비교적 커다란 발전을 한다. 동진시기의 갈홍은 신선방술의 시각에서 도교를 발전시켰고, 도교의 단정丹鼎이라는 하나의 체계를 창립했다. 대표적인 저작으로 『포박자』가 있다. 『포박자』는 신선방약, 괴이한 변화, 양생연수, 양사거화 등을 거론하는 도가에 속하는 내편과 인간의 득실, 세상사의 여부를 말하는 유가에 속하는 외편으로 이뤄진, 유교와 도교를 융합하고 있는 책이다. 신선방약의 사상적 측면에서 갈홍은 금단경거金丹輕擧를 숭상했으며 약물에 의거한 양생을 주장했다. 탄단呑丹의 수련과정을 거쳐 도를 얻은 뒤에는 사람의 몸은 죽지 않고 신선세계에 올라갈 수 있다고 생각했던 것이다.

갈홍과 동일한 시기에 천사도는 중국의 강동지방에서 성행하며, 점차 교리적인 방면에도 발전하여 전후로 상청上淸, 영보靈寶, 삼황삼지三皇三支의 경법이 성립되었다. 이 삼지경법은 남조의 유송시대에 이르러 육수정에 의해 하나의 유파로 통합되며, 후대의 도홍경이 더욱 발전시켜 도교경전의 계통을 형성하게 된다. 역사에서 '남천사도'로 지칭되는 것이 이것이다.

남북조시기 도교는 북위의 구겸지가 '오두미도'를 개혁하여 '북천사도'를 창립한 뒤로부터 최대 발전을 이룬다. 구겸지는 원래 북위 숭악의 도사였으나, 태상노군에게 천사의 지위를 부여받았다고 자칭하며 도교의 개혁을 명하여 도교를 정돈했다. 그는 "세 장씨의 거짓 법술과 조미전세租米錢稅, 그리고 남녀가 기를 합하는 방술"을 제거하고, "오직 예배와 구도로 으뜸을 삼고, 거기에 복식服食과 폐련閉練를 더하는 것"으로 개혁했다. 도교에 대한 구겸지의 이러한 개혁은 원래 민간에 의지하던 종교인 도교를 관변종교, 어용종교로 변모시켰다. 여기에 더하여 그는 도교의 폐단을 확실하게 제거하고, 수많은 과의科儀를 새로 만들었다. 때문에 스스로 '도업의 위대한 실천'이라 말했다.

당송 이후 남북 천사도는 점차 상청, 영보 등 도교의 여러 유파와 합류하여 부록을 강의하는 것을 주축으로 삼는 '정일도'로 변신한다.

사상적 측면에서 말하자면 정일도는 귀신을 숭배하는 것이 요체이며, 부적을 그리고 주문을 외우며 귀신을 쫓아내거나 요귀를 굴복시키는 것, 즉 양재초복이 핵심이다.

정일도와 달리 당송 이후 도교의 다른 일대 파벌이 '전진도'이다. 이들은 부록, 주술, 유·불·도 삼교합일의 제창 등을 배척했으며, 식심견성識心見性의 내면 수련을 진실한 공덕으로 중시했다. 전진도는 당송 이후 가장 중요한 도교의 유파인데, 그 사상은 불교의 심대한 영향을 받는다.

중국의 도교는 연원이 유구하며 파벌이 매우 많지만, 동일하게 도교가 될 수 있었던 것은 공동의 신앙적 특징이 있기 때문이었다. 도교의 기본신앙은 도道이다. 이 도는 도교가 받드는 경전인 노자의 『도덕경』에서 유래한 것이며, 그래서 그들은 이것을 종교의 각도에서 노자가 말한 도를 이해하고 해석하려고 했다. 도를 우주만물의 본원, 즉 '조화의 근본이며, 신명神明의 바탕이자 천지의 본원'이며 "만상은 여기서 생기고, 오행은 여기서 이루어진다."고 말하게 되었다. 동시에 도는 항상 '신령하나 본성을 지니고 있는', '신이한 물건', 즉 신령함으로 묘사하게 된다. 도교에서 숭상한 최고의 신인 '삼청존신三淸尊神' 역시 도의 인격화이다. 『도덕경』의 "도는 하나에서 생기며, 하나는 둘을 낳고, 둘은 셋을 낳으며, 셋은 만물을 낳는다."는 사상에 의거하여 도교에서는 도를 '홍원洪元, 혼원混元, 태초太初'의 세 가지 다른 세상, 세 가지의 시대, 나아가 '삼청존신'으로 변화시켰다. '원시천존元始天尊'은 손에 둥근 구슬을 잡고 있는데 '홍원'을 상징하며, '영보천존靈寶天尊'은 감리광확도坎離匡廓圖를 끌어안고 있는데 '혼원'을 상징한다.

'도덕천존道德天尊'은 부채를 지니고 있는데 '태초'를 상징한다. 이처럼 도교는 도를 신앙하는 데서 한 걸음 더 나아가 '삼청존신'을 숭배하는 것으로 변하게 된다.

도교의 최종 목표는 득도하여 신선이 되는 것이다. 이른바 득도를 도교에선 '덕德을 얻는 것'이라 말하는데, 이것은 도과道果를 얻는다는 의미'(『자연경』)라고 해석한다. 또한 도에 나아가는 것이 나에게 있음을 덕이라 말하며, 여기서 덕이란 득도가 된다. 이것은 분명히 『도덕경』에서 유래한 것이다. 도교는 수도의 과정을 거쳐 사람들이 근본으로 돌아가 도와 합일할 수 있다고 인식한다. 도와 합일한다면 바로 신선이 될 수 있는 것이다. 도교에서 말하는 신선은 영혼이 항상 존재하는 것을 가리킬 뿐만 아니라 육체의 영생도 가리키는 것이다. 이것 때문에 장생구시長生久視, 전성보진全性保眞이 도교의 기본교의가 될 수 있는 것이다.

어떻게 수도해야만 비로소 도과를 얻을 수 있고, 신선이 될 수 있는 것인가? 도교의 다양한 유파들은 각각의 독특한 수양방법을 지니고 있다. 대체적으로 말하자면 단정파인 전진도는 내면의 수련과 연양을 거쳐 장생구시할 수 있다고 생각한다. 부록파인 정일도는 부록과 주문, 과의 재초 등을 믿어서 양재초복할 수 있다고 생각한다.

구체적인 수양방법을 살펴보자면, 도교는 일정한 계통의 도공道功과 도술이 있다. 도공은 심성과 정신을 수양하는 내면적인 공부이다. 예컨대 청정하고 조용함, 욕심을 적게 함, 마음 비우기〔息虛〕, 좌망, 수일, 포박, 양성, 존사存思 등이다. 도술은 목숨을 닦아서 근본을 단단하게 하는 구체적인 방술이다. 예컨대 토납吐納, 도인導引, 복기服

氣, 태식胎息, 벽곡辟谷, 신단神丹, 약용복식, 부록재초 등이다.

종교적인 측면에서 도교는 다신교에 해당한다. 도교에는 허다한 신들이 존재한다. 그들은 각각 다른 세계에 나누어 존재한다. 예컨대 최고의 인격신으로 받들어지는 삼청존신은 바로 대라천大羅天의 삼청경三淸境에 차례대로 존재한다. 이 이외에도 4범梵 3계界 32천天이 있다. 각 세계에는 모두 천신이 있어서 그 세계를 주재하며, 동시에 무수한 보조신들이 있다. 천신 이외에 지신이 있다. 예컨대 성황, 토지, 조왕신, 문신門神 등이다. 천신과 지신 이외에 인귀人鬼와 조상신이 있는데 숫자가 많아서 헤아릴 수 없다.

각종의 귀신 이외에도 여러 가지의 신선이 있다. 신선과 귀신은 각각 차이가 있다. 귀신은 대부분 집정執政이나 관리하는 일에 소속된다. 인간 세상의 제왕이나 장군, 재상, 관료 등과 같다. 신선은 대부분 한가한 사람에 속한다. 구체적으로 말하자면 세상의 명사나 은거인 등이다. 신선에는 또한 하늘에 사는 천선, 땅에 사는 지선, 한가하게 여유 자작하는 산선의 구분이 있다. 천선은 천계에 거주하며, 지선은 사람들 사이에 살고, 산선은 바람처럼 일정하지가 않다. 수많은 신선들을 위해 도교에서는 피안의 세계를 다채롭게 묘사하게 된다.

도교의 사상내용, 역사발전과 신앙체계에서 보자면 도교에는 고원하거나 현묘한 이론은 없으며, 대부분 중국전통 속에서 기인한 것들이다. 그렇기 때문에 역설적으로 도교는 중국적인 특색을 드러낼 수 있는 것이다. 중국 근대의 위대한 사상가 중의 한명인 루신은 일찍이 "중국의 밑바닥에는 온전히 도교가 있다.…… 이러한 생각으로 역사를 보면 대부분의 문제들을 어렵지 않게 이해할 수 있다.", "사람들은 왕왕 화상과 비구니, 회교도, 예수교인 등을 미워하지만 도사를 미워하진 않는다. 이러한 이치를 깨우친 자는 중국의 태반을 이해한 것이다." (『루신전집』 제9권)고 말했다. 실제로 도교는 중국 땅에서 생겨나 성장한 종교이며, 그렇기에 중국 전통문화의 중요한 일부분이다. 불교와 도교의 상호관계를 연구하는 것은 사실 외래종교와 전통문화의 상호관계를 검토하는 것이 될 수밖에 없는 이유가 여기에 있다.

2) 도교의 성립

후한 말기부터 삼국시대에 걸쳐서 불교교단은 종교집단으로서의 조직을 갖추게 된다. 불교교단이 종교집단으로서의 조직을 정비하면서 출가사문들이 중심이 되어 교단을 지도했으며, 주변에는 재가신자들이 포진하였고, 마침내는 교단의 운영규칙이 정비되기에 이르렀다. 신앙의 대상인 불상이 출현하고 종교의례의 집행 장소인 사원의 원형이 골격을 갖추게 되었다. 종교의례로써 경전의 독송이나 향을 사르는 것 등의 종교행위가 시행되기에 이르자 불교의 영향을 받고 있었던 신선가들도 종교집단을 형성하게 되었다. 장릉張陵 일파를 추종하는 오두미도五斗米道는 이러한 사회적 풍조에 따라 점차 종교결사로서의 조직을 정비하였는데, 황건적들이 이것을 이용하여 도당을 규합하였다. 도교의 성립에는 도가, 신선, 음양오행, 역易, 방술, 점복, 참위설 등 다양한 요소들이 복합적으로 융합되어 있었지만, 불교교단의 체제 완성과 의례의 보급 등으로 인한 자극도 간과할 수 없는 요소였다. 따라서 도교의 성립과 불교의 상관성에 대해 살펴보는 것은 중국불교는 물론 도교를 이해하는데 중요한 일이 아닐 수 없다.

　도교의 기원은 후한 말기에 일어난 태평도와 오두미도에서 찾을 수 있다. 태평도는 후한 말에 간길干吉이 창시한 것이다. 간길이 뜻밖에 얻게 된 『태평청령서太平淸領書』는 후세에 『태평경』이란 이름으로 불리는데, 태평도란 이름도 『태평청령서』에 의거하고 있다. 간길의 제자인 궁숭宮嵩은 이 책을 후한의 순제順帝 때에 궁중에 헌납했다. 또한 연희 9년인 199년에 양해襄楷가 이 책을 환제에게 봉정하고 있다. 이후 황건적의 우두머리인 장각張角에 의해 태평도라는 신앙결사체로 발전하며, 오두미도와 함께 후한 말기에 발생하는 사회혼란의 한쪽 날개를 담당하게 된다.

　태평도의 개창자인 간길의 전기는 명확하지 않지만 낭사琅邪 출신으로 알려져 있다. 『삼국지』권46의 「손책전」에 인용된 강표전江表傳에 따르면, 도사 간길은 처음에 동방에 살고 있었지만 오회吳會에 왕래하면서 정사를 세워서 향을 사르고 도술에 관한 책을 읽고 부수符水를 제작하여 병을 치료했기 때문에 오회의 사람들이 그를 스승으로 섬겼다고 한다. 손책은 교주자사인 장진이 한족의 법률을 폐지하고 두건을 머리에 쓰고, 비파를 울리면서 향을 사르고, 도술에 관한 책을 읽었다고 전한다. 장진에게도 태평도의 영향이 있었던 것으로 추정되는 기록이다.

　간길의 『태평청령서』에 의거해서 종교단체인 태평도를 개창한 사람은 장각이다. 장각은 스스로 매우 어진 스승이란 의미에서 대현량사大賢良師라 칭하였으며, 황로도를 섬기며 제자를 양성했다. 치병을 위주로 한 현세이익적인 종교결사였기에 병자들에게 호응이 좋았다. 신 앞에 무릎을 꿇고 절하며 자신이 범한 잘못을 참회 고백하게 하며, 부수符水를 마시게 하고, 신령한 주문을 외워 신의 가피를 기원했다.

　태평도의 조직은 확실하진 않지만 장각이 자신의 제자 8명을 사방으로 파견하여 선도善道로 천하를 교화하여 십여 년 사이에 그 무리가 수십만에 달했다. 이들은 청주, 서주, 형주 등 8주의 나라들을 연결하고 신도들을 36방의 군대 조직으로 편성하여 한꺼번에 일어났다고 한다. 방方이란 장군의 호칭을 말하며, 대방大方은 일만여 명, 소방은 육칠천 명으로 이루어진 집단이었다. 각 지방에 신도 집단이 있고, 신도들을 지도하기 위한 스승이 있었다. 신도들은 노란 수건을 써서 표식으로 삼았기 때문에 사람들은 황건적 혹은 아적蛾賊이라 지칭했다. 황건적은 사람을 죽여 하늘에 제사 지냈으며 장각은 천공장군, 동생인 장보와 장량은 지공장군, 인공장군으로 불렸다. 관공서를 불사르고 마을을 약탈하여 천하를 소란케 했다. 태평도는 단기간에 그 모습을 감추게 되었지만 그 교법의 일부는 오두미도에 흡수되었다.

　오두미도는 후한의 장릉張陵에 의해 시작되었다고 한다. 장릉은 후한의 환제시대에 지금의 강소성 풍현에 속하는 패국의 풍豊에서 태어나 두루 오경에 박통했다. 만년에 장생불사의 도를 배우고, 금단金丹을 얻으려고 곡명산에 들어가 도서道書 24편을 저술했다. 장릉의 교법은 명확하지 않지만 병자들에게 주술적인 치료를 베풀고, 치유된 사람들에게서 일정한 분량의 곡물, 즉 다섯 말의 쌀을 사례로 받았기 때문에 오두미도 혹은 미적米賊이라 불렀다. 장릉은 천사로도 지칭되었기에 오두미도를 천사도로도 불렀다.

장릉의 가르침은 명확하지 않지만 손자인 장로에 의해 크게 발전했다. 개조인 장릉이 죽자 아들인 장형(장수라고도 함)이 오두미도를 이끌었으며, 이어서 손자인 장로가 대를 계승했는데, 장릉을 천사天師, 장형을 사사嗣師, 장로를 손사孫師라 불렀다. 장로는 익주태수 유언의 부하였지만 뒤에 독립하여 한중에 터전을 잡았다. 이래 30여 년간 귀도鬼道로써 백성을 교화했다. 교단조직은 교주인 사군師君을 정점으로 치두, 대제주, 도강제주, 제주, 간령, 귀리혹은 귀졸라는 계급제도로 운영되었다. 처음 입문한 사람을 귀졸이라 하고, 신도를 간령, 제주라 불렀다. 졸卒이나 영令이라 부른 것은 신의 지배를 지상의 관료조직에 준하여 불렀기 때문이다. 제주祭酒는 원래 한나라의 학관學官의 명칭이었지만 뒤에는 군현에 속하는 관료의 직명이 되었으며, 보통 존칭의 의미로도 사용되고 있었다. 장로인 제주는 입도자入道者에게 노자의 『도덕경』을 암송하여 익히도록 했으며, 제주 중에는 보통의 제주보다 상위의 종교적 직능을 담당하는 도강제주나 대제주가 있었다.

태평도와 오두미도는 치병이 종교적 구제의 기본이었다. 더구나 병의 원인을 그 사람이 범한 죄과에서 찾았으며, 이 잘못을 참회하고 고백하여 신에게 기원함으로써 병을 치유할 수 있다고 했다. 치병을 중심에 두었던 개인의 현실적인 구제, 현세이익이 이들 종교의 근본이었던 것이다.

후한 말기에 태평도나 오두미도 등의 종교 결사단체가 급속하게 발전했던 이면에는 후한 말부터 삼국시대에 걸쳐 전개되는 정치적, 사회적 혼란이 커다란 영향을 주었을 것이다. 이들 교단을 구성하고 있었던 신도들은 대부분이 궁핍한 농민들로 특히 떠돌이 농민들이 대다수를 차지하고 있었다. 후한의 중기 이후는 외척과 환관이 대립하는 정치적 혼란으로 지방의 호족세력이 점점 그 세력을 확대하던 때였다. 점증하는 호족의 권력에 대해 가난한 농민들은 대항할 수단도 없었으며, 더하여 천재지변에 의한 기근은 농민들의 생활을 극도로 궁핍하게 만들었다. 이러한 사회적 혼란을 배경으로 태평도는 농민들을 규합하여 황건적의 반란을 일으켰던 것이다.

3) 원시도교와 불교

오두미도나 태평도가 성립할 시기에 불교는 이미 중국에 전파되어 있었다. 따라서 어떤 형태로든 영향을 주고받았을 것이라 생각할 수 있다. 이들을 몇 가지로 정리하여 보기로 한다.

첫째, 오두미도의 의사義舍가 있다. 『삼국지』 권8 「장로전」 중에 "여러 제주들이 모두 의사를 만드는 것이 지금의 정전停傳과 같다. 또한 의미육義米肉을 만들어 의사에 걸어둔다. (그러면) 길을 가는 자들이 자신의 배를 헤아려서 만족함을 취한다. 만약 과다하다면 귀도가 오직 이 사람을 아프게 한다."고 말한다. 또한 『전략』에서는 "의사를 만들고, 미육을 그 안에 두어서 길가는 사람을 멈추게 한다."고 보고 있다. 이상에서 말하는 의사란 공공의 대중에게 제공되는 가옥이다. 의미나 의육은 공공의 대중에게 제공되는 쌀과 고기를 말한다. 길을 가는 사람은 이 의육이나 의미를 적당한 분량만 먹을 수 있다. 만일 과다하게 먹으면 병이 되기 때문에 자제하도록 하지 않으면 안 되었다. 이러한 의미나 의육은 신도들에게 보시 받은 것이라 볼 수 있으며, 이 의미나 의육을 민중에게 제공한다는 발상은 불교의 보시에서 모방한 것으로 보인다. 이미 훨씬 이전에 불교에서는 착용이 사찰을 만들고 먹는 것을 베푸는 시식施食을 거행했다는 기록이 남아 있다.

둘째, 태평도의 간길이 행했다는 소향燒香이 있다. 「강표전」(『후한서』권30하)에 "정사를 세워 향을 사르고 도서를 읽었으며, 부수를 만들어서 병을 치료했다."는 기록이 있다. 여기서 말하는 정사는 사찰의 다른 이름이다. 향을 사른다는 것〔燒香〕은 일종의 종교의례인데 이것이 과연 불교에서 전래된 것인지는 단언할 수 없다. 분명한 것은 불교가 전래되기 이전의 중국 고래의 전통에서는 소향의 전통을 찾을 수 없다는 점이다. 이후 불교가 전래되자 향을 사르는 것이 민간 속에 퍼지게 되었으며, 이것을 간길이 수용한 것으로 추측하는 것이다.

향을 사르는 의식을 불교에서는 행향(行香)이라 불렀다는 기록이 송나라 찬영 스님이 저술한 『대송승사략』에 나온다. 찬영은 행향에 대해 "향이란 더러움을 제거하고 향내를 흘려서 사람들로 하여금 즐겁게 냄새 맡게 하는 것이다. 원래 주나라 사람들은 향취를 숭상했는데 그것은 서역 사람들이 향을 중시하는 것과 합치된다."고 말한다. 여기에서 불교가 향을 중요하게 여기고 있었다는 사실과, 그것이 중국 고대의 사람들이 향취를 숭상했던 것과 같은 것이라는 것을 알 수 있다. 그러나 중국인이 향취를 숭상하는 습관은 불교의 향 사르기와 같은 것은 아닐 것으로 보인다. 여하튼 불교와 상관없이 중국의 남쪽 지방에서는 각종의 향목香木이 취급되고 있었다는 사실을

『법원주림』권36의「화향편華香篇」에 나오는「박물지」에서 살펴볼 수 있다. 참고로 중국불교사에서 정식으로 행향이 시작된 것은 동진시대의 도안스님 때이다.

셋째, 참회에 의한 치병 역시 불교와 무관하지 않다. 중국 고대에 이미 병이나 사고를 조상신에게 기도하여 해결했다는 원시적인 신앙이 행해지고 있었다. 귀신이나 천天이 인간 행위의 선악에 따라 상벌을 준다는 관념은 일반화되어 있었으므로 오두미도나 태평도가 이러한 민간신앙의 습속을 수용하여 종교의례로 재편성했으리라는 것은 어려운 추정이 아니다. 이에 관한 불교의 최초의 기록은 영화 연간(345~356)에 활약했던 금법교의 전기이다. 여기서 그는 7일 밤낮을 금식하며 관음보살에게 기도했다고 한다.

불교에서 참회가 종교행위로 된 것은 불도징이 소향과 함께 시작하여 도안에게 이르러 완전히 정립되었다. 때문에 직접 불교가 오두미도나 태평도의 참회의식에 영향을 주었다는 확증은 없지만 어떤 방식으로든 관계가 있었을 것으로 추정한다.

넷째, 도서를 독송하는 것도 불교의 영향으로 볼 수 있다. 오두미도는 신도들에게 노자의『도덕경』을 익히고 독송하게 했는데 불교의 영향과 무관하다고 볼 수 없다. 물론 불교가 전래되기 이전부터 소리 내어 읽는 풍속은 있었던 것으로 추정된다. 그러나 독송 자체가 의식화되는 것은 불교의 전래 이후에 중국 사회에 등장하는 것이므로 무관하다고 말할 수 없는 것이다. 우리나라도 옛날에 선비들이 경서를 소리 내어 읽는 습속이 있었지만 그것이 하나의 종교의례로 발전하지 않았듯이 중국도 마찬가지가 아니었나 생각된다.

이상에서 살펴보았듯이 오두미도나 태평도에서 시행했던 의사, 소향, 참회, 독송 등의 종교의례는 어떤 방식으로든 불교와 관계가 있다고 볼 수 있다. 문화사적 관점에서 문화의 상호융합(互融)이라 표현하는 것이 적절할 것이다.

4) 도교의 공격과 폐불

불교가 중국에 전래되기 시작했던 당시에 불교는 중국 전통문화 특히 도교의 전신인 신선도 및 황로도와 밀접하게 연관되어 있었다. 때문에 동한 연간의 불교는 신선도술의 일종으로 간주되었으며, 사회적으로는 항상 황로와 부도를 동일시하거나 함께 모시게 된다. 교의적인 측면에서 불교는 신선도와 황로도를 모방했으며, 이로 인해 부처는 하늘을 날거나 변화무쌍한 신통을 부릴 수 있는 신선이나 지인至人으로 생각했다. 청정무위도 불교의 기본 사상 중의 하나가 되었다. 교의적인 측면에서도 불교는 고대 중국의 환술幻術과 유사한 방법을 채용한다. 혀를 잘랐다가 다시 접속하거나 발우 속에 연꽃을 피우는 것 등의 마술을 써서 불법을 선전하고, 그 영향력을 확대했다. 다만 불교의 뿌리는 인도에 기본을 두고 있었기에, 불교의 허다한 사상과 중국의 전통문화는 매우 커다란 차이를 지닐 수밖에 없었으므로 도저히 수용할 수 없는 것도 있었다. 이로 인해 초기에 전래된 불교의 많은 사상과 행법들은 점차 그 정체성을 상실하면서 두 방면에서 공격과 반대에 직면하게 된다. 첫째는 불교 내부이며, 둘째는 중국의 전통문화였다.

불교 내부에서는 불경의 번역이 날로 증가함에 따라 교도들은 인도

불교의 본래면목을 비교적 전반적으로 이해할 수 있는 기회를 지니게 된다. 이는 비교적 충실하게 인도불교의 기본사상 및 교의를 이해하고 있던 승려들에게 당시에 전파되고 있던 불교에 대해 회의를 자아내게 만들었다. 그들은 당시에 유통되던 불교의 많은 교의들이 인도불교의 본의를 위배했다고 생각했으며, 정통 불교로 한나라에 유행하던 불교를 비판하기도 한다.

한편 초기에 전래된 불교도 중국 전통문화의 저항과 배척에 직면하게 된다. 그 중에서도 유교와 도교의 공격은 매우 심각했다. 가령 불교 내부의 자기반성이 정통 인도불교로 본지를 상실하고 있던 불교를 대체하고자 한 것이라면, 전통문화의 비판은 불교를 사지에 몰아넣어 중국에서 축출하여 인도도 돌아가게 하고자 하는 것이었다.

불교의 문제를 다루는 데 있어서 유교와 도교는 언제나 동일한 전선에 서서 함께 비판하고 반대했다. 다만 불교는 유교와 도교 양쪽의 태도를 이미 구분하여 인식하고 있었다. 고대 중국의 왕도정치, 종교윤리의 바탕이 되어 온 유가나 유학은 중국 사대부 속에서 깊고 튼튼한 영향력을 지니고 있었기 때문에 그들에 대해서는 의지하고 포용하며 조화를 이루고자 하는 태도를 취했다.

반면 도교에 대해서는 이에는 이, 눈에는 눈이라는 식으로 반격하는 태도를 취했다. 불교와 도교는 많은 점에서 기본 관점이 직접 대립하고 있었기 때문이었다. 예컨대 "불법은 유형으로 공환空幻을 삼기 때문에 몸을 잊어버리는 것[忘身]으로 중생을 제도한다. 도법道法은 자아로써 진실을 삼기 때문에 복식服食으로 양생養生한다."(고도사에게 주는 글에서)거나, "석씨는 즉물卽物로써 공을 삼고, 공물空物로써 하나를 삼는다. 노씨는 유위와 무위의 두 가지로 행하며 공과 유로 차이를 삼는다."(혜림의 자연론에서), 혹은 "신선의 교화는 변형으로 으뜸을 삼으며, 니원은 정신을 도야하는 것으로 우선을 삼는다."(남사, 고환전)나 노자는 '자연지화自然之化'를 부처는 '인연이생因緣而生'을 중시한다고 하거나, 석가는 열반을 말하고 도교는 선화仙化를 말하며, 석가는 무생을 말하고 도가는 불사를 말한다 등등이 그것이다.

당연한 것이지만 만일 불교와 도교의 관계 전체적인 측면에서 본다면 사상과 교의의 차이는 불도 논쟁의 주요한 원인은 아니었다. 오히려 모두가 이하夷夏의 논변과 같은 것이다. 오히려 누가 앞이고 누가 뒤이며, 누가 중국의 왕도정치에 더 유리하고, 누가 더 중국의 전통윤리에 가까운가 하는 문제들이 항상 두 교파의 핵심적인 논쟁의 초점이었다.

일찍이 한나라 시대에 저술된 『모자이혹론』은 불교가 중국의 전통윤리를 위배했다고 지적한 한족 인사들의 의견을 포괄적으로 수집하여 기록하고 있다. 중국의 효도 관념으로써 논단하고자 했던 것이다. 그들은 사문의 삭발을 가리켜 "신체의 터럭과 피부는 부모에게 받은 것이기 때문에 감히 훼손하지 않는 것이다.", "어찌하여 성인의 말을 어기는 것인가? 효의 길에도 부합하지 않는다."(『홍명집』 권1)고 공격한다. 또 "복은 후사를 계승한 것보다 더한 것이 없다. 후사가 없는 것보다 더한 불효는 없다. 사문은 처자를 버리고, 재화를 버린다. 평생 결혼하지 않으니 어찌 그것이 복 받는 효행을 위배하는 것이 아닌가?"(『홍명집』 권1)라 비판한다. 효도는 중국 전통윤리의 근본이다. 그래서 "신체의 터럭과 피부는 부모에게 받은 것이다."는 중국의 오래된 가르침인 것이다. "불효에 세 가지가 있다. 후사가 없는 것이 가장 크다."는 중화의 격언이다. 불교의 삭발출가나 처자식을 버리는 것, 재화를 버리는 것 등은 바로 도교가 불교를 배척하는 데 가장 좋은 구실을 제공한 셈이었다. 때문에 이러한 문제에서 도사는 항상 유생들과 결탁하여 불교는 '부모를 벗어나며', '부자간의 친소'를 만들었다고 비판했다. 또한 이러한 기초 위에서 진일보하여 육친을 버리고 부부의 화합을 파괴하며, 예의를 버리고 친구 간의 믿음을 단절시키며, 제왕을 멸시하고 군신 간의 의리를 벌어지게 한다고 비판했다. 전체적으로 불교는 고대 중국의 일체 윤리를 위배했으며, 이로 인해 "나라에 들어오면 나라를 파괴하고, 집안에 들어오면 집안을 파괴하며, 사람의 몸에 들어오면 몸을 파괴한다."는 극단적인 비판에 직면하였던 것이다.

당나라 때 청허관 도사 이중경은 일찍이 『십이구미론』을 저술하여 불교와 도교의 윤리관에 대해 상호 비교하면서 불교와 유관한 사상을 통렬하게 공격했다. 이중경은 이렇게 말하고 있다.

"노군의 가르침은 효도와 자애로움으로 덕의 근본을 삼는다. 석가의 법은 친척을 버리는 것으로 행위의 우선을 삼는다."(법림의 『변정론』)

"노군을 모범으로 삼으면 효와 충뿐이다."

"석가의 가르침은 정의를 버리고 어버이를 버리니 인도 효도 없다."

"대저 예의는 덕을 이루는 기묘한 가르침이며, 충효는 입신의 근본이다. 아직 신하와 백성이 예의를 잃지 않음을 보지 않아야 그 나라가 존재할 수 있으며, 자손이 불효하지 않아야 가정이 설 수 있다. 이제⋯⋯ 부모님 위에 다리를 뻗고 앉아 자칭 사문이라 한다. 군주 앞에서 오만하면서 석가의 씨앗[釋種]이라 한다. 어질지도 효순하지도 않지만 몸은 집에 있으며, 예의와 공손함이 없지만 다시 국가를 이룬다. 이것이 바로 집집마다 효경(梟獍: 제 부모를 잡아먹는 짐승)의 자식이 나오며 사람들마다 늑대 같은 아이를 키우며 억장을 어루만지고 마음을 달랜다. 참으로 애통한 일이다."(법림의 『변정론』)

"대저 국가는 백성으로 근본을 삼으며, 근본이 확고한 즉 나라가 평안하다. 이로써 베풀어 주는 것은 자식을 기르는 문에 미치며, 은혜는 임신한 부인의 방으로 흐른다. 그러므로 자손이 제사를 지내되 세월에 걸리지 않는다. 비록 지극한 효로 자신을 훼손하더라도 후사를 끊어지게 하지 않기 때문에 국가의 부강을 얻을 수 있고 천하가 발전하게 된다. 아직 인민이 시들어 버리고도 가정과 나라가 존재할 수 있다는 말을 들어보지 못했다. 이제 불교는 장가도 가지 않으면서 봉양한다고 말한다. 오직 일찍 떠나가는 것을 일삼으면서 열반을 얻었다고 말한다. 이미 장생의 방법도 없고, 불사의 술법이 없으니 이 세상에는 가정과 나라가 텅 비는구나."(『광홍명집』 권15)

이중경의 이러한 주장은 도교가 윤리관 위에서 불교를 비판한 총체적 결론이라 말할 수 있다. 또한 충, 효, 인, 의라는 중화민족의 윤리 중에서 가장 핵심적인 것을 추슬러 불교가 몸을 파괴하고 가정을 파괴하며 국가를 파괴한다는 점을 공격하며, 최후에는 왕도정치로 마무리를 한다.

"불교는 정치를 해친다."거나 "사문은 풍속을 좀 먹는다."는 이러한 비판은 도교와 함께 유교가 불교를 반대한 또 하나의 중요한 근거이다. 그들은 항상 역사와 현실의 두 측면에서 불교가 왕도정치를 위해하고 있다고 역설했다. 혹은 "당우시대에는 불도가 없어도 나라가 평안했으며, 제나라와 양나라 시대에는 사찰이 있었어도 제왕의 복록을 잃었다."(『광홍명집』 권15)거나, 혹은 "3황 시대에는 불교가 없었지만 시대가 영원했으며, 두 석씨 왕국은 승려들이 있었지만 정치가 포악했다." (상동), "천황과 지황의 시대에는 불교가 없었지만 제왕의 지위가 길었으며, 후조와 후위 이래 승려들이 있었지만 국가의 운명이 촉급했다."(상동)고 말한다. 이러한 것들은 사문들이 시대와 정치에 이익이 없으며, 오히려 치도에 손실이 있음을 지적하는 것이다.(『광홍명집』 권12) 이것은 다섯 가지 상도에 어긋나는 일의 하나이며, 따라서 교화에 방해가 되는 것은 부처를 받드는 일에 있고 나라를 이롭게 하는 일은 승려들을 폐출시키는 데 있다고 생각했다.(『광홍명집』 권6)

불교가 왕도정치에 위해를 가한다는 이 한 가지만으로도 반불의 기세는 당당할 수밖에 없었다. 고대 중국에서 왕권은 일체 모든 것의 최상위를 능가했다. 도교와 유가가 비교적 충분한 증거를 가지고 불교가 왕도정치에 위협이 된다는 것을 설명한다면, 아무리 불교도들이 대단한 신통력을 지니고 있다고 하더라도 축출의 운명을 피하기는 어려울 수밖에 없었다. '삼무일종의 폐불'이 전형적인 실례였다.

도교와 불교의 충돌과 투쟁의 또 다른 중심문제는 오랑캐와 중화의 차이이다. 『모자이혹론』 속에는 이러한 투쟁에 관계된 기술이 남아 있다. 당시의 배불론자들은 "오랑캐에 임금이 있는 것은 중화의 멸망만 못하다."는 공자의 말과 "나는 중화를 이용하여 오랑캐를 변화시켰다고는 들었지만 오랑캐를 이용하여 중화를 변화시켰다는 것은 아직 듣지 못했다."는 맹자의 말을 근거로 삼는다. 불교를 배우는 것은 중화를 버리고 오랑캐를 배우는 것이나 다름이 없기에 "미혹을 그칠 수 없다."고 생각했던 것이다. 한나라 이후 유교와 도교는 모두 오랑캐와 중화의 차이〔夷華之辨〕를 불교배척의 커다란 기치로 내걸고, 이러한 기치 아래 수시로 불교를 공격하게 된다. 남조 송나라의 도사 고환은 『이화론』을 저술하여 불교와 도교의 사상적 일치를 주장하는 한편 오랑캐와 중화는 차이가 있다는 논리로 불교를 배척하며, "중화를 버리고 오랑캐를 본받는다면 정의를 어찌 취할 수 있으리오?"라 주장했다. 이후 훨씬 더 많은 도교도와 유생들이 합세하여 불교는 서역에서 생겼으며 가르침은 오랑캐 방식이고 교화는 중화의 풍속이 아니기 때문에 마땅히 모두 천축으로 물러가거나 상재桒榟로 돌아가야 한다고 지적한다. 그들은 오랑캐와 중화 두 민족은 품성이 다르다고 생각했다.

"품성의 기운이 맑고 온화하며 인의를 포용하고 있기에 공자께서는 성품과 습속의 가르침을 밝힌 것이다. 외역의 무리들은 품성이 굳세고 강하며 탐욕과 분노가 많기에 석씨는 오계의 법률을 엄격하게 했다." (『홍명집』 권8)

『삼파론』의 작자는 다시 불교를 세 가지를 파괴하는 법으로 바라본다. 불교는 "중국에서 베풀어진 것이 아니라 본래 서역을 바르게 한 것"이라 생각했으며, "오랑캐는 강하고 예의가 없어서 금수와 다르지 않다."고 보고, 때문에 이 가르침을 일으켜 "그들의 악한 종자를 끊어버리려고 한다."고 보았다. (『홍명집』 권8)

당나라 시대가 되면 유생들의 배불은 격렬해지며, 도교도들도 긴급히 그 뒤를 따른다. '오랑캐와 중화의 구분'은 이내 그들의 중요한 무기가 된다. 도사들은 도교의 예의가 중화에서 나온 것이고, 대개가 중화의 옛 제도임을 자긍하며, 불교는 인륜에 참여하지 않고 오랑캐 풍속을 중시한다고 공격하며, 천축으로 돌아가야 마땅하다고 주장했다.

종합하자면 도교의 배불은 대부분 유교와 동맹을 맺어 3강5상의 윤리, 왕도정치, 오랑캐와 중화의 구별 등의 방면에서 이론을 세운 것이었다. 그리고 이러한 세 측면이 바로 중화민족의 사회정치제도나 사상문화전통, 민족심리습관의 특징이었다. 이 때문에 불교는 매우 곤란한 지경까지 몰리곤 했는데, 그 대표적인 사건이 도교가 황제의 손을 빌어 절체절명의 지경까지 밀어붙인 삼무일종의 폐불사건이다.

삼무의 폐불은 모두 도교와 관계된 것으로 제1차는 북위 태무제의 폐불이다. 위나라의 태무제는 도교를 숭배한 황제로 태평진군이라 자칭할 정도였다. 그의 재상인 최호는 도사 구겸지와 관계가 매우 깊었고 왕래가 밀접했다. 또한 그를 태무제에게 추천하여 태무제의 신임을 얻게 했다. 이후 최호와 구겸지는 태무제 앞에서 불교에 대해 수차례 비난하게 되며, 황제에게 폐불을 권유한다.

당시는 북방지역의 민족 대립이 비교적 첨예했던 시기였다. 이른바 오랑캐와 중화의 구별이 돌출하여 후조시대에는 저작랑 왕도가 석호에게 상주하길 "부처는 외국의 신입니다. 중화민족이 받들어 모실 일이 아닙니다."라고 하였다. 조정의 선비들도 왕도의 말에 대부분 동의했기에 석호 자신도 불교에 대한 비방을 어찌할 수 없었다. 석호 자신도 오랑캐 출신〔戎人〕이었다.

"짐도 변방의 융족 출신이다.…… 마땅히 본래의 풍속을 따라야 한다. 부처는 융족의 신이므로 마땅히 겸손하게 받들어야만 한다."(『진서』 불도징전)

고대 중국에서 화하華夏는 일관되게 중화민족의 정통으로 간주되었으며, 이러한 사상은 사대부들 사이에 뿌리 깊게 박혀 있었을 뿐만 아니라 일정한 정도 민족심리로 성장해 있었다. 따라서 석호와 같은 정치지도자가 사대부와 한족 민중의 지지를 받는 것은 매우 어려운 일이었고 그의 정권은 뿌리내리기 어려웠다. 위나라의 태무제는 능력 있는 군주였다. 그는 이러한 정황을 깊숙하게 이해하고 구겸지를 얻은 뒤에는 스스로 도교를 신봉하게 된다. 따라서 이러한 모든 것들은 태무제가 폐불을 하는 데 사상적, 정치적 기초를 제공했다.

때마침 서북지구에서 개오가 이끄는 농민봉기가 발생했고 황제는 몸소 서북지구 정벌에 나섰다. 그런데 황제를 따라 정벌에 나섰던 최호가 장안의 한 사찰에서 비교적 많은 양의 무기와 부녀자를 발견하여 그 이야기를 황제에게 아뢰었다. 이에 황제가 크게 노하여 "이것은 사문들이 사용하는 것이 아니다. 개오와 모의하여 남을 해치고자 한 것이다."라며 마침내 유사에 명령을 내려 그 사찰과 거주자들을 완전히 주살했으며, 그 뒤에 다시 장안의 사문들을 주살하라고 명령하였다. 나아가 전국에 칙명을 내려 "저들 사문은 서쪽 오랑캐의 허탄함에 의지하여 망령되이 요물을 낳았다. 함께 다스리고 교화하여 천하에 순수한 덕을 펼친 바가 아니다."고 하며, "짐은 천서天緒를 계승하였으니 궁운窮運의 폐단을 복속시켜야 한다. 거짓을 제거하고 진실을 결정하여 복희와 신농의 정치를 회복하고자 한다. 오랑캐의 신은 일체 소탕하여 그 종적까지도 없애야 할 것이다."(『위서』 석로지)라 말한다.

이러한 조칙 내용에서 볼 때 위나라의 태무제가 단행한 폐불의 주요 목적은 오랑캐 신을 없애고 복희와 신농의 통치를 회복하며, 정치와 교화를 일치시켜 천하에 순수한 덕을 펼치는 것이었다. 이

제1차 폐불은 도교가 불교에 대해 취했던 세 가지 측면을 포함하고 있다. 즉 삼강오륜의 윤리왕도정치와 오랑캐와 중화의 구별이다. 도교의 배불이 매우 고심한 것이며 핵심을 찔러 해치고자 한 것임을 알 수 있다.

제2차 폐불은 바로 북주 무제의 폐불이며, 역시 도교와의 다툼과 관계가 있다. 북주 무제의 재위시 도사 위원숭과 장빈루가 불교를 배척하자 황제가 그 말을 받아들여 도교를 믿고 불교를 경시했다. 또한 북주 무제는 관서지방의 한족에 의지하여 나라를 세웠기 때문에 유가도 숭상했다. 이것은 다시 유교와 도교가 연합하여 왕권과 함께 불교를 반대하는 형세를 만들게 된다. 다만 이때의 배불은 그나마 온화한 형식을 취했다.

황제는 백관, 유생, 도사, 승려 수백 명을 소집하여 대회를 개최하고, 유불도 삼교의 우열과 선후 문제를 토론했다. 처음에는 유교를 선두로 삼고 불교를 뒤로 삼으며, 도교를 최상으로 삼으려 했다. 하지만 의견이 일치하지 않았을 뿐만 아니라 불교도의 강렬한 반대에 직면했기 때문에 결정하지 못했다. 뒤에 삼교는 다시 여러 차례의 변론을 행하며, 책을 써서 상대방을 비방했다. 불교도인 견만의 『소도론』과 도사가 지은 『도소론』이 그것이다. 북주 무제는 도교와 연계하여 일시에 불교를 폐지하고 싶어 했으나 불교의 강렬한 반대와 도교의 미온적인 태도 때문에 불교를 치지 못하고 있었다. 결국 불교와 도교의 논쟁은 양쪽 모두에게 상처만 남기며, 양자 모두 왕도정치의 희생물이 되었다.

제3차의 폐불도 도교의 배불론자들과 어느 정도 관계가 있다. 사료의 기록에 의하면 당나라 무종은 즉위 전부터 도술을 좋아했으며, 즉위 이후에는 더욱 도교를 숭상하여 도사 조귀진을 스승으로 삼고 나부산에 있던 도사 등원기를 수도로 불러 올렸다. 그 후 조귀진, 등원기와 형산의 도사 유원정은 항상 석씨의 배척을 외치며, 도교 이외의 종교를 없애라고 누차 간청한다. 설상가상으로 당시 재상이었던 이덕유도 이러한 주장에 찬동하여 마침내 회창 5년인 845년에 폐불사건을 조성한다. 이것을 역사는 회창법난이라 부르고 있다. 이 법난이 불교에 입힌 타격은 매우 커서 이후 불교는 점차 쇠락의 시기로 접어들게 된다.

5) 호불을 위한 대응 논리

불교와의 투쟁에서 도교의 최종 목표는 불교를 소멸시키거나, 아니면 불교를 중국에서 축출하는 것이었다. 하지만 여러 가지 이유로 이 목표는 실현될 수 없었다. 즉 황제의 손을 빌어 불교를 없애고자 했지만 잠시의 승리는 있었어도 오래 지나지 않아 불교는 다시 살아났을 뿐만 아니라 더욱 발전하였다. 이 때문에 도교는 불교를 반대하며 불교를 없애기 위해 노력하면서도 한편으로는 불교와 그 정통성과 교주의 선후를 놓고 다투었다.

『후한서』「양해전」의 의하면 동한시대에 이미 "노자가 오랑캐의 땅에 들어가 부도가 되었다."고 주장하고 있는데, 후대의 도사들은 여기에 기름칠을 더하여 『노자화호경』을 만든다. 노자가 서쪽으로 가서 인도에 도착하고 그곳에서 불교를 창시했으며, 더불어 석가모니를 거두어들여 제자로 삼았다는 것이다. 이 책의 취지는 노자가 불타보다 빠르며, 도교가 불교에 비해 먼저 출현했다는 것을 표명하는 것이다. 이 몇백 년의 논쟁은 당나라 고종 때에 다시 어전회의를 열어 해결하려는 것으로 나타난다.

불교는 이 문제에 있어서 첨예하게 대립하며, 이에는 이의 태도로 『청정행법경』을 만들어 "부처님이 세 명의 제자를 중국에 보내 교화했으니 유동보살은 공구가 되었으며, 정광보살은 안회가, 마하가섭은 노자가 되었다."고 말했다. 도교의 교주를 석가모니불의 제자라 주장한 것이니 도교가 불교의 뒤에 서는 것이 마땅하다는 뜻이다. 불교와 도교 사이의 선후논쟁은 실제적으로는 세력과 사회적 지위를 다투는 것이었다. 따라서 일단 황제에 의해 그들의 지위가 뒤로 결정되면 자신들의 생존과 발전에 중대한 영향을 미치게 되어 있었다. 때문에 쌍방은 이 문제에 관한 한 혼신의 힘을 다해 유리하게 끌어나가고자 했고, 그것은 사실을 왜곡하거나 과장하는 것으로 나타났다.

승려를 욕하여 대머리 당나귀라 하는 것, 도사를 비웃어 미친 귀신이라 하는 것, 불교를 배척하여 초상집이라 하는 것, 도교를 가리켜 귀신의 길이라 하여 서로 비방했으며, 도교는 불교를 공격하여 오랑캐의 법으로 충효를 어지럽힌다고 하며, 불교는 도교를 비난하여 삿된 가르침으로 민중을 현혹한다고 했다. 더 심하게는 쌍방이 시골 남정네나 억센 여자처럼 서로 욕했으니 『소도론』과 『도소론』이 그 일례이다. 어떤 때는 쌍방의 대표가 맨몸으로 부딪치며 직접 싸우기까지 했으니, 한나라 명제 연간에 단상을 설치해 포진하고 서로 상대방의 경전을 태운 일 등이 그것이다.

당연한 일이지만 만일 불교가 이처럼 상대를 모욕하거나 다투는 일로 만족했다면 중국에서 뿌리를 내리기가 쉽지 않았을 것이다. 불교는 중국에서 생존과 발전을 추구하면서 적어도 도교와 유교가 제시한 근본적인 문제에 대해 비교적 원만한 해석과 회답을 찾으려고 했다. 그렇지 않았다면 버림받을 운명을 피할 수 없었을 것이다. 불교는 도교와의 투쟁에서 먼저 자위성의 변명과 변명성의 자위를 표현하며, 그 뒤에서 기회를 보아 반격했다.

도교와 유교가 불교에 관해 중국의 삼강오륜의 윤리와 어긋난다고 지적한 데 대해 불교는 노장학설이나 유교의 성스러운 일로 나누어 변호했다. 예를 들면 "진실로 커다란 덕이 있다면 작은 것에 구애받지 않는다."(『홍명집』 권1), "처자와 재물은 세상의 자질구레한 일이다. 청빈과 무위가 도의 오묘함이다."(상동)라 한다. 이러한 것들은 『노자』의 "명예와 몸 어느 쪽이 귀한가? 몸과 재물은 어느 쪽이 중요한가?"라는 말과 같다. 또한 "허유는 나무 위에 집을 만들었고, 이제는 수양산에서 굶어 죽었는데 공성은 그를 성현"이라 부르는 것과 같다. 동시에 불교는 항상 자신들의 이론을 사용하여 출가와 재가의 문제, 방내와 방외의 이야기를 진행하여 해결한다.

"이것은 순화를 받는 백성이지만 그렇다고 정서가 아직 풍속을 바꾼 것은 아니다. 자취를 방내에 드러내면 그렇기 때문에 세상을 끌어안는 사랑과 임금을 받드는 예의를 지닌다."

"출가하면 방외의 손님이라 자취를 사물에서 끊어버린다. 그것으로 가르침을 삼더라도 근심과 걱정은 몸이 있음에서 연유하는 것임을 통달하고 몸을 보존하지 않는 것으로 근심을 그치게 한다. 영생하는

것은 인품의 교화에서 연유하는 것을 알고 순화하지 않는 것으로 종지를 찾는다."(『홍명집』권5)

이로 인해 불교는 "세상에 숨는 것으로 그 뜻을 찾고, 풍속을 바꾸는 것으로 그 도에 통달한다. 풍속을 바꾸면 복장이 세상의 전범과 동일한 예절을 얻을 수 없으며, 세상에 숨으면 마땅히 그 뜻을 고상하게 해야 한다."(『홍명집』권5)고 말한다. 말하자면 가정에서 법을 받들면 이것은 바로 교화에 따르는 세속의 백성이다. 그러므로 마땅히 부자의 친함과 군신의 예의가 있어야 한다. 출가하면 방외의 손님이며, 그 취지가 극단을 체험하여 종지를 찾는 데 있다. 그래서 종지를 찾으면 몸이 교화에 따르지 않아도 된다. 그러므로 세상에 숨는 것은 풍속을 바꾸는 것이며, 세속의 은애와 예의를 버리는 것이다. 그들은 항상 석가의 가르침에도 어버이와 스승과 임금을 존경하는 가르침이 있다는 것으로 가정을 가지고 세속에 살며 스스로 어버이를 섬기고 임금을 받들며 효와 존경을 다한다고 설명한다. 동시에 "공자는 지극한 효로 으뜸을 삼았으니 어짊이 사해를 덮었고, 석가는 크게 어여삐 여김으로 임무를 삼았으니 교화가 5도에 퍼졌다."(『광홍명집』권18)고 말한다. 석가의 위대한 자비심과 중국 전통의 인효사상이 궁극적으로 상통한다는 것이다.

한편 그들은 또한 출가 수도하여 성취가 있으면 "그 도가 육친에 미치며, 은혜의 물결이 천하에 넘쳐흐르고, 비록 왕후의 지위에 이르지는 않더라도 이미 심오한 상극에 합하여 백성을 생육하는 것을 돕는 데 있다."(『광홍명집』권5)고 말한다. 불교는 안으로 천륜의 지중함과 외면상 어긋나더라도 그것이 효에 위배되지 않으며, 바깥으로 임금을 받드는 공경이 없지만 그것이 경애심을 버린 것은 아니라는 것이다. (『광홍명집』권5) 재가와 출가, 방내와 방외, 불교학설과 전통문화를 재치 있게 통합한 것이다.

도교와 유교에서 불교가 나라의 통치를 훼손하고 있다는 지적에 대해 불교도 대부분은, 석가의 가르침은 살생을 버리고 선을 권유하는 등의 교의로 백성을 순화시키고 정치를 화목케 하고 있으며 교화를 돕는 것으로 나라의 통치를 이롭게 할 수 있다고 설명한다. 승려들이 있어서 정치가 포악해졌다는 지적에 대해서는 많은 역사적 전거를 들어 반박했다.

"주가 부의 머리를 벤 것이 어찌 불경에서 볼 수 있는가? 진시황이 유사들을 묻은 것은 석가의 일과 무관하며, 예악이 붕괴되는 것을 아직 불교에서는 보지 못했다. 전국시대에 주인이 없음이 어찌 승려들의 위선과 관계있단 말인가?"

학정이 불교의 죄가 아니며, 복록이 적은 것도 승니의 허물이 아니라는 것이다. 도리어 불교의 교의는 왕도정치를 보호하는 데 지극한 이익이 있다고 말한다.

"열 사람이 5계를 지키면 열 사람이 순박하고 근면해진다."
"백 명이 십선을 닦으면 백 명이 온화하고 후덕해진다."
"이러한 풍속과 가르침을 전하여 우주 안에 두루 미치게 한다."
"폐하께 다가가면 앉아서 태평에 다다른다."

불교가 전국에 퍼진다면 황제는 앉아서도 태평을 누릴 수 있다는 것이다. 오랑캐와 중화의 구분이라는 문제에 대해서도 불교도들은 대부분 중국의 고대 성현을 들어 외래종교로 폄하되지 않도록 미리 대답했다.

"우왕은 서강족에서 출생했다. 순은 동이족에서 출생했다. 누가 땅이 비루하다고 그 성인을 버린다고 말하는가? 공자는 동이에 살고자 했으며, 염제는 서융에서 살고자 했다. 도의 소재를 어찌 땅에서 선별하고자 하는가?"(『광홍명집』 권1)

"유여는 서융에서 출생했으나 진나라 목왕을 보좌하여 패업을 열었다. 금일제는 북적에서 출생했지만 한무제를 모시고 위난을 제거했다. 어찌 같은 풍속이라 취하고 지방이 다르다고 저버린단 말인가? 스승은 도가 큰 것으로 존경할 뿐 피차를 논하지 않으며, 스승은 선이 높음으로 바탕을 삼을 뿐 멀고 가까움을 헤아리지 않는다."(『광홍명집』 권14)

지역에 따른 중화와 오랑캐의 구분에 대해서도 불교도는, 중국 역사상 "이수와 낙수는 중화가 아니다.", "오나라와 초나라는 중화의 나라로 바뀌었다."는 실례를 들어 오랑캐와 중화의 관계를 동일하지는 않지만 하나가 되는 것이 불가능한 것도 아니라고 설명한다.

"사해의 안, 삼천리 방방곡곡은 중화민족이 사는 곳이지만 또한 넓지 않고, 이수와 낙수는 중화가 아니지만 굽힘으로 융허戎墟로 삼았다. 오나라와 월나라는 본래 오랑캐이지만 변하여 중화의 마을이 되었다. 도에는 운행의 흐름이 있지만 땅에는 영원함이 없다."(광홍명집 후서)

불교도의 이러한 반박은 확연히 일정한 설득력을 구비했으며, 또한 일정한 정도 지리로 법의 고하를 논하거나 종족으로 사람의 우열을 논하는 편견을 바로잡았고, 불교가 중국에서 유행하고 전도하는 과정에서 발생했던 장애를 청소하는 데 일정한 작용을 했다.

회답에서 도교와 유교가 불교에 가했던 각종의 비난을 반박함과 동시에 불교는 본래부터 경솔하게 도교를 공격하지 않았다. 불교도들은 "공자와 노자가 가르침을 베풂에 하늘을 본받아 만들었으므로 감히 하늘을 거스르지 않는다. 제불은 가르침을 설함에 일체의 하늘이 받들어 행하므로 감히 부처를 거스르지 않는다."(『광홍명집』권14)고 생각했다. 공자와 노자 그리고 불교는 반딧불과 일월, 언덕과 태산 같은 것으로 "도에 96종이 있지만 높고 크기에 이르면 불도만한 것이 없다."(『광홍명집』권14)고 보았다. 때문에 불교의 입장에서『노자』는 그 역량이 충분하지만 다만 "세속을 이끄는 좋은 책일 뿐 출세간을 이끄는 오묘한 경전은 아니"(『광홍명집』권18)며, "행동거지가 세간의 선이지만 범부를 바꿔 성인이 되게 할 수는 없다."고 보았다. 따라서 불교는 '무궁한 업에 관계'하며, 출세간의 오묘한 경전인 "불경으로 지남을 삼지 않으리오."라 말하며 불교로 구경을 삼는다.

『노자오천문』과『장자』에 대해 불교도들은 오히려 관대한 입장을 취했다. 그렇지만 세 장씨의 부록과 주술, 갈홍의 신선도술에 대해서는 직접적으로 배척하고 귀신의 길, 위법으로 간주했다. 뒷날 도교에서는 노자와 장자에 대한 왜곡과 개찬을 인정하고, 노장과 도교를 구분해서 "신선의 가르침은 도가 아니며", "복법服法은 노자가 아니다."고 지적한다. 이는 승려 혜통이 말한, "노자의 저술은 문장이 오천 글자이다. 그 나머지는 뒤섞인 것이며, 방종하고 잘못된 주장이다.", "노씨의 저술은 문장이 오천 글자이나 민중의 심금을 파고들었다. 혹은 요망한 말로 인심을 돌렸으며, 혹은 변태를 전하여 사물의 본성을 떨게 했다."(『광홍명집』권7)는 지적과 다를 바 없었다. 사진지는「고도사에게 거듭 주는 글」에서 "그 중에는 장점도 있지만 오직 오천 글자만이 무위의 작용을 온전하게 한다."(『광홍명집』 권6)고 인정했다. 도안은 저서 『이교론』에서 불교와 도교의 차이를 상세하게 논의하면서 "지금의 도사는 장릉에서 시작되었으니 모두 귀신의 길이며 노자와 관계있는 것이 아니다."(『광홍명집』 권8)고 지적했다.

불교도들은 노장과 도교를 구분하기 시작했는데 이것은 인식론의 역사상 의의가 있다. 그들의 착안점은 당연히 인식의 문제에 있는 것이 아니었다. 이것을 빌려 도교에 심각한 타격을 주려고 했던 것이다. 예를 들자면 대부분의 불교도들은 두 종교의 구별을 강조했을 뿐만 아니라 가끔 노장학설을 빌려 도교에 반대했다. 남조 제나라시대의 승소가 노장의 유관학설을 이용하여 도교의 장생설을 비판하여 말하길, "도가의 취지는 노장의 두 경전에 있다. 현묘한 도를 부연한 것은 내편 7장에 구비되어 있다. 그러나 유일한 진령盡靈을 얻는 데 변형의 기괴함이 있다는 말은 듣지 못했다. 장수한 팽조와 단명한 상자가 균등한 삶을 누렸다고 하지만 아직 죽지 않는다는 주장은 보지 못했다. 그러므로 자연과의 조화에 안주하려는 사람들은 변화와 영원함에 힘쓰지 않으며, 시대에 안주하여 순리에 따르는 것이니 어찌 장생을 구하려 하는가?"(『홍명집』 권6)라고 지적한다.

불교와 도교의 투쟁의 역사를 관찰해 보면 불교가 중국에 들어온 이후 도교 안에 포용되어 있는 중국의 전통사상, 왕도정치, 민족심리와 습관 등 다방면에서 완강한 저항과 강렬한 배척에 직면하는 것을 보게 된다. 이국적인 토양에서 뿌리를 내려 확실하게 자신을 보호하기 위해 불교도들은 할 수 없이 중국의 전통문화를 더 많이 이해하고 파악하려고 노력했으며, 그렇게 자위와 반격을 추구했다. 그들은 불교가 중국의 고대 삼강오륜의 윤리와 위배되지 않는다는 것을 설명하기 위해 먼저 이러한 윤리를 이해할 필요가 있었다. 불교가 중국의 왕도정치와 걸림이 없이 오히려 이로움을 줄 수 있다는 것을 설명하기 위해 우선 왕도정치를 익혀야만 했다. 노장과 도교를 구별하고 또한 노장학설로 도교를 반격하기 위해 스스로 노장학설에도 정통해야만 했다. 한편 도사들은 불교를 효과적으로 억제하고 배척하며, 투쟁에서 승리하기 위해 불교를 배우는 데 노력했다. 이처럼 불교와 도교 사이에는 일종의 의미심장한 광경을 연출한다.

불교는 도교의 공격에 대응하고 자신들이 온전히 정착하기 위해 도교의 유관서적을 열심히 연구하였다. 투쟁의 방법에서 쌍방은 항상 상대방을 이단사설로 간주하는 방법을 채용하며, 부지불식간에 사사로이 혹은 공개적으로 상대방의 학설 중에서 자신들에게 유용한 것을 흡수하여 자신을 더욱 풍부하고 충실하게 하거나 완전하게 했다. 애써 스스로 상대방을 포용하여 상대방의 방대한 종교학설과 사상체계를 넘어설 수 있게 만들었던 것이다. 이러한 불교와 도교 사이의 관계는 바로 상호배척, 상호투쟁, 상호융합의 국면을 연출한다. 결국 총체적인 상호배척과 투쟁에 의해 점차 상호흡수와 상호융합의 과정을 거쳤던 것이다.

6) 노자화호설의 발생

(1) 발생 배경

후한시대가 되면 중국이 세계문화의 중심지라는 자부심이 한민족 사회에 팽배해진다. 그 때문에 오랑캐의 종교나 풍속으로 중국을 어지럽히는 것을 아주 싫어했다. 시대가 내려오면 남제의 도사 고환顧歡은 『이하론夷夏論』을 저술하여 오랑캐 풍속에 불과한 불교로 중화의 풍속과 신앙을 어지럽히는 것은 한족의 문화를 버리고 야만으로 돌아가는 일이라는 비판을 서슴치 않았다. 외래 종교인 불교를 버리고 도교를 신앙해야만 한다고 강조하고 싶었던 것이다. 고환이 한족의 주체성을 운운한 것은 남제시대이지만 그보다 400여 년 이전의 초왕 영이 불교를 신앙했던 후한시대에도 사정은 전혀 다르지 않았다.

이러한 상황 아래서 불교가 중국에서 포교할 수 있는 유일한 방법은 중국 고유의 풍속, 습관, 신앙 등과 가능한 범위 안에서 조화되는 것이었다. 그런 점에서 후한시대의 사문들은 불교사상을 설할 때 반야개공의 사상을 노자의 허무자연의 가르침과 결부시키거나, 도사들이 수행하는 불로장생술의 하나인 도인법導引法 등을 불교의 선관이나 수식관 등과 같은 것이라고 말하지 않을 수 없었다. 불교에도 도사나 방술가들이 주장하는 방법과 동일한 것이 있으며, 더구나 그것은 종래의 방술가들이 주장하는 방법보다도 한 단계 진보된 것이라 말하는 데 주저하지 않았다. 이것이 초왕 영 등 불교를 신봉하는 사람들의 마음을 사로잡았던 것이다. 때문에 초왕 영 등의 신앙형태 속에서 그들이 불교와 도교를 동일한 것으로 간주하고 있는 것을 보게 되는 것은 너무나 당연한 일이었다.

노자가 오랑캐 땅에 들어가 그들을 교화했다고 하는 노자화호설은 불교의 색채를 띤 도교가 부지불식간에 행해지고 있었던 후한시대 불교의 유행에 동반하여 자연스럽게 사회에서 발생한 것으로, 그 근저에는 한족의 민족적 자부심이 내포되어 있다. 불교와 도교가 뒤섞여 있었던 후한시대를 지나 삼국과 서진시대가 되면 태평도나 오두미도에서 연원한 도교의 세력이 점차 강해진다. 불교도 서역승의 도래와 사찰의 건립, 그리고 한족 불교도의 증가 등에 의해 두드러지게 교세를 확대한다. 이는 자연스럽게 불교와 도교의 충돌을 가져왔다. 공존의 시대에서 대립과 항쟁의 시대로 돌입하는 이 무렵 진의 도사인 왕부王浮는 종래에 시행되고 있었던 노자화호설을 이용하여 『노자화호경』을 제작하게 된다.

노자화호설을 기록하고 있는 최초의 자료는 『위략』의 「서융전」이다. 「서융전」은 "노자가 서쪽으로 관문을 나와서 서역을 지나 천축으로 들어갔으며, 그곳에서 오랑캐를 가르쳤다."고 기록되어 있다. 이어서 범화의 『후한서』의 「양해전」은 "어떤 이들은 말하길 노자가 오랑캐의 땅에 들어가 붓다〔浮屠〕가 되었다."고 전한다.

노자가 오랑캐 땅에 들어가 불타가 되었다는 전설을 말하고 있는 것인데, 『후한서』에 나오는 상기의 인용문은 166년인 연희 9년에 후한의 환제에게 올린 상소문으로 공식적인 역사서에서 확인할 수 있는 최초기의 문헌이라는 점에서 그 의의가 크다. 이로 보면 노자화호설이 환제시대, 적어도 2세기 후반 경에는 이미 성립되어 세상에 유포되고 있었다는 사실을 알 수 있다. 또한 서진시대의 왕부가 『노자

『화호경』을 위작하기에 앞서 대략 150년 전에 그런 생각들이 유포되었다는 것을 알려준다.

불교가 신선적인 도교의 일종으로 생각되고 있었던 후한 사회에서도 『후한서』「양해전」에서 알 수 있듯이, 부처님이 깨달음을 성취한 이후 마구니의 시험을 받을 때 그들을 항복시켰다는 기사가 있는 것을 감안한다면 부처님의 전기에 대한 지식이 적지 않았다는 사실을 시사해주고 있다. 부처님을 중국의 성인 밑에 두려고 하는 중화의식에서 노자화호설이 만들어졌고 그것과 부합했던 것이 노자의 전기이다. 노자가 만년에 관문을 나와 사라진 뒤로는 그가 어디에서 생애를 마쳤는지 알 수 없다고 되어 있기 때문이다. 이런 점은 노자가 서역지방을 거쳐 인도로 들어가 그곳에서 생애를 마쳤다고 생각하더라도 조금도 이상하지 않았던 것이다. 더하여 노자의 사상은 허무자연을 설파하고 있으므로 불교에서 설하는 무위열반과 유사하게 생각할 수 있는 여지가 있었다. 진실로 노자가 오랑캐 땅인 인도에 들어가 그들을 교화했다고 강변하더라도 정보가 부족한 당시의 상황 속에서는 전혀 무리해 보이지 않았던 것이다.

후한시대에 성립하여 유포되기 시작한 노자화호설은 삼국시대와 서진시대에도 유행하였고, 왕부가 시중에 유포되어 있던 노자화호설을 취합하여 그 결정판인 『노자화호경』을 저술했다는 기록은 도교 측의 자료에서는 찾아볼 수 없고, 불교 측의 자료에서만 찾아볼 수 있다. 『출삼장기집』 권15의 「법조법사전」과 『고승전』 권1의 「백원전」이 그것이다.

(2) 노자화호경의 제작

『출삼장기집』과 『고승전』에서는 도사 왕부가 『노자화호경』을 제작하게 된 인연을 기술하고 있다. 『고승전』에 나오는 「백원전」의 기록으로 살펴보면 다음과 같다.

승려 백원이 장보란 사람에게 살해당하고, 장보도 참수 당하게 된다. 또한 백원을 참언했던 관심도 죽었다는 기사 뒤에 이통이란 사람의 기이한 이야기를 전개하고 있다. 이통이란 사람은 어느 날 아침에 죽었지만 두 번 소생하여 말했다.

"백원스님이 염라왕부에 계셨다. 그곳에서 왕을 위해 『수능엄경』을 강의하는 것을 보았다. 백원스님이 나에게 '강의가 끝나면 도리천으로 가리라'고 말했다."

백원스님이 지옥의 임금인 염라대왕에게 강의하고 있었다는 『수능엄경』은 백원이 주석을 붙인 경전이며, 그가 가장 잘 이해했던 책이기도 했다.

이상과 같이 이상한 이야기를 기술한 뒤에 왕부의 『노자화호경』의 제작에 관련해서 다음과 같이 적고 있다.

"제주왕부를 보았다. 그는 도사 기공基公이라고도 말한다. 쇄계鎖械를 차고 백원을 찾아가 참회한다. 옛날 백원과는 평소 정사正邪를 다투었다. 왕부는 번번이 패배했다. 그러나 마음속으로는 인정할 수 없었다. 이에 『노자화호경』을 제작하여 불법을 무고하게 비방했다. 재앙은 돌아갈 곳이 있기 때문에 죽어서 참회하려 하는 것이다."

왕부라는 사람의 이름이 나타나는 것이다. 제주祭酒는 학제를 관리하는 장관의 호칭이다. 한나라 시대에는 박사제주가 있고, 진대에는 국자제주가 있었다. 제주라는 명칭은 당시의 관직 명칭이었지만 도교에서는 오두미도의 3장의 한 사람인 장형이 이 호칭을 사용하기 시작했다. 제주는 초심자들인 귀졸鬼卒, 귀민鬼民, 귀리鬼吏 등을 감독하고 지휘하는 교단의 중심 역할을 담당하는 도사였다. 제주 중에서 『도덕경』 5천 글자를 학습시키는 제주를 도강제주라 불렀는데 왕부는 도강제주가 아니고 단순히 제주였던 것이다.

이통이 지옥에서 본 광경은 제주인 왕부가 족쇄를 차고 묶인 채로 백원에게 참회하고 있는 모습이었다. 참회하는 이유는 『노자화호경』을 제작하여 불법을 무고하게 비방한 죄였다. 백원스님이 『수능엄경』을 강의하고 있으나 도리천으로 갈 것이 예정되어 있는 것에 비하면 비참하다고 말할 수 있다.

『출삼장기집』이나 『고승전』은 무슨 이유로 참언을 한 관심의 사건과 『노자화호경』을 제작한 도사 왕부에 관한 일을 백원스님의 전기에 실었던 것일까. 이에 대해서는 명확하게 알 수는 없지만 백원스님을 살해한 장보, 동생인 백법조를 살해한 장광 등이 도교에 호의적인 인물들이었기 때문이라 말하기도 한다.

백원의 전기 속에 나타난 이통이 지옥에서 보았다는 내용은 역사적 진실이 아닌 허구적 사실일 가능성이 훨씬 크다. 또한 도사 왕부도 역사적 실존인물임을 증명하기가 어렵다. 그러나 백원스님이나 백법조가 활동하였던 서진 말기는 도교의 세력이 급속하게 팽창하던 때로, 이미 도교는 불교와 대립하는 세력으로 성장해 있었던 것으로 보인다.

본래 초기에 유행했던 노자화호설은 불교가 중국에 전파되기에 좋은 여건을 만들어준 주장이라 볼 수 있다. 불교의 가르침이 그 근원을 거슬러 올라가면 중국의 노자에게서 발생한 종교라 한다면 불교를 중국인들에게 포교하는 데 유리하기 때문에 초기의 불교도들이 은연중에 동조했을 가능성도 배제할 수 없다. 오히려 불교도들이 창안하여 유포시켰을 가능성도 있다. 그러나 왕부의 『노자화호경』은 불교에 대한 도교의 우위성과 정통성을 확보하기 위하여 불교를 비방하는 내용이 내포되어 있다는 점에서 문제가 아닐 수 없었다. 그것은 불교의 포교를 저해하는 것이요, 불교의 내용을 호도하는 것이었기 때문이다. 따라서 백원스님의 전기에 나타나듯이 왕부(도교)가 백원스님(불교)에게 참회하지 않으면 안 되었던 것이다.

제3편 中國 불교사의 주요 인물

안세고

안세고(安世高, 생몰연대 미상)는 중국역경사의 첫 장을 장식하고 있는 인물이다. 그의 본명은 청淸이며 안식국의 태자였다. 박학다식했으며 불교를 믿었다. 왕위에 즉위할 즈음 그는 숙부에게 왕위를 넘겨주고 출가하여 수도에 전념했다. 그는 아비달마를 학습하고 선정을 닦으며, 서역 각지를 유람하다가 한나라 환제 건화 초년인 147년 낙양에 들어왔다. 한문에 익숙해지자 지관법과 관계있는 경전들을 번역하는 일에 매진하여 대략 영제 건령 중인 170년 전후에 끝냈다. 이후 중국 각지를 여행하며 수많은 일화를 남겼지만 만년의 일은 명확하지 않다. 중국에 30여 년 정도 머문 것으로 보인다.

안세고가 역출한 책은 당시의 기록이 없기에 정확한 부수를 알 수는 없다. 다만 진나라 때 석도안이 편찬한 『중경목록』은 안세고가 역출한 역서로 35부 41권을 적고 있다. 그렇지만 현재 남아 있는 것은 22부 26권이다. 그 중에서도 『칠처삼관경』은 도안(312~385) 이후에 양권본으로 편집되었다.

안세고의 번역은 어느 때는 구술한 것을 다른 사람들이 집필하여 책으로 만들었는데 『아함구해』·『12인연경』 등이 여기에 해당한다. 도안록에는 안세고가 번역했지만 후대에 전하지 않는 책으로 13부 13권을 들고 있다. 그 중 『14의』와 『98결』은 모두 안세고의 찬술로 본다. 또한 『소안반경』은 현존하는 『대안반수의경』 중에서 주해부분을 제거한 것으로 본다.

안세고가 번역한 경전은 창작이라 말해도 과언이 아니다. 내용과 형식에 특징이 있는데, 바로 자신이 정통한 일체의 것을 중국문화에 알맞도록 번역하고 있다는 점이다. 또한 번역의 범위가 성문승을 벗어나지 않았고 특정 목적을 가지고『아함경』중에서 선택해 번역했다. 또한 지관과 유관한 경전을 많이 번역했다. 형식적으로는 원본의 의미를 비교적 정확하게 번역하고 있다. 따라서 승우는 안세고를 "이치가 명백하고, 용어의 사용이 합당하며, 과장하지 않고, 조잡하지 않으며, 중복되지 않는다."고 칭찬하고 있다. 번역어의 창작 역시 기발하여 어떤 점에선 명확하지 않다. 예컨대 수受를 통痛으로 번역하거나 정명正命을 직업치直業治로 번역했다.

안세고의 번역본을 중심으로 그의 사상을 추정해 본다면 부파불교 중에서도 상좌부계통에 속한다고 말할 수 있다. 그는 정혜의 학설을 번역하는 데 중점을 두었는데 이들은 실제적으로 지관법문에 속한다. 정학은 선법이며, 혜학은 바로 수법數法이다.

안세고가 번역한 선법은 주로 선사인 승가라찰의 전승에 의지한다. 4념주를 활용하여 5정심을 관통하는 수련법이다. 그는 승가라찰에게 『수행도지경』초역본 37장을 받아 신념주에 집중했으며, 그로 인해 인집과 아집을 타파했다. 염식念息에 관해서는 별도로 대소『안반경』을 번역했다. 그 중에 16특승법과 4념주가 서로 연결되어 있다. 특히 염식법은 당시 도가의 식기食氣, 도기導氣, 수일守一 등의 사상과 유사했기 때문에 널리 수용되었다. 당시 유명한 남양의 한림, 영천의 피업, 회계의 진혜 등도 이것을 수련했다.

수법과 관련하여 안세고는 아비담가의 규범을 준수했다.『증일아함경』·『집이문론』등을 표준으로 삼았으며『오법경』·『칠법경』·『십이인연경』・『아비담오법경』 등을 선택해 사용했다. 번역문 안에 자신의 해석을 포함시키고 있다는 점도 특이하다. 안세고의 번역은 후대에 많은 영향을 미쳤다는 점에서 연구의 가치가 있다.

지루가참

지루가참(支婁迦讖, 생몰연대 미상)은 대월지 출신으로서 한나라 환제 말기에 낙양에 들어왔다. 안세고보다 약간 늦게 중국에 들어와서 영제의 광화(178~183), 중평(184~189) 연간에 『도행반야경』・『반주삼매경』・『수능엄경』・『반주삼매경』・『아축불국경』 등의 대승경전을 역출하였다. 이 경전들은 중국불교 발전에 많은 영향을 미치게 된다.

지루가참은 지참이라 약칭하기도 한다. 지루가참이 번역한 경전도 정확하게 몇 종류인지 파악되지 않는다. 당시의 기록이 남아 있지 않기 때문이다. 다만 석도안이 『중경목록』을 저술할 때 보았던 사본들 중에서 연대를 고증할 수 있는 것은 세 종류로 본다. 광화 2년인 179년에 번역한 『도행반야경』 10권, 『반야삼매경』 2권, 중평 2년인 185년 번역한 『수능엄경』 2권이 그것인데, 이 중 『수능엄경』은 전하지 않는다. 또한 도안은 번역문의 체제를 비교하여 지참이 번역한 것으로 생각되는 경전을 아홉 가지나 들고 있는데 『아사세왕경』・『보적경』・『문서경』・『도사경』・『아축불국경』・『내장백보경』・『방등부고품일유일설반야경』・『호반니원경』・『패본경』 등이 그것이다. 이 중에서 뒤의 세 가지는 전하지 않는다.

지루가참이 번역한 전적 중에서 비교적 중요시되는 것은 『도행반야경』과 『반주삼매경』이다. 원본은 모두 축삭불이 전래한 것들이다. 지루가참이 번역한 경전들의 특징은 대부분 대승에 속한다는 점이다. 이들은 용수 이전 인도 대승경전의 흐름을 반영하고 있으며, 『보적경』·『아촉불국경』·『반주삼매경』 등은 이러한 사정을 잘 나타내고 있다. 또한 그가 번역한 『아사세왕경』·『문서경』·『내장백보경』·『수능엄삼매경』 등은 모두 문수를 중심으로 삼고 있는데, 이는 지루가참이 문수반야의 법계평등사상에 관심이 많았음을 보여주는 것이다.

특히 이후 발전하게 되는 불교사상에 미친 지루가참의 공헌은 막대하다고 할 수 있는데 그것은 바로 『도행경』 때문이다. 대승불교사상은 본래 반야의 연기성공사상을 기초로 삼고 있는데, 이로 볼 때 이러한 부류의 경전을 번역한 것은 중국 대승불교의 발전을 촉진시켰을 것이다. 당시의 사상계는 도가의 '무명이 천지의 시작이다'라는 사상에 익숙해 있었기 때문에 반야사상을 받아들일 준비가 되어 있었다. 즉 도가의 사상에 힘입어 빠른 속도로 반야사상이 전파되었던 것이다. 다만 그의 번역문은 너무 간략했기 때문에 명확한 이해가 어려웠다. 때문에 주사행이 반야경의 원본을 찾아 구법여행을 떠나게 된다.

『출삼장기집』에 의하면 지루가참이 번역에 종사하던 기간 중에 월지국의 교민 수백 명이 중국에 귀화한다. 월지국인들은 일찍이 불교를 신앙했기 때문에 그들의 풍속에 따라 절을 짓고, 재회를 베풀거나 각종 불사를 거행했다. 그들 중 지량은 지루가참에게 수업했으며, 뒤에 지루가참의 학설을 현양했다.

지겸

지겸(支謙, 약 3세기)의 이름은 월이고 호는 공명이다. 그의 조부인 법도法度가 한나라 영무제 때 수백 명의 월지인을 거느리고 귀화하였다. 월지국의 후예로서 낙양에서 태어난 천축인 2세인 셈이다. 그는 어려서 한족문화의 영향을 받아 한문에 정통했다. 지루가참의 제자인 지량支亮에게 배웠는데 대승불교이론에 통달하여 세상의 칭송을 받았다. 헌제(190~220) 말년에 한나라 왕실의 다툼과 소란으로 낙양 일대가 혼란스러워지자 동향인 수백 인을 거느리고 오나라로 피신하였는데, 오나라 왕 손권이 그의 박학과 재능에 감탄하여 궁중으로 초청하여 동궁(왕세자)인 손량을 보필하고 지도하게 하였다. 이후 손량이 황제에 즉위하자 궁애산으로 들어가 은일하며, 지계持戒에 전념하면서 출가자 이외에는 만나지 않다가 60세를 일기로 세연을 마쳤다.

오나라에서 그의 재능을 발휘하였기에 오지겸이라 칭하기도 했다. 6개 국어에 능통하여 222년부터 253년 사이에 수많은 경전들을 번역하고 주석을 가하였다. 지겸이 번역한 경전 중에서 중요한 것으로는 『유마힐경』·『대명도무극경』·『대아미타경』·『서응본기경』 등이 있다. 이들 중에서 특히 『유마힐경』과 『도행반야경』의 이역본인 『대명도무극경』은 노장사상의 사상적 외연을 확장하는데 막대한 영향을 미치게 된다. 또한 『대아미타경』을 번역하여 중국인들에게 처음으로 아미타부처님의 존재를 알렸다. 이에 더하여 『요본생사경주』를 찬술했는데, 그의 주석에 대해 전진시대의 석도안은 『요본생사경』 서문에서 "그의 주석은 근원을 잘 헤아리고 있으며, 의심을 잘 해결해 주지만 어리석은 사람들은 알기가 쉽지 않다. 나는 그의 주석을 근거로 삼으면서 알기 어려운 곳을 풀이했다."고 고백하고 있다. 당대를 대표하던 도안이 지겸의 주석이 매우 훌륭하다는 것을 입증했던 것이다.

지겸이 비교적 많은 경전을 번역하였는데, 도안의 경록에는 30부가 수록되어 있고, 양나라 승우는 『별록』에 의거하여 6부를 더하고 있다. 혜교는 『고승전』에서 49부를 밝히고 있으며, 수나라 비장방의 『역대삼보기』에서는 129부로 증가되어 있다. 그 중의 대부분은 다른 사람의 번역이거나 초역된 이본이다. 지겸은 번역 이외에도 공역과 역주에 막대한 공헌을 남기고 있다. 그의 번역문은 음율이 깊은데 경전에 나오는 게송의 가창에 유의했기 때문이다. 따라서 범패의 발전에 상당한 영향을 미치게 된다. 범패의 창시자로 알려진 진사왕 조식도 지겸이 번역한 『서응본기경』의 영향을 받은 것으로 알려져 있다.

지겸의 번역 태도는 번역문의 축자적 원칙에 집착하는 경향에 반대한다. 오히려 문장과 축약이 조화를 이루어야 한다고 주장한다. 이것은 경전의 의미를 더욱 분명하게 드러내어 사람들로 하여금 이해하기 쉽도록 만들었다. 이런 점에서 그가 번역한 『유마힐경』은 대승불교의 방편사상을 잘 표현하고 있다. 이런 그의 태도는 불전문학이 발전하는데 일정 정도 공헌하였다.

불도징

불도징(佛図澄, 232~348)은 서역 사람이다. 성이 백帛씨인 것을 보면 구자국 사람임을 알 수 있다. 일찍이 이빈국에 들어가 설일체유부계통의 소승불교를 공부했다. 서진 영가 4년인 310년에 돈황을 거쳐 낙양에 들어왔으며, 동진의 영화 4년인 348년 12월 8일 107세의 나이로 업도에서 열반했다. 낙양에 들어올 무렵 그의 나이는 이미 79세의 고령이었다. 영적인 능력의 소유자로서 신통력이나 주술 혹은 예언에 탁월한 재능을 발휘하여 석륵의 귀의를 받았다. 석륵은 불법의 이치에는 관심이 없었기 때문에 불도징은 주술을 활용하여 그의 귀의를 받게 된다. 석륵이 총애하던 자식 석빈이 갑자기 혼절했는데 불도징의 주술로 2일 만에 깨어난 것이다. 그것을 기회로 석륵은 매년 석가탄신일에 사원을 찾아가 관불을 하며 자식의 안녕을 기원했다.

석륵이 죽은 뒤에는 잔혹무도한 석호가 후조왕이 되었지만 그 역시 불도징을 받들어 모시고 대화상이라 존칭했다. 그러나 일군의 관료들이 불도징을 경계하기 위해 '중국 전통의 예교에 따르고, 이방인의 신인 부처를 섬기지 말 것'을 주청하자 석호는 "나도 이방인 출신이고, 한족이 아니므로 한족 고유의 풍속에 따라야 할 이유가 없다. 부처가 이방인의 신이라면 짐이 부처를 신봉하는 것은 당연하다."며 출가를 희망하는 사람들에게 언제든지 출가할 수 있게 허락했다.

석호 치하에서 불도징은 대단한 교화력을 발휘하게 된다. 엄불조, 수보리 등의 외국 승려 수십 명이 그의 명성을 듣고 찾아와 사사했으며, 한족인 도안과 축법아 등도 불도징의 제자가 되었다. 그의 문도는 1만여 명에 가까웠다고 전하며, 893개소의 사찰을 건립하여 화북지방의 불교를 융성케 했다. 그의 제자로는 5호16국시대 후반에 활약했던 축법아, 도안, 승랑, 법수, 법조, 법상, 승혜, 도진, 법태, 법화, 안령수니 등이 있다.

역경이나 저술을 남기지 않았지만 그가 영향력을 지니게 된 것은 신이한 도술의 달인이었기 때문이다. 그의 사상에 관해 알 수 있는 직접적인 사료는 없지만 그에게 공부한 제자들의 면면을 보면 불도징의 학덕이 매우 고매했다는 것을 추정할 수 있다. 불도징의 전기는 『진서』 권95 「예술전」과 『고승전』 권9 「신이편」 등에 수록되어 있다. 그는 또한 계율을 엄격하게 지켰던 지율승이었다. 그의 제자인 안령수 비구니는, 서진 말인 건흥 중(313~316)에 낙양의 서문에 죽림사를 세우고 처음으로 비구니계를 받았던 죽림사의 정검니에게 계율을 받았으며, 뒤에 건현사를 세우고 비구니교단을 만들었다. 출가자 2백여 명이 정사를 짓고 수행에 힘써 석호가 이들을 공경했다고 한다.

석호의 신하였던 장리와 장량은 부귀와 영화를 누리면서 한편으로 불교를 신봉하며 커다란 탑을 세웠다. 이에 대해 불도징은 "부처를 섬기는 데는 청정과 무욕, 자비심을 지니지 않으면 안 된다. 그런데 그대는 인색하고, 사냥을 좋아하기 때문에 아무리 커다란 탑을 세우더라도 죄업의 과보를 피할 수 없다."라고 경고한다. 그뿐만 아니라 많은 대중들에게 권선징악의 가르침을 전했으므로 당시의 서민들은 불도징에게 경외심을 지니고 있었다.

도안

초기 중국불교사에서 뛰어난 위인을 꼽으라면 불도징과 도안(道安, 312~385), 그리고 도안의 제자인 혜원慧遠 세 사람을 들 수 있다. 이들 중에서도 초기 중국불교의 기반을 구축하는데 가장 공헌이 큰 사람은 도안이다. 그는 일세의 사표로서 난세 중에도 수천 명의 제자들을 지도하여 불교발전의 터전을 마련했을 뿐만 아니라 교단 정비, 의궤의 제정, 경록의 편찬, 불전의 교정과 주석 등에 뛰어난 업적을 남겼다. 도안은 스승 불도징을 계승하여 불법의 횃불을 밝히다가 제자인 여산 혜원에게 그 법등을 전했다.

도안은 서진 영가 6년에 지금의 하북성 기헌에 해당하는 상산의 부루에서 태어났다. 본래 위씨인데 어려서 부모를 잃고 의형인 공씨에 의해 양육되다가 12세에 절에 들어와 18세에 삭발하고 승려의 길을 걸었다. 용모가 볼품없었기 때문에 스승의 주목을 받지 못했으나 뛰어난 천품으로 인해 스승에게 구족계를 받고 불도징의 문하에서 수학했다. 당대 최고의 승려로 추앙받고 있던 불도징에게 수학하며 그의 신임을 받았는데, 계율학에 대해 집중적인 지도를 받았다. 불도징이 열반한 뒤 동진의 양양지방에 입성한 도안은 지역 토호와 유력한 관료, 그리고 건강과 장안의 양대 조정의 존경과 막대한 재정적 후원을 받게 된다. 그는 단계사를 중건하여 장육존상을 안치하고 수백 명의 제자들과 함께 규칙적인 교단생활을 영위했다. 양양은 화북과 화중을 연결하는 교통상의 요지였기에 정치적으로도 중요한 의미를 지니고 있었다.

이 무렵 도안은 사원과 교단의 청규淸規를 제정하게 되며, 연 2회의 『방광반야경』 강의를 계속하였고, 『방광반야경』의 동본이역인 『광찬반야경』을 연구하였다. 그의 반야에 대한 이해는 성공性空에 바탕을 두었기 때문에 높이 평가되었다. 그는 승려의 성을 석씨로 통일해야 한다고 제창하였는데, 석씨로의 통일은 출가자의 신분을 통일한다는 의미 이상으로 계급제도의 타파라는 인도불교 본래의 사상이 내포되어 있었다.

또한 당시까지 한역된 불경의 총목록인 『종리중경목록』을 편찬하는 등 불교사상 연구에 토대를 마련했다. 도안은 가능한 한 중국고전이나 교양과는 상관없이 불교 자체만을 가지고 연구하려는 태도를 취했는데, 이전까지 번역된 경전의 목록을 정리하여 진경과 위경의 판별 기준을 세웠던 것이다.

도안이 장안에 들어오기 전후로 장안은 이미 서역과의 무역 중심지가 되어 있었는데, 이들 무역상들과 함께 계빈국의 사문인 승가제바, 승가발징, 소륵의 담마난제 등 소승의 삼장을 전하는 외국 승려들이 속속 들어왔다. 이에 도안은 새로 들어온 불교에도 지대한 관심을 기울이게 된다. 따라서 이들의 번역에 협력하여 『아비담서』나 『비바사서』·『비나야서』·『증일아함경서』 등을 찬술하였고, 이를 기반으로 교단의 청규를 제정하면서 교단의 법규를 정립하였다. 이전의 교단생활은 율장이 전래되지 않아 통일된 규범이 없었던 것이다. 이로서 그는 교단의 운영에 관해서도 충실한 성과를 거둘 수 있었다.

축법호가 번역한 『미륵성불경』과 『미륵보살본원경』에 의거해 미륵신앙에 몰두했던 도안은 385년 장안의 오중사에서 74세를 일기로 세연을 정리한다. 도안이 활동하던 시기는 중국 전역이 5호16국으로 사분오열되었던 시기였다. 전란으로 황폐화된 민심은 의지처를 잃고 있었으며, 지식인들은 자신들의 무력함을 자책할 뿐 선택의 여지가 없던 시기이기도 하다. 그러한 때 출가 본연의 모습을 지키며, 초기 중국불교교단의 정비를 위해 일한 도안의 공적은 찬연하다는 표현

이외에는 없을 것이다.

여산 혜원

여산 혜원(廬山 慧遠, 334~416)의 속성은 가賈씨이다. 21세 때인 354년 고향인 하북성 상산지방에 있던 도안을 찾아가 『반야경』 강의를 듣고 깊은 감명을 받아 동생인 혜지와 함께 출가했다. 혜원은 도안의 문하에서 25년간 수학했다. 그러나 양양이 부견에게 함락되기 1년 전인 378년에 스승인 도안과 이별하고 형주의 상명사로 이주했다. 다행스럽게도 형주지방은 이미 도안의 문도들에 의해 교화가 되어 있었다.

혜원은 스승인 도안과 마찬가지로 한족은 물론 이민족 출신의 왕실과 문무의 관료, 학계, 묵객시인에 이르기까지 폭넓은 지원과 존경을 받았다. 그는 중국불교도로서 확고한 신념을 세우고, 유구한 전통을 지니고 있는 기존의 문화에 불교를 접목시키기 위해 노력했다. 이러한 혜원의 교화활동에 대하여 동시대의 후배이자 귀족문학가로 불교에 심취했던 사령운은 「혜원법사주」에서 찬탄하고 있다.

또한 중국의 전통사상에 입각하여 불교를 탄압하고자 하는 환현에게 『사문불경왕자론』을 보내어 정교분리론을 관철시키기도 한다. 이 시대에서 가장 특이한 사건이라 말할 수 있는 정교분리론은 이미 그 이전부터 갈등의 씨앗을 키우고 있었는데, 이를 미흡하지만 혜원이 정리한 것이다. 중국고유의 문화인 유교문명은 황제를 중심으로 천하를 통치하는 것이다. 그러나 인도에서 발생한 불교는 인도문화의 전통에 따라 국왕에게 절하지 않는 것을 원칙으로 삼고 있었다. 정교분리의 원칙에서 교단의 독자성을 인정받고 있었던 것이다. 이것은 중국 전통사상에 위배되는 일로 특히 천자를 중심으로 충의 문화를 형성하고 있던 당시의 관료 지배층에게는 납득하기 힘든 문화였다. 따라서 지배층과 불교교단은 첨예하게 대립할 수밖에 없었다. 이것을 혜원이 당시의 실권자였던 환현과 회담하여 일차적인 해결을 본 것이다.

당시 군벌이었던 환현(369~404)은 형주자사였던 은중감을 토벌하기에 앞서 여산의 혜원을 방문했는데, 402년 토벌에 성공하자 동진의 실권을 장악하고 중국전통의 예법에 따라 불교계의 정리에 착수한다. 이에 수차례에 걸쳐 환현과 혜원은 의견을 교환하였는데, 마침내 『사문불경왕자론』으로 정리되어 갈등을 해소할 수 있었다. 불교의 독자성을 인정받게 된 당시의 정황을 알려주는 이 논문은『홍명집』에 실려 전하고 있다. 이 논문의 대강은 재가, 출가, 구종불순화, 체극불겸응, 형진신불멸 등으로 구성되어 있다. 그동안 불교와 전통사상이 일으켰던 마찰 중에서 첨예한 사안이었던 배왕론과 영혼의 유무 문제가 주된 관심사였던 것이다.

『사문불경왕자론』은 재가자는 불법을 신봉하더라도 통치자의 통치를 받으므로 군주에 대한 충효를 다하는 것이 마땅하다고 말하지만, 출가자는 방외의 세계에 살고 있는 사람들이므로 세속적 가치를 초월해 있다고 주장한다. 출가자가 덕을 완전하게 닦으면 일족에게 은택이 미치므로 효에 어긋나지 않으며, 통치권에 있지는 않지만 일체 중생을 제도한다는 점에서 제왕의 도리와 일치한다는 것이다. 따라서 출가자는 제왕과 동일한 도를 추구하는 입장에 있기 때문에 이법의 근원은 추구하되 임금의 통치에 따를 필요는 없다는 것이다. '형진신불멸'에서는 영혼의 유무를 논하는데, 신체가 소멸해도 영혼은 존재한다고 하였다.

 그러나 이 논문의 주장은 불교적 교리에서 그 당위성을 피력하기보다는 중국의 전통관념과 상고시대의 실례를 들어 논의의 정당성을 주장하고 있다. 따라서 당시의 정권과 적당한 타협을 유도할 수 있었지만 불교라는 교단의 독립성을 확고하게 수립하기에는 약점을 지닐 수밖에 없었다. 7세기 중반 이후 불교교단이 왕권의 지배 아래 자연스럽게 복속하게 된 것도 이러한 정황 때문이었다.

구마라집

구마라집(鳩摩羅什, 343~413)의 전기를 알려주는 자료로는 양나라 승우의 『출삼장기집』, 양나라 혜교의 『고승전』 권제2의 '구마라집전' 등이 있다. 이들에 의하면 구마라집은 음사어이며, 한문으로 번역하면 동수童壽라 한다. 구마라가 성이며 집이 이름이다. 보통 줄여서 라집이라 부르는 것이 통례이다. 라집의 아버지는 구마라염으로 출가한 뒤에 파미르고원을 넘어 구자국에 들어왔다. 구자국은 현재의 중국 신강성 위구르자치구역인 고차庫車에 해당한다. 구마라염은 이곳에서 국왕의 권유로 환속하여 공주와 결혼하여 슬하에 구마라집과 불사제바를 두었다. 라집은 7세가 되자 어머니의 뜻에 따라 출가하였다.
 이후 지금의 카시미르에 해당하는 이빈국으로 유학하여 소승불교를 배우다가, 12세가 되는 해에 어머니와 함께 구자국으로 귀국하였다. 돌아오는 도중에 소륵에서 설일체유부를 깊이 연구하였으며, 이후 수리야소마를 만나 대승불교를 공부하였는데 온숙국에서 벌어진 논쟁에서 명성을 얻게 된다.

구자국에 머무는 동안 구마라집의 명성은 이웃 나라에 널리 알려진다. 때문에『반야경』연구에 심취해 있던 석도안은 전진왕 부견에게 구마라집의 초빙을 권유했다. 동시에 차사전왕 미진과 선선국왕 휴밀타도 부견에게 서역정벌을 진언했다. 중국 통일을 꿈꾸던 부견은 서역경영과 라집의 영입이라는 목표를 위해 여광에게 7만의 병사를 주어 384년 구자국을 정벌한다. 그러나 386년 전진이 멸망하자 귀국길에 있던 여광은 지금의 감숙성 무위현에 속하는 고장에서 후량을 건국한다.

이 무렵 385년 후진을 세운 요장이 여광에게 구마라집을 후진으로 보내줄 것을 간청하나 거절당했다. 이에 요장을 계승한 요흥이 401년 후량을 정벌하고 그해 12월 20일 라집을 장안으로 맞아들이게 된다. 라집은 장안에서 번역과 후학 양성에 전념하다가 409년 8월 20일 입적한다. 장안으로 들어오기 전 여광의 치세에서 지낸 7년여의 세월은 라집이 한어를 공부할 수 있는 기회였는데, 그가 훌륭한 번역을 많이 남길 수 있었던 기초가 이 시기에 다져졌다.

라집이 장안에서 번역한 경전은 그 목록만으로도 그 중요성과 영향력을 짐작할 수 있는데,『반야경』·『유마경』·『법화경』·『중론』·『백론』·『십이문론』·『대지도론』·『십송율』·『좌선삼매경』·『성실론』·『십주비바사론』·『십주경』·『아미타경』·『미륵하생경』·『미륵성불경』등이 그것이다. 위와 같은 그의 번역 성과는 삼론종, 천태종의 종파불교를 형성할 전기를 마련해 주었으며, 대승선법과 남종선이 성장할 수 있는 토양을 제공하였다.

　중국불교사, 나아가 중국사상사 또는 문화사에서 가장 커다란 영향을 미친 사람은 구마라집이라 말할 수 있다. 그가 중국 정치문화의 중심지인 장안에 들어오게 되는 과정도 매우 극적이지만, 장안에 들어와 이룩한 번역사업의 성과는 이후의 중국사상과 문화에 일대 변화를 초래한다. 중국불교계나 사상계에 미친 라집의 공헌에 대해 학자들은 다음 몇 가지로 특징 짓는다. 교판불교의 등장과 불교의 토착화를 완성할 수 있는 이론적 근거를 제공했다는 점, 구체적으로는 대승과 소승의 구별 속에서 대승의 우위를 인식하게 했고, 다양한 경전 각각의 역할을 인정했으며, 『반야경』과 『법화경』의 차이점을 설명하기 위해 설시說時의 전후라는 시각을 도입했고, 법신의 불멸을 주장했다는 점 등이 그것이다.

도생

도생(道生, 355~434)의 성은 본래 위魏씨이며, 지금의 하북성 평향平鄕에 해당하는 거록 출신으로, 지금의 강소성 서주시에 해당하는 팽성으로 이주하여 살았다. 아버지는 광척의 현령을 지냈는데 후덕한 사람이라 향리 사람들은 그를 선인善人으로 불렀다. 도생은 어려서부터 매우 총명하여 신동으로 알려졌다. 7세 무렵 사문인 축법태를 만나 불문에 귀의하여 스승을 따라 성을 축竺으로 바꾸었다. 20세가 되어 구족계를 받았는데 이 무렵에는 지금의 남경시에 해당하는 건업에서 생활하고 있었다. 25세 때 승가제바가 여산으로부터 경사에 도착하여 아비달마를 강의하였는데 도생도 이 강의를 수강하는 승려 중의 한 사람이었다. 뒷날 도생은 경사에서 여산으로 들어가 승가제바에게 일체유부의 이론을 전문적으로 공부하였으나, 구마라집이 장안에 들어왔다는 소문을 듣고 혜예, 혜엄, 혜관 등과 함께 그를 찾아가 라집의 지도를 받았다. 도생은 뒤에 구마라집 문하의 네 성인, 혹은 열 명의 철학자로 추앙받았다.

의희 5년인 409년 37세의 나이로 건업으로 돌아와 청원사에 주석했다. 여기에 머물며 교화와 수행에 전념했던 도생은 423년 이빈국 출신의 율사인 불타집과 우전 사문 지승을 초청하여 법현이 스리랑카에서 가져온 범본『미사색부오분율』34권과『비구계본』·『갈마』각 1권을 번역했다. 또한 418년 건강에서『열반경』6권을 번역했는데 그 가운데는「천제성불론」이 기술되어 있지 않았다. 그럼에도 "일천제도 모두 성불할 수 있다."고 주장하여 많은 사람들의 비판을 받게 되며, 이에 잠시 오나라의 호구산으로 피신한다. 원가 7년인 430년에 다시 여산의 동림사로 들어가며, 이 무렵 대본『열반경』이 건업에 전래되어 그의 탁월한 식견을 증명하면서 만인의 추앙을 받게 되었다. 여산에서『열반경』을 강의하며 불성사상을 깊이 연구하다가, 원가 11년인 434년 강의를 마치고 강단에 단정히 앉아 입적하니 향년 62세였다.

도생의 저서로는『유마경』·『법화경』·『니원경』·『소품반야경』 등에 대한 주석서가 있었다고 하지만 현재는『법화경소』·『주유마힐경』·『대반열반경집해』등이 남아 있다. 이 외에도『선불수보의善不受報義』·『돈오성불론頓悟成佛論』·『이제론二諦論』·『불성당유론佛性當有論』·『법신무색론法身無色論』·『불무정토론佛無淨土論』·『응유연론應有緣論』 등의 저서가 있었다고 하지만 전하지 않는다.

도생의 사상 중에서 가장 특징적인 것은 돈오성불론과 응유연론, 불성당유론 등이라 말할 수 있다. 돈오성불론이란 돈오를 통해야만 성불할 수 있다는 주장으로서 점진적으로 깨달을 수 있다는 당시의 주장에 반론을 제기한 것이다. 응유연론이란 중생이 성불하기 위해서는 반드시 인연에 의지해야 한다는 논리이다. 도생은 불교적인 구원체계를 중생과 부처의 관계로 설정하고 여기에 인연이 있을 경우에만 양자 간에 교감이 가능하다고 보았다. 불성당유설이란 누구나 불성을 지니고 있다는 논리이다. 불성은 도생사상의 철학적 기초인데 그는 반야사상과 열반사상을 절묘하게 융합시키고 있다. 이런 점에서 불성은 보편적인 속성을 지니고 있으며, 만물에 공통하는 공통원리가 된다고 말한다.

승조

승조僧肇의 속성은 장張씨이다. 지금의 섬서성 서안시에 해당하는 경조 출신이며, 동진 무제 태원 9년인 384년(혹은 374년)에 태어나 안제 의희 10년인 414년에 입적했다. 향년 31세의 젊은 나이였다. 『고승전』에 의하면 승조는 집이 가난하여 책을 필사해주는 것으로 업을 삼았다고 한다. 때문에 경서, 역사서 등을 두루 섭렵했다. 더구나 뜻이 현미玄微한 것을 좋아하여 매번 노장으로 심요를 삼았으며, 일찍이 노자의 『도덕경』을 읽고 탄식하여 말하길 "노장이 아름답기는 하지만 현실문제와 정신세계, 그리고 진리문제 등에 대해서는 오히려 부족함을 느꼈다."고 전한다. 이 때문에 승조는 노장사상에 만족하지 못하였으며, 그러던 중 마침 구역『유마힐경』을 읽고 감탄하며 다음과 같이 그 심경을 고백한다.

"기쁘게 받아들였다. 완미할 것을 찾은 것이다. 비로소 돌아갈 곳을 알았다고 말하리라."(『고승전』권7)

이로 인해서 출가한 승조는 방등경전에 능통했으며, 겸하여 경·율·론의 3장에 통달했다. 승조는 20세가 되던 무렵 이미 관중지방의 불교학자로 알려지게 된다. 이는 403년 전후로 후진의 요흥이 치세하던 시기였다. 당시 불교계는 사상분쟁이 격렬했는데, 변론을 좋아하는 승려들이 출현하여 한 치의 양보도 없는 사상논쟁을 일삼고 있었다. 승조도 담론을 좋아하는 무리들 속에 편입되어 회를 거듭하는 논쟁을 벌였는데, 그는 논쟁들을 모두 승리로 이끌었다. 장안(경조)에 있던 유학자들은 물론 관중 밖에 있던 뛰어난 논사들도 승조의 웅변을 감당할 수 없었다. 이것은 그가『유마경』을 읽고 습득한 부정의 논리에 힘입은 바가 컸다고 말할 수 있다. 대승불교의 공사상과 보살을 기반으로 한 것이다.

404년 4월 23일 구마라집에 의해『대품반야경』의 번역이 완료되자, 이후 408년 사이에 그의 유명한 논문 중의 하나인「반야무지론」이 발표되었다. 이 논문이 여산에 전해졌을 때 남방불교계의 대표적 존재였던 혜원은 이 책의 가치를 높이 평가했다. 승조는「반야무지론」을 발표한 이후「부진공론」과「물불천론」을 연속하여 발표했는데, 이 논문들은『대지도론』과『중론』을 많이 인용하였다.

승조는 또한「유마경주」와「유마힐경서」을 저작하였다. 이후『백론』

이 번역되자 「백론서」을 썼으며, 연속하여 「범망경서」·「사분율서」·「장아함경서」 등을 썼다. 413년 4월 13일에 스승인 라집이 서거하자 사후에 「구마라집주병서」을 썼다. 이후 「열반무명론」을 발표하게 된다. 『고승전』에 의하면 스승인 라집이 서거하자 그를 기리기 위하여 「열반무명론」을 저술하였다고 한다. 그러나 그가 쓴 표문表文에 의하면 이 논문은 후진왕 요흥을 위해 안성후 요숭이 저술한 열반사상에 대해 회답할 때 작성된 것이다. 즉 후진왕에게 열반무명에 대한 개념을 정확하게 알리기 위한 것이라 고백하고 있는 것이다.

승조가 중국불교사상사에서 차지하는 위치는 무엇보다 반야사상의 영향으로 격의불교를 청산한 점, 『유마경』의 사상적 영향 아래 노장사상을 흡수하여 자신만의 독특한 물아일체관物我一體觀을 수립한 점, 더하여 독자적인 진리관을 수립한 점에서 찾을 수 있다. 그는 다음과 같이 자신의 진리관을 피력했다.

"진리를 떠나 존재의 마당이 따로 있는 것은 아니다. 존재의 마당이 그대로 진리의 세계이다. 그러므로 도는 결코 멀리 있는 것이 아니다. 하나하나의 사물에 접하여 가는 속에 진리가 있다. 성인은 멀리 다른 사람이 아니다. 그러한 진실을 체득하면 바로 성인이다."

보리달마

보리달마(菩提達磨, ?~495 혹은 436)의 생몰연대에는 명확하지 않다. 『달마다라선경』에 따르면 서천부법장 제28대 조사로 알려져 있으며, 중국 남종선의 초조가 된다. 남인도 혹은 파사국의 왕자로 태어나

반야다라의 법을 계승했으며, 중국에 들어와 양나라 무제를 만났지만 서로 의기투합하지 못해 숭산에 들어와 소림사를 창건하고 9년간 면벽수련했다고 한다. 그의 선법은 제2조 혜가에게 전해졌다.

달마의 제자로 알려진 담림이 지은 「보리달마약변대승입도사행론」의 서문 중에는 달마가 "마음을 비워 고요하게 하고 세상의 일에 통달했으며, 안팎으로 밝아서 덕이 세상의 표본을 넘었다. 자비로운 가르침이 변방에까지 미치니 마침내는 산과 바다를 건너 한나라나 위나라를 교화하게 되었다. 마음을 잊은 선비치고 귀의하여 믿지 않는 사람이 없었다."고 말하고 있다. 도선스님의 『속고승전』에 의하면 달마선법은 "벽관에 머물러 나와 남이 없고 범부와 성인이 하나가 되며…… 견고하게 머물러 움직이지 않고 다른 가르침에 따르지 않으며…… 도와 은밀히 부합하여 고요하면서도 인위적인 행위가 없는 것"이라 정의하고 있다. 여기서 알 수 있는 것은 달마선법의 특색이 마음을 안정시킨다는 의미의 안심安心이며, 안심의 내용은 벽관壁觀이라는 점이다. 이른바 벽관이란 마음이 장벽처럼 서 있어서 흔들림이 없다는 의미이지, 장벽을 눈앞에 두고 관찰한다는 의미가 아니다. 벽관을 통과하여 얻어지는 세계는 다름 아닌 '도와 은밀히 부합하는 것'이며, 이것은 바로 자신과 진여불성이 서로 계합하는 것을 지칭한다.

비교적 이른 시기에 등장하는 역사서에는 달마대사가 소림사에서 '면벽 9년'했다는 기록이 등장하지 않는다. 담림의 서문에는 단지 "멀리 산과 바다를 건너와 한나라와 위나라의 땅에서 교화했다."는 정도의 표현만 있을 뿐이다. 도선도 『속고승전』에서 달마가 "북으로 양자강을 건너 위나라에 도달하며 머무는 곳마다 선법으로 가르쳤다."

거나 "숭산과 낙양지방에서 교화했다.", 혹은 "돌아다니며 교화에 힘썼으나 임종을 알 수 없다."고만 기록하고 있다. 숭산의 소림사는 북위 효무제 시절에 불타를 위해 건립된 사찰이며, 불타의 뒤를 이어 소림사의 주지가 된 승려가 승조僧稠였다. 달마의 선법과 불타 혹은 승조의 선법은 계통이 다른 것이며, 서로 용납될 수 있는 것이 아니었다. 여하튼 후대의 기록을 제외하면 달마가 소림사에서 면벽 9년을 했다는 것은 어디에서도 역사적 근거를 확보하기 어렵다.

　북송시대에 찬술된 『경덕전등록』에는 달마가 양자강 북쪽으로 건너온 뒤에 "우거가 숭산의 소림사에 있었는데 면벽하고 앉아서 하루 종일 말이 없었다. 그래서 사람들이 (그의 사람됨을) 헤아릴 수 없어서 다만 벽관바라문이라 불렀다."(권3)고 기록되어 있으며, 오래지 않아 뒤이어 등장하는 『벽암록』에서도 "달마대사는 그곳에 도착하자 나와 보지도 않았다. 바로 소림사에 머물며 면벽수련한 지 9년만에 2조 스님을 얻었다. 그는 비로소 벽관바라문이라 불리게 되었다."(권1)고 전하고 있다. 훗날 만들어지는 작자미상의 대련對聯에서는 "한 줄기 갈대로 강을 건너 어디로 가는가? 9년간의 면벽에 저 사람이 오네."라고 노래하게 된다. 그래서 후즈는 "소림 면벽의 이야기는 후대 사람들이 불타스님의 이야기를 오인하여 달마의 이야기로 와전한 것"이라 단언한다. 후대의 선종에서 우월한 세력과 영향력 확대를 위해 가공한 이야기로 보는 것이다.

담란

담란(曇鸞, 476~542)은 남북조시대에 북위지방에서 정토교를 전파시킨 고승이다. 가재가 저술한 『정토론』에 의하면 그는 지금의 산서성 대동시의 안문에서 태어났다. 오대산 인근에 살았기 때문에 어려서부터 문수보살의 기적과 관련 있는 전설을 들었다. 10여 세에 오대산에 올라가 사찰과 많은 유적을 참배하며, 이때 매우 감동하여 출가한 뒤에 내외의 경전을 두루 섭렵했다. 특히 용수계통의 『지도론』·『중론』·『십이문론』·『백론』 등과 불성설에 대해 지대한 관심을 지니고 연구했다.

훗날 『대집경』을 읽게 되었는데 경전에 나오는 어휘나 개념이 심오한 것을 느끼고 직접 주석을 달기 시작하지만 갑자기 병이 생겨 멈추게 된다. 이에 신병을 치료하기 위해 여러 곳을 탐방하던 중 분주에서 병을 고치게 된다. 그렇지만 도사 도홍경이 신선방술에 뛰어나다는 소문을 듣고 그를 찾아가기 위해 강남지방으로 이동한다. 담란은 강남의 건강에서 양나라 무제를 만나 불성에 관한 토론을 하고 그의 찬탄을 받는다. 그 무렵 도홍경은 구용의 모산에 머물며 양무제의 존경을 받고 있었다. 그곳에서 담란은 도홍경의 지도를 받았는데 오래지 않아 도홍경이 담란에게 『선경』 10권을 주었다. 이것을 받은 담란은 북위로 돌아가 명산에서 여법하게 수련하고자 했다.

하지만 담란이 낙양으로 돌아오는 도중에 북인도에서 온 보리유지를 만났고, 이때 담란은 자신이 신선술을 수련하고자 한다는 생각을 밝혔다. 그러면서 불법 중에 중국의 『선경』에 나오는 장생불사의 방법보다 더 훌륭한 것이 있는가? 하고 물었다. 이에 보리유지는 "『선경』은 불법에 비교할 수 없는 것이며, 신선술에 의거하더라도 장생할 수 없다."고 말한다. 그러면서『관무량수경』을 주면서 "이것이 위대한 신선술이며, 이것에 의거해 수행하면 능히 생사를 해탈할 수 있다."고 말한다. 보리유지에게 감화를 받은 담란은 몸에 지니고 있던『선경』을 불살라버리고『관무량수경』에 의거해 수행하며 대중을 교화한 결과 대중들의 폭넓은 귀의를 받게 된다. 그는 만년에 분주의 북산 석벽에 있는 현중사로 이주했다. 어떤 때는 개산의 기슭에 대중을 모아서 염불을 했다. 따라서 후인들이 그곳을 담공암이라 불렀다. 동위 흥화 4년인 542년에 평요의 산사에서 병사했는데 향년 67세였다.

담란의 저술은『속고승전』권6과『수서경적지』권34,『구당서 예문지』권59 등에 따르면 10종이라 한다. 그 중에『대집경소』는 전하지 않는다.『논기치료방』·『요백병잡환방』·『조기방』·『복기요결』등은 기공과 관련 있는 의서라 볼 수 있다. 현존하는『정토왕생론주』·『찬아미타불게』·『약론안락정토의』는 모두 담란의 저술이 분명하다.

담란의 정토사상은『왕생론주』에 잘 나타나 있다. 그는 용수의 영향을 받아 난행도와 이행도로 수행의 방식을 구분한다. 자력으로 아비발치를 찾는 것이 난행도이며, 부처님을 믿고 의지하여 정토에 왕생하고자 하여 대승의 정정취에 들어가는 것을 이행도라 한다. 이 중에서 부처님이 계시지 않는 시대, 특히 오탁악세에는 이행도만이 중생을 열반으로 인도할 수 있다는 것이 담란의 생각이었다. 따라서 담란은 부처님의 본원력에 의지할 것을 강조하는데 그런 사상의 근원은『무량수경』에 있다. 그는『왕생론주』권하에서 아미타불의 본원력이 뛰어남을 설파하며, 오염불문을 닦아서 자리이타할 수 있는 것에 대해 설명하고 있다.

보리유지

보리유지는(菩提留支, 5~6세기) 菩提流支라고도 쓴다. 인도식 이름으로, 의역하면 도희道希라 하며 북인도 사람이다. 그는 대승 유가계통의 학자였으며, 세친 직계의 법통을 계승했다. 『금강선론』에 의하면 보리유지는 세친의 4대 제자라 한다. 그는 현교에 통달했을 뿐만 아니라 당시 유행하던 밀교의 다라니법문에도 익숙했다. 북위 영평 원년인 508년 대승범본을 지니고 서역을 경유하여 중국의 낙양에 들어와, 당시 황제였던 북위 선무제의 예우를 받고 가장 큰 사찰이었던 영령사에 거주했다. 이때 황실의 예우를 받은 외국인 승려는 7백여 명을 넘었는데, 그 중에는 유명한 승려 륵나마제와 불타선다도 있었다. 다만 불경을 번역함에 있어서는 보리유지가 지도자였다.

보리유지의 번역 작업은 그가 낙양에 들어온 직후 시작되었다. 우선 륵나마제와 함께 유가계통의 중요한 저서들을 번역하기 시작했는데 『구경일승보성론』 4권, 『법화경론』 2권, 『십지경론』 12권, 『보적경론』 4권 등이 그것이다. 그들이 번역하는 방식은 이전에 비해 비교적 생경하여 어떤 명사들은 활용하는 것이 부적합하기도 했다. 당시 역경장에서 도와주던 사람들이 사용하는 방언이 달랐기 때문에 필수와 문장을 만드는 것에서도 여러 가지의 착오가 발생했다. 다만 3년에 걸쳐 『십지경론』을 번역한 뒤로는 번역하는 방식이 매우 성숙해졌다.

『십지경론』안의 어떤 곳은 원본과 다른 점도 있는데, 보리유지와 륵나마제가 공명을 다투었기 때문에 협력할 수 없었다 한다. 현재 전하는『십지경론』은 본래 두 사람이 나누어 번역한 것을 뒤에 합친 것이라 하지만 역사적 사실은 아니다.

보리유지는 낙양에서 혼자 번역에 몰두했다. 그렇지만 동위가 업성으로 천도함에 따라 천평 2년인 535년에 끝나게 된다. 전후 30년에 가까운 시간이었다. 그가 일생 동안 번역한 책은 이곽이 찬술한『중경목록』에 상세하게 기록되어 있으며, 당대에 편찬된『개원석교록』에는 30부 101권을 번역했다고 한다. 중요한 것으로『금강반야바라밀경』1권,『미륵보살소문경』1권,『승사유범천소문경』6권,『심밀해탈경』5권,『입능가경』10권,『대살차니건자소설경』10권.『미륵보살소문경론』5권,『금강반야경론』3권,『문수문보리경론』2권,『승사유범천소문경론』4권,『무량수경론』1권,『백자론』1권 등이 있다.

보리유지가 번역한 경론은 주로 유가계통으로 유식사상에 편중되어 있다. 그 중 후대 중국불교사상의 발전에 영향을 끼친 경론은 몇 가지로 압축할 수 있다. 우선『입능가경』인데, 이 경전은 이미 구나발타라에 의해 유송시대에 번역이 되어 달마선법을 전파한 일군의 선사들은 이 책을 참고로 수행하고 있었다. 하지만 구나발타라의 번역은 이해하기가 어려웠고, 이러한 난점을 보완하여 번역한 것이 보리유지의 번역본이다. 다음은『십지경론』인데, 보리유지는 이 책에 나오는 '삼계유심三界唯心'이란 구절을 세친의 유식사상에 입각해 해석했으며, 이러한 방식은 당시 학자들의 연구 경향과 융합하여 유행하게 되었다. 이들『십지경론』을 연구하는 승려들을 지론사라 불렀다.

기타 『금강경』에 대한 문제점을 세세하게 탐구한 『금강선론』과 정토사상의 발전에 기여한 『관무량수불경』이 있다. 그가 언제 어디서 죽었는지를 알려주는 자료는 전하지 않는다.

지의

남북조시대의 말기에 등장한 천태 지의(智顗, 538~597)는 교학과 선정을 하나의 사상체계 속에 묶어 교관병수의 교학체계를 수립했다. 그 이전의 불교 양상은 양자강을 중심으로 이북에선 선법이 유행을 하고 있었으며, 남쪽에선 학파불교를 중심으로 폭넓은 교학체계를 연구하는 것이 일반적이었다. 그런 점에서 천태 지의는 남·북 불교학의 흐름을 하나로 융합하면서 혼란기의 시대를 치유할 구원론을 수립했다고 말할 수 있다.

지의는 538년 호남성 형주의 화용에서 태어났다. 속성은 진씨였는데 이들은 5호16국의 하나인 진나라를 건국한 주도세력으로서 남조의 명문이었다. 그의 아버지는 양나라의 요직에 있었다. 양나라 원제 때, 즉 지의가 17세 때인 554년 북조의 서위가 양나라를 공격하자 원제는 항복하면서 진씨 일족도 몰락하게 된다. 지의는 난세의 와중에 부친과 사별하는 아픔을 겪고 18세 때 출가하게 된다.

출가 이후 대현산에서 법화삼대부를 연구하고, 23세 때 남악 혜사를 만나 7년간 법화삼매와 일심삼관의 수행법을 공부했다. 이후 지금의 남경에 해당하는 금릉에서 8년간 거주하며 『법화경』과 『대지도론』을 강의하며, 『차제선문』을 저술했다. 그러나 느낀 바 있어 38세 때인

575년 절강성의 천태산에 들어가 11년간 산상에서 수행했다. 이 시기에 『법계차제초문』과 『소지관』을 저술했는데, 특히 『소지관』은 화엄학자들에게도 애용되었으며, 선종에서는 좌선의 표본을 이 책에서 찾기도 했다.

585년 진나라 황실의 초청을 거절하지 못한 지의는 금릉으로 내려와 광택사에서 『법화경』을 강의했다. 이곳은 법운(467~529)이 머물며 『법화경』을 강의하며 『법화의기』를 남긴 사찰이기도 했다. 지의는 이곳에서 587년 『법화문구』를 저술한다. 이후 2년 뒤에 수나라가 남하하여 진을 멸망시키고 중국을 통일시키는데, 지의는 전쟁을 피해 여산에 칩거한다. 하지만 진왕 광의 간곡한 초청으로 591년 양주로 가 진왕 광에게 보살계를 주고 자신은 '지자대사'란 칭호를 받았다.

이후 고향인 형주로 돌아가 옥천사를 건립하고 그곳에서 자신의 사상을 펼쳤는데 593년에 『법화현의』, 594년에 『마하지관』을 저술한다. 옥천사는 대통신수가 거주하며 자신의 선법을 펼친 사찰로 그의 사리탑이 있는 곳이기도 하다. 595년 진왕 광의 초청으로 다시 양주를 방문하여, 이곳에서 진왕을 위해 『정명현의』를 저술하여 증정한다. 이후 천태산으로 은퇴했으며, 597년 60세를 일기로 적멸상을 보이게 된다.

중국 천태종의 실질적인 개창조사라 말할 수 있는 천태 지의는 자신이 수립한 사상의 깊이가 심오하고 폭넓은 만큼 후세에 미친 영향 역시 막대했다. 그러나 사변적인 그의 사상체계가 철학자로서의 그의 위치를 중국사상사에서 우뚝 서게 만들었다면, 대중성을 탈각하고 있었다는 점에서 종교가로서의 한계를 노출하였다고 말할 수 있다.

불교가 종교라는 점에선 대중성을 유지하며 최상의 구원체계를 수립하는 것이 중요하다. 비록 지의가 심원한 구원체계를 수립했지만 대중들이 접근하기 힘든 특수한 전문인들을 위한 논리에 치우치고 말았다. 이는 천태종의 단명을 예고하는 것이기도 했다. 혹자의 비판처럼 몰락한 귀족의 후예였기에 종교적 권위를 빌어 자신의 잃어버린 권력을 더듬으려 했다고 말할 수도 있다. 비록 천태종이 대중적인 종파로 오랫동안 그 교세를 떨치진 못했지만 그의 사상체계는 후대의 불교사상가들에게 막대한 영향을 미쳤다. 그 영향은 선종, 정토종, 밀교 등 종파의 영역을 초월해 있었다.

신행

신행(信行, 540~594)은 동위 홍화 2년 위군(魏郡: 당나라시대의 상주)에서 태어났다. 동위불교의 중심지였던 업도鄴都의 법장사에서 17세 무렵에 출가했다고 한다. 출가 이후에는 주로 상주의 법장사, 광엄사, 진적사 등에 살았는데, 말년의 6년 동안 진적사에서 보낸 이외에는 생애의 대부분을 법장사나 광엄사에서 살았다.

신행은 출가 이래 48세까지 32년여 간을 선지식을 찾아 불교의 대의大義와 출가자의 시대적 사명을 찾기에 힘썼다. 따라서 남의 공양을 받을 자격이 없다고 생각하여 구족계를 버리고 노역에 종사하기도 했다. 또한 두타 걸식을 하며 노상에서 만나는 일체의 남녀에게 합장예배하며 『법화경』의 「상불경보살품」에 나오는 상불경보살의 수행을 실천했다.

그는 부처님의 설법이 수기상응隨機相應 응병여약應病與藥이므로 중생을 구원하기 위해서는 시대와 중생의 근기에 따라 적절하게 전개될 부처님의 가르침이 필요하다고 인식했다. 따라서 당시 유행하던 교판에서 주장하는 최상의 가르침만이 중생을 구원할 수 있는 것은 아니라고 생각하게 되었다.

신행의 사상적 변화는 기존의 불교 형태로는 중생을 제도할 수 없다고 하는 위기의식에서 출발하였으며, 당시 유행하던 정상말正像末의 3시설을 수용하여 삼계교설三階敎說을 확립하였다. 그는 불교도 및 일반 민중들에게 당 시대가 3시 중의 제3단계인 말법시대라 선언했다. 신행의 삼계교는 북주 이후 건국한 수나라의 불교부흥정책에 힘입어 적극적인 사회활동을 전개하였다. 그리하여 삼계교도들은 개황 3년(583)에 작성된 신행의 유문을 받들어 상락아정의 무진장행의 신행활동을 강조했다.

신행은 개황 14년(594) 정월 4일 진적사에서 입적하였다. 그의 나이 55세이자 입경 이래 6년 후의 일이다. 그의 비문에는 신행의 보시행을 내재內財와 외재外財로 구분하고 있으며, 2재가 불이이이不二而二의 상태에서 시행되어야 한다고 주장한다. 이것은 신행이 주장하는 중생제도가 현실적이고 구체적임을 말한다. 산중불교에서 촌락불교로, 개인적 수도 중심에서 민간 대중불교로의 전환을 주장한 그의 사상을 단적으로 말하는 것이기도 하다.

또한 그의 비문은 '시신을 산야에 방치하여 조수의 먹이가 되게 하는' 임장법林葬法의 장례를 시행했다고 기술하고 있어, 철저한 무소유와 공성空性의 정신에 입각한 자비실현의 극치를 보여주고 있다.

신행의 이러한 정신은 행동하는 수행인, 부처님의 가르침에 투철하고자 하는 불교인, 종교와 사상을 초월하여 사회와 민중을 구제하고자 하는 일승보살의 전형적인 모습을 보여준다. 따라서 그는 하나의 기념탑을 남겨 후세에 모범을 보이고 있다.(終南山 鴟鳴埠 信行塔院) 신행의 사상과 행적을 알려주는 자료로는 그의 저서인 『대근기행법』·『칠계불명』·『삼계불법밀기』·『삼계불법』 등이 있다.

삼계교는 모든 불교를 때와 장소와 사람에 의해 세 종류로 분류한다. 제1계를 일승, 제2계를 삼승, 제3계를 보귀보법이라 한다. 그리고 당시를 말법시대라 정의하고 제3계 불법인 보법에 의지해야 한다고 주장했다. 보법의 구체적인 내용은 보경보불이며, 일체의 법은 유일의 여래장이 전개한 것이고, 모든 사람들은 불성을 갖추고 있기 때문에 차별하지 말고 공경해야 한다고 말한다. 이러한 보경사상은 말세의 중생을 치료할 수 있는 묘약이었다.

길장

길장(吉藏, 549~623)은 수나라 때 삼론종을 집대성한 승려이다. 그의 속성은 안씨이며, 선조들은 서역 안식국 사람이다. 부모가 원수를 피해 남해로 이사하여 지금의 월남과 광서자치구에 해당하는 교주와 광주에 살았다. 뒤에 금릉으로 이사해 길장을 낳았다. 어려서 그의 아버지가 그를 데리고 진제를 만났는데 진제삼장이 그를 위해 길장이란 이름을 주었다. 길장의 선조들은 본래 불교를 신봉했기 때문에 그의 아버지 역시 후에 출가하여 도량이라 했다. 길장은 일곱 살

때 법랑을 따라 출가하여 경론을 공부했는데, 14세 때 『백론』을 수학했으며, 19세 때 대중을 위해 강의를 시작했다.

길장은 수계를 한 이후 학문이 더욱 발전했으며, 명성이 날로 높아졌다. 진나라 계양왕이 그의 학덕을 흠모하여 특별한 존경심을 나타냈다. 진나라 말기 수나라 병사들이 건강을 침공함에 사회가 지극히 혼란스러웠다. 길장과 동료들은 각 사찰을 왕래하며 불교의 문집과 경소를 수집해서 세 칸짜리 방 안에 저장하여 혼란이 가라앉은 뒤에 정리했다. 그는 폭넓게 독서했는데, 이는 그의 저술 안에 다양하게 투영되어 있다. 그는 수나라가 강서와 절강 지역을 평정한 뒤에 회계 진망산 가상사로 이주하여, 거기에서 불법을 전파시키며 제자들을 양성했다.

길장은 가상사에 거주할 때 『법화경』을 강설하였으며, 이에 대한 주석서를 저술했다. 수나라 개황 말기 몇 년간(581~600) 진왕 양광이 양주의 총관으로 있으면서 양주에 네 개의 도량을 건립하고 저명한 승려들을 초빙하여 살게 했는데, 이때 길장은 특별한 예우를 받았다. 개황 19년인 599년 진왕이 양주에서 장안으로 부임할 때 길장에게 동행을 요청했다. 이에 장안의 일엄사에 거주하며 『유마경』에 관한 주소를 정리하는 데 몰두했다. 그의 『정명현론』은 이 시기의 저작이다.

수나라가 멸망한 뒤에는 당나라 고조 이연이 장안에 입성하자마자 불교의 저명 인물들을 초빙하여 건화문 아래서 접견했는데, 이때 길장은 대표로 친견했다. 무덕 초년인 618년 당나라가 십대덕을 설치하여 불교의 사무를 관리할 때 길장은 그 중의 한 명이 되었다. 그는 장안의 실제사와 정수사에 살고 있었는데 당태종의 동생인 이원길이 그를 초청하여 연흥사에 살도록 했다. 무덕 6년인 623년 5월 병으로 열반에 드니 세수 75세였다.『속고승전』권11에 의하면 그는 임종시에 『사불포론』한 편을 썼으며, 종남산 지상사의 북암에서 장례를 지냈다.

길장의 학문적 뿌리는 섭산을 근거지로 했던 삼론종에 있다. 섭산은 승랑, 승전으로 계승되면서 강남 삼론종의 발상지가 되었다. 승전의 문하에서 가장 뛰어난 제자로는 흥황사 법랑, 섭산 서하사 혜포, 장간사 혜변과 선중사 혜용 등이 있었지만 법랑이 대표적이다. 길장은 스승이 좋아했던『열반경』을 연구하여『열반경유의』를 저술했다. 그렇지만 그는 삼론을 떨치는 데 전력을 기울여『삼론현의』를 저술하고 자신의 종요로 삼았다.

길장은 평생 삼론을 강의하면서 수많은 저서를 지었는데,『법화』·『대품』·『지도론』·『화엄』·『유마』·『열반』등에 관한 주석서를 후대에 남기고 있다. 그의 저서는 대략 40여 종이며, 그중 어떤 것은 사라졌고, 어떤 것은 진위가 판명되지 않았으며, 현존하는 것은 26부에 그치고 있다.

도작

도작(道綽, 562~645)의 속성은 위씨이며, 지금의 산서성 태원에 해당하는 변주의 민수 사람이다. 도작은 북위시대 담란의 정토사상을 계승했다. 그는 14세에 출가했으며,『대반열반경』에 대한 연구가 특별해서 24회에 걸쳐 강의했다고 한다. 후에 몽산의 개화사에서 혜찬 선사(536~607)를 따라 공사상을 연구하여 선학에 깊은 조예를 갖게 된다.

도작은 수나라 대업 5년인 609년에 민수의 석벽에 있던 현중사로

갔다. 현중사는 담란을 위해 건립된 것인데 거기서 담란이 염불을 통해 왕생 등 각종의 상서로운 감응을 체험했다는 비명을 읽고 감동하게 된다. 이에 『열반경』에 대한 연구를 버리고 정토의 행업을 닦으며 일심으로 아미타불에 전념했다. 나아가 신도들을 위해 『관무량수경』 2백 편을 강의했다. 그의 강의는 논지가 분명하고 변재에 막힘이 없었다. 그가 경전을 강의할 때마다 좌중의 대중들은 기쁜 마음으로 찬탄했으며 염불 소리가 숲 속을 울렸다. 그가 거주하는 현중사는 서하의 민수지방에 속했기 때문에 사람들은 그를 서하선사라 불렀다.

도작은 매일 염불했는데 7만 편을 한계로 삼았다. 나아가 그는 신도들에게 권하여 아미타불의 명호를 소리 내어 염불하게 했다. 마두麻豆로 그 횟수를 헤아렸는데 한 번 부를 때마다 한 알씩 내려놓았다. 염불할 때마다 헤아려 쌓인 것이 마두의 양이 헤아릴 수 없을 정도였다. 그 중 최상의 염불은 염주의 양이 80~90석이 되었고, 중간 정도는 염주의 양이 50석, 최소의 염불도 염주의 양이 20석에 이르렀다.

당태종 정관 2년인 628년 4월 8일 도작은 사부대중을 현중사에 모아 부처님의 탄신을 축하한 뒤에 목숨을 버리고자 했으나 미완에 그쳤다. 그 후 태종 때 문덕황후가 병구완을 위해 현중사의 도작을 찾아와 공양하고 기원했다.

70세 때 홀연히 치아가 새로 나와 마치 어린애와 같았는데, 정관 19년인 645년 4월 24일 사부대중에게 이별을 알리고 27일 현중사에서 입적하니 향년 84세였다.

도작의 저서로서 현존하는 것은 『안락집』 2권이 있다. 이 이외에 일본의 『동역전등목록』에는 『관경현의』가 있었다고 하지만 전하지 않는다. 도작이 지니는 정토사상의 특징은 경전의 증명을 중시했다는 점이다. 그는 『안락집』의 머리글에서 다음과 같이 말한다.

"여기에 인용된 경율론석은 40여 부에 이른다. 그 중 항상 인용한 『무량수경』・『관무량수경』・『아미타경』 등을 제외하더라도 『대집』・『열반』・『화엄』・『유마』・『법화』・『반야』・『대비』・『증일아함』・『십지』・『관불삼매』・『시방수원왕생』・『법구』・『대승동성』 등의 경전과 『대지도론』・『대승기신론』・『구사론』・『왕생론』 등의 논, 그리고 담란의 『찬아미타불게』 등을 인용하고 있다."

도작의 독서량을 알려주는 이 기록은 그가 저술에 관심이 있어서라기보다는 정토교의 사상을 홍포하고자 하는 열정이 그만큼 강했음을 나타내는 것이다.

도작이 주장한 교의는 시대나 중생들의 근기에 상응하는 것이었다. 그는 『안락집』 권상에서 『대집월장경』에서 말하는 것에 근거하여 "불멸 후 다섯 번째의 5백 년이 되는 말법이 시작되는 시기에는 복을 닦고 참회하여 업장을 제거해야 하며, 염불이 최상의 방법"이라 적고 있는데, 이는 그의 신앙관을 잘 보여준다. 그는 부처님의 교법을 성도문과 정토문으로 구분했으며, 일생동안 정토문을 현양했다. 정토에 왕생하는 요인에 대해 그는 보리심으로 근본을 삼았으며, 염불삼매를 핵심 수행으로 삼았다. 도작의 감화를 받아 정토교에 귀의한 승려로는 도무, 승연, 선도, 니대명월 등이 있지만 선도가 가장 뛰어났다.

도선

도선(道宣, 596~667)은 지금의 절강성 호주시에 해당하는 오홍 사람이다. 속성은 전(錢)씨이며, 아버지는 진나라 때 이부상서를 지냈다. 어려서부터 가정교육을 받아 9세에는 시부를 지었다. 수나라 때 불교가 흥륭함에 열 살에 장안 일엄사의 혜균에게 수업을 받았으며, 그 다음 해에 일엄사에서 삭발했다. 20세에 대선정사의 지수에게 구족계를 받았으며, 21세에는 지수 문하에서 율학을 배웠다. 지수는 당시 새로 일어난 율학의 대가였다. 도선은 30세 이전에는 공부에 힘썼으며, 그 이후는 저술에 전념한다.

무덕 7년인 624년 장안의 일엄사가 폐사되자 도선은 혜균을 따라 새로 숭의사를 건립했다. 같은 해 그는 종남산 방장곡에 살면서 정혜를 닦는 데 전념했다. 그때 그가 거주하던 곳에 맑은 샘이 솟아나왔으므로 백천사라 불렀다. 그는 십여 년에 걸쳐 전심으로 율학을 닦고 핵심을 체득한다. 이에 626년 『사분율삭번보궐행사초』 3권을 찬술하며, 율종 개창의 견해를 밝힌다. 정관 원년인 627년 『사분율습비니의초』 3권을 저술했으며, 630년 곳곳의 선지식을 찾아다니며 각각 다른 율전을 수집했다. 635년 심부의 금상산에 들어가 『사분율삭보수기갈마』 1권과 『소』 2권을 저술한 이래, 『사분율비구함주계본』 1권, 『소』 3권, 『양처경중의』· 『니주계본』 1권, 『비구니초』· 『율상감상문』· 『정심계관법』 등 많은 저서를 집필한다.

도선율사가 『사분율』의 집대성자가 되어 중국 율종에서 부동의 위치를 차지한 것은 각각의 율장이 지니는 차이점에 대해 일대 정리를 단행했기 때문이었다. 도선이 활동하던 당시는 이미 각종 율전이 번역된 지 2백여 년이 흐른 시대였다. 그러나 각각의 율전에 따라 승단의 규정이나 행사가 진행되어 왔지만 혼란만을 가중시켰고, 지역과 법사의 성향에 따라 규범이 달랐기 때문에 통일된 계율의 등장을 염원하던 때였다. 따라서 도선의 스승인 지수는 『오부구분초』란 저술을 통해 각 율전의 동이점을 밝히고 취사선택하였으며, 도선은 『사분율』을 중심으로 율종을 창립하여 모든 의식과 규범을 통일하는 한편 각종 대소승의 율전을 총괄하여 회통시켰던 것이다.

도선은 『사분율행사초』에서 일대의 불교를 화교化敎와 제교制敎로 구분했다. 일종의 교판을 정립한 것이다. 여기서 제교는 율장을 말하며 화교는 경전을 지칭한다. 나아가 계율에 대해서도 그 성격에 따라 지지계와 작지계로 분류하고, 그 교리를 계법, 계체, 계행, 계상의 4과로 나누었다. 그의 사상적 근저는 유식사상에 의존하고 있는 것이 특징이다. 도선의 율장 정비로 『사분율』을 중심으로 한 남산율종이 발전하면서 이후 동북아 불교계의 모든 승단규범과 의식은 『사분율』에 기준을 두게 되었다.

남산율종을 발전시킨 도선이었지만 그는 단순한 율사에 그치는 것이 아니라 당대를 대표하는 걸출한 불교역사가라는 평가도 받고 있다. 그가 남긴 불교사에 관한 저술은 매우 많은데 현대까지도 중요한 사료로 인정받는 것으로는 『속고승전』·『석가방지』·『집고금불도론형』·『대당내전록』·『광홍명집』 등을 들 수 있다. 당나라 때의 지승은 『개원석교록』 권8에서 도선에 대해 다음과 같이 평가하고 있다.

"외전으로 9류에 박통하며, 내전으로 삼학에 정통했다. 계의 향기는 향기롭고 맑았으며, 선정의 물은 투명하고 특별했다. 불법의 성역을 보호하기 위해 저술에 멈춤이 없었다."

"삼의는 언제나 모시였으며, 음식은 오직 콩뿐이었다. 규칙을 행하는 것으로 채찍을 삼았으며, 앉되 걸상에 의지하지 않았다."

현장

현장(玄奘, 600~664)의 속성은 진陳이고 본명은 위禕이다. 하남성 낙주 후씨현 사람이다. 그의 증조부와 조부는 관료였으며, 아버지는 유학에 심취했지만 관료가 되지는 않았다. 현장은 수나라 문제 개황 20년인 600년에 태어났다. 어려서는 집안이 가난했기 때문에 그의 형인 장첩법사를 따라 낙양의 정토사에 살며 불경을 배우기 시작했다. 그러다가 612년에 13세의 나이로 승려가 되었다. 이후 제방을 다니며 『섭론』·『잡심론』·『팔건도론』 등을 배웠으며, 622년 성도에서 구족계를 받았다. 624년 성도를 떠나 강동을 따라 올라오며 강의와 학습에 열중하였는데, 정관 원년인 627년 장안에 들어와 법상, 승변, 도악 등과 『구사』·『섭론』·『열반』 등을 연구했다. 이 무렵 법상교학과 유관한 『섭론』과 『지론』 두 학파의 이론이 통일되어 있지 않았기 때문에 인도에 가서 수학하고자 결심하게 된다. 그렇지만 당시 인도로 가는 것은 법으로 금지되어 있었기 때문에 그의 요청은 거절되었다.

629년 신강성 지역에 재난이 들자 이들을 돕기 위해 조정에서 도속 네 명의 출국을 허락했다. 현장은 이때 정식으로 인도로 유학하는 것을 허락받고 난주와 고창국을 지나 히말라야를 넘는다. 북인도 국경을 넘어 염파, 간다라, 오장나국 등을 통과하여 카시미라궁에서 2년간 머무르며 수학한 뒤 마침내 나란타사에 도착했다. 당시 세계 최대의 불교대학이었던 나란타사에서『구사』・『순정리론』・『인명론』・『성명론』등을 공부했는데, 특히 계현논사에게『유가사지론』강의를 1년 5개월에 걸쳐 들으며 유식과 중관사상에 관련된 논서들을 공부했다. 그 후 나란타사를 떠나 인도 전역을 순회하며 필요한 공부를 마치고 귀국 길에 올라 정관 19년인 645년 정월 장안에 도착했다. 이후 664년 2월 입적할 때까지 역경과 후학 양성에 매진했다.

현장은 귀국한 이후 경론을 번역하여『대반야경』을 비롯한 75부 1,335권을 번역했다. 이들을 분류하면 처음 5년간은 유가계통의 경론을 번역하고, 그 다음 10년간은 아비달마에 관련된 경론을 주로 번역했으며, 마지막 4년간은『대반야경』을 완역했다. 이런 중간에 동인도 동자왕의 요청으로 중국 고전인『노자』를 범어로 번역했으며,『기신론』을 범어로 번역해 전해주었다. 현장은 범어에 대한 조예가 깊었기에 자신이 몸소 번역했으며, 또한 이전에 번역된 것의 오류를 바로잡기도 했다.

현장의 저서는『대당서역기』이외에 범어를 사용해서 쓴『회종론』・『제악견론』, 그리고 동인도 동자왕의 요청으로 쓴『삼신론』이 있다. 범어로 쓴 책들은 한문으로 번역되지 않았고, 현재는 이름만 전할 뿐이다. 기타 황제에게 올린 표계문表啓文 1권이 있다. 이외에 현장의 저작으로 알려진 책으로『삼류경』・『찬미륵사례문』・『팔식규거송』등이 있지만 그의 작품이 아니라는 평이다. 현장의 문인은 매우 많다. 번역에 참가한 사람들은 대부분 그에게 수학한 문인들이라 말할 수 있는데, 유명한 인물로는 신방, 가상, 보광, 규기 등의 4신족이 있다. 현장의 법맥을 계승한 이는 규기이다.

지엄

지엄(智儼, 602~668)의 속성은 조씨이며, 천수 사람이다. 수나라 문제 인수 2년인 602년에 태어났다. 그의 부친인 조경은 지금의 하남성 신양시에 해당하는 신주의 녹사참군을 지냈다. 양제 대업 9년인 613년, 즉 지엄의 나이 12세 때 법순이 그의 집에 와서 지엄을 제자로 달라고 요청했다. 조경 부부는 이 요청에 흔쾌히 응낙했으며, 법순은 지엄을 자신의 수제자인 달법사에게 보내 가르쳤다. 뒤에 두 사람의 인도승려가 와 이들에게 범어를 공부했다.

14세 때 출가하여 사미가 되었으나 수나라 말기의 혼란을 피해 북쪽으로 가 섭론학파의 법상에게 『섭대승론』을 들었다. 20세에 구족계를 받은 뒤 도처의 선지식을 찾아 공부하며 『사분율』・『팔건도론』・『성실론』・『십지론』・『지지론』・『열반경』 등의 경론을 청강했다. 후에 명승 정림에게 수업을 받았는데 불교의 경전과 계파가 매우 많음을 깨닫고 전체를 배우는 것이 어렵다는 것을 알았다.

때문에 경장 앞에서 몸소 『화엄경』을 얻길 발원했으며, 이에 오로지 『화엄경』만을 연구하기로 결심한다. 당시 지정법사가 지상사에게 이 경전을 강의하고 있었으므로 청강하게 된다. 그러나 교의에 대한 의문이 그치지 않으므로 장경을 뒤져 각종 논소를 찾다가, 북위 혜광이 찬술한 『화엄경소』를 입수한다. 그리고 이 책에서 언급한 '별교일승무진연기'의 교의에 대해 깨달은 바가 있었다. 후에 다시 한 고승을 만났는데 일승의 교의에 깊이 들어가려면 반드시 십지 중에서 육상의 의미를 알아야 한다고 일러주었다. 이에 육상을 연구하기 시작하여 『화엄경』에 대한 해설서인 『화엄경수현기』를 저술하니 바로 27세 때의 일이다. 그는 『섭론』을 강의하기도 했는데, 만년에는 운화사에서 『화엄경』을 강의했기 때문에 당시 사람들이 그를 운화존자 혹은 지상대사라 불렀다. 668년 10월 29일 청정사에서 열반에 들어가니 향년 67세였다. 화엄종의 제2대 조사로 추앙받는다.

지엄의 문인으로는 박진, 법장, 혜효, 회재, 의상, 도성 등이 있다. 그의 화엄사상을 계승하여 화엄종을 떨친 사람은 법장이다. 『화엄경전기』 권3에 의하면 지엄이 찬술한 경론소가 20여 부라 한다. 현존하는 것으로 『화엄경수현기』 10권, 『화엄일승십현문』 1권, 『화엄오십요문답』 2권, 『화엄공목장』 4권, 『금강경약소』 2권 등이다.

지엄의 주요 사상은 십현연기설이다. 그는 육상의 교의에서 진일보하여 『화엄경』에서 언급하고 있는 연기법상의 이치를 발견했으며, 이에 십현의 법문을 이해했다. 그가 저술한 『수현기』·『오십요문답』에서는 육상에 관한 해석이 매우 간단하나 십현에 관해서는 『일승십현문』에서 상세하게 해설하고 있다. 화엄종에서 수립한 교판은 5교판이지만 지엄의 찬술 속에서는 아직 구체적으로 성숙된 모습을 볼 수가 없다. 그는 『수현기』의 모두에서 혜광의 점교, 돈교, 원교의 3교판설을 계승하고 있으며, 또한 점교 중에 성문과 보살이 있다고 보았다. 한편으로 진제가 번역한 『섭대승론석』에 의거하여 일승, 삼승, 소승의

3교판을 설하기도 한다. 『오십요문답』에서는 다른 학설을 설파하고 있는데, 이러한 것은 모두 지엄의 견해가 아직 성숙하지 않았음을 나타낸다.

홍인

홍인(弘忍, 601~674)의 속성은 주씨이며 호북성 기주 황매현 출신이다. 수나라 인수 원년인 601년에 태어났다. 일곱 살에 4조 도신을 따라 출가했으며, 13세에 정식으로 득도하고 승려가 되었다. 그는 도신 문하에서 낮에는 노동하고 밤에는 좌선에 힘썼다. 도신은 항상 선종의 돈점의 종지로 그를 시험했는데 세간의 일을 버리지 않고 깨달음을 얻어 도신의 인가를 받게 된다. 651년 도신이 그에게 법을 부촉하고 의발을 전수했다. 같은 해 9월 도신이 입적했으므로 그의 법석을 계승하며, 후세에 선종 제5대 조사로 불리게 되었다. 사방에서 찾아오는 학인들이 많았으므로 쌍봉산 동쪽의 빙무산에 또 하나의 도량을 건립하고 동산사라 불렀으므로 그의 선법을 동산법문이라 부르게 되었다.

  중국 선종은 초조 보리달마에서 3조 승찬에 이르기까지 그의 문도들은 모두 두타행을 했으며, 일의일발로 인연 따라 머물되 무리를 지어 한 곳에 머무르지 않았다. 그러나 도신과 홍인시대가 되어 선풍이 변했다. 도신은 618년 황매산 쌍봉산에 들어가, 30년간 한 곳에 머물렀고, 대중이 5백 명에 이르렀다. 홍인도 동산으로 이주한 뒤 20여 년간 거주하였으며, 대중이 7백여 명에 달했다. 그들은 자급자족의 생활을 했으며, 물을 긷고 장작을 패는 등의 일체의 노동을 수선修禪의 일부로 보았다. 이후 마조, 백장 등은 심산유곡에 총림을 건립하여 농선일치의 생활을 실천했다.

660년 당나라 고종이 사신을 보내 장안으로 초빙했지만 고사하고 가지 않았다. 이에 황제는 옷을 보내 공양했다. 후학을 양성하다가 674년 10월 23일 입적했으니 향년 74세였다. 동산의 기슭에 장례지냈다. 개원 연중인 713~714년 학사 여구균閭丘均이 탑비를 찬술했으며, 대종시대인 763년에서 779년에 대만선사로 추증되었다. 홍인의 선학은 도신을 계승한 것이다. 도신은 자신의 사상적 특징에 대해 첫째, 『능가경』에 의지하여 심법으로 종취를 삼으며, 둘째, 『문수설반야경』의 일행삼매에 의지한다고 평하고 있다. 따라서 홍인 역시 "법의 핵심을 알고 싶으면 마음이 12부경의 근본임을 알아야 한다."고 역설했다.

홍인의 저작은 알려진 것이 별로 없다. 다만 『능가사자기』와 『종경록』 등에 그의 법어가 보이고 있다. 『능가사자기』에는 또한 홍인이 항상 묵묵히 정좌했으며, 문자로 기록을 남기지 않고 다만 입으로 현묘한 이치를 설해주었다고 한다. 때문에 세상에 『선법』이란 책이 남아 있다고 하지만 믿을 수 없고, 다만 『최상승론』(일명 『수심요론』)이 전하고 있다. 책 중에 문답을 시설하고 있는데, 수본진심을 열반의 근본이요 입도의 요문이며, 12부 경전의 종취이자 삼세제불의 조종임을 밝히고 있다.

홍인의 문하에 많은 제자들이 있었다. 『능가사자기』와 『역대법보기』에는 11명이 열거되고 있으며, 『경덕전등록』에는 13명이 나온다. 종밀의 『원각경대소초』와 『선문사자승습도』에는 16인이 나오는데,

이들을 종합하면 25인이 된다. 대표적인 사람들로 신수, 혜능, 지덕, 현색, 현약, 도준, 지선, 의방, 승달 등이 있다. 이들이 각지에서 활동하면서 동산법문은 전국에 전파되었다. 특히 혜능과 신수가 남종선과 북종선을 열어, 선종이 중국불교의 주류로 등장할 터전을 마련하였다.

신수

중국 선종 역사상 두 수도의 법주法主이며, 세 황제의 스승이란 명예를 얻은 선승은 북종선의 대표적 인물인 신수(神秀, 606~706)뿐이었다. 그는 생전에 이름을 날리며 선종의 홍포에 앞장서게 된다. 물론 그의 사후 하택 신회의 도전과 음모에 의해 북종선이 쇠퇴했지만 그는 당대를 대표하는 선승이었다.

신수의 속성은 이씨이며, 지금의 하남성에 속하는 변주汴州의 위씨 사람이었다. 소년시절부터 중국의 고전을 두루 섭렵했으므로 매우 박학다식했으며, 수나라 말기에 출가했다. 뒤에 기주의 황매현에 있던 동산사에서 홍인선사를 만나 문하생이 되었으며, 장작 패기와 물 기르기 등 6년여에 걸쳐 잡일을 했다. 이러는 과정에서 점차 홍인스님이 법기로 여기고 주목하던 중 상좌로 임명받으며, 더불어 교수사도 맡는다. 홍인스님의 문하를 떠나서는 형주에 있는 당양의 옥천사에 은거하게 된다.

홍인이 입적하자 옥천사에서 선법회를 열어 능가종사들의 돈오점수법문을 전하게 된다. 이 무렵 측천무후가 그의 명성을 듣고 장안에 들어와 도를 펼치라고 명령하게 된다. 동시에 구시 원년인 700년에도 사신을 보내 초청했는데 당시 신수는 이미 나이가 90세를 넘기고 있었다. 장설의 「대통선사비」에 의하면 신수가 입경했을 당시 조정의 정중한 접대를 받았다. 측천무후는 군신의 차이를 허용하지 않고 몸소 무릎을 꿇고 예로써 맞이했다고 한다. 측천무후는 신수를 내도량에 모시고 공양했으며 수시로 찾아가 도에 대해 물었다. 또한 신수가 거처했던 당양산에 도문사度門寺를 설치하라는 칙명을 내리고 신수의 도덕을 드러내고자 했다.

중종이 즉위하자 신수에 대한 예우는 더욱 극진했다. 이후 그는 장안과 낙양의 법주와 세 황제의 스승으로 추대되었다. 세 황제는 측천무후, 중종, 예종을 지칭하는 것이다. 신수가 입적한 나이는 1백세를 넘었다고 하며, 당나라 중종은 낙양의 오교에까지 나와 송장送葬의 예를 갖추고 더불어 숭양의 보산 정상에 13층 부도를 만들라고 칙명을 내렸다.

저서로『관심론』1권, 『화엄경소』30권, 『묘리원성관』등이 있다. 그의 선사상은 몇 가지로 압축할 수 있는데, 첫째 마음을 거두어 망견을 여의어야 한다고 강조한다.

"오직 마음을 거두어 안으로 비출 수 있게 되면 깨달음은 늘 밝아서 탐진치의 삼독을 모두 소멸시키고, 감각과 의식을 통제하여 저절로 무한한 공덕이 나타나 몸을 장엄하며, 무수한 가르침이 완전하게 완성된다. 눈앞에서 범부나 성인을 초월하여 촌각에 깨닫는 것이다."
(『관심론』)

둘째는 화엄교학의 성과를 수용하고 있다는 점이다. 고려의 균여가

인용하고 있는 『묘리원성관』의 일절에는 화엄종의 지엄과 법장이 확립한 '육상원융六相圓融' 사상이 수용되어 있으며, 이것을 활용하여 연화장 세계의 연기와 원융무애가 논파되고 있다.

세 번째는 수행의 체계적 파악이다. 그는 수행을 네 단계로 분류했는데 보살로서 지속적인 수행을 필요로 한다는 유인문唯因門, 항상 자신을 부처라 생각하는 유과문唯果門, 생각마다 발심하고 생각마다 성불한다는 역인역과문亦因亦果門, 펼쳐야 할 마음도 성불해야 할 부처도 없다고 보는 비인비과문非因非果門이 그것이다.

신수와 그의 제자인 보적이 두 수도를 중심으로 활동하면서 그들의 선법은 중국 전역으로 확산되었다. 그러므로 종밀은 "혜능선사가 입멸한 지 20여 년이 지나도록 조계의 돈지頓旨는 형오荊吳에서 사그라 졌으며, 숭악의 점문漸門은 진락秦洛에서 불타올랐다."고 『원각경대소초』 권4에서 탄식했다.

규기

규기(窺基, 632~682)는 현장의 상수제자이다. 속성은 위척이며, 장안의 옛 이름인 경조 사람이다. 그의 저술에서는 항상 '기'라고 하거나 '대승기'라 서명했기에 후인들이 규기라 지칭했다. 그는 무공으로 녹봉을 받는 귀족가문에서 성장했다. 아버지 위척종은 당나라 좌금오장군, 송주도독을 거쳐 강유현 개국공에 봉해졌다. 규기는 장군의 가문에서 태어났지만 어려서 유교의 경서를 배웠으며 작문에 능통했다. 9세에 어머니를 잃고 고독감을 느끼다가 출가에 뜻을 두었다.

당나라 정관 19년인 645년 현장이 인도에서 귀국한 뒤 우연히 노상에서 규기를 보았는데, 이목구비가 수려하고 행동거지가 호방한 것을 보고 제자로 삼고자 했다. 현장은 몸소 규기의 아버지와 상의한 뒤에 허락을 받았다. 규기가 귀족 출신이었기 때문에 출가 수속이 단순하지 않았다. 그렇지만 정관 22년인 648년 17세 때 정식으로 출가하여 현장의 제자가 되었다. 홍복사에 거주하다가 같은 해 12월, 현장을 따라 대자은사로 옮겼다. 고종 영휘 5년인 654년 조정의 명령으로 범어를 학습했으며, 2년 뒤에 역경에 참여했다.

규기가 현장을 따라 역경에 참여한 것은 전후 9년이다. 『개원석교록』에 의하면 현장의 번역본 중에서 규기가 필수한 것을 표시했는데 『성유식론』 10권, 『변중변론송』 1권, 『변중변론』 3권, 『유식이십론』 1권, 『이부종륜론』 1권, 『아비달마계신족론』 3권 등이다. 현장은 인도에서 귀국할 때 유식으로 유명한 십대가의 주석서를 수집해 와 이것을 각각 별도로 번역했는데, 규기가 현장에게 건의하여 십대가의 주석서를 합하여 한 권의 책으로 엮었다. 십대가의 주석서를 편집할 때 호법논사의 주석을 중심으로 엮어 구성했다. 이처럼 전체를 융합한 체재는 규기의 독창적인 방식이었다.

규기의 저작은 모두 43종이며, 현재 31종이 남아 있다. 주소를 붙인 경전, 즉 『금강경』·『법화경』·『미륵경』·『미타경』·『승만경』 등을 제외하면 각종 경론의 원본은 모두 현장의 번역본을 토대로 삼았다. 규기의 저서들은 핵심이 잘 정리되어 있다. 예컨대 『법원의림장』 7권을 보면 유가와 각 종파의 다른 의미를 모두 귀납시켜서 의심을 해결하고 자세하게 분석했다. 현장의 사상을 계승한 그는 성명론과 인명론에 달통했는데, 이것을 토대로 자은종의 실질적인 개창조사가 되었다.

규기의 제자로는 혜소가 있고, 혜소의 제자에 지주가 있는데 모두 규기의 사상을 훌륭하게 계승하고 있다. 지주의 제자로는 신라의 지풍, 일본의 현방 등이 있다. 현방은 8세기 초에 규기의 저서를 일본에 전했으며, 일본 법상종의 시조가 되었다. 19세기 중엽 중국은 일본에서 자은종의 전적 수십 종을 찾아와 간행하고, 정리와 연구에 매진했다.

의정

의정(義淨, 635~713)의 속성은 장씨이며, 이름은 문명이다. 지금의 산동성 제남지역에 해당하는 당나라 제주 산장 사람이다. 14세에 출가했으며, 법현과 현장의 구법여행을 추모했다. 혜지선사에게 구족계를 받은 뒤 도선과 법려의 율학을 수학했다. 낙양에서 『대법론』・『집론』・『섭론』을 배웠고, 장안에서 『구사』・『유식』을 공부했다.

당나라 고종 함형 원년인 670년에 장안에서 동료인 처일홍위 등과 인도구법을 약속했으나, 동료들은 중간에 포기하고 의정 혼자 인도로 출발했다. 의정은 광주에서 동년 11월 파사국 상선을 타고 남행하여 20일간의 바닷길을 여행하여 타시리푸스에 도착하였다. 이곳에 6개월을 머물며 성명학을 공부했는데, 제자인 선행은 병들어 이곳에서 귀국하였다. 의정은 단독으로 말라유국과 갈다국 등을 거쳐 673년 2월 동인도 타밀리티국에 도착했다. 그는 이곳에서 머물고 있던 당나라 승려 대승 등과 만나 1년간 극소에 체류하며 범어를 공부했다. 그 후 이들 일행은 상인들을 따라 중인도의 성지를 순례하며 30여 개 국을 여행하며 참학한 뒤 나란타사에서 11년간 유학했다. 이곳에서 유가, 중관, 인명, 구사 등을 공부한 의정은 범본 삼장 4백 부를 수집하여 687년 귀국길에 오른다. 도중에 시리푸스에서 2년간 체류하며 번역에 종사했다. 종이와 먹, 필수자 등을 구하기 위해 689년 상선을 타고 광주로 돌아왔는데, 정고율사 등 보조자를 얻어 같은 해 11월 시리푸스로 돌아간다. 천수 2년인 691년 의정은 대진을 보내 자신이 시리푸스에서 번역한 경론과 자신이 지은 『남해기귀전』을 보낸다.

증성 원년인 695년 의정은 정고, 도굉 등과 함께 시리푸스를 떠나 낙양으로 돌아와 불수기사에 머물렀다. 그는 우전에서 온 실차난타, 대복선사 주지 복례, 서숭복사 주지 법장 등과 함께 『화엄경』을 번역했으며, 구시 원년인 700년 이후는 역경원을 건립하여 번역에 전념했다. 711년까지 그가 번역한 것은 61부 2백39권이다. 번역과 도제양성, 율장 강의 등으로 만년을 보내다 현종 선천 2년인 713년 정월, 장안의 대천복사 번경원에서 열반하니 향년 79세였다.

의정의 번역 중에서 대표적인 것으로는 『근본설일체유부비나야송』 과 『일백오십찬불송』・『금광명경』・『대공작왕경』 등이 있다. 의정이 번역한 것 중에서 『집량론』과 『법화론』은 실전됐으며, 율전은 완전하게 남아 전하고 있다. 이 외에도 『니계경』 1권, 『비나야잡사』 40권, 『니타나목득가』 10권, 『백일갈마』 10권, 『비나야송』 5권, 『율섭』 20권 등이 있다. 그가 찬술한 저서로는 계율에 관한 『별설죄요행법』・『수용삼수요법』・『호명방생궤의법』 각 1권씩과 『대당서역구법승』 2권이 있다. 이외에 『남해록』・『서방십덕전』 등이 있었다고 하지만 이름만 전하고 있다.

의정의 학풍은 인도 당시의 학풍을 종합적으로 소개하고 있다는 점이 특징이다. 그는 대승의 중관과 유식이 열반사상과 융합한다고 생각했으며, 반야사상이 이들 사상을 포용하고 있다고 보았다. 계율에 대해서는 인도에서 공부한 때문인지 설일체유부의 전통을 존중하고 있다. 그의 문인은 매우 많은데 역경에 참여했던 제자들로 지적, 숭경, 숭감, 원곽, 현수, 현예, 혜신 등이 있다.

이통현

이통현(李通玄, 635~730)은 흔히 이 장자라 불렸으며 자백대사라고도 불렸다. 당나라 때의 저명한 화엄학자로 지금의 하북성 창현 동남에 해당하는 창주 사람이다. 젊어서 역학의 이치를 연구했으나 40여 세 때부터 불전을 연구하는 데 전념하였는데, 특히 『화엄경』에 마음을 담고자 했다. 당시는 바로 80화엄경이 번역된 때였다. 개원 7년인 719년 봄, 그는 80화엄경을 휴대하고 태원의 맹현에 있는 고산으로 들어가 경전의 이치를 밝히는 데 몰두했다. 이후 자신이 만든 화엄론의 원고를 가지고 신복산 아래의 토감으로 옮겨 저술을 계속하여 5년 만에 완성하니 이것이 바로 『신화엄경론』 40권이다. 이어서 그는 『약석신화엄경수행차제결의론』 4권을 저술한다. 개원 18년인 730년 (일설에는 740년) 3월 28일 시적하니 향년 96세였다.

그의 저서는 위에 소개한 것 외에도 『회석』 7권, 『약석』 1권, 『해미현

지성비십명론』1권이 있다. 또한『십현육상』・『백문의해』・『보현행문』・『화엄관』・『십현현의배과석약』1권,『안목론』1권 등이 있었다고 하지만 전하지 않는다.『신화엄경론』은 그의 사후 4~5년이 지나 승려인 광초 등에 의해 필사되어 유통되었다. 선종 대중 연간(847~859)에 복주의 개원사 비구 지령이 이통현의 주석을 경문 아래 삽입했으며, 뒤에 정리되어『화엄경합론』으로 지칭되며 널리 유통되었다. 송나라 계환의『대방광불화엄경요해』1권은 바로 이통현의 학설에 의거하여 징관의 학설을 보충해 만든 것이다.

그는 지엄, 법장과 다른 계통의 화엄학설을 수립했다. 그는 법계원융의 의미를 강조하지 않으며, 십문을 세워『화엄경』의 요지를 해석하고 있다. 첫째는 명의교분종, 둘째는 명의종교별, 셋째는 명교의차별, 넷째는 명성불동별, 다섯째는 명견불차별, 여섯째는 명설교시분, 일곱째는 명정토권실, 여덟째는 명섭화경계, 아홉째는 명인과연촉, 열 번째는 명회교시종이다. 그는 또한 80화엄의 조직을 열 단계로 구분했는데 제일 명시성정각(세주묘엄품), 제이 명거과권수(여래현상품), 제삼 명신심성비(불명호품), 제사 명입진실증(승수미산정품), 제오 명발심수행(승야마천궁품), 제육 명이사상입(승도솔천궁품), 제칠 명온수성덕(십지품), 제팔 명수연무애(십지품 이하 보현행품), 제구 명제현기위(여래출현, 이세간품), 제십 명영범실증(입법계품)이 그것이다.

그는 또『화엄경』을 서분, 정종분, 유통분으로 구분하여 세주묘엄품을 서분으로, 입법계품을 정종분으로, 여래출현품을 유통분으로 삼았다. 그리고 각각의 품 안에서도 서정유로 삼분하여 설명했다. 그는 화엄경을 해석할 때 지엄이나 법장과 달리 삼성원융설을 제창했는데 이것은 문수, 보현, 부처는 체용, 주반主伴의 관계로 설명되지만 원융무애하다고 본 것이다. 독창적인 이통현의 화엄사상은 중국전통사상인 삼현학의 사상적 영향이 농후하다고 평가하며, 화엄경을 가장 중국적으로 해석했다고 보고 있다.

혜능

혜능(慧能, 638~713)은 중국 남종선의 제6대 조사이다. 속성은 노씨이며, 선조들은 하북성 범양 사람이었다. 그의 아버지가 관리가 되어 지금의 광동성 신흥현 동쪽인 영남 신주로 이주했고, 혜능은 당나라 정관 12년인 638년 태어났다. 어려서 아버지를 잃고 가난했기 때문에 장작을 팔아 생계를 유지했다. 670년 어머니에게 하직하고 홍인을 만나기 위해 소주 조계의 보림사로 들어갔으며, 악창의 서석굴에서 지원선사를 따라 선리를 배웠다. 지원의 권유에 따라 672년 황매의 동선사로 가 홍인에게 수학했다. 공부를 마친 뒤 귀로에 인종법사를 만나 '깃발은 바람이 움직이는 것이 아니라 마음이 움직이는 것'이란 법문을 남긴다. 조계 보림사로 돌아와 소주자사 위거와 동료들을 위해 무상계를 설했으며, 이후 진행된 법문을 모아 편찬한 것이 『법보단경』이다. 조계를 떠나지 않고 수행과 후학양성에 시간을 보냈으며, 713년 신주 국은사에서 일생을 마쳤으니 향년 76세였다.

혜능의 선사상은 정혜를 근본으로 삼는 것이다. 그는 선정이 지혜의 근본이며, 지혜는 선정의 작용이라 생각했다. 또한 각성은 본래 지니고 있는 것이며, 번뇌는 본래 없는 것이라 보았다. 따라서 "몸은 보리의 나무요/ 마음은 밝은 거울과 같나니/ 수시로 부지런히 털고 닦아서/ 번뇌와 티끌이 묻지 않게 하라."는 친절한 신수의 가르침에, "보리는 본래 나무가 없고/ 밝은 거울 역시 받침대 없네/ 부처의 성품은 항상 깨끗하거니/ 어느 곳에 티끌과 먼지 있으리." 또는 "마음은 보리의 나무요/ 몸은 밝은 거울의 받침대라/ 밝은 거울은 본래 깨끗하거니/ 어느 곳이 티끌과 먼지에 물들리오."라 답하고 있다.

중국불교사상사에서 혜능은 부처님과 동일한 반열에 있다. 『육조단경』의 진위 여부를 떠나 이미 혜능은 동북아불교문화 속에서 지울 수 없는 사상가인 것이다. 그렇다면 부처님과 동일시될 정도로 추앙받는 이유는 무엇일까? 수많은 불교사상가들 중에 그만이 지니는 특징은 무엇일까? 그의 저서로 알려진 『육조단경』을 통해 정리하면 다음과 같이 말할 수 있다.

첫째는 돈오頓悟사상이다. 각자의 내면에 반야불성을 지니고 있으며, 그것을 자성불이라 말한다. 그런데 혜능은 무집착, 공에 철저한 마음, 상대적 이원론을 초월한 불이적不二的 인식세계의 지평을 연다면 바로 반야불성을 개현할 수 있다고 말한다. 이런 점에서 특정한 사람들만의 불교가 아닌 진정으로 불교를 필요로 하는 사람들의 종교로 거듭 나게 되었던 것이다. 둘째는 불교의 대중화에 있다. 지식인 위주의 불교가 아니라 서민 누구나 쉽게 마음의 본질이라 생각하는 자성自性을 파악하는 것으로 성불할 수 있다는 입장은 불교의 세속화운동이라는 점에서 획기적인 사건이었다. 지식인 위주의 철학적 불교를 대중적 불교로 전환시켰으며, 그런 점에서 종교적 생명력을 지속시켰던 것이다.

　동일한 홍인의 제자이자 혜능의 사형이었던 신수는 마음을 실체시하고, 부단히 수행하여 청정한 상태를 유지하는 것이 필요하다고 권유하고 있다. 심체론에 입각해 있는 것이다. 반면 혜능은 반야사상에 입각해 반야의 실천을 강조한다. 혜능의 반야는 우리들의 일상적인 마음이다.

법장

법장(法藏, 643~712)은 본래 강거국 사람이다. 그의 조부는 장안에 살던 교민이었다. 때문에 강으로 성을 삼았다. 그는 당나라 태종 정관 17년인 643년에 태어났으며, 17세 때 태백산에 들어가 수행을 시작했다. 뒤에 지엄이 운화사에서 『화엄경』을 강의한다는 소식을 듣고 찾아갔다가 지엄의 눈에 띄어 제자가 되었다. 그는 몇 년 만에 지엄의 사상을 깊이 체득하였는데 고종 총장 원년인 668년, 법장이 아직 출가하기도 전인 나이 26세였을 때 지엄이 열반에 든다.

　지엄은 열반에 들기 전 그를 제자인 도성과 박진에게 부탁했다. 670년 법장의 나이 28세 때 측천무후가 복전이 되어 승려들을 득도케 하며 자신이 살던 집을 보시하여 태원사를 만들었다. 이에 도성과 박진 등은 법장을 추천하여 득도의 허가를 받고 태원사에 머물게 했다. 이때 사미계를 받은 법장은 칙명을 받들어 태원사에서 『화엄경』을 강의했다. 뒤에 운화사에서 화엄경을 강의했는데 이때 장안의 10대덕에게 명하여 법장에게 구족계를 주도록 했다. 또한 화엄경에 나오는 현수보살의 이름을 그에게 주어 현수국사라 지칭하였다.

이후 법장은 번역과 저술에 매진하며 화엄종의 종풍을 진작시키기 위해 노력했다. 680년 중인도 사문 지파하라가 장안에 들어오자 삼시교판에 대한 강의를 들었으며, 함께 『밀엄경』·『현식론』 등의 경론 10여 부를 번역했다. 690년에는 우전에서 온 제운반야의 번역에 동참하여 그에게 『대승법계무차별론』의 번역을 제안하고, 이 책이 번역되자 주석서를 저술했다. 695년엔 실차난타가 낙양의 대변공사에서 『화엄경』을 새로 번역할 때 필수로 참여했다. 703년에는 의정을 비롯한 중국 승려와 외국 승려 14명이 함께 『금광명최승왕경』 등 21부를 공역하였는데 칙명을 받들어 증의로 참여했으며, 706년 남인도에서 온 보리유지가 『대보적경』을 번역할 때도 칙명에 의해 증의로 참여한다. 699년 새롭게 번역된 『화엄경』의 완성을 알리고 낙양의 불수기사에서 강의하게 했다. 『송고승전』에 의하면 법장은 일찍이 측천무후를 위해 『화엄경』을 강의했다. 이것을 비롯해 도합 30여 회에 걸쳐 새로 편역된 『화엄경』을 강의했으며, 당나라 중종과 예종의 보살계사가 되었다. 712년 장안의 대천복사에서 열반하니 향년 70세였다.

법장의 문하에는 배우는 사람이 구름처럼 많았다. 그 중에서 지명도가 높은 사람은 굉현, 문초, 지광, 종일, 혜원, 혜영 등 여섯 명을 꼽는다. 법장의 저서는 대략 1백여 권을 헤아린다. 그 중에서 『화엄경』과 유관한 책으로서 현존하는 것은 『화엄탐현기』 20권, 『화엄문의강목』 1권, 『화엄경지귀』 1권, 『화엄오교장』 4권, 『화엄책림』 1권, 『화엄경문답』 2권, 『화엄경명법품내립삼보장』 2권, 『화엄경의해백문』 1권, 『수화엄오지망진환원관』 1권, 『화엄유심법계기』 1권, 『화엄삼매장』

1권, 『화엄경보현관행법문』 1권, 『화엄경관맥의기』 1권, 『화엄금사자장』 1권, 『화엄경전기』 5권 등이 있다. 실전된 것으로는 『신화엄경서주』 1권, 『신화엄경약소』 12권 등 20여 종이다.

법장은 지엄의 법계연기사상을 계승했으며, 연기인분과 성해과분을 이용하여 우주만법의 실상을 천명했다. 성해과분은 제불의 경계이며, 연기인분은 법계연기를 말하는 것이다.

일행

일행―行은 중국 고대의 저명한 천문학자이자 밀교교리를 조직한 사람이다. 그는 683년에 태어났지만 『석문정통』에는 673년에 태어난 것으로 기록되어 있다. 당나라 현종시대인 개원 15년인 727년 10월에 적멸상을 보였으니 향년 45세였다.

일행의 원적은 『구당서』 191권에 의하면 위주 창락현으로, 『송고승전』에서 말하는 거록이다. 본래의 성은 장씨이며 이름은 수였다. 당나라 초기 공신인 장공근의 후예이다. 천품이 총명했는데 20세 전후 경서와 사서를 두루 열람하고 음양오행학에 정통했다. 단 며칠만에 『대연현도』와 『의결』 각 1권씩을 써서 양웅의 『태현경』을 주석했으며, 유명한 장서가 윤숭의 찬탄을 받아 이름을 크게 떨쳤다. 당시의 정세가 혼란함을 싫어하여 숭산에서 선의 핵심을 드높이고 있던 보적 선사를 만난 뒤에 감동을 받아 출가했다. 24~5세 때의 일이다.

출가 후 보적의 허가를 받아 사방을 찾아다녔는데 『고승전』에 의하면, 그가 불원천리하고 절강성 천태산 국청사에서 은거한 대덕에게 천문역학을 배웠으며, 내외의 학문이 깊어짐에 따라 유명해졌다고 한다. 28세 때인 710년에 당나라 예종이 즉위한 뒤 동도유수 위안석을 보내 궁중으로 초빙하지만 일행은 병을 핑계로 응하지 않았다. 717년에는 현종이 일행의 친족인 예부낭중을 보내 초빙하였으며, 선무외를 보좌하여 『대비로자나성불신변가지경』(대일경)을 번역했다.

현종이 일행을 초빙한 목적은 역법을 정리하기 위해서였다. 신구 『당서 율력지』의 기록에 의하면 일행은 721년 『대연력』을 기초하기 시작하여 727년에 완성하였는데 대략 6~7년의 시간이 소요되었다. 이 기간 중 그의 일은 쉴 틈이 없었다. 『신당서』「예문지」에 기록된 『역의』 10권, 『역립성』 12권, 『역초』 24권, 『칠정장력』 3권 등의 책은 모두 『대연력』을 근간으로 삼아 제출된 중요한 문헌들이다.

723년에 당나라 현종의 간청으로 병조참군 양령찬이란 사람과 혼천의란 천체측량기기를 만들었다. 그전에 있었던 기기를 가지고는 천체의 변화를 정확하게 알 수 없어서 일행을 초청하여 혼천의를 만들었는데, 이로 인해 중국 역사상 가장 완벽한 측량기기가 완성되었다. 또한 중국 전역의 기후 변화와 토양에 따라 곡식이 언제 어떻게 익어 가는지를 정확하게 알 수 있도록 『대연력』을 편찬하였다. 이것은 태양이 적도의 남북으로부터 어떠한 거리를 유지하는가를 통해 계산한 방법으로 날씨가 경작에 미치는 영향관계를 설명하고자 한 책이었다.

불교 관련 저작물로는 『섭조복장』 10권, 『석씨계록』 1권, 『대일경소』 20권, 『약사유리광여래소재제난염송의궤』 1권, 『대비로자나불안수행의궤』 1권, 『만수실리염만덕가만애비술여의법』 1권, 『칠요성신별행법』 1권, 『북두칠성호마법』 1권, 『숙요의궤』 1권 등 여덟 종류이다. 이 중에 『석씨계록』은 전하지 않으며, 대다수는 밀교계 저서들이다. 그는 중국 밀교를 성립시킨 선무외와 순밀을 전래한 금강지에게 수학했으며, 옥천사에서 홍경에게 천태를 배웠다. 그렇기 때문에 그의 밀교사상 속에는 천태의 사상적 영향이 남아 있다.

도일

마조 도일(道一, 709~788)은 5조 홍인-6조 혜능-남악 회양으로 이어지는 남종선의 선맥을 계승하여 홍주종을 열었다. 그의 수많은 제자들은 강서지방과 호남지방에 자리 잡고 활동하였는데 찬란한 남종선의 꽃은 이로부터 피게 된다. 그는 남악에서 회양의 인가를 받은 뒤 742년 불적암에서 법을 열었으며, 769년 종릉 개원사를 중심으로 종풍을 드날렸다. 마조 문하의 입실제자는 매우 많지만 출중한 기량을 과시한 제자로는 여선 유관(755~817), 아호 대의(746~817), 장경 회휘(757~816), 분주 무업(762~823), 대매 법상(752~829), 서당 지장(738~817)과 선원청규를 만들어 선종교단의 성립이 가능하게 만든 백장 회해(749~814), 거사선의 최고봉인 방거사(?~815) 등이 있다.

  마조의 전기에 관한 자료로는 권덕여(759~818)가 찬술한 『홍주개원사석문도일선사탑명』(791년작)과 『송고승전』권10, 『조당집』권14, 『경덕전등록』권6, 종밀의 『원각경대소초』· 『선문사자승습도』· 『고존숙어록』· 『사가어록』 등이 있다.

  그의 생애를 살펴보면 크게 세 시기로 구분할 수 있다. 첫째는 검남 시기(709~733)이다. 도일은 유년시절에 이곳에 있던 나한사의 처적의 문하로 출가했으며, 20세 전후에 지금의 중경에 해당하는 유주의 원화상에게 구족계를 받았다. 또한 신라 출신인 무상과 5조 홍인 문하의 지선 – 처적 – 무상으로 이어지는 선사상을 편력한다. 둘째는 형악 시기(733~742)이다. 그는 이곳에서 혜능의 제자인 남악 회양을 만나 9년여 동안 회양의 곁을 떠나지 않고 수학했다. 33세 전후 복건과 강서를 왕래하며 개당설법하기 전까지 이곳에서 학생시 대를 정리한다. 셋째는 강서 시기(742~788)이다. 천보 원년 마조는 지금의 복건성 건양에 해당하는 건주 건양의 불적령에서 지현, 혜해 등의 제자들을 받아들이며 접화군생接化群生의 첫걸음을 열었다. 743년인 천보 2년에 무주의 임천으로 옮겨 천보 9년(750)까지 그곳에서 주석하다가 남강현의 공공산으로 이주하여 20여 년간 체류한다.

그 뒤 당나라 대종 대력 8년(773) 강서성 진현현에 해당하는 종릉으로 이주하여 개원사에 머물며 세상에 이름을 드날렸다. 이곳은 지금의 남창에 해당하는 홍주洪州와 가까웠는데, 이 때문에 규봉 종밀이 마조의 선문을 홍주종이라 명명하게 되었다.

마조의 「사리석함제기」에 따르면 마조는 당나라 정원 4년(788) 2월 1일, 세수 80세 법납 60세를 일기로 석문산 법림사에서 세연을 마친다. 석문산은 홍주의 서쪽인 해혼의 남쪽 교외에 있었다.『송고승전』이나『여지기승』권26 등에 의하면 법림사는 이후 륵담사로 바뀌었다가 다시 보봉사로 개칭되었다.

마조의 선사상을 호적胡適은 '촉류시도觸類是道 임심위수任心爲修'라는 구절로 그 특징을 표현했는데, 이러한 호적의 주장을 보다 세분하여 설명한 것이 바로 '즉심즉불卽心卽佛, 비심비불非心非佛, 평상심시도 平常心是道, 도불속수道不屬修'이다.

징관

징관(澄觀, 737~838, 혹은 738~839)의 성은 하후씨며, 지금의 절강성 소흥시에 해당하는 월주의 산음 사람이다. 당나라 현종 개원 25년인 737년에 태어났으며, 11세에 본주 보림사의 유선사를 따라 출가했다. 숙종 지덕 2년인 757년에 묘선사의 상조에게 구족계를 받았다.

건원 연간(758~759) 중에 윤주 서하사의 풍율사에게 상부율을 배웠으며, 뒤에 본주로 돌아와 개원사 담일에게 남산율학을 전수받고, 금릉으로 가 현벽에게 관하의 삼론학을 전수받았다. 766년 와관사에서 『대승기신론』과 『열반경』을 수강했으며, 회남의 법장에게 신라 원효의 『대승기신론소』를 배웠다. 지금의 항주에 해당하는 전당의 천축사에서 법선에게 『화엄경』을 수강했다. 772년에는 염계로 가 성도혜량에게 삼론을 다시 공부했으며, 775년에는 소주로 가 천태종의 형계 담연에게 천태지관과 『법화경』·『유마경』 등의 경론을 배웠다. 또한 우두 혜충, 경산 도흠, 그리고 낙양의 무명 승려에게 남종의 선법을 배우고, 다시 선승 혜운을 따라 북종의 선리를 연구했다. 그는 율학, 선, 삼론, 천태, 화엄 등 각종의 교의를 널리 배우면서 불교 이외의 각종 학문도 연구했다.

776년 오대산, 아미산 등을 순례한 뒤에 오대산으로 돌아와 대화엄사에 거주하며 방등참법을 수행했다. 동시에 주지인 현림의 소청에 따라 『화엄경』을 강의했는데, 『화엄경』의 문장이 번잡하고 의미가 간략함을 느끼고 화엄에 대한 주석서를 만들고자 발원한다. 이에 784년 정월부터 787년 12월까지 4년여에 걸쳐 『화엄경소』 20권을 찬술했다. 이후 제자인 승예 등을 위해 새로운 주석서를 만들었으니 그것이 바로 『화엄경수소연의초』이다. 796년 조정에서 초빙하여 장안으로 이주하였으며, 이빈국에서 온 반야를 도와 남인도 오다국에서 보낸 『화엄경』 후분의 범본을 번역했다. 그리고 종남산 초당사에서 반야가 번역한 화엄경을 저본으로 『정원신역화엄경소』 10권을 번역했다. 다음해 덕종황제를 위해 화엄경을 강의하고 청량국사란 칭호를 받았다. 이후 순종, 헌종, 목종, 경종의 귀의를 받았으며, 문종 개원 3년인 838년 3월 열반했다. 향년 102세였다.

징관의 제자는 1백여 명을 헤아리며, 그 중 규봉 종밀, 동도 승예, 해인 법인, 적광 등이 뛰어났다. 법통은 종밀이 계승했다. 징관의 저서는 비교적 많은 편인데 『화엄경소』만 400여 권을 헤아린다. 현존하는 것으로 위에서 소개한 것 이외에 『화엄경행원품소』 10권, 『대화엄경약책』 1권, 『삼성원융관법』 1권, 『화엄심요법문』 1권 등 다수가 있다. 이름만 전하는 것으로 『십이인연관』 1권과 『법화경』・『능가경』・『중관론』에 대한 소가 있었다고 한다.

징관은 일찍이 선교를 두루 섭렵했지만 『대승기신론』에 대해 깊은 깨달음을 지니고 있었다. 이러한 기초 위에서 그가 비록 화엄학설을 자기 것으로 만들었다고 하더라도 그의 사상 속에는 선종, 천태종과 기신론의 영향이 농후하다고 말할 수 있다. 선리와 교학을 융합하여 유심을 강조했으며, 일심법계를 설명하기 위해 노력했다. 그는 "모든 존재는 일심뿐이며, 마음이 모든 존재를 융합하여 4종법계를 형성한다."고 인식했다. 일심법계무진연기설에 입각해 화엄의 성기사상을 전개하는 것이다.

종밀

종밀(宗密, 780~841)의 속성은 하씨이다. 사천성 서충 사람이다. 당나라 덕종 건중 원년에 태어났다. 어려서 유가 경전에 통달했는데 헌종 원화 2년인 807년, 그의 나이 28세에 공헌고시에 참가하고자 했는데 우연히 하택 신회 계통의 수주 대운사 도원을 만나 말을 주고받자마자 서로 의기 소통하여 그를 따라 출가하고, 그해에 승율사에게 구족계를 받았다.

하루는 승려들과 함께 재회에 참가했는데 『원각경』을 구해 독파한 뒤 깨우친 바가 있었다. 돌아오는 길에 도원에게 자신의 견해를 말하니 도원은 그를 원돈의 가르침을 홍포할 사람으로 인가했다. 810년 양양과 한주를 여행하며, 회각사에서 징관의 제자 영봉을 만났다. 영봉은 종밀에게 『화엄경소』와 『수소연의초』를 주었는데 밤잠을 잊고 독파하여 깊은 묘지를 이해했다. 이에 징관에게 편지를 보내 제자의 예를 갖추자, 징관이 제자 현규와 지휘를 보내 칭찬하고 만나고자 했다. 이에 종밀이 장안의 징관을 찾으니 이때 그의 나이 32세였다. 징관은 이미 76세였는데 종밀은 이후 2년간 주야로 모시며 공부했다.

816년 봄 종남산 지거사에서 3년간 장경을 두루 섭렵하고 『원각경과문』·『원각경찬요』 각 1권씩을 찬술했다. 821년 정월 청량산을 유람하고 돌아와 종남산 초당사에 머물며 『원각경소』를 기초했으며, 뒤에 풍덕사로 옮겨 『화엄경윤관』 5권을 저술하고 『화엄경』의 구성 순서를 밝혔다. 841년 정월 홍복탑원에서 적멸에 들었다. 향년 62세였다. 847년 선종이 즉위하자 정혜선사라 추증했는데 일반적으로 규봉선사라 불렀다. 화엄종 제5대 조사이다.

그의 저서로 현존하는 것은 『화엄경행원품소초』 6권, 『화엄경행원품소과』 1권, 『주화엄법계관문』 1권, 『주화엄법계관과문』 1권, 『원인론』 1권, 『화엄심요법문주』 1권, 『원각경대소』 12권, 『원각경대소석의초』 13권, 『원각경대소초과』 2권, 『원각경약소』 4권, 『원각경약소과』 1권, 『원각경약소지초』 12권, 『원각경도량수증의』 18권, 『금강경소론찬요』 2권, 『불설우란분경소』 2권, 『기신론약주』 4권, 『선원제전집도서』 4권, 『중화전신지선문사자승습도』 1권 등이 있다.

종밀은 제자들이 매우 많았는데 『경덕전등록』 권13에 의하면 규봉 온, 자은사 태공, 홍선사 태석, 만승사 종, 서성사 각, 화도사 인유 등이 유명했다.

종밀의 사상체계는 배휴가 『대방광원각경소서』에서 설한 것과 같다. 하택종의 선법에서 시작하여 『원각경』을 정밀하게 연구하며, 뒤에 징관에게 『화엄경』을 배운 뒤 선교를 융합하여 선교일치를 주장하였다. 또한 유학을 공부한 연고로 유・불일치설도 주장하였다.

종밀의 주요사상은 지엄 이후의 성기설을 계승하고 있다. 그는 『기신론』의 일심이문설에 의거하여 일진법계에는 성기와 연기의 이문二門이 있다고 주장했다. 성기는 일진법계의 체성을 말하는 것이다. 전체는 미오, 염정, 정비정의 일체제법을 일으킨다고 보았다.

연수

 연명 연수(延壽, 904~975)의 속성은 왕씨이며 자는 중원이고, 절강성에 속하는 여항 사람이다. 어려서부터 불교를 독실하게 믿었다. 약간의 관료생활을 거쳐 30세에 용책사 취암선사의 문하로 출가한다.

 당시 인근인 천태산에는 법안종의 개창조사인 청량 문익의 제자인 천태 덕소선사가 머무르며 교화를 하고 있었다. 이에 찾아가 공부하고 인가를 받게 된다. 당시 문익선사는 선종의 학인들이 교리에 밝지 못함을 지적하고 교리를 철저하게 연구할 필요가 있다고 주장하고 있었다. 연수는 문익의 이러한 지적에 공감하고, 선정과 교리의 모순점을 극복하기 위해 각고의 수행을 체험하게 된다. 그러한 결과 『종경록』 100권, 『만선동귀집』 6권의 대표 저작과 『유심결』·『정혜상자가』·『신서안양부』·『경세』 등의 저술을 남겼다.

 연수는 중국 남종선의 전통에서 본다면 법안종에 소속된다. 그렇지만 그의 사상적 진폭은 매우 다양하다. 특히 선과 교학의 합일, 선과 독송에 대한 걸림 없음, 선과 정토의 겸수, 선과 계율의 균등한 중시, 내면적인 성찰과 외형적인 탐구의 겸행 등은 그가 지닌 사상적 특징이다. 전 종파의 융합이라 말할 수 있는 사상적 특징은 이후 전개되는 제종융합 또는 제가융합이라는 사상적 흐름의 단초가 되기도 한다.

 보다 중요한 것은 각 종파의 상대적 가치를 존중하면서, 선종이 고집하고 있던 독선과 병폐를 비판했다는 점이다. 특히 선종의 병폐를 극복하고, 청정한 수행가풍을 재정립하기 위해 선과 정토의 겸수를 강조하는 염불선을 주창하였다는 점이다. 연수는 『선정사료간』에서 이렇게 말하고 있다.

"선만 닦고 정토를 닦지 않으면 열 사람 중에 아홉 명은 길을 잘못 들어 5음의 경계가 눈앞에 홀연히 나타나면 그것을 따라가고 만다. 선이 없이 정토만 닦아도 만인이 수행하여 정토에 들어갈 수 있고 아미타불을 만날 것인데 어찌 깨닫지 못할 것을 근심하랴. 선도 닦고 정토도 닦으면 머리에 뿔이 난 호랑이 같아 현세에서는 인간의 스승이 되고, 내생에는 부처나 조사가 될 것이다. 선도 닦지 않고 정토도 닦지 않으면 구리로 만든 침상에 있는 쇠기둥과 같은 것이요, 억겁 천생을 지나더라도 의지할 사람이 없다."

염불을 꾸준히 닦으면 "온 마음이 부처이고, 온 부처가 마음이 되어, 마음과 부처가 둘이 아니고, 마음과 부처가 하나가 되는 경지"에 이른다는 것이다. 이것을 유심정토론이라 말한다. 정토가 다른 데 있는 것이 아니라 바로 각자의 청정한 자성에 있다는 주장이다. 연수가 활용한 논리는 『대승기신론』에서 차용한 것이었다. 그는 일원론적인 진리관에 입각하여 전 불교를 통합하고자 하였다. 따라서 『만선동귀집』에서 그는 다음과 같이 선언하고 있다.

"불법은 바다와 같다. 모든 것을 포함한다. 궁극의 진리는 허공과 같아서 어느 문에서나 들어갈 수 있다."

이후 전개되는 염불선의 이론적 기초는 여기서 초석을 다지게 되며, 이것을 기반으로 각자의 개성과 사회의식에 따라 약간의 방법론적인 차이만 보이게 된다. 이러한 연수의 사상체계는 매우 명확하다. 그는 정토법문을 중시했지만 이는 그의 독창적인 사상이라기보다는 6조 혜능이 주장한 "범부는 자성을 깨우치지 못하고, 자신의 몸속에 정토가 있음을 모른다. 동쪽에 태어나길 바라거나 서쪽에 태어나길 바란다. 깨달으면 사람이 있는 곳이 정토이다."라는 사상의 연장선상에 서 있다.

지례

천태종을 부흥한 인물로 추앙받고 있는 사명 지례(知禮, 960~1028)는 지금의 절강성 영파시에 해당하는 사명 출신이다. 일곱 살 때인 966년 변경의 태평흥국사에 있던 홍선의 문하로 출가해 15세에 구족계를 받았다. 속성은 금金씨인데 부모님이 어려서 돌아가셨다. 성이 금씨이며, 사명지방이 신라 출신자들이 많이 살던 지방이란 점을 감안하면 신라계 후손일 수도 있지만 현재로선 확인할 수 없다. 20세에 천태나계의 전교원에서 의통 보운(927~988)에게 천태교관을 배웠다.

송나라 단공 원년인 988년 의통 보운이 입적하자 지례는 991년까지 사명의 상부사에 머무르며 강의를 했다. 995년에 사명의 동남쪽에 있던 보은원으로 옮겨 천태교법을 전하는 데 매진한다. 999년 이후는 경전을 강의하고 법화참법을 수행하는 것으로 일을 삼았다. 이 무렵 『십불이문지요초』·『별리수연20문』·『십의서』·『관심이백문』 등의 저서를 저술하여 천태종의 부흥에 노력했다. 1013년에는 승속의 남녀 1만 명을 결합하여 염불시계회를 조직하고, 함께 염불하며 보리심을 발하여 정토에 태어날 것을 염원했다. 이 운동은 대중성을 지닌 수행과 사회적 실천이라는 점에서 높이 평가받을 일이었다. 1014년 『관음융심회』를 찬술하며, 1021년에는 『수참요지』·『관음별행현의

기』·『관무량수경소묘종초』 등을 저술했다. 69세인 1028년 적멸상을
보였다.

지례의 저작으로는 위에 열거한 책 이외에 「금광명경현의습유
기』·『금광명경문구기』·『관음경현의기』·『관음경의소기』 등이 있
다. 1202년에는 경전에 관한 주석서 이외에는 대부분 종효라는 승려에
의해 『사명존자교행록』이란 책으로 편집된다.

지례의 역사적 위상은 천태교학의 정통성을 계승한 것에서 찾을
수 있다. 그는 천태종 제6대 조사인 형계 담연의 사상을 더욱 확장
발전시키면서도 천태교학의 순수성을 지키기 위해 평생을 헌신했다.
그의 나이 40세를 넘기면 지례는 경전을 강의하는 일 이외에는 법화참
법을 수행하는 일과 천태교학의 정통성을 지키기 위해 사색하고 논전
하는 일로 시간을 보내게 된다.

당말 오대의 전란 중에서도 선종과 화엄종은 비교적 종파의 세력을
유지하며 발전하고 있었다. 때문에 종파의 세력이 미미했던 천태종
계열에 그들이 미치는 영향력이 막대했다. 그 중에서도『기신론』의
일심을 『화엄경』의 일진법계로 해석하려는 경향이 농후했으며, 이러
한 흐름이 천태종에 영향을 미쳐 화엄사상인 성기론으로 천태의 성구
론을 해석하려는 경향이 생겼다. 그리고 이러한 세력들을 산외파라
불렀다. 그런데 지례는 성구론의 입장에서 이러한 움직임을 경계하고
비판했기 때문에 천태교학사상 특별한 위치를 차지하게 된다.

나아가 지례는 천태의 성악설을 더욱 발전시켰다는 평가를 받는다.
『관음현의기』에서 지례는 "단지 구具라는 한 글자가 지금의 종지를
더욱 드러낸다. 선을 갖춘 것은 여러 조사들도 알고 있었으나 악의

연인緣因과 요인了因을 갖춘 것은 다른 사람들은 알 수 없었다. 그러므로『마하지관』에서 성性의 삼천을 밝히고, 현의와 문구가 천 가지 법을 나타내며 수성修性에 일관하는 것이다."라 말한다. 이것은 단순히 성악설을 계승하는 차원에 머무르지 않고 지례의 입장에서 천태사상을 더욱 분명하게 발전시킨 것으로 본다. 그러므로 종감은『석문정통』에서 "원래 보운 문하에는 두 명의 제자가 있었다. 깨달음과 수행이 대략 같았음에도 오직 사명만이 중흥조사로 칭송받는 것은 (천태교학을) 홍통하고 보호한 공덕이 깊기 때문이다."라 말한다. 각 종파의 교류 속에서 독자적 순수성을 지키며 발전시켰다는 것이 높은 평가를 받았던 것이다.

대혜 종고

대혜 종고(大慧宗杲, 1089~1163)는 북송 철종 때에 지금의 안휘성 선성현에 해당하는 선주 보령현에서 태어났다. 이 즈음 송나라는 요나라의 압박에 굴복하고 있었으며, 국내적으로는 왕안석의 신법을 추진하는 신당과 이것에 반대하는 사대부들이 충돌하고 있었다. 종고는 출가 이후 원오 극근의 제자로서 혜능 이하 16세 법손이 되었다. 그는 간화선을 주창하여 선종의 흥륭을 이끌었으며, 한편으로는 굉지 정각이 몸담고 있던 조동선에 대해 끊임없이 공격하며 종문의 차별을 분명하게 했다.

그의 일생은 대략 네 시기로 구분할 수 있는데, 그 첫째는 공부하던 시기이다. 휘종 숭령 4년인 1105년부터 흠종 정강 원년인 1126년에 이르는 21년간으로 그의 선사상이 형성되는 데 매우 중요한 시기이다. 출가 이후 운문 문언의 어록에 심취하며 여러 경전을 섭렵한 그는 부용 도해의 제자인 서주 미화상에게 2년간 조동선을 배웠지만 곧 포기하고 만다. 1109년 마조 도일이 살았던 륵담 보봉사에서 담당 문준에게 임제선을 배우며 깨우침을 얻게 된다. 문준은 민족의식과 도덕적인 수양을 높이 평가하는 가풍을 지니고 있었는데, 종고에게 많은 영향을 미친 것으로 보인다.

두 번째, 교화와 선법의 전수에 열중하던 때로 대략 1127년에서 1140년에 이르는 13년간으로 본다. 이 무렵은 극도로 혼란스러웠던 시기로 종고는 1138년 항주의 경산에 있는 능인선원의 주지가 되기 전까지 유랑걸식하지 않을 수 없었다. 그런 와중에도 종고는 자신의 삶에서 빼놓을 수 없는 두 가지 사건을 일으킨다. 묵조선의 비판과 『벽암록』을 태워버린 사건이 그것이었다. 묵조선을 비판한 것은 사회의식과 역사의식이 결여되었다는 것이 그 원인이었는데, 『벽암록』을 불살라버린 것도 마찬가지였다. 혼란스러운 시대상황 속에서 선사들이 선어록이나 읽으며 문자선에 집착하는 것은 참다운 선의 정신이 아니라고 보았던 것이다. 살아 있는 선이란 어록에 있을 수 없다는 것이 그의 생각이었다.

셋째는 유랑시기로, 1141년에서 1156년까지 대략 15년에 걸친 시기이다. 금나라의 침공으로 인한 혼란 속에서 종고는 비판적인 정치의식으로 인해 승적을 박탈당하고 추방되었다가 1156년 복원되기에 이른다. 시랑 장구성과 조정의 일을 비판했다는 누명을 쓰고 형주로 귀양을 간 그는 이곳에서도 사대부들과 끊임없이 편지를 주고받았다. 1147년에는 설법을 모아 『정법안장』이란 책으로 엮었다.

넷째는 복권 이후 열반할 때까지의 몇 년간을 말한다. 이 무렵은 주로 절강지방을 다니며 후학을 양성하거나 백성들을 구휼하는 데 헌신한다. 조동종의 굉지 정각을 만나기도 했으며, 경산에 머무르며 운수납자들을 지도했다. 1162년 74세에 효종이 즉위하자 대혜선사라는 호를 하사했으며, 다음해인 1163년 75세에 입적했다. 『속전등록』 권32에 의하면 94인의 제자가 있었다.

대혜 종고의 사상과 일생을 알려주는 자료로는 『서장』·『대혜어록』 30권, 『정법안장』 6권, 『선종잡독해』 1권이 있다. 기타 제자인 도겸이 편집한 『종문무고』 1권이 있으며, 장준의 『탑명』과 조영이 편집한 『대혜보각선사연보』, 그리고 『대명고승전』에 나오는 『임안부경산사문석종고전』이 있다.

주굉

주굉(株宏, 1535~1615)은 항주 사람이며, 속성은 심씨이다. 27세 이후 4년간 부모상을 당하고 동생이 죽자, 이에 「칠필구」을 짓고 출가하여 구족계를 받았다. 자호는 연지이다. 만년에 운서사에 거주했기 때문에 세상에서는 그를 운서대사 혹은 연지대사라 불렀다.

운서는 염불을 제창하여 감화가 일대에 미쳤으며, 연종(정토종) 제8대 조사로 추앙되었다. 융경 5년인 1571년에 그는 외지를 순례하고 항주로 돌아오며, 범촌에서 걸식을 하다가 운서산의 풍광이 유현함을 보고 그곳에서 띠를 엮어 살았다. 이로 말미암아 범촌 주민들이 그를 위해 선당, 법당을 건립했는데 오래지 않아 저명한 총림이 되었다.

운서의 종풍은 정토법문을 주축으로 겨울에는 좌선을 하고, 여타 시간에는 경론을 강의했다. 이 무렵 남북의 계단이 오랫동안 금지되어 있었다. 따라서 그는 수계자들 스스로 삼의를 갖추게 하고 불전에서 계를 주며 증명이 되었다.

율학 방면의 저서로 『사미요략』・『구계편몽』・『보살계소발은』 등이 있는데, 이를 통해 계율제도의 범례를 세웠다. 그는 힘을 다해 살생을 경계하고 방생해야 한다고 제창했으며, 동시에 『유가염구』・『수륙의궤』・『조춘이시과송』・『제경일송』의 의식을 수정했다. 이러한 의식들은 현재에도 중국에 전해진다.

운서의 교학은 다방면에 걸친다. 그는 정토의 대가일 뿐만 아니라 화엄종의 명승이기도 했기에 두 종파 학인들의 추앙을 받았다. 청나라 수일은 『종교율제종연파』에서 그를 화엄종 규봉 이래 제23대 조사로 보았으며, 청나라 도광 4년인 1824년 오개가 찬술한 『연종구조약전』에서는 연종 제8대 조사로 열거하고 있기도 하다.

운서가 화엄과 선에 대한 조예가 깊은 것은 사실이었지만 사상적 기반은 정토에 두고 있었다. 그의 정토사상은 지명持名으로 중심을 삼았다. 섭심攝心으로 불학의 요도要道를 삼고, 염불을 섭심의 첩경으로 보았다. 동시에 염불문, 지관문, 참선문을 열어 방편문으로 삼았는데 "염불 안에 지관이 갖추어져 있다."고 말해 선정일치를 주창했다. 『운서유고』 권3에서는 염불에 네 가지가 있음을 밝히며 지명염불, 관상觀像염불, 관상觀想염불, 실상염불로 나누었는데, 네 가지에 차이가 있지만 궁극적으로는 실상염불로 회구한다고 보았다.

『아미타경』에 대한 운서의 교판은 화엄가의 주장을 채용한 것이다. 그는 교상에서 말하자면『미타경』을 돈교에 포섭되는 것으로 보았으며, 종교終敎와 원교円敎에도 동시에 상통한다고 본다. 또한 유·불에 대해서도 근본이 다르다는 인식 아래 조화의 태도를 취하고 있다. 유·불 양가에 대한 운서의 사상을 알려주는 것으로는 그가 저술한『죽창수필』과『죽창이필』이 있다.

운서는 일생 동안 정토교를 홍포하며『보살계소발은』5권,『미타소초』4권,『구계편몽』1권,『선관책진』1권,『치문숭행록』1권,『수륙법회의궤』6권,『능엄모상기』10권,『산방잡록』2권 등 30여 종에 이르는 많은 저술을 남겼다. 이러한 저서들은 그의 열반 이후 승속제자인 대현, 척굉명 등이 수집하여 편집했다. 숭정 10년인 1637년 비구 지영이 책자로 간행했으며, 현재 유행하는 판본은 청나라 고아서 23년인 1897년 금릉 각경처에서 중간한 것이다. 그의 제자들은 매우 많아 승속을 합해 수천 명에 이르는데, 비교적 유명한 제자로 광응, 광심, 대진, 중광, 광윤 등이 있다.

덕청

덕청(德淸, 1546~1623)은 명말의 4대 고승 중의 한 사람이다. 속성은 채씨이며 안휘성 전숙 사람이다. 12세에 나경 보은사로 출가했는데 주지 서림스님이 법손인 준스님을 시켜 덕청에게『법화경』을 읽게 했다. 서림이 덕청의 총명함을 보고『사고전서』와『역경』등 고문과 시부를 배우게 했다. 때문에 그는 어려서 이미 시와 문장을 만들

수 있었다.

가정 43년인 1564년에 그는 섭산 서하사 운곡을 방문하여 『중봉광록』을 읽고 크게 감동하여 선을 배우고자 결심한다. 같은 해 겨울 무극에게 『화엄현담』을 수강하고 수계를 받았으며, 청량산을 흠모했기 때문에 자칭 징인이라 불렸다. 몇 년이 지나 보은사에 학당을 설립하여 승도들을 교육할 때 그는 교사가 되었으며, 이후 진산 금산사의 교관으로 초빙되어 2년을 보낸다.

1571년 북방을 유람할 때 북경에 들려 법화와 유식을 청강하며 편융과 소암이란 유명한 선승을 만나 참문한다. 이어 오대산에 가 북대 감산의 풍경이 빼어남을 보고 자신의 호로 삼았다. 1574년 북경을 떠나 행각하면서 낙양, 숭산을 거쳐 산서성 포주에서 묘봉선사를 만나 그와 함께 오대산에 올라가 북대의 용문에 거주하며 참선했다. 1581년 신종의 자성태후가 사람을 보내 오대산에 사리탑을 세우고자 하므로 그와 묘봉이 무차대회를 개설하여 회향했다. 1586년 신종이 대장경 15질을 인쇄하여 전국에 보급할 때, 자성태후가 덕청이 머물던 동해 뇌산에 보냈으므로 안치하고 절을 수리하여 해인사라 불렀다. 1600년 가을 조계산에 들어가 퇴락한 남화사를 수리하고 1년간 머물렀다. 1603년 무고로 투옥되었다가 1606년 사면을 받고 다시 남화사로 돌아가 거주하며 대중을 위해 강의했으며, 1617년 항주 운서사에 들려 운서 주굉을 위해 「연지대사탑명」을 썼다. 1622년 남화사로 돌아와 대중을 위해 강의와 수계를 베풀었으며, 1623년 10월 11일 남화사에서 적멸상을 보였다. 향년 78세였다. 숭정 13년인 1640년 제자들이 그의 유해를 옻칠한 보자기로 싸 탑원에 안치하니 바로 남화사에 남아 있는 감산의 육신상이다.

덕청은 어려서부터 시문과 서법으로 유명했는데, 그는 고인들은 모두 선을 시에 비유했지만 시가 바로 참다운 선인 줄 모른다고 하였다. 그는 내외전에 두루 통달했는데 저서로는 『관능가경기』 8권, 『능가보유』 1권, 『화엄경강요』 80권, 『법화격절』 1권, 『금강결의』 1권, 『원각경직해』 2권, 『반야심경직설』 1권, 『대승기신론소략』 4권, 『대승기신론직해』 2권, 『성상통설』 2권, 『조론약주』 6권, 『도덕경해』 2권, 『관노자영향설』 1권, 『몽유시집』 3권, 『조계통지』 4권, 『88조도영전찬』 1권, 『감산노인자서년도실록』 2권 등이 있다. 덕청의 열반 후 문인인 복선, 통형, 유기상 등이 편집해서 간행한 『감산노인몽유집』 40권이 있는데 이들 모두가 명대 속장경에 수록되어 있다.

그의 사상적 특징은 일종 일파에 얽매이지 않았다는 점이다. 화엄, 선, 정토, 노장, 유학 등이 종합적으로 그의 사상을 형성하고 있다. "생각하는 부처는 바로 자성의 미타이며, 찾아지는 정토는 바로 유심극락이다. 여러분들이 생각마다 잊지 않으면 마음마다 미타가 출현하고, 걸음마다 극락고향이다. 어찌 멀리 십만억 국토를 벗어나 돌아갈 정토가 있겠는가?"(『몽유집』 권2)라 말한다. 특히 좌선염불에 특별한 관심을 기울였다. 그런 점에서 선정쌍수를 주장했으며, 또한 유·불·도 삼교의 융합을 제창했다.

지욱

지욱(智旭, 1599~1655)의 자는 우익이며 속성은 종씨이다. 강소성 호현 목독진 사람이다. 12세에 유가 경전을 읽고 석가와 노장을 시작했다. 17세에 주굉의 『자지록』과 『죽창수필』을 읽은 뒤로는 불교를 비방하지 않았다. 23세에 『능엄경』을 청강하고 어째서 대각이 있는가를 의심했으며, 허공과 세계가 생기는 이유를 궁금하게 생각해 출가하여 이러한 문제들을 해결하고자 결심한다. 24세 때 세 번에 걸쳐 꿈속에서 덕청을 만나지만 당시 덕청은 조계에 머물고 있었기 때문에 멀어서 갈 수가 없었다. 따라서 덕청의 제자 설령에게 머리를 깎고 지욱이라 이름했다.

이해 여름과 가을을 운서사에서 『성유식론』을 청강하고 성상이 융합하지 못하는 이유에 대해 의심했다. 이에 경산으로 들어가 다음 해 여름까지 좌선을 했다. 그해 납월 8일 운서 주굉의 탑전에서 사분계를 받았다. 26세에 다시 주굉의 탑 앞에서 보살계를 받았으며, 27세부터 율장을 열람하고 선종의 폐단을 목도하며 계율의 홍포를 결심했다. 32세에 천태교학을 연구하기 시작했으며, 33세 가을 영봉에 들어가 서호사를 만들었다. 이후 강소성, 절강성, 민남지방 등을 유람하지만 장경을 읽는 데 게으르지 않았다. 50세 가을 금릉에서 영봉으로 돌아온 뒤로 저술에 몰두했다. 청나라 순치 12년인 1655년 정월 열반하니 향년 57세였다. 2년 뒤 제자들이 그의 유체를 화장했으며, 영봉대전 오른쪽에 탑을 세웠다.

지욱이 평생 쓴 책은 크게 종론과 석론 두 부류로 나눌 수 있다. 종론은 『영봉종론』 10권이다. 석론은 석경론과 종경론, 기타 저술을 포함해 60여 종 164권이다. 지욱의 사상은 선·교·율을 종합하여 정토로 회귀하는 것이며, 동시에 유석을 회통하는 다양성을 지니고 있다. 그의 선사상은 연수와 범기, 진가의 문자선을 계승한 것이다. 그의 나이 32세에 『범망경』에 주석을 달았으며, 그 뒤 천태교학을 연구하기 시작했다. 그는 송대 사명 지례가 저술한 『묘종초』를 연구했으며, 명대 유칭이 저술한 『생무생론』에 영향을 받았다.

지욱의 선·교·율학은 모두 정토에 귀착되었다. 일반적으로 정토종도는 지욱을 주굉의 계승자로 생각하지만, 지욱은 평소 주굉을 추앙했으나 계율에 편중했으니 정토에 치우친 것이 아니라 정토로 일체의 불법을 섭수하고자 했던 것이다. 『아미타경』을 중심으로 진여염불을 중시하고 선정합일을 주장했다. 이런 것은 주굉과 일치하는 사상들이다. 그렇지만 지욱의 정토사상은 몇 단계를 걸쳐 변하고 있다.

20대 초반 아버지를 잃자 지장보살의 본원을 듣고 발심하여 염불한다. 이것은 유교사상을 결합하여 부모의 은혜에 보답하기 위한 염불, 즉 단순한 지명염불이다. 20대 후반 어머니를 잃자 폐관하고 참선으로 정토를 구하기 시작하였는데, 이 시기는 이치를 지니는 데 치우친다. 30대에서 40대 중반까지는 율장에 주석을 많이 하며, 단을 맺어 참회발원하는 시기이다. 이후 10년간은 경론에 주석을 많이 하며, 제종의 교리를 융합하여 정토에 귀착시켰다.

지욱은 염불삼매에 염타불념他佛, 염자불념自佛, 자타구념自他俱念 등 세 가지가 있다고 주장했다. 또 당시 불교계의 문중이 여러 갈래로 분열하는 것을 보고 연수와 주굉 등의 사상을 활용하여 불교 제종파의 조화를 도모했다. 그는 이론상 성상융회하고, 실천상 선정을 조화시켜 선·교·율 삼학의 통일을 주장했다.

팽제청

청나라시대에 가장 유명한 거사는 팽제청(彭際淸, 1740~1796)이다. 그의 이름은 소승이며, 자는 윤초, 호는 척목 혹은 지귀자, 이림거사라 했다. 제청은 그가 수계할 때 받은 법명이다. 그는 지금의 강소성 장주현의 전형적인 선비집안에 태어났다. 어려서 성리학을 공부한 뒤에 30세 때인 1769년 진사에 급제했다. 지방관에 임명되었지만 사양하고 취임하지 않았다. 그 역시 처음에는 송대 신유학자들의 저서를 연구했다. 그렇지만 명대 4대 고승의 한 명인 주굉과 진가의 저술을 읽고 난 뒤 불교에 심취하게 된다. 이어 연지, 감산, 지욱 등의 저서를 읽으며 정토사상에 흠뻑 젖어 불교에 귀의하였다.

34세 때인 1773년 소주의 화장암에서 문학이란 스님에게 우바새계를 받은 뒤로 제청은 소식과 범행으로 일관하였다. 그의 처와 두 여식도 우바이계를 받고 함께 『법화경』을 독송했다. 1785년 그는 소주의 문성각에 거주하며 오로지 일행삼매를 닦았다. 마음을 하나의 부처님에게 묶어 두었기 때문에 얼굴이 가 있는 곳은 오직 한 곳이었으므로 '일행거'라 했다. 이후 그의 평생은 발원문을 짓고, 서와 제기나 비명을 쓰는 등 불교와 유관한 잡지를 편집했다.

그의 사상적 특징은 정토종의 교리와 수행을 중시하는 것이었다. 대·소승 경론을 두루 탐독했는데 『42장경』·『범망경』·『관경』·『능엄경』·『유마경』·『화엄경』·『금강경』·『유교경』 등의 경전을 읽고 난 뒤에 쓴 독후감이 전해진다. 또한 수많은 시문을 남기고 있는데 주로 『화엄경』·『반야경』·『42장경』 등의 영향을 강하게 받은 것으로 평가된다.

　제청은 빈민, 고아, 과부 등을 구제하는 사회구호사업에도 주목했으며, 경전을 새기거나 반승재, 방생 등의 일에도 관심을 기울였다. 거사로서 복전을 닦고 선업을 행하는 일이 20여 년이 넘어도 게으르지 않았다. 도반이었던 라유고와 왕진과 함께 수행했으며, 두 사람이 먼저 죽자 그들을 위해 문집을 만들어 후세에 유통시켰다. 그는 많은 저작도 남기고 있는데 『무량수경기신론』 3권, 『관무량수불경약론』 1권, 『아미타경약론』 1권, 『일승결의론』 1권, 『화엄경염불삼매론』 1권, 『거사전』 56권, 『선여인전』 2권, 『이림거집』 24권, 『일행거집』 8권, 『이림창화시』·『관하집』·『측해집』 각 1권 등이 있다. 또한 팽희속 등이 편집한 『정토현성록』 9권이 있다. 특히 그가 찬술한 『수보살계발원문』·『폐관발원문』·『안거회향게』·『화도연명귀거래사』 등은 믿음과 서원으로 장엄되어 있으므로 사람들의 마음을 감동시켰다.

　만년에는 항주의 교외에서 두세 명의 도반들과 함께 수행에 전념했는데, 이곳에서 2년간 안거하는 중에 병을 얻어 염불하면서 세연을 정리하게 된다. 1796년의 일로써 향년 57세였다. 그의 저서 중에서 『거사전』과 『선여인전』은 재가자들을 중심으로 서술했다는 점에서 주목된다. 동시에 그의 거사불교운동은 당대에 그치지 않고 청나라 말기가 되면 정점에 이르게 되며, 양인산과 왕홍원 등에 의해 계승된다.

양인산

양인산(楊仁山, 1837∼1911)의 본명은 문회이며, 인산은 그의 자이다.

지금의 안휘성 석태 출신이다. 그의 아버지는 지식인으로서 중국 근대 정치인 중의 한 명인 증국번과 동기생이었다. 그렇지만 청나라 말기의 혼란과 부정부패에 싫증을 낸 인산의 부친은 관직에 나가는 것을 포기하였고, 때문에 가난을 면치 못했다.

1851년 태평천국의 난이 일어나 중국 남부지방을 혼란의 와중으로 밀어 넣었다. 처음에는 작은 시작이었지만 2년 뒤에는 남경을 함락시켰고, 예수의 동생을 자칭한 홍수전은 수많은 서원과 사원을 파괴하며 새로운 중국을 건설하자고 외쳤다. 중국의 전통 지식인들은 위기의식 속에서 자구책을 강구하지 않을 수 없었다.

혼란의 와중에 양인산 가족은 이곳저곳으로 피난생활을 하다 항주에 도착했다. 당시 스물 서너 살이었던 양인산은 가장의 책무를 맡고 있었다. 이 무렵 그는 병을 얻어 수양하는 도중에 『대승기신론』을 입수하여 심오한 도리를 체득하게 된다. 1878년 외교관이 되어 런던과 파리에서 근무하였는데, 1886년 다시 런던에 근무할 때 일본 유학생이었던 남조문웅南條文雄을 만난다. 그를 만나 불교의 이해가 심오해진 그는 3년 후 임기를 마치고 귀국했다. 이때 그의 나이 53세였는데, 이후 그는 정치계를 떠나 불교연구에 몰두하였다.

1894년에는 영국인 선교사와 함께 『대승기신론』을 영역하였다. 이후 전국을 유람하며 산실된 불교전적을 수집하기 시작했다. 그러는 도중 가족을 이끌고 남경에 정착한 그는 동료들과 불교를 연구하는 한편 금릉 각경처를 설립하여 경전을 보급하는 데 앞장선다. 금릉 각경처에서는 경전의 판각뿐만 아니라 교육사업도 병행했다. 1896년 담사동은 양인산의 거처에 머물며 『화엄경』을 배웠다. 그가 저술한

『인학』은 화엄과 유식의 사상적 영향이 농후하게 배여 있는 책이다. 1908년 양인산은 기원정사를 설립하여 본격적인 교육사업을 전개하지만 경제적 문제로 2년만에 문을 닫았다. 그렇지만 이곳에서 교육받은 구양경무, 태허 등이 중국불교의 근대화에 혁혁한 공헌을 하며, 1918년 지나내학원이란 불교대학을 설립하는 기폭제가 되었다.

지나내학원은 승속을 구분하지 않고, 불교에 관심 있는 사람은 누구나 와서 공부할 수 있었다. 이곳에서 공부한 유명한 사람들로 『불교학강의』를 저술한 여징, 『양한위진남북조불교사』를 쓴 탕용동, 중국의 마지막 유학자로 칭송받은 양수명, 『신유식론』으로 일대를 풍미한 웅십력, 태허의 제자로 『중국선종사』를 쓴 인순법사 등이 있다.

양인산은 『기신론』을 통해 불교에 입문했지만 정토사상이 뿌리였다. 따라서 그는 금릉 각경처에서 처음으로 정토계 경전을 판각했다. 그는 평소 "교학으로는 현수의 화엄학을 따르고, 신앙은 미타정토에 있다."고 말했다. 정토신앙을 통해 왕생이 아닌 깨달음을 실현할 수 있다고 생각했으며, 그렇기 때문에 자성에 들어 있는 미타를 깨달아야 한다고 촉구했다. 이른바 자성미타론이다. 또한 그는 불교적 이론을 바탕으로 유교를 해석하고자 시도했다. 그런 그의 영향을 받은 인물은 양계초, 담사동, 장병린, 강유위 등 중근 근대 계몽사상가들이다. 저서로 『대종지현문본론약주』 4권, 『불교초학과본』・『십동약설』 등 다수가 있다.

허운

허운(虛雲, 1840~1959)의 속명은 구암이고 자는 덕청이다. 호남성 상향 사람이고 복건의 천주에서 태어났다. 속성은 소씨이며, 달마와 만나 문답한 양무제 소연의 후손으로 추정된다. 허운의 아버지는 마흔이 넘도록 후사가 없었다. 그러다가 꿈속에서 관음보살을 만나 잉태를 예견한다. 그의 모친은 그를 낳자마자 산후고통으로 사망했으니 비극적인 탄생이었다. 허운이 태어난 1840년은 중국 근대사의 출발점이 되는 해이다. 광동도독 임칙서의 아편소각과 영국해군의 광동침입, 이로 인해 발발하게 되는 아편전쟁 등은 잠자는 중국을 깨우는 신호탄이었다.

17세가 되던 1856년 허운은 출가를 결심하고 조용히 집을 떠나 남악 형산으로 향했다. 그곳은 육조 혜능의 제자이자 마조 도일의 스승이었던 남악 회양이 수도하던 곳이었다. 일가친척들의 손에 이끌려 결혼할 운명에 처하지만 부부의 연을 맺지 않고 2년을 버티다 복주 용천사로 출가했다. 험난한 수행자의 시작 역시 순탄하지 않았던 것이다. 출가 이후 그는 심산유곡의 동굴에 거주하며 수행했다. 나무열매나 동굴 속의 샘물로 연명하며 극한 고통을 체험한다. 그렇지만 혼자서 행하는 고행주의는 대중을 외면한다는 점에서 외도의 수행과 다름이 없다고 자책한다. 이후로는 참선을 하면서도 대중들과 만나는 것을 즐거워했다.

43세 때인 1882년 7월 절강성 보타산에서 삼보일배로 산서성의 오대산으로 출발해 2년 2개월만에 오대산에 도착했다. 이런 수행

자체에 대해 그는 "생전에 한 번도 보지 못한 어머니에 대한 은혜를 갚기 위해서"라 생각했다. 또한 나아가 모정을 떠나 생명을 던져 한 생명을 살린 거룩한 행위에 대한 찬탄이라 생각했다. 허운에 대해 제자들은 "어떤 고통도 감내할 수 있고, 어떤 더러움도 물리칠 수 있으며, 어떤 것도 버릴 수 있는 수행자"라 생각했다. 이런 그의 수행경력은 다섯 선문의 가풍을 한 몸으로 계승하게 된다. 법맥이 희미해져 가고 있던 임제종, 조동종, 위앙종, 법안종, 운문종이 그것이다.

허운은 참선의 요지를 전달하기 위해 노력했으며, 생활을 떠난 참선은 무의미하다고 설파했다. 따라서 선농일치를 주장하는 한편 폐허가 된 사찰들을 찾아 중수하고 지역불교를 재건하기에 노력했다. 이런 도중에 불교계의 화합을 위해 앞장서며, 선종과 정토종의 융합을 도모했다. 그는 염불을 통해 마음이 하나로 집중된다면 그것이 바로 참선이라는 염불선을 주창하며, 그런 수행이 현실을 떠난다면 무의미하다는 점에서 생활선을 강조했다. 『법음』·『선』 등의 잡지를 발간한 것은 자신의 신념을 구체화시키기 위한 운동의 하나였다.

100살이 되던 해에 그는 국민당과 공산당의 내전을 경험한다. 1949년 국민당이 대만으로 퇴각하고 사회주의 중국이 건설되었다. 1958년 대약진운동이 전개되자 그는 혹세무민의 승려라는 비판에 직면해야 했다. 주변의 제자들은 변해야 산다고 간청했지만 그는 요지부동이었다. 120세 되던 1959년 많은 사람들이 그의 장수를 축원했지만 "계·정·혜 삼학을 닦고 삼독을 끊어야 한다."는 말을 남기고 열반에 들었다. 저서로『능엄경현요』·『법화경약소』·『유교경주석』·『원각경현의』·『심경해』 등이 있으며, 그의 열반 후 편집된 『허운화상법휘』·

『허운화상선칠개시록』이 있다.

태허

태허(太虛, 1889~1947)의 속성은 여시이며 절강성 숭덕에서 태어났다. 태허가 태어난 이듬해 부친이 사망하고, 열여섯의 젊은 미망인이었던 어머니는 4년여를 홀로 태허를 키우다 개가했다. 이후 도교신자였던 외할머니 슬하에서 어린 시절을 보내게 된다. 태허는 16세 되던 해 출가를 결심하고 1904년 여름에 출가하여 그해 말 영파의 천동사에서 구족계를 받았다. 출가의 동기에 대해 태허는 "여러 인연이 있었지만 주된 이유는 신통력을 얻고자 함이었다. 그때는 신선과 부처를 잘 구별하지 못했다."고 회상했다.

출가 이후 몸이 허약해 학질을 자주 앓았으므로 스승이 그에게 태허란 법명을 지어주었다. 그는 불교를 배우는 한편으로 당시 유행하던 톨스토이, 바쿠닌 등의 문학서적을 탐독하기도 했다. 나아가 청년들을 격동시켰던 강유위의 『대동서』, 담사동의 『인학』, 양계초의 『신민설』, 장태염의 『불제자에 고함』 등을 읽고 사회개혁의식을 싹틔웠다.

1909년 태허는 양인산이 설립한 기원정사에 입학했다. 열 명 남짓한 학생 중에서 절반 정도가 승려였는데 양인산이 『능엄경』을, 소만수가 영어를, 체한이 학감을 맡고 있었다. 1930년대 중국 불교계를 양분했던 지나내학원과 무창의 무창불학원은 구양경무와 태허가 이끌게 되는데 이들은 모두 기원정사에서 공부한 동문이었다. 구양경무는 재가자를 대표하는 사람이었으며, 그의 사상적 맥락은 유명한 불교사학자 여징으로 계승된다. 반면 태허는 출가자를 대표했으며, 그의 사상은 인순법사로 계승된다.

  1911년 신해혁명이 일어나자 태허는 불교계를 대표하는 단체를 구성했다. 1914년 보타산에 도착해 폐관에 들어간 태허는 그때까지의 불교운동에 대해 전반적인 반성과 점검을 시작한다. 1917년 폐관을 풀자 태허는 굳건한 신념을 앞세워 불교개혁과 중국의 근대화에 앞장서게 된다. 그는 먼저 상해에 각사를 설립했다. 각사는 수행과 연구, 불교잡지의 간행을 주 업무로 삼았다. 개혁운동의 근거지가 마련된 것이다. 1920년 각사에서 발간하던 『각사총간』을 『해조음』으로 개칭하면서 계간에서 월간으로 바꾸었다. 『해조음』은 당면 문제에 대해 매우 적극적인 논지를 전개했는데, 학술적인 성격보다는 시사적인 성격이 강해 사회적인 파급력이 매우 컸다.

  1922년 태허는 무창불학원을 설립했다. 불교개혁의 이론을 생산하고, 인재를 양성하기 위해서였다. 학습 방법도 전통에 구애받지 않았다. 태허는 3대혁명을 제창했는데, 교리의 혁명, 교재의 혁명, 교산의 혁명이 그것이다. 그는 폐관 3년 동안 『정리승가제도론』을 발표했다. 그의 사상은 인간불교론을 토대로 삼고 있다. 이것은 불교가 세속화하자는 것이 아니라 인간을 중심으로 불교사상이나 운동이 전개되어야 한다는 점에서 많은 주목을 받게 된다. 즉 시대와 중생의 근기에 부합한 불교운동이었던 것이다. 1945년 제2차 세계대전은 끝났지만 중국은 내전에 휩싸인다. 태허는 1947년 내전이 한창이던 중에 상해의 옥불사에서 뇌일혈로 쓰러졌다.

부록

현대 中國 불교의 전개

1. 현대 중국불교학의 흐름과 전망

1) 공산화 이전의 근대 중국불교학의 태동과 발전[1]

근대 중국불교학 연구의 초석을 다진 사람은 인산 양문회(仁山 楊文會, 1837~1911)다. 인산은 1866년 지금의 남경에 금릉각경처金陵刻經處를 만들어 산실된 불경을 수집하여 보급하는 한편, 동지들을 모아 불교를 연구하며 후학을 양성했는데, 이것이 근대 불교학 연구의 요람이 되어 해방 이전까지 불교학을 주도하게 되었다.

그의 동지들은 중국불교가 낙후된 원인이 어디에 있는가? 하는 자기반성에서 출발했다. 어떻게 하면 불교를 부흥시키고, 불교를 통하여 중국의 항구적 발전을 도모할 수 있는가? 하는 문제에 관심을 기울였다. 그리고 부처님의 근본정신으로 돌아가지 않는 한 중국불교

---

[1] 이 부분은 고진농의 『불교문화와 근대중국』, 등자미의 『전통불교와 중국근대화』, 왕릉파의 『중국근현대불교인물지』, 호승법의 『불학과 현대신유가』 등의 서적을 참고로 서술한 것이다.

의 미래는 암울하기 그지없다는 결론 아래 전통의 중국불교사상을 부정하고 본래의 인도불교사상을 연구하는 데 매진한다. 인산의 뒤를 이은 경무 구양점竟無 歐陽漸을 필두로 공산화되기 이전까지 유식한 연구의 선풍을 일으켰던 배경에는 선종을 비롯한 전통불교사상을 부정하지 않으면 중국불교의 회생은 불가능하다는 문제의식이 있다.

인산仁山을 중심으로 한 금릉각경처의 노력은 당시 실의에 빠져 있던 일군의 계몽사상가들에게도 햇살처럼 다가와 불교를 통한 중국의 갱생을 도모케 한다. 그들은 동도서기東道西器를 주장하였는데, 이때의 도道는 다름 아닌 불교로 이들은 불교연구에 심혈을 기울였는데 강유위(康有爲, 1858~1927), 담사동(譚嗣同, 1866~1898), 장태염(章太炎, 1868~1936), 양도(楊度, 1875~1931) 등이 그들이었다. 강유위는 그의 『대동서』 속에서 세상의 범주를 9계로 분류하고 있으며, 9계의 모습을 '거고계지극락去苦界至極樂'으로 묘사하고 『아미타경』에 나오는 불국정토의 모습을 대동세계의 모습으로 설정하고 있다. 담사동의 불교사상을 알려주는 자료는 『담사동전집』에 수록된 「인학仁學」이다. 그는 불교사상을 유신변법의 사상적 무기로 삼고자 했는데 특히 불교의 평등사상, 시무외施無畏 정신, 상대주의 정신, 무아사상의 영향을 강하게 받고 있다. 장태염은 불교사상을 통해 당시 서양세력을 대표하는 것으로 간주되던 기독교사상을 비판하였으며, 불교사상을 이용하여 자산계급혁명을 추진하였다. 그는 "공자교의 가장 큰 오점은 사람들이 부귀영화의 사상에서 벗어나지 못하게 하는 데 있으니, 한무제가 전적으로 공자교를 숭상하기 시작한 이래 부귀영화에 매달리는 사람이 나날이 증가하였다."고 주장하며, 불교의 평등사상에 입각한 사회건설을 획책했다. 양도는 일본에 유학한 근대 중국의 저명한 정치가 중의 한 사람으로 처음에는 입헌군주제를 주장하다가 불교사상과 접한 이후에는 손문의 추종자가 되었으며, 이후 다시 중국공산당에 참가한 공산주의자이다. 그는 선종의 영향을 강하게 받았는데, '자신이 바로 부처'라는 관점에서 인간은 무한한 존엄성과 평등성을 지니고 있다고 보았다. 동일한 관점에서 승니僧尼의 해방을 주장하고 영혼의 윤회를 부정하는 등 철저하게 미래의 사회를 개조하는데 불교사상을 적용하고자 노력했다.

이상과 같은 사회적 분위기는 인산과 뜻을 함께하였던 태허太虛를 비롯한 많은 승려들의 합세로 전국적으로 확대되어 수많은 학자와 정치 사상가들이 불교에 대한 관심을 갖게 되거나 새로운 평가를 내리게 만들었다. 대체적으로 1949년까지 중국불교학의 연구를 주도한 집단을 살펴보면 세 가지로 분류할 수 있다.

첫째는 승려집단으로 화엄대학을 창립한 석월하(釋月霞, 1857~1917), 민남불학원을 세운 석회천(釋會泉, 1874~1942), 무창불학원을 세워 신불교운동의 횃불을 밝힌 석태허(釋太虛, 1889~1947), 천태학원을 창립한 석인산(釋仁山, 1887~1951), 초산불학원을 세운 석지광(釋智光, 1889~1963), 석진화(釋震華, 1908~1947), 『성공학탐원』・『유식학탐원』・『설일체유부위주의 논서와 논사연 구』와 『원시불교성전의 집성』・『초기대승불교의 기원과 전개』・『인도불교사상사』・『중국선종사』 등을 저술한 대학승인 석인순(釋印順, 1906~), 능엄경 연구의 대가 석원영(釋圓瑛, 1878~1953) 등이 대표적이다. 이들 중의 대부분은 중국의 공산화 이후 대만으로 건너가 오늘의 대만불교와 대만불교학의 초석을 다지게 된다.

두 번째는 거사집단으로 평생을 유식학과 대승불교 연구에 헌신한 구양점(1871~1943), 중국불학사학의 기틀을 다진『중국불학원류약강』과 『인도불교원류약강』·『불교변증법』·『서장불학원론』·『서장소전의 인명』·『인명강요』·『중국불교백과전서』의 여징(呂澂, 1896~1989),『유식통론』과『인명입정리론석』·『섭대승론소』·『이십유식론소』·『대승기신론료간』의 왕은양(王恩洋, 1897~1964) 등이 대표적이다. 특히 구양점과 여징은 1914년 남경의 금릉각경처에 불학연구부를 만들어 전문적인 불교학습을 시작하였으며, 수년간의 연구 이후 여징은 도일渡日하여 유학했다. 1918년 구양점은 당시의 저명한 학자인 심자배沈子培, 진백엄陳伯嚴, 양계초, 웅병삼雄秉三, 엽옥보葉玉甫 등과 공동으로 발기하여〈지나내학원支那內學院〉을 창설할 준비를 한다. 이윽고 4년의 각고 끝에 1922년 7월 17일 정식으로 출발했는데, 이때 여징이 귀국하여 지나내학원의 교무처장으로 헌신한다. 근대적인 학문체계에 따른 불교대학이 탄생한 것이다. 양계초는 이 당시 남경대학에서 강의를 하는 한편 구양점에게 불교를 수학하며, 당국과 협의하여 토지 83묘를 지나내학원의 교지로 증여하여 발전의 기틀을 다지게 했다. 현재 남경대학 철학과에 불교를 전공한 학자들이 다수 포진해 있는 것은 이러한 전통과 무관하지 않다.

세 번째는 학자집단으로 유식학을 연구하며 선종을 중국불교 쇠망의 원인이라 폄하한『북산루집』의 송평자(宋平子, 1862~1910),『성유식론제요』와『백법명문론천설』·『8식규거송천설』의 저자 장극성(張克誠, 1865~1922),『불학연구18편』의 작자 양계초(1873~1929),『중국불교사』의 장유교(蔣維喬, 1873~1958), 『불학대사전』의 편자인 정복보(丁福保, 1874~1952), 『법상사전』을 편집한 주패황(朱芾煌, 1877~1955), 『석씨의년록釋氏疑年錄』과 『중국불교사적개론中國佛敎史籍槪論』의 진원(陳垣, 1880~1971), 『서장불교사』의 이증강(李證剛, 1881~1952), 『불학대강』와 『중국철학사』의 사무량(謝無量, 1885~1963), 삼시三時학회를 창립하여 평생을 유식학 연구에 헌신하였으며 『유가사지론과구』와 『유가피심기』의 대작을 남긴 한청정(韓淸淨, 1884~1949), 『신유식론』의 웅십력(熊十力, 1885~1968), 불교문학을 선도한 하개존(夏丏尊, 1886~1946), 『석존의 역사와 교법』의 옥혜관(玉慧觀, 1891~1933), 저명한 종교문학가 허지산(許地山, 1893~1941), 『한위양진남북조불교사』의 탕용동(湯用彤, 1893~1964), 『중국철학사』의 저자 빙우란(憑友蘭, 1895~1990), 『유식연구』의 저자 주숙가(周叔迦, 1899~1970), 선학연구 새로운 경지를 개척하고 『중국선종사』을 저술한 호적(胡適, 1891~1962) 등이 대표적이다. 이들 중에서 빙우란, 웅십력, 호적, 사무량 등 당대의 대표적인 중국철학자들은 모두 불교사상을 흡수하여 자신의 철학체계를 수립하고 있다. 특히 빙우란은 남북조 이래 송대 초기에 이르는 기간 동안 중국 최고의 일류 사상가는 모두 불교사상가라고 평가하였다. 이상에서 열거했듯이 당대를 대표하는 수많은 학자들이 불교를 연구했거나 불교의 영향을 받아 자신의 학문세계를 넓히고 있다.

2) 중국의 공산화와 불교학 연구[2]

중국의 공산화는 사회 전반에 걸쳐 커다란 변화를 초래했다. 불교도 그 변화의 흐름을 벗어날 수 없었다. 따라서 공산화 이전의 왕성했던 불교연구 열기는 주춤하지 않을 수 없었다. 연구를 하더라도 연구의 방법이나 목적이 근본적으로 바뀌지 않을 수 없었다. 사회인민의 안녕을 위해 봉사하는 것이 그 무엇보다 중요하게 간주되었다. 마르크스의 이념에 위배되는 것은 어떠한 사상이나 이념도 허용될 수 없었기 때문이다. 특히 불교의 승가집단은 일하지 않고 먹는다는 점에서 노동을 신성시하는 사회주의의 이념에 맞을 수가 없었다. 더구나 역대 이래로 정권에 기생하며 대중을 우민화하고 착취하였다는 점에서 자아비판과 반성의 시간이 혹독한 시련으로 다가왔다.

혹독한 반성과 시련의 시간 동안에 진행된 불교연구는 사회주의 중국을 건설하기 위해 필요한 작업이었다고 해도 과언이 아니다. 불교의 사상은 맑시즘의 울타리 안에서 대중 인민을 위해 개조되지 않으면 안 되었으며, 불교사를 비롯한 문학, 예술의 연구도 맑시즘의 기반 위에서 개조되지 않으면 안 되었다. 불교의 순수한 교리는 연구되지 않았으며, 불교의 승단은 미신을 전파하는 집단으로 간주되기도 했다. 따라서 문화대혁명 기간 동안 중국 전역의 무수한 문화유적들이 망치에 의해 파괴되거나 철거되어 흔적도 없이 역사의 어둠 속으로 사라졌다.

---

[2] 이 부분은 96『중국종교연구연감』과 98년도 『불학연구』의 중국 불교전래 2000년의 연표를 참고로 서술했다.

그러나 어둠이 다하면 새벽이 온다는 평범한 진리처럼 시련의 터널이 끝나고 개혁개방의 햇살이 다가오면서 현대 중국의 불교학 연구도 새로운 전환기를 맞이하게 되었다.

(1) 중국 공산화 이후 불교학계의 동향

공산화 이후의 중국불교학 연구는 크게 두 시기로 구분할 수 있는데 제1이기 1950년부터 1978년까지이며, 제2기는 1979년부터 현재까지이다. 제1이기 암흑의 시대이며, 부처님의 지혜의 빛이 모택동의 휘황찬란한 사회주의의 불빛에 가려 천길 암흑의 동굴로 떨어진 시대이다. 제2기는 끊어지던 숨길이 바야흐로 회복되어 걸어 다니기 시작하는 시대라 말할 수 있다.

50년대 이후 중국에서 불교를 연구하는 연구자의 구성은 두 부류의 인물들로 형성된다. 첫째는 불교협회의 승려와 거사에 속하는 그룹이며, 또 하나는 전국 각 대학의 교수와 1964년에 설립된 중국과학원 철학사회과학부 세계종교연구소의 연구인원이다. 세계종교연구소의 설립 이후는 대부분의 연구자가 세계종교연구소와 유기적인 연관 아래 불교를 연구했다고 해도 과언이 아니다. 이러한 흐름은 현재도 거의 변함이 없다고 볼 수 있다. 현재는 중국과학원에서 중국사회과학원으로 이름만 바뀌었을 뿐이다. 중국사회과학원을 정점으로 각 직할시 내지 성에 지방사회과학원이 있으며, 각 지방의 사회과학원 산하에 종교연구소가 있고 그곳에서 각 지방의 불교를 연구한다. 물론 각 지방사회과학원에 소속된 연구 인력은 중앙의 중국사회과학원 세계종교연구소 불교학연구실 특별연구원으로 등록되어 있다.

당시 간행되었던 대표적인 불교 간행물은 상해의 대법륜서국에서 출판했던 『각유정覺有情』과 상해불교청년회가 간행했던 『각신월간覺訊月刊』, 홍화사에서 간행했던 『홍화월간弘化月刊』 등 세 종류가 있었다. 이 3종의 간행물은 각각 1953년 4월, 1955년 9월, 1958년 7월 차례로 폐간되었다. 이와 별도로 1950년 북경에서 『현대불학現代佛學』을 창간하였지만 역시 1964년 6월 폐간되는 비운을 맞이하게 되었다.

현재 상해의 복단대학 철학과에서 불교철학을 연구하고 있는 왕뢰천王雷泉 선생이 주편한 『중국대륙종교문장색인』(대만 동초출판사간, 1995)에 의하면 1949년부터 1966년까지 17년간 대륙에서 발표된 불교 관련 논문은 1,003편으로 밝혀져 있다. 그 중에서 1966년도에 발표된 논문은 고작 3편뿐이다. 가장 많은 논문이 발표된 해는 1953년의 99편이며, 평균 한 해에 58.1편이 발표되었다. 이 수치가 13억 인구의 중국 대륙 전역에서 발표된 것임을 감안하면 불교연구가 전무했다고 볼 수 있는 것이다. 더구나 공산화 이전의 연구 열기에 비해 해를 거듭할수록 발표논문 수가 줄어들고 있는 것은 당시의 사회적 분위기와 무관하지 않다. 캄캄한 동굴 속에 놓여져 있는 것이다. 이들 논문은 주로 『현대불학』에 발표되었으며 기타 『철학연구』와 『문사철』·『신건설』 등에 드물게 게재되었다. 『현대불학』은 1950년대 이래 1960년대 초반까지 불교학 연구의 정황을 알려주는 주요한 창구가 되었다.

1967년부터 1973년까지 전 중국 대륙에서 단 한 편의 종교관련 논문도 발표되지 않았다. 1974년 발표된 불교학 논문은 단 한 편에 불과하며, 1977년 이후 점차 증가되기 시작하여 1992년도에는 전 중국 대륙에서 발표된 논문이 무려 1,125편에 달한다. 1년 동안 발표된 논문의 양이 이전의 17년간 발표된 논문의 총수를 초과한 것이다. 이는 개혁개방의 물결이 연구의 분위기를 자유롭게 한 것은 물론 발표지면의 증가에서도 그 원인을 찾을 수 있다. 즉 각 대학의 학보, 지방 사회과학원의 정기 간행물, 불교잡지의 증가, 50여 종을 헤아리는 종교학 관련 잡지, 기타 수많은 학회지가 발간되었던 것이다. 1996년도 『중국종교연구연감』에 의하면 이 해에 발표된 논문과 단행본, 기타 유관 기고문이 990여 편에 이른다. 워낙 많아 정확한 통계를 알기가 어렵지만 92년을 기점으로 완전한 해빙기에 접어든 것이다.

(2) 불교학 발표 기관과 불교계의 잡지 동향

최근에는 전문적인 불교학 관련 논문을 발표할 수 있는 잡지나 간행물이 많다. 그 중에서도 1992년 창간호를 낸 『불학연구』가 대표적이다. 중국불교문화연구소에서 매년 1회씩 발간하고 있으며 주편은 오입면 吳立面 소장이다. 주로 중국사회과학원 세계종교연구소 불교연구실 연구원들을 중심으로 각 대학 철학과 내지 문학, 예술 전공자들이 연구 성과를 발표하고 있다. 또한 같은 중국불교문화연구소에서 『불교문화』란 격월간 잡지를 발간하고 있다. 남경대학의 뢰영해賴永海 교수 주편의 『선학연구』는 선종과 관련된 논문만을 전문적으로 취급하고 있으며, 매년 1회씩 간행한다. 종산임宗山任을 주편으로 하는 『중국불학』은 98년도에 창간호를 발간한 이래 춘추로 년 2회씩 발간하고 있다. 창간호에는 전문 불교학 관련 논문 20여 편이 실렸다.

복건성 쌰먼시의 민남불학원은 중국불학원의 상징이다. 1989년 이래 매학기 학보를 발간하고 있으며, 중국 전역의 학자들을 대상으로 논문을 모집한다. 1956년도에 설립된 북경의 법원사法源寺에 있는 법원사 불학원도 매학기 학보를 간행하고 있으며, 98년 9월까지 16호를 발간했다. 법원사는 고려의 나옹 혜근스님과 무학 자초스님이 수학했던 유서 깊은 사찰이라 한국불교와 무관하지 않다. 이외에 하북성 석가장시의 백림선사에서 간행하는 『선』을 비롯하여 구화산 불학원에서 간행하는 『감로』, 절강성 불교협회에서 간행하는 계간지 『절강불교』, 절강성 태주시 불교협회서 발간하는 월간 『태주불교』가 있다. 광동성불교협회에서 발간하는 격월간 『광동불교』, 광동성 인동 불학원에서 간행하는 계간 『인해등人海燈』, 1980년부터 중국불교협회에서 간행하는 월간 『법음』, 강서성 불교협회에서 간행하는 계간 『총림』, 낙양시 불교협회에서 간행하는 『낙양불교』, 1986년부터 서장에서 출간되는 『서장불교』 등이 있다. 이외에도 각 성이나 대도시 불교협회가 간행하는 잡지가 있지만 대표적인 것만 열거하였다.

이상의 잡지 이외에 중국사회과학원 세계종교연구소에서 주관하는 『세계종교연구』・『세계종교문화』・『당대종교연구』 등이 중국의 대표적인 불교학자들이 논문을 발표하는 전문학술지로 모두 계간이다. 이외에 계간지 『종교학연구』・『종교』 등도 전문학술지에 속하며 많은 불교논문이 발표된다.

특히 지역의 특수성을 살린 전문 불교학술지도 있다. 대표적인 것이 산서성 사회과학원이 발간하는 『오대산연구』, 감숙성 난주시에서 발간되는 『돈황연구』, 장학연구소에서 발간하는 『장학연구藏學研究』가 있다. 돈황이나 서장, 오대산 등 특수 지역을 중심으로 연구의 전문성을 살리고 있다는 점이 특이하다. 특히 『장학연구』는 정치적 특수성으로 인해 많은 연구 성과가 축적되어 있는데, 서장을 중심으로 전개되는 중국 밀교의 연구 성과를 알려주는 더없이 귀중한 학술서로 평가받고 있다.

3) 당대의 중국불교 학풍과 대표적인 학자 및 주요 저서[3]

(1) 중국불교학 연구의 특징과 방향

중국 공산화 이후 중국불교학의 흐름은 크게 네 가지 방향으로 구분할 수 있다. 첫째는 선종의 연구이다. 호적의 『중국선종사』, 석인순 법사의 『중국선종사』를 출발점으로 연구되기 시작한 선종사 내지 사상은 불교학 연구의 주류를 형성하고 있다고 해도 과언이 아니다. 양인산 거사 이래 선종이 불교의 독특한 정체성을 희석시키고, 불교의 타락과 퇴보를 야기시켰다는 비판으로 주목을 끌지 못하던 분야였지만 공산화 이후 오히려 가장 중국적이고 중국화된 불교라는 점에서 적극적인 연구의 대상으로 부상했다. 둘째는 불교사 연구이다. 여징과 탕용동, 진원 등의 작업을 기초로 유물사관에 입각한 불교사의 정립, 중국불교의 역사적 위상과 역할, 일반사 내지 사상사와의 유기적 관계, 각 종파사의 탐색 등 사학과 출신들을 중심으로 다양한 각도에서 연구되고 있다. 셋째는 비교철학 내지 비교종교학적 관점에서 불교와 유교 또는 도교, 기독교, 기타 현대 철학 등을 비교하여 연구하는 것이다. 북경대 철학과 교수 요위군姚衛群은 98년도 『불학연구』에 발표한 '불교

---

[3] 이 부분은 96『중국종교연구연감』·『불교와 중국문화』(중화서국, 1988), 고진농의 전게서, 등자미의 전게서, 『불학연구』 등을 참조로 서술하였다.

학술 연구의 현대화'에서 "불교는 종합학문이므로 과학, 철학, 역사, 언어, 문학, 예술, 천문, 역법 등과 연계하여 연구하는 것도 바람직한 방법 중의 하나"라고 전제하고, 다른 문화형태와 비교하여 연구를 한다면 보다 깊이 불교를 인식하고 이해할 수 있다고 말한다.

이상의 세 가지 범주에는 들어가지 않지만 미술, 문학, 민속, 지역학과 연계되어 다양한 방면에서 불교가 연구되고 있다. 그 중에서도 언어학적 관점에서 불교를 연구하는 일군의 학자들이 있다. 그들은 주로 중문학과 교수들이며, 범어로 된 불경이 한문 경전으로 번역되는 과정이 1천 년 이상의 장구한 시간이 소요되며, 따라서 각 시대마다 당시의 한어가 어떻게 활용되고, 어떠한 의미로 사용되고 있었던가를 밝히기 위하여 범어 원전과 비교하여 연구하는 작업이다.

(2) 대표적인 학자와 주요 저서

공산화 이후 중국불교학의 대표적인 학자는 사상사와 철학 방면에서 마르크스주의의 유물사관에 입각하여 불교연구의 새로운 지평을 개척한 임계유任繼愈와, 여징의 학통을 계승하였으면서도 마르크스주의에 입각해 불교사를 연구하는데 혼신의 힘을 쏟은 곽붕郭朋을 들 수 있다. 이 두 사람은 이미 80세를 넘긴 고령이라 현역에서 은퇴한 상태이지만 후학들에게 미친 영향이 막대하다. 특히 임계유는 철학과를 중심으로 많은 제자들이 전국적으로 퍼져 연구하고 있는 중국불교학의 살아 있는 대부라 불릴 만하다.『한당불교사상론집』(인민출판사, 1962)을 비롯하여,『중국철학사』4권을 남기고 있다.『중국불교자료선집』을 주도한 북경대학의 루우열樓宇烈 교수,『위진남북조불교논

총』·『화엄금사자장교석』·『불교철학』 등 10여 권의 불교저서를 출간한 인민대학의 방립천方立天 교수가 그의 제자이다. 방립천은 불학원에 들어가 직접 수도한 경험을 지니고 있는 특이한 존재로서 남경 지나불학원의 학통도 계승하고 있으며, 90년대에 들어와 자신의 제자들과 함께 중국불교사상가 총서를 주편하여 구마라집을 비롯해 길장, 천태, 법장, 승조, 도생 등 대표적인 중국 고승들의 전기를 출간했다.

곽붕은 『중국불교사상사』 3권, 『수당불교사』·『송원불교사』·『명청불교사』·『중국불교간사』·『육조단경교석』 등 10여 권의 저서를 출간하였다. 그의 대표적인 제자로는 『신회선사어록』을 편집 교석하였고 『당오대선종사』를 저술하였으며, 현재 『송원대선종사』를 집필하고 있는 사회과학원의 양증문楊增文 교수와, 『중국불교사』와 『중국선종통사』를 저술한 사회과학원의 두계문杜繼文 교수가 있다.

이들 외에도 인도불교를 연구하여 『인도철학사』를 저술한 사회과학원의 황심천黃心川 교수 등은 암흑기의 중국불교학을 지키면서 후학을 양성하여 오늘날의 중국불교학이 명맥을 유지할 수 있는 토대를 구축한 인물들이다.

전술한 중국불교학의 세 가지 흐름을 중심으로 최근의 연구성과와 연구자들을 살펴보기로 하자.

첫 번째로 선종을 연구하는 일군의 학자들은 선학들의 작업을 기초로 비교적 많은 성과를 내고 있다. 대표적인 것은 앞서 소개한 책들 이외에 남경대 철학과 홍수평 교수의 『중국선학사상사강』와 『혜능평전』·『선종사상의 형성과 발전』, 호남사범대 마천상麻天祥 교수의 『중국선종사상발전사』, 청화대 갈조광葛兆光 교수의 『중국선학사상사』가 있다. 특히 갈조광 교수는 중어중문학과 교수로『선종과 중국문화』·『종교와 문학』등을 저술하여 문화사적 입장에서 선종을 연구하였다. 기타 사천대학 종교학연구소 부연구원인 진병陳兵의『불교선학과 동방문명』, 학술연구잡지사에서 혜능 관련 논문만을 모아 단행본으로 출판한『육조혜능사상연구』, 악록서사岳麓書社에서 석두 희천선사를 연구한 논문을 모아 단행본으로 출간한『석두희천과 조동선』, 오립민吳立民 주편의『선종종파원류』가 있다.

두 번째인 불교사에 관한 학술 논문은 헤아릴 수 없이 많다. 학술서적을 중심으로 중요한 것만을 소개하기로 한다. 전술한 교수의 저작 이외에 왕삼王森의『서장불교발전사략』(중국사회과학출판사, 1987), 사금파史金波의『서하불교사략』(영하인민출판사, 1988), 사중광謝重光의『중국승관제도사』(청해인민출판사, 1990), 방광창方廣錩의『불교대장경사』, 양영천楊永泉의『삼론종원류고』(강소고적출판사, 1998), 반반다걸班班多杰의『장전불교사상사강』, 여건복呂建福의『중국밀교사』(중국사회과학출판사, 1995), 홍수평의『중국불교문화역정』(강소교육출판사, 1995), 강란등江爛騰의『명청민국불교사상사론』(사회과학출판사, 1996), 후욱동侯旭東의『5,6세기 북방민중불교신앙』(중국사회과학출판사, 1998), 색남재양索南才讓의『서장밀교사』(중국사회과학출판사, 1998), 덕륵격德勒格의『내몽고라마교사』(내몽고인민출판사, 1998), 왕릉파王凌波의 『중국근현대불교인물지』(종교문화출판사, 1995), 화동사범대교수인 등자미鄧子美의『전통불교와 중국근대화』(화동사범대학출판사, 1994), 상해사회과학원종교연구소연구원인 고진농高振農의『불교문화와 근대중국』(상해사회과학원출판사, 1992),

위장홍魏長洪의 『서역불교사』(신강미술섭영출판사, 1998), 남경대 철학과 뢰영해賴永海의 『중국불교문화론』(중국청년출판사, 1999), 마덕馬德의 『돈황막고굴사연구』(감숙교육출판사, 1996), 오립민吳立民 주편의 『숭산소림사 1500주년기념논문집』(종교문화사, 1996), 중국불교문화연구소편의 『돈황학불교학논집』 상하, 림가평林家平 외 공저인 『중국돈황학사』(북경어원학원, 1991) 등이 있다. 특히 돈황학의 보다 체계적인 연구를 위해 난주대학에 돈황학 박사과정을 개설하고 보다 심도 있게 연구하고 있으며 언어학, 민속학, 미술사, 종교사 등의 다양한 분야에서 엄청난 연구 성과들이 쏟아져 나오고 있다.

인물 연구로는 앞서 소개한 것 이외에 소주대학 심계명潘桂明 교수의 『지의평전』(남경대출판부, 1996), 북경대 철학과 허항생許抗生 교수의 『승조평전』(남경대출판부, 1996), 중앙민족대학 장학과 왕요王堯 교수의 『쫑카파평전』(좌동), 하남대 마패馬佩 교수의 『현장연구』(하남대출판사, 1997) 등이 있다. 중국 불교학계는 도생과 승조를 불교가 중국화될 수 있도록 사상적 기틀을 다진 인물로 보기 때문에 중국철학사 연구의 핵심 인물로 평가하고 있다. 따라서 그들에 대한 연구가 특히 많으며, 구마라집을 비롯한 중요 인물에 대해서도 많은 연구가 진행되고 있다. 기타 섬서성사회과학원 연구원 진경부陳景富의 『중조불교문화교류사』와 『중한불교관계일천년』 등 중국과 주변국가간의 불교문화교류에 관한 자료모음집이 있다. 특히 일본과의 교류사에 관한 논문은 다수 발표되어 있다. 또한 섬서성사회과학원 불교연구중심의 왕아춘王亞春 소장을 비롯한 연구원들은 당대 수도였던 장안불교를 집중적으로 연구하여 사원, 인물, 역사에 관한 많은 성과를 축적하고 있다. 기타 중요한 사찰에 대한 사지寺誌의 재정리와 출간은 수백 권을 헤아리고 있다.

세 번째 범주에 속하는 학자와 연구저서도 적지 않다. 정통 불교사상에 대한 연구서로는 남경대 철학과 뢰영해의 『중국불성론』(상해인민출판사, 1988), 무수강巫壽康의 『인명정리론연구』(三聯書店, 1993), 북경대 철학과 요위군姚衛群의 『불교반야사상발전원류』(북경대출판사, 1996), 심행여沈行如의 『반야와 업력』(북경도서관출판사, 1998), 양화군楊化群의 『장전인명학』(서장인민출판사, 1990), 왕월청王月淸의 『중국불교윤리연구』(남경대출판부, 1999) 등이 대표적이다. 단행본으로 출간된 것은 많지 않지만 유식학 연구 논문과 중관사상 관련 논문이 교학연구의 상당수를 차지하고 있는데, 이들이 송대 이래의 신유학의 심성론에 막대한 영향을 미치고 있다는 점과 불교의 존재론과 가치론을 밝혀 주는 가장 기본적인 사상들이란 점에서 연구가 진행되고 있다. 하지만 공산화 이전의 유식학 연구에는 비교할 수 없으며, 간행된 연구서적도 많지 않다. 요남강姚南强이 1994년 5월 『중국사회과학』에 발표한 '백년래의 중국인명학연구'에 의하면 개혁개방 이래 중국 정부는 인명학(因明學: 불교논리학)을 중점 연구항목으로 지정하였으며, 따라서 중국사회과학원 철학연구소, 중국논리사연구회, 중국불교협회 등에서 중점적으로 연구를 하는 것으로 밝혀져 있다. 그 결과 1991년 『중국논리사자료선, 인명권』이 출판되었으며, 1981년 발간된 석촌石村의 『인명술요』, 1985년 발간된 심검영沈劍英의 『인명학연구』 등 통론적 성격의 저술과 곽도회霍韜晦의 『불가논리연구』 등이 있다.

불교 혹은 선종을 다른 사상이나 학문과 연계하여 연구한 서적으로는 남경대 철학과의 뢰영해와 홍수평이 주축이 되어 편집을 하고, 절강인민출판사에서 발간한 선학총서가 있다. 이 중에서 남경대 철학과 교수 홍수평, 오역화吳亦化 공저의『선학과 현학』, 서소약(徐小躍, 좌동)의『선과 노장』, 뢰영해의『불학과 유학』, 장육영(張育英; 남경대)의『선과 예술』, 장백위(張伯衛; 남경대 중문과 교수)의『선과 시학』, 임효홍任孝弘의『선과 중국원림園林』, 황하도(黃河濤; 상동)의『선과 중국예술정신의 변천』, 이하(李霞; 안휘대 철학과)의『도가와 선종』, 호승법(남개대 철학과)의『불학과 현대신유가』, 주진周晉의『도학과 불교』(북경대출판부, 1999), 진원령陳遠寧의『중국불교와 송명리학』(호남인민출판사, 1999), 장경웅張慶雄의『웅십력의 신유식론과 후설 Edmund Husserl의 현상학』(인민출판사, 1995) 등이 있다. 선학의 사상적 원류의 탐색과 선사상이 후대의 철학, 문학, 예술에 미친 영향 등을 분석하고 있다는 점에서 갈채를 받기에 충분하다. 특히 비교사상 분야는 중국 학자들이 중국 고전에 대한 독해 능력이 탁월하고, 충분한 사전 지식을 쌓고 있다는 점에서 다른 국가에 비해 강점으로 나타나고 있다.

그리고 불교문화와 중국 전통문화의 충돌과 융합이라는 관점에서 불교의 중국화 과정을 단문으로 발표한 뒤에 그것을 모아 출간한 탕일개(湯一介; 북경대 철학과)의 『불교와 중국문화』(종교문화사, 1999), 하건명(何建明; 중산대 철학박사)의『불법관념의 근대적응』(광동인민출판사, 1998), 설극교薛克翹의『불교와 중국문화』(중국화교출판사, 1994), 하광호(何光滬; 중국사회과학원 세계종교연구소 연구원)의

『대화: 유석도와 기독교』(사회과학문헌출판사,1998), 모종감牟鐘鑒과 장천張踐 공저의 『중국종교통사』 상·하(사회과학문헌출판사, 1999) 등이 있다.

위에 소개한 학술서적 이외에 고진농의 『대승기신론교석』(중화서국,1982), 한정걸韓廷杰의 『삼론현의교석』(좌동)과 『성유식론교석』(좌동,1998), 범상옹范祥雍 교점의 『송고승전』상·하(좌동), 소연뢰蘇淵雷 교점의 『오등회원』 상·중·하(좌동), 여유상呂有祥 외 교점의 『고존숙어록』 상·하 등이 있다. 불교학 연구의 기틀을 다진다는 점에서 중요한 불교 고전들을 교점 내지 교석하여 쉽게 연구할 수 있도록 배려하고 있다. 이들은 몇몇을 제외하면 대부분 중국사회과학원 세계종교연구소 불교학 연구실 연구원들이다.

문학적인 관점에서 연구한 책으로는 진윤길陳允吉 외 공저인 『불교문학정편』, 남개대 교수인 손창무孫昌武의 『불교와 중국문학』이 있으며, 고대한어학연구와 관련해서는 우곡于谷의 『선종어록과 문헌』(강서인민출판사, 1995), 원빈袁賓의 『선종저작사어회석詞語匯釋』(강소고적출판사, 1990), 주경지朱慶之의 『불전과 중고한어사회中古漢語詞匯연구』(대북문진출판사, 1992), 호열홍戶烈紅의 『고존숙어요대사조사古尊宿語要代詞助詞연구』(무한대출판부, 1998) 등이 있다. 이상의 단행본 이외에도 불경이나 선종어록의 어휘와 문법을 연구한 논문들이 지속적으로 발표되고 있으며, 발표지는 주로 『중국어문』·『어언연구』·『고한어연구』와 각 대학의 학보이다.

4) 주요 불교연구기관과 불학원

중국에서 불교를 연구하거나 연구하는 학자가 있는 기관은 두 가지로 구분할 수 있다. 연구기관 내지 각 대학의 철학과, 종교학과와 불학원이 그것인데, 이들을 분류하여 살펴보면 다음과 같다.

(1) 주요 연구기관과 대표적인 연구학자[4]

중국 최대의 불교연구기관은 단연 중국사회과학원 세계종교연구소 불교학연구실이다. 세계종교연구소는 불교연구실을 비롯하여 유교연구실, 도교연구실, 회교연구실, 기독교연구실, 민간종교연구실 등 8개의 연구실로 구성되어 있다. 불교연구실 소속의 연구인원은 35명 정도이며, 명예주임은 임계유, 주임은 양증문이다. 부주임 겸 비서장은 방광창方廣錩, 부주임은 『화엄종통사』를 저술한 위도유魏道儒, 설극교薛克翹, 부비서장은 장대자張大柘, 고홍高洪, 소군蘇軍이다. 이외에 두계문杜繼文, 한정걸韓廷杰 등 많은 불교학자들이 소속되어 있다. 한국에 잘 알려진 황심천은 불교연구실이 아닌 사회과학원 동방문화연구실 주임을 맡고 있으며, 갈조광은 사회과학원 어언연구소 특별교수로 되어 있다.

　기타 상해사회과학원 종교연구소(高振農), 천진사회과학원 종교문화연구소, 태원의 오대산연구중심, 섬서성사회과학원 역사종교연구소(王亞春), 장안불교연구중심(王亞春 소장, 陳景富), 돈황연구원, 청

---

[4] 이 부분에 대한 서술은 96 『중국종교연구연감』과 사회과학원 세계종교연구소 간행의 『세계종교연구』 1998년 3월호를 참고로 서술하였다.

해성사회과학원 민족종교연구소, 신강사회과학원 종교연구소, 운남성사회과학원 종교연구소, 서장사회과학원 종교연구소 등에서 지역과 민족을 중심으로 불교를 연구하고 있다. 이외에 북경의 불교문화연구소(吳立民), 중국불교협회 종합연구실, 감숙성 민족연구소, 중국장어계고급불학원 장전불교연구실, 중국장학연구중심 종교연구소, 국무원종교사무국 종교연구중심 등이 있다. 특이한 사실은 각 사회과학원은 석·박사과정이 개설되어 있어서 연구인력까지 직접 양성하고 있다는 점이다.

대학을 중심으로 살펴보면 북경대 종교학연구소와 종교학과(樓宇烈), 중국인민대학 종교연구소와 종교학과(方立天), 상해교육학원종교문화연구중심, 복단대학 철학과(王雷泉), 남경대학 종교문화연구소와 철학과(뢰영해, 홍수평, 서소약 등), 동남대학 불교문화연구소, 사천연합대학종교학연구소 등에서 불교를 연구하거나 연구인력을 배출하고 있다. 위에 열거한 대학 이외에도 안휘대학 철학과, 소주대학, 화동사범대학, 남개대학, 무한대학, 중산대학, 난주대학, 하남대학 등에서 불교연구학자가 활동하고 있다.

(2) 불학원과 특징

90년대 이후 중국불학원의 숫자도 서서히 증가 추세에 있으나 대륙의 크기에 비하면 아주 적은 숫자에 불과하다. 조사한 바에 의하면 30여 곳이 된다. 96년도 중국종교연구연감에 등재된 불학원이 8개에 불과한 것을 감안하면 많은 불학원이 최근에 설립된 곳임을 알 수 있다. 지역 별로 구분하여 살펴보기로 한다.[5]

복건福建지역에는 민남불학원, 복건성불학원, 천주泉州니승불학원(100여 명 재학), 복안福安니승불학원(180여 명 재학), 영덕寧德지주산 화엄사불학원, 복정민동福鼎閩東불학원, 태사산 평심사太姥山 平心寺불학원, 복주장락福州長樂 용암사불학원 등이다. 이 중 민남불학원이 역사와 전통을 자랑하는 중국최고의 불학원이다. 남보타사는 비구불학원이 있고, 자죽사紫竹寺에는 니승불학원이 있어서 실제로는 2개의 불학원이나 마찬가지이다. 재학 인원은 비구 100여 명, 비구니 180여 명 정도로 추산되며, 석·박사과정에 해당하는 연구생이 9명 정도 있다. 복건성불학원도 비구와 비구니들이 수학하고 있는데 체제는 민남불학원과 같다. 니승은 복주福州의 숭복사, 비구는 구전莆田의 광화사에서 수학한다. 역시 연구생과정이 있다. 영덕지주산불학원과 태사산평심사불학원은 율장 위주의 공부를 한다. 우리나라의 율원을 상기하면 좋을 것 같다.

　광동廣東지역에는 광동 소주溯州 개심사開心寺불학원(비구), 정광사 광동성불학원(니승), 운문사불학원(비구) 등 세 곳이 있다.

　절강浙江지역에는 천태산 국청사 천태불학원(비구), 보타산 불학원(비구, 비구니 공학), 자운慈雲불학원(니승)이 있다. 지역적 특징을 감안하여 천태학을 위주로 공부하고 있다. 천태불학원은 연구생이 있으며, 보타산불학원은 천태연구원이 있다. 특히 동국대 사학과 조영록 교수는 보타산의 보타사가 우리나라의 승려들에 의해 창건되

---

5 이 부분에 대한 자료는 법원사 불학원의 행정승과 자료, 그리고 사회과학원에서 발간한 96년도 『중국종교연구연감』을 참고로 하여 서술하였다. 따라서 실제와 약간의 차이가 있을 수 있다.

었을 가능성이 높은 것으로 지적하고 있다. 고대 한·중교류의 항구였다는 점에서 가능성이 농후하다.

강소江蘇지역은 진강鎭江 금산사불학원, 서원西園 율당사불학원, 소주蘇州 능엄산불학원, 남경 서하사불학원, 양주揚州 고민사불학원이 있다. 이들 중에서 율당사불학원은 연구생이 있으며, 서하사불학원은 삼론종의 승랑스님이 주석했던 사찰로서의 특징을 살려 삼론학을 강의하고, 고민사불학원은 선학을 위주로 하고 있다.

강서江西지역은 강서성 운거사불학원, 여산廬山 동림사불학원, 강서성 니승불학원 등이 있다. 운거사불학원은 선학연구반이 있으며, 동림사불학원은 여산 혜원스님이 주석했던 고사에 연유하여 정토학을 위주로 하고 있다. 강서성은 선종이 크게 번성했던 지역 중의 한 곳이며, 동산법문의 발상지이기도 하다.

사천四川지역은 아미산불학원비구, 철상사 니승불학원, 중경重慶 화엄사불학원(공학), 중경불학원(공학) 등이 있다.

안휘安徽지역은 구화산불학원이 있으며, 서산山西지역은 오대산 보남사니승불학원이 있다. 보남사불학원은 율학을 위주로 공부한다. 하북성河北省은 석가장石家莊 백림사에 불학원이 있는데 조주스님이 만년에 주석하셨던 곳이라 선종을 위주로 하고 있다. 북경의 법원사法源寺불학원은 연구생도 있는 종합불학원이며, 시설이 잘 갖추어져 교육환경이 매우 좋다. 중국불교협회가 주관이 되어 도제양성을 목적으로 설립되었다. 전국 각지의 승려들이 입학하여 교육을 받고 있다.

기타 서장불교를 공부하는 불학원이 있다. 북경장어계고급불학원, 라싸의 삼대사불학원, 감숙성 난주의 괘릉사掛楞寺불학원, 사천오명

五明불학원 등이다. 이들의 교과 내용은 서장어 경전을 중심으로 쫑카파가 수립한 중관사상에 입각한 서장밀교를 위주로 공부한다.

　이상으로 중국의 불학원에 대하여 대략적으로 살펴보았다. 특이한 사실은 불학원이 강남 지역에 몰려 있다는 사실이다. 흑룡강성, 길림성, 요령성 등에는 단 한 곳의 불학원도 없다. 그 이유는 무엇일까. 이와 관련해 경제와 연결지어 설명하는 이들이 많은데, 남쪽 지방이 경제적으로 안정되어 있다는 지적이다. 그러나 현재 중국의 불학원은 외국에서 원조하지 않으면 운영이 어렵다는 점에서 화교와 관련지어 설명하는 것이 가장 타당할 것이다. 즉 복건福建, 광동廣東 지역 출신의 화교들이 동남아시아 화교의 주류를 이루고, 이들 대부분이 불교를 신앙하며, 조상들의 출신지에 있는 사원에 많은 원조를 하고 있다는 점이다. 하북성 석가장의 백림사불학원도 이 지역 출신의 홍콩, 대만 화교들이 지원하고 있다는 점에서도 분명하게 알 수 있다.

　중국불학원은 증가 추세에 있지만 교수 요원이 부족하며, 재정의 결핍으로 시설이 낙후하다는 점은 앞으로의 숙제라 할 수 있다. 참고로 가장 시설이 잘 되어 있으며, 북경 시내에 있어 교수 요원 확보에 문제가 없는 것으로 알려진 법원사불학원의 94년도 본과의 교과과정은 다음과 같다.

1학년
1학기: 작문, 계율, 인도불교사, 범패, 삼론강요, 중국통사, 유식, 영어,
　　　 고대한어, 정치사회
2학기: 작문, 고대한어, 삼론종강요, 불교음악, 중국통사, 영어, 유식,

계율, 정치사회
2학년
1학기: 12문론, 고대한어, 정치사회, 계율, 남전불교, 영어, 작문, 인명, 인도불교사, 중국통사, 대승기신론
2학기: 중론, 고대한어, 정치사회, 염불, 5교개몽開蒙, 교관敎觀개요, 인도불교사, 영어, 정토, 중국통사, 삼론현의, 계율
3학년
1학기: 중론, 염불, 교관개요, 중국불교사, 서양철학사, 5교개몽, 정토, 중국철학사, 삼론현의, 계율, 정치사회
2학기: 법화경, 정치사회, 유식30송, 중국불교사, 인도불교사, 중론, 서양철학사, 육조단경, 정토, 중국철학사, 백론, 계율
4학년
1학기: 계율, 서양철학사, 정토, 유식, 백론, 중국철학사, 정치, 다도, 서예
2학기: 섭대승론, 중국불교사, 계율, 서양철학사, 백론, 정치사회, 초기대승불교연구, 중국철학사, 도서관학개론

5) 중국불교학의 전망

그동안 중국불교학계는 많은 성장을 하였음에도 괄목할만한 성과는 창출하지 못했다. 명맥을 유지하기에 급급했다는 표현이 적절할 것이다. 13억 인구와 남한의 100배에 가까운 국토를 가진 나라에서 불교를 연구하는 학자를 손으로 꼽을 정도라는 사실은 비율로 따지면 미미하

기 짝이 없는 일이다.

그러나 결론부터 말하자면 이후 중국불교학의 전망은 밝다. 80년대 초부터 일기 시작한 해빙무드는 아직까지 암흑기의 상처를 온전하게 치유하지 못했지만 수많은 연구기관이 설립되었고, 인력이 양성되고 있으며, 더하여 가속도까지 붙고 있기 때문에 오래지 않아 이전보다 더 많은 인력들이 다양한 시각으로 불교를 연구하리라 전망하는 것은 그다지 어려운 일이 아니다. 현재 중국불교학계에서 논문을 쓰는 사람들은 암흑기를 지켜온 60대 이상의 몇몇 원로를 제외하면, 대부분의 학자들이 30대나 40대란 점도 중국불교학계를 밝게 볼 수 있는 이유 중의 하나다.

호남성 사회과학원 철학연구소 부소장인 서손명徐蓀銘은 1997년도 『불학연구』에 발표한 '21세기 중국불교의 방향'이란 논문에서 20세기 중국불교를 '중흥-추락-부흥'의 역정을 걸었다고 단정한다. 이어 중국불교가 부흥하게 되는 이유로 다음의 몇 가지 사항을 꼽고 있다.

첫째, 80년 이래 중국정부의 종교정책의 변화이다. 종교분리의 원칙 아래 불교의 재산을 보호하고 있다고 본다.

둘째, 생활수준의 향상에 따른 사원경제의 팽창이다. 실례로 1984년부터 1991년까지 7년 동안 보타산불교협회가 경제건설, 사회복리, 문화사업에 투자한 액수는 3,959,750원이다. 1991년 화동華東수재 때 중국불교계는 500만원을 수재의연금으로 출연했다. 1993년부터 1994년 사이 중경重慶 불교계는 2,114,576원을 모금하여 실학失學 아동 3392명에게 직접 배움의 기회를 제공했다. 참고로 인민폐 1원은 한국돈 대략 140원에 해당한다.

셋째, 중남中南, 화남華南, 화동華東, 특히 대만과 홍콩을 중심으로 번성하고 있는 불교의 영향이 점차 전대륙으로 전파되리라 본다. 경제, 정치와 결합되어 불교는 다민족 국가인 중국의 사회통합적 차원에서도 불가피하다고 전망하고 있다.

넷째, 불교교단의 조직화와 포교활동의 증가로 민중생활에 다가가고 있다. 개방화가 가속화된다면 21세기 초에는 최소한 불교신도가 2억 명(13억 인구의 15.4%)으로 증가하리라 본다. 중국불교는 종교적 권위보다는 출가자의 사회적 역할에 비중을 두고 있다. 따라서 출가자와 재가자는 동지요 친구라 생각하며, 그런 점에서 긴밀하게 상호협조하고 있다.

다섯째, 홍보수단의 과학화로 많은 신도들이 쉽게 불교에 친숙해질 수 있다.

여섯째, 외국의 불교계와 교류가 빈번해지면서 다양화, 국제화, 현대화, 대중화의 길을 갈 것이다. 1995년도『불학연구』는 '불교의 현대화'란 제하에 12명의 전문가들이 기고하고 있는데, 이 문제는 지속적인 관심을 끌고 있다. 1999년 중일불교학술회의의 슬로건도 '21세기 불교학의 방향'이었다.

이상의 진단은 상당한 설득력이 있다. 중국불교가 현재 예견된 방향으로 진행되고 있기 때문이다. 1980년부터 1995년까지 15년 동안 크고 작은 국제학술대회가 41회나 개최되었다. 1998년에는 불교전래 2000년기념 학술대회가 전국에서 개최되었으며, 대만과 중국, 일본과 중국 불교학계는 정기적으로 학술대회를 개최하고 있다.

또한 대만과 홍콩 자본을 기반으로 수많은 학술서적과 불경, 논서가 간행되고 있으며, 일반인들이 쉽게 접근할 수 있도록 백화체로 풀어 쓴 대중서적들이 쏟아져 나오고 있다. 다만 사회주의체제 아래에 있는 중국이 개혁과 개방을 어떻게 얼마만큼 소화하느냐에 따라 다소간의 부침은 있을 것이다.

2. 현대 중국 종교정책의 변화과정과 전망

1) 서언

중국은 예로부터 다양한 종교가 신앙되어 왔다. 세계 3대 종교라 지칭되는 불교, 이슬람교, 기독교를 비롯하여 중국의 전통 종교인 도교와 기타의 민간신앙이 다양하게 전개되어 왔다. 이러한 현상은 오늘날에도 동일한 양상을 나타내고 있다고 말할 수 있다.

중국의 역사를 통해 많은 종교가 발전해 왔지만 사상적 주축을 이루고 있었던 것은 유교적 가치관이라 말할 수 있다. 특히 천명사상에 입각한 황제관皇帝觀은 모든 종교를 황제의 어용으로 간주하게 만들었다. 그런 점에서 정치와 종교 사이에 역사상 다소간의 대립과 갈등은 존재했지만 국왕과 국가를 위해 존재하는 것이 종교라는 인식에는 변함이 없었다. 중국인들의 천명사상은 또 다른 형태의 종교라 간주할 수 있을 만큼 모든 종교의 가치관 위에서 정치와 사회문화를 지배해 왔다.

근대 중국의 개방과 유일신적인 서양 종교가 중국에 소개되어 자리를 잡게 되는 과정 속에서도 중국의 대다수 지식인들은 종교를 이용해 중국의 근대화를 완성하고자 하는 점에 보다 많은 관심을 기울이고 있었다. 그런 점은 종교가 국가 위에 군림해 온 서양의 가치관과 전혀 다른 접근 양상이라 말할 수 있다.

근대사회로의 전환과 이어지는 국공합작의 결렬, 나아가 중국 사회주의의 성립은 종교 정책에서 일대 혁신을 가져왔다. 사회주의적 시각에 입각해 종교를 통제하는 정책과 법률의 시행이 그것이다. 여기서 사회주의적 시각이란 맑스·레닌의 종교관에 더하여 마오쩌둥의 종교관을 융합한 것이다. 중국 공산당원의 신앙의 대상이 된 것들이다.

사회주의 중국의 종교정책과 법률이 수립되어 현재까지 전개되어 오는 과정에서도 중국 국내적으로 많은 변화를 경험하게 된다. 문화대혁명과 개혁개방 정책의 채택은 종교에 대한 정책과 법률을 수정하지 않을 수 없었던 것이다. 그런 점에서 중국 공산당의 수립과 동시에 채택된 법률과 정책은 이후의 사회변동과 연계되어 지속적으로 수정되었다.

『중국사회주의시기의 종교문제』[6]란 책은 공산화 이후 중국의 종교정책이 4기로 구분되어 전개되었음을 밝히고 있다.

---

6 羅竹風 주편, 『中國社會主意時期的宗教問題』(상해사회과학원출판사, 1978), p.159 이하 참조.
박수현, 「현대중국의 종교법제 전개과정에 관한 연구」(영남대 석사학위논문, 2002), p.24 이하에서 역시 4시기로 구분하여 상세한 설명을 덧붙이고 있다. 시기를 산정하는데 약간의 차이가 있으므로 여기서는 중국 자료의 시대구분에 의거하여 자료를 정리하기로 한다.

제1기(1949~57년)

중국 사회주의국가 성립 초기 종교의 신앙자유정책은 중시되고 정확하게 집행되었다. 이는 1949년 중국 인민정치협상회의 공동강요와 54년의 헌법에 명확하게 표명되어 있다. 또한 51년 이래 각급 인민정부는 종교사무부문을 성립시켰다. 그 사이 기독교의 삼자애국운동[7], 천주교의 반제독립자주자변교회운동反帝獨立自主自辦敎會運動 등 종교계의 노력도 지속되었다. 사회주의와의 양립을 모색하기 위한 각 종교계의 노력이 나타났던 것이다.

제2기(1958~66년)

대약진운동기부터 그 이후의 조정기를 말한다. 이 시기 종교의 신앙자유정책은 새로운 성과를 얻게 된다. 대약진운동 기간 좌로 편향된 시각들이 등장하면서 신교의 자유를 침해하는 사례가 나타난다. 60년에는 종교문제에 관한 조정이 실시되었지만 62년 제8이 10중전회에서 마오쩌둥이 수정주의를 비판하면서, 종교를 착취계급의 사상으로 간주하고 공격하는 극좌적 경향이 강해지기 시작했다.

제3기(1966~76년)

문화대혁명 10년간의 혼란했던 시기이다. 린퍄오(임표)와 쟝칭(강청) 등의 집단이 전면적으로 종래의 종교정책을 부정했다. 종교조직의 활동은 정지되었으며 종교시설은 파괴되었고, 일체의 정상적인 종교

---

[7] 自治, 自養, 自傳의 세 가지 자주성에 입각한 종교운동. 여기서 자전은 자신들의 힘으로 전도하고, 외국 세력의 힘을 빌리지 않는 것이다.

활동이 금지되었다.

제4기(1976년 이후)
강청 등의 집단이 분쇄된 이후, 특히 제10이 3중전회(77년) 이후 종교의 신앙자유정책이 회복된다. 특히 중요한 것은 1982년 중국공산당이 「아국我國 사회주의시기의 종교문제의 기본관점과 기본정책」을 발표하며, 더하여 동년의 헌법에 신교의 자유가 명확하게 규정된 점이다. 현재는 이 정책에 근거해 종교 신앙자유의 정책을 관철하기 위한 노력이 지속되고 있으며, 커다란 성과를 거두고 있다고 평가한다.

본고는 이상 4기를 중심으로 발표된 종교관련 법률과 정책, 그리고 중국 헌법과 중국 공산당의 종교 정책 등을 중심으로 현대 중국 종교법제의 변화과정과 향후의 전망에 대해 살펴보고자 한다. 기초 자료는 부족하지만 기존에 나온 한국과 중국, 일본의 유관 논문이나 자료를 중심으로 일별해 보고자 한다.

2) 시기별 주요 정책과 법률의 변화

이상에서 개략적으로 살펴본 네 가지 시기를 중심으로 전개되는 중요한 종교정책이나 법률, 그에 대한 변화를 구체적인 사례를 중심으로 살펴보기로 한다.[8] 류펑劉彭의 분석[9]에 따르면 중국의 정책은 기본적인

---
8 羅竹風 주편, 전게서와 박수현, 전게논문 pp.24-40 참조.
9 劉彭 주편, 『국가, 종교, 법률』(중국사회과학출판사, 2006), pp.55-57참조.

원칙 위에서 변하고 있다고 한다. 첫째 종교자유의 원칙, 둘째 정교분리의 원칙, 셋째 독립자주자변원칙이다. 이 세 가지의 커다란 원칙을 기반으로 세부적으로는 종교단체 등기제도, 종교 활동장소 관리제도, 종교 교직인원 비안備案제도, 종교재산감독 관리제도를 활용하고 있다는 것이다. 이러한 점을 감안하고 이하 전개되는 종교관련 법령이나 정책의 변화를 살펴본다면 이해의 폭을 심화시킬 수 있을 것이다.

제1기(1949~57년)

1949년 모든 외국 선교부에는 출국령이 내려지고 종교 활동이 금지된다. 종교단체의 경제력을 제거하기 위해 토지개혁법을 공포하며, 이에 따라 사찰과 교회의 건물을 제외한 종교단체의 토지는 몰수된다.

1950년 삼자애국운동을 전개하면서 사회주의 노선에 동조하지 않는 종교인들을 구금하였으며, 미국계 선교사들을 숙청한다. 사찰, 교회, 성당이 폐쇄되었으며 종교서적의 간행도 금지된다.

1951년 종교에 대한 제도적 분석과 제도권 영입을 목적으로 종교관리기구인 종교사무처가 창립된다. 이 기구는 1954년 '5.4헌법'에 의해 국무원 산하 직속 기관인 종교사무국으로 개칭되며 성, 시, 자치구의 직속 종교사무기구를 종교사무처로 명명하게 된다. 5대 종교 내의 친공산당 인사들을 규합하여 애국종교조직인 '불교협회, 도교협회, 이슬람협회, 천주교애국운동위원회, 기독교삼자애국운동위원회'를 구성하여 종교사무국의 방계조직으로 운영하게 된다.

1957년 반우파 투쟁으로 인해 반정부적인 종교인들에 대한 전면적인 숙청작업을 진행한다.

제2기(1958~66년)

1958년 시작된 대약진운동의 실패와 경제정책의 실패, 이어진 소련 정부의 경제원조 중단과 자연재해가 겹쳐 기근과 기아로 삼천여만 명이 사망한다. 이 때문에 신도수와 종교지도자가 급감하여 종교단체의 존립이 위협을 받는다.

1964년부터 65년 생산을 독려하기 위해 종교단체에 대한 압력을 약화시켰던 류샤오치(유소기)가 추진한 수정주의 노선으로, 종교정책에 대해 일시적이지만 온건노선을 드러내게 된다.[10]

제3기(1966~76년)

이 시기 홍위병들이 사구四舊[11]를 몰아낸다는 기치 아래 전면적인 종교탄압을 자행한다. 종교서적을 불태우거나 사찰과 교회, 종교유적을 대대적으로 파괴했으며, 종교인들을 반혁명분자로 규정하고 자아비판과 강제노역을 시키게 된다.

이 시기의 종교정책은 마르크스와 레닌이 주장한 사회주의 건설에 입각해 인위적으로 종교를 말살하려는 것이었다.

제4기(1976년 이후)

1976년 9월: 마오쩌둥의 사망과 함께 10월 극좌세력인 4인방이 몰락하면서 문화혁명이 막을 내린다.

1977년 1월: 문혁기간 동안 폐쇄되었던 종교사무국이 다시 문을

---

10 데이빗 에드니, 김묘경 역, 『중국선교』(IVP, 1990), pp.120-122
11 구습관, 구사상, 구문화, 구풍속을 지칭

연다.

1978년 12월: 인민정치협상회의에서 1957년 이래 숙청된 종교인 10여만 명에 대해 복권을 발표.

1979년: 정치협상회의(통일전선부)와 종교사무국을 통해 종교에 대한 제도적 재정비를 시행하고, 삼자애국운동위원회 소속인 교회의 문을 열고 각종 애국종교단체 정비.

1980년 10월: 중국기독교 제3차 회의를 중국 남경에서 개최. 당해 최고인민법원과 국무원은 사원과 도관의 운영과 자체 생산되는 소유물에 대한 자체 소유권을 인정.

1981년 1월: 폐허가 된 종교단체의 재산은 국가와 종교사무국이 관리한다는 각 성 종교사무국의 보고가 나오며, 1982년 2월 동일한 노선의 산서성 정부의 보고가 나온다. 1984년 11월 각 성의 인민정부는 이러한 사실을 공식적으로 인정.

1982년 3월: 중국 공산당 중앙정치국은 1980년 종교관련 통지문서 제188호의 기본사상을 계승하고, 이를 보다 구체화시킨 '사회주의 시대에 부흥하는 아국 종교문제에 관한 기본 입장과 정책'이라는 제하의 '19호 문서'를 공포하여 자신들의 종교정책을 공식화한다. 이 문서는 법률이 아니고 전국의 각 공산당 위원회에 보낸 종교 관련 비밀지침서로써 중국 공산당의 종교정책에 대한 지도적 이념을 밝히고 있다. 이에 대한 자세한 고찰은 항목을 달리하여 세밀하게 살펴보기로 한다.[12]

---

[12] 徐玉成 저, 『종교정책법률지식문답』(중국사회과학출판사, 1997), pp.286-305에 걸쳐 전문이 게재되어 있다. 서문과 본문 형식을 취하고 있으며, 본문은 12장으로

1982년 12월: 전국인민대표대회를 통해 중화인민공화국 신헌법 제36조로 종교의 자유를 규정.

1985~1986년: 사회 경제적으로 완화정책이 실시되며, 이러한 영향은 종교계에도 파급된다.

1987년 1월: 후야오방 총서기의 사임으로 일부 지역에 강경한 종교정책이 등장하지만 당해 11월 제13회 전국인민대표대회를 통해 온건개혁파들이 정권을 회복하자 온건한 종교정책이 실시된다.

1989년: 6월 4일 천안문사태의 발발과 강경파들의 득세는 종교정책에 대해서도 보수적인 입장으로 선회하여 종교를 사회주의 중국의 건설을 방해하는 사상의 적으로 간주하게 된다.

1990년: 변경지역 소수민족의 독립운동과 지하교회의 성장으로 중앙당 차원의 종교에 관한 지침이 시달된다. 이어 상해 통일전선부의 설립과 1990년 8월 성립되는 양회연합회의,[13] 동년 12월 전국종교공작회의가 개최된 지 두 달 후 장쩌민의 주도로 문서 6호가 하달된다.

1991년 1월: 장쩌민은 '종교나 종교 활동을 이용해 무질서를 야기하는 불법적 요인들은 미연에 제거하고, 종교를 이용해 잠입하려는 해외의 적대세력을 타파하기 위해 당은 보다 더 엄격하게 종교를 통제해야 한다'고 주장.(문서 6호의 내용은 항목을 달리해 자세하게 소개함)

1992년: '전국한어계불교교육공작좌담회기요'를 상해에서 발표. 이것은 「사원관리판법」의 재확인과 불교와 정부의 원활한 협조 속에 사회주의 건설에 매진하자는 재확인이다. 이는 중국불교의 모든 사원

나누어 설명하고 있다.
13 문서 19호를 보수 강경파의 입장에서 해석하기 시작한 최초의 회의

은 중국법의 통제에 따르며, 사원 재산의 집행도 사무위원회의 집체토론을 거쳐 결정된다는 것을 의미한다.[14]

1994년: '중화인민공화국 내 외국인 종교 활동에 관한 관리규정'과 같은 해 국무원은 '종교 활동의 장소에 관한 관리조례'를 발표[15]하여 통일전선이론을 중심으로 종교 세력의 제도권 영입 및 외국 종교 세력과의 단절, 종교 세력에 대한 사회주의 교육을 통한 종교소멸을 도모한다.

1999년 10월: 제9차 전국인민대표대회 상무위원회 제12차 회의에선 '사교 조직의 단속과 사교활동 방지 및 처벌에 관한 규정'을 발표하여 파륜궁을 비롯한 신흥종교의 차단과 수많은 기독교계 신흥종교의 등장을 규제한다.(중국 정부가 종교로 인정하는 것은 불교, 도교, 이슬람

---

14 『法音』 제12기(중국불교협회, 1993), p.31. 이 잡지는 1981년 창간되었으며 중국불교협회가 운영하고 있다.

15 전문은 서옥성 저, 전게서의 pp.306-310에 게재되어 있다. 「중화인민공화국경 내 외국인 종교 활동에 관한 관리규정」 제8조에는 중국에서 활동하는 외국인은 중국법률을 따라야 하며, 종교단체, 종교사무기구, 종교 활동 장소, 종교학교를 설립할 수 없으며, 중국인을 교직자로 임명해 전도 활동을 할 수 없다고 명시. 제9조는 8조의 사항을 위반하면 의법 조치한다는 내용이다. 「종교 활동 장소에 관한 관리조례」의 제2조에 의하면 종교 활동 장소는 종교 활동을 전개하고 있는 사원, 궁관, 청진사, 교당과 기타 장소로 정의하고 있다. 제5조에는 종교 활동 장소에 거주하는 상주인은 국가의 호적관리규정을 준수해야 한다고 명기하고 있다. 법에 의해 허가받지 않은 사람이 거주할 수 없다는 것을 의미한다. 제13조에는 이 조례가 인민정부 종교사무부처에 의해 집행, 지도, 감독된다는 점을 확인하고 있다.
http://china.swim.org/에 「90년대 중국 종교정책의 법제화와 그 시행 문제」에 상세한 논평이 있다. 글쓴이는 왕쓰웨로 되어 있지만 정확하게 신분을 확인할 수 없다.

교, 기독교, 천주교뿐이다)

2000년 9월: 국가 종교사무국령의 중화인민공화국 내 외국인 종교 활동 관리규정 시행규칙 공포. 이것은 추상적인 헌법과 기존 정부 내의 문서나 내규와 달리 세부적이고 구체적인 종교정책을 공포한 것이다. 기본적인 내용은 1994년 발표한 외국인 종교 활동 관리규정과 비슷하지만, 제17조 항목에서 외국인은 중국 내에서 중국인을 종교교직자로 위임하거나 중국인을 대상으로 종교 신도를 확장할 수 없으며, 종교 활동 장소에서도 자의적으로 강론이나 설교를 할 수 없다고 제한하고 있다. 비준을 받지 않거나 법에 의거해 등기된 종교 활동 장소 이외의 다른 장소에서 강론이나 설교, 종교집회 활동을 할 수 없으며, 또한 종교 활동 임시장소에서 중국공민이 참가하는 종교 활동을 거행할 수도 없고, (개인적으로 사용하기 위한 목적이 아닌) 종교물품의 제작이나 판매는 물론 종교홍보물을 배포하는 행위 등 일체의 전교활동이 금지된다고 강조한다. 이것은 자국 내 종교단체와 해외 파견단체의 연결을 철저하게 통제하거나 관리하겠다는 의도를 나타낸 것으로 보인다.

2005년 3월: 중국 국무원은 '신종교사무조례'를 공포하여 동년 3월 1일자로 발표. 이것은 94년 발표한 '종교 활동 장소에 관한 관리조례'와 2002년 북경시가 발표한 '종교사무조례', 각 성시의 종교관련 지방법규를 국무원의 종교사무조례로 승격시킨 것이며, 실질적으로 갱신된 내용보다는 보다 체계적으로 심화시킨 것이다.

3) 중국의 헌법을 통해 본 종교 신앙 자유의 전개

현대 국가는 법률에 의거해 국가를 관리한다. 그리고 많은 법률 중에서 헌법이 가장 기본이 되는 법이며, 각종 법률의 기초가 된다. 따라서 한 국가의 종교 신앙의 자유를 살펴보자면 헌법에 의거해 종교단체나 종교인에 대한 정책을 살펴보는 것이 중요하다.

현대 중국은 말할 필요도 없이 맑스주의의 입장에 선 공산당 일당 지배에 의지하는 사회주의 국가이다. 맑스주의는 유물론이므로 무신론의 입장을 견지하며 종교를 부정한다. 종교를 부정하는 공산당 지배 아래서 종교는 어떠한 입장에 처해 있을까? 앞서 정책과 법률의 변천과정을 사례를 중심으로 살펴보았지만 여기서는 헌법에 나타난 종교 신앙의 자유에 대한 태도를 살펴보기로 한다. 편의에 따라 연도별로 살펴본다.[16]

1949년: 중국인민정치협상회의공동강요 제5조
중화인민공화국의 공민은 사상, 언론, 출판, 결사, 통신, 인신人身, 거주, 전거轉居, 종교 신앙과 데모 행진의 자유 권리를 지닌다.
1954년: 헌법 제89조
중화인민공화국의 공민公民은 종교 신앙의 자유를 지닌다.
1975년: 헌법 제28조
공민은 언론, 통신, 출판, 집회, 결사, 여행, 데모, 스트라이크의

---

16 김영수, 『사회주의 국가 헌법』(인간사랑, 1989), pp.439-483 참조. 末木文美士, 『現代中國の佛敎』(東京, 平河出版社, 1996), pp.42-44 참조.

자유, 종교를 신앙하는 자유, 종교를 신앙하지 않는 자유, 무신론을 선전하는 자유를 지닌다. 공민의 인신의 자유와 주택은 침범하지 않는다. 어떠한 공민도 인민법원의 결정이나 공안기관의 인가를 거치지 않고 체포를 당하지 않는다.

1978년: 헌법 제46조

공민은 종교를 신앙하는 자유와 종교를 신앙하지 않고, 무신론을 선전하는 자유를 지닌다.

1982년: 중화인민공화국 헌법 제36조

중화인민공화국 공민은 종교 신앙의 자유를 지닌다. 어떠한 국가기관, 사회단체, 또는 개인도 공민에게 종교의 신앙이나 종교의 불신앙을 강제해선 안 된다. 종교를 신앙하는 공민과 종교를 신앙하지 않는 공민을 차별해선 안 된다. 국가는 정상적인 종교 활동을 보호한다. 개인도 종교를 이용해서 사회질서를 파괴하고, 공민의 신체와 건강을 침해해선 안 되며, 국가 교육제도의 활동을 방해해서는 안 된다. 종교단체와 종교 사무는 외국 세력의 지배를 받지 않는다.

이상에 소개한 중국 헌법의 변천을 보면 종교의 자유를 인정하되 사회주의의 성격을 침해하지 않는 방향으로 통제하고 있음을 알 수 있다. 또한 헌법에 나타난 종교에 관한 규정을 보면 1957년과 78년의 헌법에선 종교를 신앙하는 자유와 함께 종교를 신앙하지 않는 자유도 인정하고 있다. 동시에 무신론을 선전할 자유도 인정한다.

이에 반해 종교를 선전할 자유는 인정하고 있지 않다는 점에서 차별적인 입장을 취하고 있다. 75년은 문화대혁명 말기에 해당하는 시기이므로 그 잔재가 78년의 규정에까지 영향을 미치고 있는 것이다. 이들과 비교하면 82년의 규정은 종교의 자유가 직접적으로 표명되고 있으며, 신앙과 불신앙이 대등한 입장에서 인식되고 있다. 그리고 다른 형태로 종교의 자유에 대한 한계가 명확하게 나타나 있다. 정상적인 종교 활동에 대한 보호가 명문화되어 있음과 동시에 종교를 이용해 반사회적 활동을 해선 안 된다는 것이 명문화되어 있다. 어떠한 종교적 활동도 국가의 지침을 벗어나선 안 된다는 점에서 종교 활동의 한계가 나타나 있는 것이다.

또한 '외국 세력의 지배'에 대한 배제가 강조되고 있는데 이것은 사상적으로 무신론 내지 불신앙의 입장에서 종교에 대한 적대적인 입장을 취함과 동시에 사회적으로 그 활동을 통제하려는 입장이다.

'외국 세력의 지배'에 대한 배제는 기본적으로 제국주의 세력이 종교를 이용해 침략한 과거의 역사적 교훈에서 시작되었다고 말할 수 있는데, 특히 그리스도교를 문제시한 것으로 볼 수 있다.

중국의 천주교는 바티칸의 지배를 받지 않는 유일한 가톨릭교회이다. 경제적으로 대외개방정책을 추진하면서도 종교적인 입장에서 자주노선을 가장 중요하게 간주하고 있는 것이다. 1994년과 2000년 외국인의 종교 활동 장소에 대한 규정을 제정하고 외국인의 종교 활동을 제한하고 있는 것도 동일한 맥락에서 이해할 수 있다.

중국의 입법체계는 다섯 단계로 구분되는데, 첫째 헌법이며, 둘째 전국인민대표회의와 상무위 제정의 기본 법률, 셋째는 행정법규와 부문규장, 넷째는 법규와 지방정부규장, 다섯째는 민족 자치구의 자치조례와 단행조례이다. 여기서 헌법 제36조에 종교자유에 관한 조항이 있으며, 제2차 단계의 법률인 형법 제251조에 의하면 "국가의 공작인원이 불법으로 공민의 정당한 종교 신앙의 자유를 박탈하거나 소수민족의 풍속과 습관을 침해해서 사정이 중대할 경우는 2년 이하의 유기도형有期徒刑 또는 구역拘役에 처한다."고 명기되어 있다. 민법통칙 제77조 규정에는 "종교단체를 포괄한 사회단체의 합법적인 재산은 법률의 보호를 받는다."고 규정했으며, 기타 의무교육법에는 "국가는 교육을 실시함에 종교와 서로 분리한다. 어떠한 조직과 개인도 종교를 이용해 국가교육제도의 활동을 방해할 수 없다."고 못 박고 있다. 제3단계 법률로는 이상에서 간략하게 소개한 각종의 정책과 법률이 있다.[17]

4) 중국 공산당의 종교정책과 그 기본

중국 공산당의 종교정책의 기본을 알려주는 문건은 세 가지로 볼 수 있다. 첫째는 1982년 중국공산당중앙위원회에 의해 발표된 「아국 사회주의시기의 종교문제의 기본관점과 기본정책」이다. 19호 문건으로 약칭되며, 이후의 종교정책은 이 문건을 기준으로 전개되었다. 둘째는 1991년 장쩌민이 발표한 통칭 6호 문서로 알려진 것이다. 이 문건은 기본 성격과 그 법제적 위치는 문서 19호와 동일하지만 주된 목적이 '당의 종교 신앙의 자유정책을 안전하고 연속적으로 보장하는 것'이라 본다. 셋째는 2005년 3월 발효된 「신종교사무조례」

---

17 류펑, 상게서, pp.53-54 참조.

이다. 이 조례는 19호 문서와 6호 문서를 기초로 종교자유의 기풍을 수용하기 위해 제정된 정책이라는 점에서 중요한 의미를 지닌다. 여기서는 19호와 6호의 두 가지 문건의 성격을 분석하고, 상호 비교하여 장단점을 분석한 뒤, 다시 「신종교사무조례」과 대비하여 성격을 분석하여 중국 공산당이 추구하는 종교정책의 기본 성격을 살펴보도록 하겠다.

첫째, 19호 문건은 1980년 종교 관련통지인 문서 188호의 사상을 계승하여 더욱 구체화시킨 것이다. 전편에 대한 내용은 장문이므로 중요한 내용을 정리하면 다음과 같다.[18]

① 종교는 사회주의 사회에서 최종적으로는 소멸되어야 할 것이지만 다양한 요인에 의해 사회주의사회에서도 장기적으로 존재한다. ② 중국은 다종교 국가이며, 종교문제는 민족문제와 결합되어 중요한 의미를 지닌다.

---

18 末木文美士, 『現代中國の佛教』(東京, 平河出版社, 1996), pp.69-70 참조. 전문은 서성옥 편저, 『종교정책법률지식문답』(중국사회과학출판사, 1997), pp.287-305에 걸쳐 실려 있다. 박수현 전게논문에서는 네 기지로 대별하여 내용의 특징을 분석하고 있다. 전성흥은 「중국의 개혁과 종교」(『동아연구』 제30집, 서강대 동아연구소, 1995), pp.155-158에 걸쳐 그 내용을 다섯 가지로 압축하여 소개하고 있다. 첫째, 종교의 완전한 근절을 주장한 과거와 달리 현실적인 이유로 종교를 허용하는 것. 둘째, 종교의 자유를 선언하고 있지만 대상과 장소를 철저히 제한한다는 점. 셋째, 중국 내 종교 활동의 성격과 종교단체의 임무를 규정한 점. 넷째, 종교활동은 종교사무국을 통해 정부가 지정한 특정장소에서 실시하도록 제한하고 있는 점. 다섯째, 해외 종교교류가 중국사회에 미칠 충격을 예방하도록 해야 한다고 명시한 점이다.

③당의 종교정책은 문화대혁명 시기의 일시적인 파괴를 제외하면 일관되게 종교 신앙 자유정책을 관철해 왔다.
④당은 마르크스주의의 입장에 서며, 무신론의 입장에 서서 그것을 선전해야 마땅하지만 한편으로 종교를 믿는 군중과 연대하지 않으면 안 된다.
⑤종교계의 인사, 특히 종교를 직업으로 삼고 있는 전종專從 종교인을 단결시키고 교육시켜 애국적인 사회주의 건설에 매진케 해야 한다.
⑥종교 활동 장소를 적절하게 확보하는 것이 중요하다.
⑦애국종교조직이 자발적인 활동을 하는 것이 중요하다.
⑧젊은 애국적인 전종 종교인을 양성하는 것이 급선무이다.
⑨공산당원은 무신론자가 아니면 안 되지만 종교를 믿고 있는 소수민족 중에서는 구체적인 상황에 따라 민족과 연대할 수 있도록 해야 한다.
⑩종교의 겉옷을 걸친 범죄행위나 반혁명적인 파괴행위 등은 단호하게 처리해야 한다.
⑪종교의 국제교류는 대대적으로 추진해야 하지만 외국 종교의 반동세력의 침투는 단호하게 거절해야 한다.

위에 요약 정리한 내용을 통해서도 알 수 있지만 19호 문건은 천안문 사태가 발생하기 이전까지 최고의 권위를 가진 종교정책에 관한 문서이다. 마오쩌둥이 실시한 종교정책보다 완화된 내용을 담고 있지만 종교정책에 관해 이중적인 태도를 취했던 덩샤오핑 치하의 종교정책을 여실하게 보여주는 것이다.

19호 문서는 법률적 효력을 갖추지 못한 중앙당의 통지 형식을 갖추고 있지만 중국 내부의 종교문제가 모두 이 문서에 의거해 해석되거나 집행되었다. 또한 종교관련 지방자치령과 세칙, 중화인민공화국 헌법 제100조에서 "성, 직할시의 인민대표대회와 그 상무위원회는 헌법, 법률, 행정법규에 반하지 않는다면 지방법규를 제정할 수 있다." 라고 명시된 근거에 따라 종교관련 지방법규를 제정하고 있으며, 그 기초 역시 19호 문서이다.[19]

둘째, 6호 문서의 내용은 다음과 같다.[20]

① 종교 신앙의 자유정책을 전면적으로 관철 시행한다.
② 법에 의거하여 종교 사무를 처리한다.
③ 모든 종교 활동 장소는 반드시 등록해야 한다.
④ 해외의 종교단체나 개인이 종교 사무에 관여하거나 전도활동을 할 수 없다.
⑤ 종교단체가 해외에서 다량의 지원을 받거나 외국인을 초빙할 시 반드시 성 정부나 종교사무국의 허가를 받아야 한다.

---

19 김성수, 「중국의 종교정책과 법규에 관한 연구」(건국대 행정대학원 석사논문, 1998), pp.17-23에 19호 문건의 특징에 대해 상세한 분석이 있다. 기타 박수현, 전게논문, pp.30-31 참조. 박수현의 논문은 김성수의 논문을 참조하여 작성된 것으로 차별적인 주장과 분석은 없다.
20 박수현, 전게 논문, p.42에서 재인용. 박수현의 논문은 김성수의 전게 논문 pp.31-33에 걸친 내용을 심화시킨 것으로 고찰된다.

⑥ 만일 중대한 섭외사무가 있다면 반드시 국무원에 알려 허가를 받아야 한다.
⑦ 중국 공산당원은 종교를 신앙할 수 없으며, 종교 활동에 참가할 수도 없다.
⑧ 종교를 이용해 자행하는 범죄활동에 타격을 가한다.
⑨ 종교업무를 담당하는 관리들의 진용을 갖추고, 당의 종교업무에 대한 지도를 강화한다.
⑩ 애국종교단체의 역할을 충분히 발휘할 수 있게 하며, 모든 애국종교단체는 당과 정부의 지도를 받아야 한다.

이상에서 살펴본 두 문서는 성립 배경과 내용에 다소의 차이가 있는 것으로 분석된다.[21]

가) 우선 성립배경을 살펴보면 19호 문서는 4인방을 비롯한 극좌세력의 잘못된 경향을 바로잡기 위해 작성되지만 여전히 마르크스-레닌주의에 입각한 종교정책을 펼치고 있다는 점이다. 그러나 6호 문서는 천안문사태와 이후 동유럽의 세력판도 변화에서 기인한다. 그런 점에서 본다면 6호 문서는 공산당을 외부세력으로부터 보호하기 위해 탄생된 것이며, 중국공산당이 종교 세력을 신임하지 못하고 있다는 점을 나타낸 것이다. 특히 소수민족의 독립운동에 이슬람교나 불교와 같은 종교 세력이 있음을 의식한 것이기도 하다. 다른 한편 동유럽의 몰락과 혼란을 지켜보면서 긴장하게 되었으며, 특히 외부세

---

21 상동, pp.43-45 참조.

력이 침투하여 중국을 분열시키거나 혼란에 빠뜨리는 것에 대해 경계한 것이라 분석할 수 있다.

나) 내용상 6호 문서는 19호 문서와 비슷하지만 차이점이 없는 것은 아니다. 19호 문서가 통일전선을 강조했지만 6호 문서는 법에 의한 처벌과 관리를 강조하고 있다. 6호 문서는 종교 활동의 장소를 법에 따라 등기할 것을 요구하고 있지만 19호 문서에는 이러한 내용이 등장하지 않는다. 또한 '자칭 전도인의 전도와 포교활동 및 여러 가지 불법 종교 활동을 엄격하게 차단해야 한다. 법에 따라 불법으로 개설한 경전학교와 종교학원을 단속해야 한다.'는 내용은 6호 문서에만 보이고 있다.

'외국종교 세력 중의 모든 적대세력의 침투를 단호히 저지하라'고 강조하면서도 외국과의 종교 학술문화교류를 긍정적으로 수용하고 있는 것은 19호 문서이지만 6호 문서는 외국과의 교류를 종교사무국이나 성 정부의 허가를 받아야 한다고 강조하고 있다. 6호 문서는 '국무원 종교사무국은 마땅히 종교사무와 관련된 행정 법규의 기초에 힘써야 한다.'라 지적하고 있지만 19호 문서처럼 '종교계의 대표인사와 중요한 논의를 거친 뒤'에 라는 내용은 삭제되어 있다. 전반적으로 6호 문서가 19호 문서보다 엄격하고 치밀함을 알 수 있다.

셋째, 「신종교사무조례」의 내용과 특징

이 조례는 7조 48개 조항으로 구성된 새로운 종교사무조례이다. 총 10개 조항에 불과하던 94년에 공포한 「종교 활동의 장소에 관한 관리조례」을 대체하는 것이다. 대강의 내용은 종교단체의 설립, 변경,

취소, 종교 출판물, 종교학교 설립, 종교 활동 장소 설립, 종교 교직자, 종교의 재산, 종교와 관계된 법률적 책임, 그리고 정부의 종교관리 능력 강화와 사전 허가에 따른 해외 종교계와의 교류 등을 폭넓게 규정하고 있다. 특징적인 내용만 소개하면 다음과 같다.[22]

① 조례의 1조, 2조, 3조, 4조에서 공통으로 제기하는 것은 '공민의 종교 신앙의 자유 보장', '종교 사무관리의 규범화', '종교화합과 사회화합의 보호', '신교의 합법적인 권익 보호', '종교단체와 종교 활동의 자주성 견지' 등이다.

② 6조, 7조, 8조는 법에 의거해 종교 단체의 설립과 변경, 취소가 가능하며, 출판물의 편집과 종교 학교의 설립과 운영이 가능함을 밝히고 있다. 따라서 출판관리 조례와 포함해선 안 될 내용, 학교 설립시의 구비조건 등이 명시되어 있다.

③ 12조부터 26조까지는 종교 활동 장소에 관한 규정으로, 이전과 달라진 점은 허가 사항이 명확해지고, 관청의 의무와 역할이 명시되어 있다는 점이다.

④ 조례 30조에서 37조까지는 종교재산에 관한 규정으로 기부, 재산의 관리와 해체 등에 관해 구체적으로 명기하고 있다. 특히 34조에서는 종교계의 사회공익사업, 사회봉사의 역할을 확정하여 종교계의 자금이 사회적 공익에 활용되도록 명기하고 있다.

---

22 자세한 내용과 분석은 함태경, 「중국의 종교 정책 결정과정 변천 연구」(2005년 서울신학대 석사논문), pp.63-79 참조. 이 논문의 부록으로 「신종교사무조례」 전문이 번역문으로 첨부되어 있다.

⑤ 조례 38조부터 46조까지는 법률적인 책임에 대해 밝히고 있다. 38조와 39조에서는 정부요원의 법집행에 대한 명확한 요구와 법집행자의 관리 권한을 설정하고, 법집행자가 종교문제에 대해 어떻게 처리해야 하는지를 알리고 있다. 또한 40조는 종교인의 법적인 책임, 42조는 출판물에 관한 책임 문제, 43조는 종교 활동 장소나 비종교 단체나 비종교 활동 장소에서의 헌금 문제에 대한 법적 책임 등이 명시되어 있다.

이상의 특징적인 내용 이외에 여타 내용은 이미 이전에 발표된 것을 다시 정리한 것에 지나지 않는다. 이 조례를 제정한 의도에 대해 인민일보는 "중국공산당 13이 3중전회 이후 중국은 종교분야의 법제화를 대단히 중시해 왔다. 국무원은 '종교 활동 장소에 관한 관리 조례'와 '외국인 종교 활동에 관한 관리규정'을 제정 반포했지만 개혁의 심화로 기존 법규만으로 대처할 수 없기에 종합적인 행정법규를 제정"하는 것으로 밝히고 있다.[23]

이 조례는 중국 정부의 유연한 자세를 보여준 것으로 인정하는 사람들도 있다. 종교 정책에 대한 법률이 보다 구체적으로 명시되어 있으며, 종교부처 요원의 역할과 책임이 법적인 테두리 안에서 전개되어야 한다고 강조되고 있기 때문이다. 하지만 결국은 종교사무국을 통해 종교를 지도하고 통제 감독하고자 하는 것이며, 이전보다 더 강경한 제도로 종교를 정부의 관리 아래 구속시킨 것이라는 평가[24]가

---

23 함태경, 전게논문, pp.53-54 참조. 2004년 12월 19일자 인민일보를 인용한 것으로 밝히고 있다.

대부분이다. 마르크스 유물론에 입각한 사회주의 체제에 어울리는 어용 종교가 되도록 유도했다는 것인데, 이러한 분석은 크게 틀리지 않는다고 말할 수 있다.

5) 종교행정과 종교관리체계

종교를 관리하는 국가의 기구에는 국가에 따라 다소의 차이가 있지만 대체적으로 입법, 사법, 행정기관을 비롯해 지방당국, 세수기관, 경찰기관 등이 있다. 이러한 기본 기구는 중국의 특성상 모두 공산당의 지배 아래 놓여 있다. 중국의 사회체제는 모두 공산당의 지도를 받아야 하기 때문이다. 그런 점을 감안하고 행정 관계를 도시하면 다음과 같은데,[25] 종교를 철저하게 통제할 수 있는 제도가 완비되어 있다고 말할 수 있다.

(1) 중국의 행정구획
    중앙인민정부 - 성 - 지구 - 현, 시 - 향, 진
                   시 - 상동
               자치주 - 상동
            자치구 - 지구 - 현, 시 - 향, 진

---

24 함태경, 전게논문, p.55 참조.
25 末木文美士,『現代中國の佛敎』(東京, 平河出版社, 1996), pp.72-76 참조. 전성흥의 「중국의 개혁과 종교」(『동아연구』제30집, 서강대 동아연구소, 1995), pp.170-171 참조. 전성흥의 논문은 자세하지 않으므로 주로『현대중국의 불교』를 인용한 것이다.

시 - 상동
자치주 - 상동
직할시 - 구, 현 - 향, 진
특별행정구

(2) 중국의 당과 행정의 관계도

중국공산당 ——— 정치협상회의(통일전선)
　　　　　　　　인민대표대회(입법) ——— 검찰원
　　　　　　　　　　　　　　　　　　　국무원(행정)
　　　　　　　　　　　　　　　　　　　법원(재판)

성의 공산당 위원회 ——— 정치협상회의(통일전선)
　　　　　　　　　　　인민대표대회(입법) —— 검찰원
　　　　　　　　　　　　　　　　　　　　　국무원(행정)
　　　　　　　　　　　　　　　　　　　　　법원(재판)

시의 공산당 위원회 ——— 정치협상회의(통일전선)
　　　　　　　　　　　인민대표대회(입법) —— 검찰원
　　　　　　　　　　　　　　　　　　　　　국무원(행정)
　　　　　　　　　　　　　　　　　　　　　법원(재판)

　　이상과 같은 행정조직은 중앙 공산당을 중심으로 성, 시와 현으로 전개된다. 그리고 이들은 공산당위원회를 중심으로 조직이 구성된다. 종교는 이상과 같은 행정 조직 중에서 당중앙 통일전선부-전국정치협상회의 종교위원회와 국무원 종교사무국의 관리와 통제를 받게 되어 있다. 각 성과 시, 현에도 동일한 조직 아래 지역 종교협회를 관리한다. 불교를 실례로 든다면 중국불교협회 산하에 성불교협회 – 시불교협회 – 현불교협회가 있으며 각각 성, 시, 현의 행정조직과 연계되어 있다.

중국의 모든 정부부처에는 공산당 조직(당위원회, 당지회)이 있으며, 인민대표회의, 정치협상회의 등 비정부 부처의 기구나 단체에는 黨組라는 당위원회와 동일한 조직이 있다. 중국 공산당의 중앙위원회는 최고 지도부이며, 그 사무 기구는 다음과 같다.

조직부 – 전체 고급관리를 관리하고 선발한다.
연락부 – 외국과의 연락을 담당한다.
선전부 – 이데올로기를 관리한다.
통일전선부 – 통일전선, 즉 다른 계급이나 집단과의 연계를 담당한다.

종교문제는 이상과 같은 부서들 중에서 통일전선부에서 취급한다. 중국의 정책은 당에 의해 결정되고, 문건으로 전국에 배포되며, 관철된다. 그런 과정을 거쳐 인민대표대회를 통해 정식으로 입법된다.

사상과 정책면에서 통일전선부를 지도하는 전국인민정치협상회의(정협)라는 자문기관이 있으며, 일정한 힘을 지니고 있다. 이것은 공산당과 다른 집단의 협조에 의해 사회주의를 추진해 가는 것이다. 정협에는 26명의 부주석이 있는데 중국불교협회 청이誠— 스님과 가톨릭협회 정광훈 주교가 여기에 소속되어 있다. 또한 정협에는

14개의 전문위원회가 소속되어 있는데 그 중의 하나가 종교위원회로 종교관계의 문제를 취급하고 있다. 구체적인 종교정책의 관철은 정부의 종교사무부처에 의해 수행되며, 다른 한편으로 교무관계나 신도의 지도에 대해서는 각 종교의 자치조직에 의해 추진되고 있다.

중앙 종교사무부처는 국무원 종교사무국이다. 그 직무는 '중국정부 조직기구'에 규정된 바에 따르면 다음과 같다.[26]

첫째, 종교공작에 관한 구체적인 정책과 행정법규를 제정함과 동시에 그 실시와 감독을 시행한다.

둘째, 법규에 근거해 공민의 종교 신앙의 자유를 보호하고, 전종 종교인이 정상적인 교무활동을 이행하도록 보호한다. 종교단체와 종교 활동 장소의 합법적인 권익을 보호한다. 종교계 인사가 애국주의, 사회주의, 조국통일과 민족단결을 옹호하는 자기교육을 반복해서 확대하도록 추진하고, 각 민족 종교계의 애국통일전선을 발전시키며, 그것을 강고하게 하며, 광범하게 종교를 믿는 군중이 개혁개방과 경제건설을 위해 봉사하도록 그들을 단결시키고 동원한다.

셋째, 각 종교의 정황을 조사하고, 그 동향을 포용하며, 그들의 발전 추세를 연구하여 건설적인 의견을 제출한다.

넷째, 종교단체가 헌법과 법률의 범위 안에서 각각의 종교적인 특징에 의거해 일할 수 있도록 독려하며, 종교단체가 정부부처에 협력을 구하는 각종 사무를 수행한다.

다섯째, 지방 인민정부 종교사무부처의 공작을 지도하고, 전국

---

26 末木文美士, 『現代中國の佛教』(東京, 平河出版社, 1996), pp.76-77 참조.

종교 공작요원의 훈련을 시행한다.

여섯째, 지방 인민정부가 종교 방면의 돌발 사건과 사회 안정에 영향을 미치는 문제를 처리할 수 있도록 협력한다.

일곱째, 종교이론의 연구, 정책의 선전, 법률교육 공작을 조직하고 지도한다.

지방에 관해서는 성, 자치구, 직할시, 시, 현에 모두 독립된 종교사무관리국이 있을 뿐만 아니라 민족사무국이나 민족사무위원회가 겸하고 있는 곳이 많다. 이것은 종교문제가 소수민족의 문제와 밀접하게 연결되어 있기 때문이다. 1980년대 들어 대외개방과 통일전선의 필요에서 종교문제가 중시되고 있다. 따라서 대다수의 지방에서는 종교사무국이 민족사무국으로부터 독립하게 되었다. 현재 지방 종교사무부처의 명칭은 종교사무국 이외에 민족종교사무국(강서성, 강소성), 민족사무위원회(북경시, 길림성, 섬서성), 민족종교사무위원회(호북성, 해남성, 티베트자치구) 등으로 불리고 있다.

국무원 종교사무국의 멤버는 전국 국가요원(공무원)이며, 당 중앙위원회 사무기구의 멤버는 모두 당원이다. 정부 종교사무부처의 요원도 당원이 대부분이다. 종교사무부처도 당원은 종교의 신앙을 금지하고 있는데 최근에는 당원이 아닌 사람에 한해 어느 정도 유연해지고 있다.

6) 맺는 말- 향후의 전망

서구 제도의 수용과 시대상황의 변화에 따라 중국 정부의 대응도

유연해지고 있다는 것은 제2장에서 살펴본 개혁개방 이후 전개되고 있는 종교관련 법률이나 정책의 변화에서 알 수 있다. 그렇지만 통일전선과 민족문제, 국가적 정체성이라는 난제를 해결하기 위해서는 일정 정도 종교를 통제하지 않을 수 없을 것이라 말할 수 있다.

중국 정부의 종교정책이 철저한 통제와 관리를 그 기저에 깔고 있는 이유는 역사적 경험[27]과 마르크스 종교이론에 근거하고 있기 때문인데, 외면상으로는 사회적 변화에 순응하여 보다 풍부해지리라 전망할 수 있다. 개혁개방 이후 전개된 종교정책은 이러한 사실을 잘 대변하고 있다.

종교정책의 내용이 풍성해지고 있는 것처럼 보이지만 근본 기조는 변함이 없다는 점은 중국 정부의 고민을 단적으로 보여주는 것이라 볼 수 있다. 그리고 이러한 사정은 2003년 4월 간행된 『중국종교학』 제1집에서 중국종교사무국장인 예샤오원葉小文이 기고한 「시대와 함께 나아가며 종교를 말한다」는 글을 통해 읽을 수 있다. 예샤오원은

---

[27] 기독교의 제국주의적 속성이 중국사회의 혼란을 야기할 것이라 생각하는 이유는 1883년 월남을 둘러싸고 전개된 청나라와 프랑스의 전쟁에서 프랑스 선교사들이 신도들을 교사하여 프랑스에 협조하게 한 사건이 있으며, 1884년 운남의 여강지구에서도 같은 사건이 발생했다. 또한 1900년대 중국의 천주교는 막대한 토지와 자본을 지닌 지주였지만 계급 갈등을 해결하기 위해 노력하기보단 세력 확장에 주력했다. 또한 불교, 도교, 이슬람교 등은 봉건제도와 융합하여 중국의 역사발전을 저해했으며, 기득권 세력과 연합하여 인민을 착취하는데 앞장섰다고 생각한다. 따라서 타도의 대상으로 간주하는 것이다. 그리고 이러한 사회적 모순과 부조리를 척파하고 사회주의를 완성하는 것이 궁극적 목적이라고 생각하고 있다. 안효열, 「현대중국의 종교정책에 대한 연구」(서울대 대학원 석사논문, 1994)의 제4장에 상세한 분석이 기술되어 있다.

이 글에서 종교와 사회주의를 무리 없이 결합시키는 것은 21세기 중국공산당의 역사적 과업이며, 사회주의 국가의 단결과 안정, 그리고 사회주의 국가의 흥망성쇠가 여기에 달려 있다고 말한다.[28] 중국의 WTO가입, 세계경제의 개방화 등에 따라 중국의 종교정책도 예민하게 반응하지 않을 수 없다는 상황 인식인 것이다.

예샤오원은 네 가지 카테고리 속에서 종교문제를 인식하고 있는데, 그의 그러한 인식은 향후 중국종교정책의 방향을 읽을 수 있는 일단이 될 수 있다는 점에서 간단하게 정리해 보기로 한다.[29]

첫째, 종교는 현대화의 흐름 속에서 쇠퇴하고 있지 않을 뿐만 아니라 도리어 현대세계에 돌출한 중요한 문제 중의 하나라는 인식이다. 그는 종교가 일종의 사회의식 형태이며, 사회정치나 경제적 모순의 반영으로 인식한다. 따라서 신중국 성립 이후 중국은 종교의 장기성, 군중성, 복잡성, 민족성, 국제성을 감안하여 중요한 지도방침으로 삼았지만 현재 세계 종교의 영향이 중국에 막대한 영향을 미치고 있다는 점, 그리고 국내외 적대 세력이 종교를 이용해 중국에 침투하고 있으며, 더구나 시장경제 조건 아래서 더욱 복잡한 양상을 드러내고 있다고 말한다.

둘째, 종교는 현존의 사회질서를 보호하는 기능과 파괴하는 기능을 동시에 지니고 있다는 점에서 접근하지 않으면 안 된다는 시각이다.

셋째, 종교적 요인은 민족문제, 인권문제, 공포에 반대하는 문제 등을 첨예하고 복잡하게 만들 수 있다. 이러한 시각은 체제의 유지와

---

28 중국종교학회비서처 편, 『중국종교학』 제1집(종교문화출판사, 2003년), pp.1-2.
29 상동, pp.2-7 참조.

사회통합, 국가통합이라는 문제의식과 직결되어 있다.

넷째, 종교와 사회주의의 관계를 잘 처리하는 것이 21세기의 복잡하고 중대한 하나의 정치과제이다. 이것은 개방화의 진전과 함께 대두하고 있는 인권의식이나 평등의식, 자유문제 등과 결부되어 있으며, 대중들의 이러한 의식을 수용하면서도 변증유물론과 과학유물론을 이용해 군중을 교육하고 사회주의 노선을 지켜야 한다는 인식이 전제되어 있다.

이러한 상황 인식이 가능하게 했던 요인은 이상에서 설명한 정치사회적 환경의 변화뿐만 아니라 대부분의 중국인이 지니고 있는 종교에 대한 태도 역시 영향을 미쳤다고 본다. 즉 중국인들은 종교를 믿지 않더라도 적대적이거나 배타적이라 생각하지 않는다는 점, 신도를 이색분자나 비정상적인 사람으로 여기지 않는 점, 많은 당원과 간부가 '종교는 중국 사회에 실제적으로 유익하다'고 생각한다는 점 등이 그것이다.[30]

특정한 개인의 사고를 통해 향후 중국의 종교정책을 예단하는 것은 어리석음을 범할 수 있지만 필자가 현재 중국종교사무국의 실무책임자라는 점에서 그의 의식을 분석하여 향후의 정책방향을 짐작하고자 하는 것이다. 예샤오원의 시대인식에 의거한다면 중국의 종교정책은 매우 복잡한 양상을 드러낼 것으로 전망할 수 있다.

현재 한국이나 서구와 같이 종교의 자유를 최대한 존중하는 정책은 기대할 수 없을 것이며, 오히려 교묘한 통제와 관리를 통해 종교계를

---

30 함태경, 전게논문, p.60 참조.

이용하려고 할 것이다. 물론 개방화와 국민들의 사회의식의 증가로 예전과 달리 표면적인 자유스러움은 구가할 수 있을 것이지만, 치밀하고 엄격한 종교정책을 통해 중국사회주의의 정체성을 지키지 않을 수 없을 것이기 때문이다.

또한 학자들을 이용하여 사회주의 이론에 융합할 수 있는 종교이론을 개발하는 데 노력할 것이라 전망되며, 종교지도자들에 대한 보이지 않는 통제 또한 이전과 크게 달라지지 않을 것으로 보인다. 다만 서구의 압박과 시장경제의 보편화, 지역적 발전의 불균형과 소득격차의 심화 등은 대중들을 종교세계로 더욱 흡입할 것이며, 그런 점에서 대응전략과 정책을 개발할 것으로 전망된다.

기실 국가체제의 유지라는 점에서 종교를 통제한 것은 중국사를 통해 볼 때 예로부터 있었던 것이며, 단지 사회주의 중국만의 일이 아니란 점에서 접근하는 것이 필요하다. 중국인의 전통적인 종교관념은 종교와 국가를 분리된 시각으로 인식하지 않는 것이 특징이다. 과거 중국의 종교는 왕실의 수호자 내지 왕권을 강화하고 국민을 단합시키는 역할을 부여받아 왔다. 그런 점에서 인간의 봉건적 사회질서를 종교적 관념에 의거해 자연의 질서처럼 인식시키고 순응하게 만들었던 것이다. 이런 관점에서 역대의 제왕들은 종교를 통제하거나 지배해 왔던 것이다.

역사적, 사상적 연장선상에서도 종교인의 집회와 결사의 자유, 포교의 자유, 교당의 설립과 그 장소의 선택에 관한 자유는 법이란 제도를 통해 엄격하게 통제할 것이다. 그러한 사실은 이미 개혁개방 이후 전개되고 있는 종교정책을 통해서도 확인할 수 있다.

소위 19호 문서나 6호 문서, 94년의 '외국인 종교 활동에 관한 관리규정', 99년의 '사교 조직의 단속과 활동 방지 및 처벌에 관한 규정', 2000년에 발표된 '외국인 종교 활동 관리규정 시행규칙', 2005년 발표된 '신종교사무조례' 등을 통해 알 수 있는 것은, 표면적으로는 개방적인 정책을 시행하는 것처럼 보이면서도 내면적으로 통제와 관리가 엄격해지고 있다는 점이다.

특히 외국과의 교류를 허가사항으로 바꾸고, 종교 활동 장소를 보고하거나 해당 관청의 허가를 받도록 한 것은 종교문제를 예민하게 인식하고 있으면서도, 한편으로는 체제를 수호하는 입장에서 정책을 채택하지 않을 수 없었던 내면의 일단을 보여주는 것이다. 적어도 획기적인 변화를 기대하는 것은 아직 시기상조이며, 중국 사회에서는 서구인들이 생각하는 것과 같은 완전한 종교 신앙의 자유가 불가능하다는 점을 의미하는 것이기도 하다.

부록 참고문헌

劉澎 주편, 『국가, 종교, 법률』(중국사회과학출판사, 2006)

중국종교학회비서처 편, 『중국종교학』 제1집(종교문화출판사, 2003)

『중국법률사상사』(河南大출판사, 1999)

徐玉成 저, 『종교정책법률지식문답』(중국사회과학출판사, 1997)

羅竹風 주편, 『中國社會主意時期的宗敎問題』(상해사회과학원출판사, 1978)

『法音』 제12기(중국불교협회, 1993)

「신종교사무조례」(중국 국무원령 제426호 문건)

데이빗 에드니, 김묘경 역, 『중국선교』(IVP, 1990)

김영수, 『사회주의국가 헌법』(인간사랑, 1989)

末木文美士, 『現代中國の佛敎』(東京, 平河出版社, 1996)

함태경, 「중국의 종교 정책 결정과정 변천 연구」(2005년 서울신학대 석사논문)

박수현, 「현대중국의 종교법제 전개과정에 관한 연구」(영남대 석사학위논문, 2002)

전성홍, 「중국의 개혁과 종교」(『동아연구』 제30집, 서강대 동아연구소, 1995)

김성수, 「중국의 종교정책과 법규에 관한 연구」(건국대 행정대학원 석사논문, 1998)

안효열, 「현대중국의 종교정책에 대한 연구」(서울대 대학원 석사논문, 1994), 「'신종교사무조례'에 대한 중국 교회 지도자들의 견해」(인터넷판), 「90년대 중국 종교정책의 법제화와 그 시행 문제」(인터넷판)

차차석

동국대학교 불교학과 졸업.
동대학원에서 「법화경의 본서사상연구」로 철학박사.
현재 동국대학교 강사, 한신대 연구교수, 보조사상연구원 연구실장.
저서 및 역서로 『법화사상론』, 『불교상식백과』(공저),
『조계종사』(공저), 『현대 한국종교의 이해』(공저), 『구도자의 나라』(공저),
『불교정치사회학』(역서), 『중국불교사』(역서),
『선어삼백칙』(역서) 등 다수가 있다.

中國의 불교문화

초판 1쇄 인쇄 2007년 7월 24일 | 초판 1쇄 발행 2007년 7월 31일
편저 차차석 | 펴낸이 김시열
펴낸곳 운주사 (136-036) 서울 성북구 동소문동 6가 25-1 청송빌딩 3층
전화 (02) 926-8361 | 팩스 (02) 926-8362
ISBN 978-89-5746-189-1 93220   값 17,000원
http://www.buddhabook.co.kr